群公学院群医学学科建设（1WH10022021136）
职业健康系学科建设 2022 提升项目（WH10022022030）

工作中的暴力

（第三版）

【澳】邓肯·查普尔
【意】维托里奥·迪·马蒂诺 著
张敏 主译

中国工人出版社

图书在版编目（CIP）数据

工作中的暴力：第三版 /（澳）邓肯・查普尔，（意）维托里奥・迪・马蒂诺著；张敏主译.
—北京：中国工人出版社，2022.10
书名原文: Violence at work Third edition
ISBN 978-7-5008-7986-2

Ⅰ. ①工… Ⅱ. ①邓… ②维… ③张… Ⅲ. ①工作－场地－暴力行为－研究 Ⅳ. ①C912.68

中国版本图书馆CIP数据核字（2022）第196881号

工作中的暴力（第三版）

出 版 人	董 宽
责任编辑	魏 可
责任校对	张 彦
责任印制	栾征宇
出版发行	中国工人出版社
地 址	北京市东城区鼓楼外大街45号 邮编：100120
网 址	http://www.wp-china.com
电 话	（010）62005043（总编室）
	（010）62005039（印制管理中心）
	（010）82027810（职工教育分社）
发行热线	（010）82029051 62383056
经 销	各地书店
印 刷	北京美图印务有限公司
印 数	1~8000册
开 本	889毫米×1194毫米 1/16
印 张	24
字 数	403千字
版 次	2022年12月第1版 2022年12月第1次印刷
定 价	98.00元

翻译人员名单

主　译

张　敏　北京协和医学院

翻译组成员

（按姓氏拼音排序）

骆倩倩　北京协和医学院

米元齐　北京协和医学院

申文亚　北京协和医学院

王福媛　北京协和医学院

吴　菁　北京协和医学院

吴维皑　中国疾病预防控制中心职业卫生与中毒控制所

张　敏　北京协和医学院

邓肯 · 查普尔，维托里奥 · 迪 · 马蒂诺
工作中的暴力　第三版
日内瓦，国际劳工局，2006 年
工作场所暴力 / 职业安全 / 工业化国家 / 发展中国家
13.04.5
ISBN 92-2-117948-6 / 978-92-2-117948-1

国际劳工组织出版物分类数据

目　录

第三部分　未来的行动

方框目录

表目录

图目录

译著序

职业健康直接关系着劳动者切身利益，维护劳动者的职业健康是我国劳动法律的重要使命和执法、司法的重点、热点。我国是劳动力大国，《2021年人力资源与社会保障事业发展统计公报》发布，2021年末全国就业人员达到7.47亿，约占全国人口的53%，他们创造社会财富，是推动经济社会发展的主要力量。职业健康直接关系到劳动力的可持续发展，因此，维护劳动者职业健康直接关系到社会经济的可持续发展。

职业健康涉及的内容较为广泛，各国对职业健康的规范、认识也不尽一致，定义多种多样，工业化国家与发展中国家的差别尤为明显。国际劳工组织和世界卫生组织[①]的联合职业委员会给出的定义是，“职业健康应以促进各行业职工的生理、心理及社交处在最好状态为目的；并防止职工的健康受工作环境影响；保护职工不受健康危害因素伤害；并将职工安排在适合他们的生理和心理的工作环境中”。侵害劳动者职业健康的行为表现多种多样，有传统的化工制剂中的有毒有害品类，也有人们行为不当带来的安全侵害。当前，引起国际各界特别是劳动者强烈反应的新热点问题尤以工作场所暴力和骚扰为重。工作场所暴力和骚扰涉及广大劳动者健康和安全的基本权益。工作场所的暴力事件不是单一现象，在各行各业皆有发生，已经被国际社会列为需要优先关注和政策干预的问题。劳动者在工作中遭受生理或心理的暴力，成为被骚扰的对象，不但给劳动者带来难以估量的伤害，而且对全社会的健康和安全也会造成不可忽视的威胁。

工作场所暴力和骚扰的表现形式复杂，是社会、经济、文化和政治等因素综合作用的结果，已引起国际立法层面的高度重视。2019年，在国际劳工组织迎来100年庆典之际，国际劳工大会通过了《关于消除劳动世界中的暴力和骚扰的公约》（第190号）（以下简称

① 联合国下辖组织

2019 年《暴力和骚扰公约》）及其配套的《关于消除劳动世界中的暴力和骚扰的建议书》（第 206 号）（以下简称 2019 年《暴力和骚扰建议书》），成为影响劳动世界的重大事件。

北京协和医学院职业健康专家张敏教授长期致力于推动我国工作场所安全和健康工作，特别关注医护人员的工作场所暴力防护议题，情系劳动者健康，深入生产工作一线，不断追踪国际前沿研究，推广良好的实践和技术工具，结合循证研究成果积极向政府建言献策，主动参与立法实践，发挥专家学者的技术支撑作用。本次张敏教授组织将国际劳工组织专著《工作中的暴力》（第三版）进行中文版翻译，并在我国出版，就是一项非常有意义的工作。本书从经济、就业关系、组织、性别角色和文化等维度，深入分析工作场所中发生暴力和骚扰事件的原因，进而提出了预防控制工作场所暴力和骚扰应采取综合性的干预措施，而不是以单一、简单的办法应对。我国一直重视预防控制工作场所暴力和骚扰的法治化建设，在《中华人民共和国民法典》《中华人民共和国劳动法》《中华人民共和国医师法》《中华人民共和国妇女权益保障法》等中都有相关规定。本书对于我国对比国际立法和实践新进展，借鉴各国有益经验和良好实践，共享人类文明成果具有重要意义。

当前，世界百年未有之大变局加速演进，全球治理体系正处于调整变革的关键时期，我们要重视国际劳工组织 2019 年《暴力和骚扰公约》（第 190 号）对全球劳动世界带来的深刻影响。习近平总书记明确指出："我们要坚定维护以联合国为核心的国际体系，坚定维护以国际法为基础的国际秩序，坚定维护以联合国宪章宗旨和原则为基础的国际法基本原则和国际关系基本准则。"一方面，我们应积极参与全球治理，推进国际合作，不断完善相关国际规则，贡献"中国智慧""中国方案"，推进全球治理领域的良法善治，确保国际秩序公正合理、人类社会公平正义，助力构建人类命运共同体；另一方面，中国作为负责任的大国，应积极推动落实国际治理共识，善于借鉴国际经验，在我国营造关心和爱护劳动者的良好社会环境，建立健全多层次的法律、政策和标准体系，保护好我国劳动者的职业健康和安全，为中华民族伟大复兴打下坚实健康基础。

中国社会法学研究会 会长

张鸣起

2022 年 9 月

译著前言

2019 年 6 月 21 日，国际劳工大会以三方代表多数通过了国际劳工组织第 190 号公约《关于消除劳动世界中的暴力和骚扰公约》(Violence and Harassment Convention)[以下简称《暴力和骚扰公约》(第 190 号)]及其配套的第 206 号建议书《关于消除劳动世界中的暴力和骚扰建议书》(Violence and Harassment Recommendation)[以下简称《暴力和骚扰建议书》(第 206 号)]。同一天，大会还通过了国际劳工组织《关于劳动世界未来的百年宣言》，明确承诺终结劳动世界中的暴力和骚扰。在那一刻，来自 187 个国家的政府、雇主和工人代表组织明确表示，暴力和骚扰在劳动世界中将没有立足之地，每个人都有权获得尊严和尊重。但是，有效落实《暴力和骚扰公约》的要求，不仅要依靠强有力的行政手段，还要依靠对暴力和骚扰的危害性和严重性进行充分认识和完整了解，才能采取有效的纠正和预防措施。

我们关注工作场所暴力和骚扰的研究是从医疗卫生机构开始的。首先，我们于 2014 年翻译引进世界卫生组织与国际劳工组织联合编制的工具书《改善医护人员工作条件(HealthWISE)》，该书设置了 8 个模块用以改善医护人员的工作条件，其中，模块四为“应对工作场所发生的歧视、骚扰和暴力”。当时正值我国恶性伤医、闹医事件频发时期，该书引起全社会的高度关注。其次，在国际组织、各级政府和医疗卫生机构的支持下，我们连续在全国开展了改善医护人员工作条件师资培训班(Health WISE TOT)，迄今为止已举办 10 期，培训了 280 所医院 1100 余名医院管理人员和一线医疗卫生人员，不断提高医务人员职业健康防护的意识和能力，受到各方面肯定。第三，我们还在部分医疗卫生机构开展试点工作，跟踪评估工作效果。定性和定量研究的结果表明，在医疗卫生机构建立职业安全与健康保障体系，采取综合措施能够有效预防和控制工作场所暴力和骚扰。第四，我们将医疗卫生行业预防和控制工作场所暴力和骚扰的成果上升到理论层面，研究我国医疗卫生机构暴力治理的相关政策进展，积极参与立法活动，在《中华人民共和国基本医疗卫生与健康促进法》《中华人民共和国医师法》《中华人民共和国妇女权益保障法》等立法征求意见过程中，利用农工党中央的参政议政渠道提出相应的建议，其中相当一部分得到采纳。第五，梳理国外相关法律法规和政策行动，持续介绍国际上预防和控制工作场所暴力和骚扰的实用经验和推荐措施，关注国际前沿的政策进展。

国际社会对工作场所暴力的理论和实践认识也有一个发展过程，国际劳工组织为了推动立法工作，进行了许多年的循证研究和国际比较研究，做好了技术储备。《工作中的暴力》作为一本富有开创性的图书于1998年首次出版，2000年出版第二版，2006年出版第三版。该书的参考价值和专业特点鲜明，一是以个案研究、客观数据和最新出版物为基础；二是详尽汇总了工作场所中发生的所有攻击行为，包括谋杀、袭击、性骚扰、威胁、欺凌、团伙欺凌和辱骂的资料和证据；三是详细介绍在不同国家、不同工作场所中暴力的发生率和严重程度；四是研究工作场所暴力的应对措施，包括国家法律的责任和权利，预防性策略和措施，最佳实践案例以及国际机构抗击工作场所暴力所采取的行动；五是提出直面挑战的决心、面向未来的信心。

该书明确提出，工作场所中发生暴力和骚扰事件绝不是偶然的，而是一个高度复杂的问题，根植于更广泛的经济、就业关系、组织、性别角色和文化因素，因此必须分析产生暴力的原因，并采取综合性的干预措施，而不是寻求单一、简单的办法。

值得特别说明的是，在本书出版之前时，《暴力和骚扰公约》（第190号）及其配套的《暴力和骚扰建议书》（第206号）已经被通过，该公约和建议书是围绕暴力和骚扰这个主题的首个国际公约和建议书。《工作中的暴力》（第三版）中的一些概念和措施途径已发生了变化，有几点情况值得广大读者注意，一是2019年《暴力和骚扰公约》提出了将“暴力和骚扰”整合成一个单一综合概念，将其视为具有独立完整内涵。“暴力和骚扰”是指有意导致或可能导致身体、心理、性或经济伤害的一系列不可接受的行为、做法或威胁，无论是单次发生还是重复发生，还包括以性别为基础的暴力和骚扰。二是“以性别为基础的暴力和骚扰”是指因某人的生理性别或社会性角色而对其进行的暴力和骚扰，或不平等对待生理性别或社会性角色，包括性骚扰。三是“发生暴力和骚扰的工作场所”指劳动者在休息、就餐、卫生和更衣等场所；在与工作有关的出行、培训及活动期间；在与工作相关的沟通期间（包括使用通信工具）；在用人单位提供的住所；在上下班通勤期间等。四是将《工作中的暴力》（第三版）作为历史文献出版，使中国的研究人员和专业人员能够了解国际政策的变化过程，这部近400页篇幅的专著，视角宏大，证据系统，是阅读、学习和运用《暴力和骚扰公约》及其建议书的有益补充材料。多年来，许多中国同行已在实践中运用了《工作中的暴力》的许多理论，很多基础性知识仍然是有用的，填补了我国工作场所暴力和骚扰研究的空白。五是根据国际劳工组织建议，《工作中的暴力》（第三版）将国际劳工组织官方翻译的2019年《暴力和骚扰公约》（第190号）及其配套的《暴力和骚扰建议书》（第206号）增加为附录。

世界各国均将抗击工作场所暴力和骚扰作为工作中的优先领域，正在努力寻找良策。我国的法律和实践并不落后，但当前我国面临的工作场所暴力和骚扰的形势依然严峻，各种调查研究、报告公布的数据仅反映出部分情况。我国需要借鉴各国的有益经验和良好实践，共享人类文明成果。对比国际立法和实践的新进展，目前，我国尚未批准实施《暴力和骚扰公约》，我国法律尚无关于工作场所暴力和骚扰的明确内涵界定，适用于医疗卫生行业的现行法律界定多从社会治安与公共秩序着手，侧重来自用人单位外部的极端违法犯罪类行为，尚未涉及用人单位内部劳动者之间的暴力和骚扰，亦未全面反映性别平等。

《工作中的暴力》（第三版）面向从事科学研究、技术服务、行政管理、培训教育、工会工作等相关人员，既可作为专业工具书和重要文献，又可作为培训教材。希望本书为推动我国工作场所暴力预防控制的基础研究、良好实践和积极立法贡献绵薄之力。期盼我国医疗卫生机构能借鉴国际经验，从源头做起，多层次、多渠道、系统地构建预防控制工作场所暴力的体系，使医疗卫生行业成为各行业预防控制工作场所暴力的标杆。

工会组织代表职工，依法维护职工的合法权益，对预防控制工作场所暴力和骚扰具有独特优势，能够发挥举足轻重的作用。本人于2021年受聘为中华全国总工会理论和劳动关系智库专家，愿意以本书出版为契机，与广大工会工作者一道，为保护劳动者职业健康而共同努力。

诚挚感谢中国工人出版社对于本书的高度认可，并将其纳入电子职工书屋、全国产业工人学习社区等文化项目。同时，细心编辑，精心排版，努力保持中文版与英文原著相当的体例，体现了中国工人出版社的专业水准。

本书的翻译离不开国际劳工组织北京局的支持，我们初期翻译了本书丰富的案例资料，受到大家的欢迎。在全书翻译过程中，中国医学科学院北京协和医学院群医学及公共卫生学院的翻译团队认真工作，反复审校，历时 2 年多完成了翻译。其中，环境与职业健康学系副主任张敏教授负责全书的翻译审校；前言及致谢由吴菁翻译；第一章由米元齐和吴菁共同翻译；第二章由米元齐、王福媛、申文亚、吴菁及骆倩倩共同翻译；第三章由王福媛翻译；第四章由王福媛和骆倩倩共同翻译；第五章由骆倩倩和吴菁共同翻译；第六章由吴菁和申文亚共同翻译；第七章由申文亚和米元齐共同翻译；第八章由米元齐翻译；第九章由米元齐翻译。全书翻译的秘书协调工作由吴菁负责。翻译初稿完成后，中国疾病预防控制中心职业卫生与中毒控制所吴维皑研究员又多次仔细审阅其中内容，提出诸多宝贵的修改意见。在此感谢翻译团队所有成员的辛劳付出。

鉴于译者翻译水平和专业能力有限，本书难免存在一些不足，敬请各位读者批评指正。

中国医学科学院北京协和医学院群医学及公共卫生学院，教授

第八届国家卫生健康标准委员会职业健康标准专委会，副主任委员

中华全国总工会理论和劳动关系智库专家

张敏

2022 年 9 月

原著前言

对话、讨论和争议是许多工作环境中常规的互动方式，因此，大多数劳动者和管理者每天都面临着来自个人、相关工作和客户的挑战，例如，同事的焦虑和沮丧、个性冲突、组织和生产困难、资源减少、生产及产出需求增加、组织外部的入侵者，以及与客户和公众的关系出现问题。尽管如此，对话通常胜过对抗，大多数人都能在工作场所组织高效且有成就的活动。然而，某些情况下，未以积极的方式开展对话，会造成劳动者、管理者、客户或公众之间的关系恶化，高效工作和达成目标受到负面影响。因此，暴力可能会出现在工作环境中，并将原本良好的环境变成充满敌意和危险的环境。

近年来，一些情绪不稳定的个人和持有杀伤性武器的狂热团体在工作场所制造了若干悲惨的杀伤事件，进一步加深了对当代工作场所暴力问题的社区认识。自 1998 年本书第一版问世以来，一些针对在工作场所、公共交通设施、酒店和住宅区发生的恐怖袭击案件已在世界各地造成重大的生命损失。而媒体的注意力通常集中在这些被袭击的受害者身上——有时也集中在追踪施暴者的刑事司法系统工作者所面临的风险，但人们常常忽视，许多受害者要么在工作中，要么在往返工作场所的途中遇害。同样，媒体关注的焦点往往集中在有多个受害者的单一事件上，例如，施暴者可能是在未解决人际或就业分歧后才袭击一群同事。

许多工作场所暴力事件发生在公众看不到之处，在一对一的情况下，受害者受到了情感伤害而非身体伤害，并给用人单位和受害者造成了巨大的成本。这些不太引人注目的事件的受害者通常在劳动关系中缺乏权力，对不公平解雇仅有有限的保护，而且几乎无其他工作的选择。最终的结果是，无支持的受害劳动者可能会辞职，如果他们抗议就会被赶走，或者接受低水平的工作场所暴力或性骚扰，作为换取工作的代价。因此，不能独立于劳动关系来分析工作场所暴力的原因和后果。

这本书全面评估了发生在工作场所的攻击性行为，包括谋杀、袭击、性骚扰、威胁、欺凌、团伙欺凌和语言辱骂。第一部分（第一章到第四章）详细说明了不同国家工作场所暴力的发生率和严重程度（包括对恐怖袭击和大规模杀伤事件的评估），确定了特别危险的职业和场所，评估了各种因果解释，并详细地说明了造成的社会和经济负担。

世界各地的劳动者、工会、用人单位、政府当局和专家越来越重视各种形式工作场所暴力的发生情况和严重性，这令人鼓舞。本书中的数据和讨论强调，工作场所暴力不仅是由精神错乱的人造成的偶发问题，而且是一个高度复杂的问题，植根于更广泛的经济、就业关系、组织、性别角色和文化因素。因此，必须分析产生暴力的多种原因，并采取各种预防策略，而不是寻求简单、单一的解决办法处理全部问题。认识到造成工作场所暴力的各种因素的多样性和复杂性，是设计和实施有效抗击暴力项目的关键前提。

本书以个案研究、客观数据和最近的科学出版物为基础，旨在为理解工作场所暴力的性质奠定基础，并加强开发和实施有效的预防性的干预措施。本书强调系统性和针对性预防措施的重要性，例如，许多国家正逐步扩大现行刑事、职业安全健康、劳动、环境等相关法律的范围，并加以调整来处理工作场所的暴力问题。在一些国家，工作场所中的暴力防控正在成为一个独立的法律问题，立法和监管规定要求做出集中而非分散的应对措施。

这本书对政府、工会、专家和用人单位组织研究制订的指南进行了综述，其中大部分都包含行动蓝图。尽管采取了不同的方法，但这些指南揭示了共同的主题：预防行动是可能且必需的；工作组织和工作环境可为探究暴力发生的原因和解决办法提供重要指引；劳动者及其代表的参与对于识别风险因素和实施解决方案至关重要；不要低估管理层和劳动者的人际交往技能；不能只有一个行动方案，因为必须解决每个工作场所情况下的特殊风险因素；持续评估政策和规划对于与时俱进的工作环境情景至关重要。

国际劳工组织在保护劳动者在工作场所的尊严和平等问题方面一直处于领先地位，出版了关于职业性压力、性骚扰和童工等问题的出版物。国际劳工组织对减少工作场所暴力的承诺体现在2004年出版的业务准则《服务业的工作场所暴力及抗击暴力措施》。

由国际劳工组织出版的《工作中的暴力》（第三版）面向所有从事抗击工作中暴力行为的工作者：政府机构的政策制定者，用人单位和劳动者组织，职业健康和安全专业者，人力资源管理者，培训员和劳动者。我们希望这本书能促进对话、政策和“拒绝暴力并立即将其从工作场所中消除”的倡议实施。

弗朗索瓦·埃罗（Frangois Eyroud）

国际劳工组织社会保护部门工作条件和就业规划主任

威廉·索尔特（William Salter）

国际劳工组织社会保护部门工作条件和就业规划高级顾问

原著致谢

《工作中的暴力》(第三版)包含了许多个人和组织作出的宝贵贡献。这是一个全新版本，包含新近的议题和更新后的材料。现在这些议题在全球范围内得到了更广泛的认可和讨论，而非第一版出版时的酝酿阶段。

若无国际劳工组织工作条件和就业项目的不懈努力和支持，就不可能有本书第三版的问世。我们特别要感谢比尔·索尔特(Bill Salter)，他带领项目组解决了许多困难，并处理了2个生活在不同大陆和时区的人如何合作的现实问题。我们还非常感谢克莱尔·梅休(Claire Mayhew)，她的专业、耐心和治学精神使我们不断完善和修改文本。还有罗斯玛丽·贝蒂(Rosemary Beattie)，她将所有内容整合在一起，完成了这本书的最终印刷版本。卡琳·哈尔登(Karin Halldén)协助整理了最出色的参考文献。

除了那些可以具名的人之外，我们还希望向书中提到的个人、政府、用人单位、工会、研究机构和其他组织表示诚挚的感谢。

邓肯·查普尔

维托里奥·迪·马蒂诺

缩略语

英文缩写	英文全称	中文翻译
ADA	Americans with Disabilities Act	《美国残疾人法》
APWU	American Postal Workers' Union	美国邮政工会 *
A&E	Accident and Emergency	事故和急诊部
BCS	British Crime Survey	英国犯罪调查
BJS	Bureau of Justice Statistics（US）	美国司法统计局
BLS	Bureau of Labor Statistics（US）	美国劳工统计局
BRC	British Retail Consortium	英国零售商协会
CAL/OSHA	California Occupational Safety and Health Administration	美国加利福尼亚州职业安全与健康管理局
CCOHS	Canadian Centre for Occupational Health and Safety	加拿大职业健康与安全中心
CC.OO	Confederación Sindical de Comisiones Obreras	西班牙劳工工会联合会 *
CCTV	Closed-Circuit Television/Video system	闭路监视系统
CEDAW	Committee on the Elimination of Discrimination Against Women (UN)	《消除对妇女一切形式歧视公约》（联合国）
CEEP	European Centre of Enterprises with Public Participation of Enterprises of General Economic Interest	公众参与一般经济利益企业的欧洲企业中心
CEO	Chief Executive Officer	首席执行官
CHSCT	Comité d'Hygiène, D de Securité et des Conditions de Travail	法国卫生、安全及工作条件监督委员会
CONICET	Consejo Nacional de Investigacionesy Técnicas	阿根廷国家科学技术研究委员会
CPTED	Crime Prevention Through Environmental Design	通过环境设计预防犯罪
CSVR	Centre for the Study of Violence and Reconciliation（South Africa）	南非暴力与调解研究中心
DOSH	Department of Occupational Safety and Health（Malaysia）	马来西亚职业安全与健康部
ETUC	European Trade Union Confederation	欧洲工会联合会

续表

英文缩写	英文全称	中文翻译
EUROFIET	European Branch of the International Federation of Commercial, Clerical, Professional and Technical Employees	国际商业、文职、专业和技术人员工会欧洲分会 *
EU	European Union	欧盟
GPS	Global Positioning System	全球定位系统
HAS	Health and Safety Authority,Ireland	爱尔兰卫生与安全局
HSE	Health and Safety Executive,United Kingdom	英国卫生与安全执行局
ICN	International Council of Nurses	国际护士理事会
ICFTU	International Confederation of Free Trade Unions	国际自由工会联合会（自由工联）
IFJ	International Federation of Journalists	国际新闻工作者联合会
ILO	International Labour Office/Organization	国际劳工局 / 国际劳工组织
INAIL	Istituto Nazionale per l' Assicurazione contro gli Infortuni sul Lavoro, Italy	意大利国家工伤事故、职业病及保险研究院 *
ISPESL	Istituto Superiore per la Prevenzione e la Sicurezza（Italy）	意大利国家高等职业安全与预防研究院
ISTAT	Italian Studies of Statistics	意大利统计局
LO	Norwegian Federation of Trade Unions/Danish Confederation of Trade Unions	挪威联合工会 / 丹麦工会联合会
MSF	Manufacturing Science and Finance union	制造业、科学、金融工会
MSP	Member of Scottish Parliament	苏格兰议会议员
MSPB	Merit Systems Protection Board, US	美国功绩制保护委员会
NCV	Australian National Committee on Violence	澳大利亚国家暴力问题委员会
NCVS	National Crime Victimization Survey	全国犯罪受害情况调查
NGO	Non-governmental organization	非政府组织
NHO	Confederation of Norwegian Business and Industry	挪威全国工商联合会
NHS	National Health Service（UK）	英国国民医疗服务体系
NIOSH	National Institute for Occupational Safety and Health（US）	美国国家职业安全卫生研究所
NOHSC	National Occupational Health and Safety Commission（Australia）	澳大利亚国家职业健康与安全委员会
NSW	New South Wales	新南威尔士
OSH	Occupational Safety and Health	职业安全健康
OSHA	Occupational Safety and Health Administration（US）	美国职业安全与健康管理局

续表

英文缩写	英文全称	中文翻译
PSI	Public Services International	国际公共服务
PTS	Patient Transport Services	患者转运服务
RIDDOR	Reporting of Injuries, Disease and Dangerous Occurrences Regulations	伤害、疾病和危险事件报告条例
SHRM	Society for Human Resource Management	人力资源管理学会
SLA	South Lebanon Army	南黎巴嫩军
SOLVE	Stress, Tobacco, Alcohol and drugs，HIV/AIDS and Violence	压力、烟草、酒精和毒品、艾滋病毒 / 艾滋病和暴力
UNVFVT	United Nations Voluntary Fund for the Victims of Torture	联合国援助酷刑受害者自愿基金
UNICEF	United Nations Children's Fund	联合国儿童基金会
UEAPME	European Association of Craft，Small and Medium-sized Enterprises	欧洲手工艺、中小型企业协会 *
UNICE	Union of Industrial and Employers' Confederations	欧洲工业和雇主联合工会 *
UNDP	United Nations Development Programme	联合国开发计划署
UNIFEM	United Nations Development Fund for Women	联合国妇女发展基金
USS	Union of Swiss Trade Unions	瑞士工会联盟
VIF	Violent incident form,Sweden	瑞典暴力事件表
WHO	World Health Organization	世界卫生组织

译者注：标 * 符号的为无中文固定译法。

第一部分

理解工作中的暴力

第一章

引言：行动的催化剂

在这个动荡的世界中，工作场所暴力的特征随着不同施暴者对劳动者施加一系列攻击行为的不同而持续改变。虽然工作场所暴力的统一定义仍然难以界定，但大多数有论者将工作中发生的杀伤、袭击、威胁、欺凌和团伙欺凌纳入工作场所暴力形式。随着越来越多的人通过移动场所、家庭办公室以及远程办公谋生，甚至连“工作场所”的定义也难以界定。虽然工作中的谋杀历来被认为是最严重的工作场所攻击形式，但这种看法也在转变，在 21 世纪的前十年，全球各地的劳动者成为恐怖行为受害者的风险越来越大。在工业化国家和发展中国家，包括工作场所在内，残酷且往往是随机的恐怖袭击已造成了大量的死亡和破坏。本书从恐怖主义开始探讨各种形式的工作场所暴力（方框 1）。

工作场所的恐怖主义

根据官方统计，2001 年美国平均每周发生 20 起工作场所谋杀事件，这是过去 20 年以来最低的数字[1]。然而，这些统计数字并未把 2001 年 9 月 11 日的受害者计算在内，在 9·11 事件中，死亡和失踪的总人数为 2996 人：纽约 2752 人，五角大楼 184 人，宾夕法尼亚州 40 人，劫机者 19 人[2]。许多遇难者和失踪者都是正在工作的劳动者：319 名消防员，50 名警察，35 名机组人员和 36 名五角大楼的文职人员，还有数千名在世贸中心内工作的金融和商业劳动者。如果把这些数字考虑在内，9·11 是有史以来最致命的工作场所暴力行为，同时 2001 年是工作场所伤亡数量创纪录的一年。

方框 1　2011 年 9 月 11 日，星期二，9·11 事件[3]

上午 7:58	美国联合航空 175 号航班，从马萨诸塞州波士顿洛根国际机场飞往洛杉矶，机上有 56 名乘客和 9 名机组人员。
上午 7:59	美国航空 11 号航班，从波士顿洛根国际机场飞往洛杉矶，机上有 81 名乘客和 11 名机组人员。
上午 8:01	美国联合航空 93 号航班，从新泽西州纽瓦克自由国际机场飞往旧金山，机上有 38 名乘客和 7 名机组人员。
上午 8:10	美国航空 77 号航班，从华盛顿杜勒斯国际机场飞往洛杉矶，机上有 58 名乘客和 6 名机组人员。
上午 8:51	第一架飞机撞上世界贸易中心北塔。
上午 9:06	第二架飞机撞上世界贸易中心南塔。
上午 9:25	纽约证券交易所所有业务延迟交易。美国联邦航空管理局（Federal Aviation Administration，FAA）下令所有飞机停飞。
上午 9:27	纽约市机场关闭。
上午 9:30	布什总统在佛罗里达州的电视评论中称坠机事故为“明显的恐怖主义袭击”。
上午 9:41	飞机撞毁弗吉尼亚州阿灵顿县的五角大楼。
上午 9:44	五角大楼和白宫里的人员撤离。
上午 9:48	美国国会大厦里的人员撤离。
上午 10:00	世界贸易中心南塔倒塌。
上午 10:28	世界贸易中心北塔倒塌。
上午 10:40	美国联合航空 93 号航班在匹兹堡东南坠毁。
上午 10:56	美国证券交易委员会关闭当天所有美国证券市场。
上午 11:25	美国航空确认 11 号和 77 号航班失踪。
上午 11:54	美国联合航空确认 93 号、175 号航班分别坠毁。
中午 12:00	美墨边境被封锁。
下午 1:04	布什在路易斯安那州巴尔克斯代尔空军基地发表演讲表示，正在采取一切适当的安全措施，包括令美国军方在全球保持高度戒备状态。他请求为袭击中的逝者及受伤者祈祷。
下午 1:44	美国五角大楼声称，5 艘军舰和 2 艘航空母舰将离开位于弗吉尼亚州诺福克的美国海军基地，保护东海岸免遭二次袭击。
下午 1:48	布什总统离开“空军一号”所在的巴尔克斯代尔空军基地，飞往内布拉斯加州的空军基地。

下午 2:30	美国联邦航空管理局宣布最早将在 9 月 12 日中午前停止美国商业航空运输。
下午 3:55	白宫顾问卡伦・休斯（Karen Hughes）声称布什总统在一个保密地点，后来透露总统在内布拉斯加州的奥夫特空军基地，并正召开国家安全委员会电话会议。
下午 4:30	布什总统离开奥夫特空军基地并乘坐“空军一号”返回华盛顿。
下午 5:20	世界贸易中心 7 号大楼的 47 层建筑物倒塌。
下午 6:00	美国恐怖袭击发生几小时后，在阿富汗喀布尔发生了爆炸事故。据信奥萨马・本・拉登正在阿富汗，美国官员称，他可能是 9•11 事件的幕后黑手。
下午 6:54	布什总统乘“海军陆战队一号”返回白宫。布什总统更早时在 3 架战斗机的护航下，在马里兰州的安德鲁斯空军基地降落。
晚上 8:30	布什总统向美国民众发表演讲，宣布“成千上万的生命被邪恶猝然终结”，并请求为 9•11 事件遇难者的家属和朋友们祈祷。

资料来源：改编自特拉华州在线（Delawareonline）:《新闻报》（*The News Journal*），无日期（http://www.delawareonline.com/newsjournal/local/2001/09/11terrortimeline400.html，于 2005 年 9 月 27 日访问）。

2002 年 10 月 12 日，印度尼西亚，2 枚恐怖主义炸弹炸毁了巴厘岛库塔海滩的沙莉夜总会和巴帝酒吧，造成 202 人死亡，309 人受伤[4]。巴厘岛的这些受害者来自 22 个国家，受害者及随后的调查小组是来自工业化国家和发展中国家的国际群体。随后，2004 年 3 月 11 日，西班牙首都马德里的交通铁路网发生一系列炸弹爆炸，造成 191 人死亡，1800 多人受伤[5]。同样，受害者是来自 14 个不同国家的国际混合群体。2005 年 7 月 7 日，下班高峰期，伦敦地铁和公共汽车上发生了 4 起系列炸弹袭击事件，造成 56 人死亡，700 人受伤[6]。在每起悲剧中，许多伤亡人员都是劳动者，包括运输业劳动者、上班族和旅游业工作者[7]。

在某些情况下，恐怖分子故意以特定的劳动者群体为目标，例如，伊拉克新政府的警察和军队成员成为一连串致命爆炸和枪击事件的受害者[8]。记者[9]和参与协助伊拉克重建的外国工作人员也成为被广泛报道的绑架和谋杀的对象，残忍的恐怖组织将拍摄到的骇人照片通过卫星电视和互联网传送给无数人[10]。

现在必须承认，恐怖主义行为在许多情况下也是工作场所的暴力行为。在此认知的情况下，《工作中的暴力》（第三版）和前两个版本一样，有意识地把注意力集中在不那么极端的暴力形式上。恐怖主义的根源通常与社会政治斗争紧密交织在一起，需要在本书范围之外进行单独和持续的分析[11]。某些职业群体如援助人员、执法人员和记者更可能成为恐怖活动的受害者，在后续章节中将考虑这种脆弱性。

工作场所的悲剧

尽管恐怖主义正成为全球劳动者面临的日益增长的职业风险，但其他血腥的致死性暴力事件仍在工作场所肆虐。这些事件不同于恐怖主义，恐怖主义的施暴者大多是恐怖分子，并且他们对于受害者以及工作场所而言完全是陌生人。在“标准”的工作场所暴力中，施暴者常表现为一名出乎意料的犯罪者，并且可能对发生暴力的工作环境不熟悉。尽管这些暴力事件的伤亡人数可能比上述恐怖袭击的伤亡人数少，但这些事件不仅给受害者，还给整个工作场所及其所涉及的社区带来巨大而持久的困扰。

对学校——一个大多数人认为是完全安全的工作场所的袭击就是这种暴力入侵的例子（方框 2）。

方框 2　1996 年 3 月 13 日邓布兰小学发生的枪击事件

苏格兰小学的上学时间是早上 9 点，邓布兰小学有 640 名学生，是苏格兰最大的小学之一。1996 年 3 月 13 日，上午 9 点 10 分至 9 点 30 分，小学一、二、三年级共 250 名学生以及他们的老师和学校牧师都在参加集会。一年级 13 班有 28 名学生和老师 M 女士，5 岁的学生 25 人，6 岁的学生 3 人，M 女士 47 岁。参会前，他们已换好衣服，准备上体育课。

在集会结束后，其他在场者都散去回到各自的教室，只有一年级 13 班的学生们及其老师 M 女士一起前往体育馆。托马斯·汉密尔顿（Thomas Hamilton）手里拿着一把手枪，穿着深色外套、黑色灯芯绒长裤，戴着有护耳罩的羊毛帽子冲进了体育馆，不加区分地连续快速射击……

老师 M 女士和 15 名学生在体育馆内丧生，一名学生生命垂危，这些学生和老师们总共遭受了 58 处枪伤，其中有 26 处枪伤被证明具有致死性。枪击事件在上午 9 点 35 分开始至上午 9 点 40 分结束，枪击过程持续了 3~4 分钟。

该次事件的幸存者们被带到斯特林皇家医院，包括该班其余 12 名学生，在体育馆的 2 名 11 岁学生，3 位老师。这些幸存者中，13 人遭受枪伤，其中严重者 4 人，非常严重者 6 人，轻伤 3 人。

资料来源：对苏格兰邓布兰小学发生的枪击事件整理，摘自威廉·道格拉斯·卡伦爵士对该枪击案的正式调查。苏格兰国务大臣于 1996 年 10 月将调查结果提交给议会。参见卡伦《对于 1996 年 3 月 13 日邓布兰小学枪击案的公开调查：政府的回应》（以下简称《卡伦报告》），第 127 章，第 11 页～第 13 页。本摘录版权归皇家所有，经皇家出版局负责人许可复制。

在这所苏格兰学校，一人孤身手持强大的现代武器对年幼的学生及其老师所造成的伤害，强烈震惊了整个英国，该枪击事件促使卡伦爵士（Lord Cullen）进行了官方调查。

著名的《卡伦报告》于 1996 年 10 月发布。卡伦爵士提出的建议中包括关于枪支的拥有权和使用权，以及加强英国学校安全保障的措施[12]。该报告中关于枪支的建议最终促使英国政府决定禁止在本国拥有和使用手枪[13]。在教职工和学生的健康与安全方面，英国政府也承认有必要制定一项安全战略，保护学生免受暴力侵害，并就教育行业工作场所出现的风险向全体学生提供更全面的指导[14]。

发生在邓布兰小学的悲剧在那时成了社会行动和改革的强大催化剂，对校园致死暴力的焦虑和恐惧也扩散到苏格兰和英国之外。法国深受 1993 年在巴黎塞纳河畔纳伊发生的一起校园暴力事件的影响，当时 1 名武装人员将一些学生及教师扣为人质达数日之久[15]。

近年来，学校再次成为暴力惨案的发生现场，特别是美国 1998 年 5 月在俄勒冈州瑟斯顿高中（Thurston High School）和 1999 年 4 月在科罗拉多州利特尔顿的科伦拜恩高中（Columbine High School）发生的枪击事件，震惊全美[16]。瑟斯顿高中枪击事件中，1 名被开除的学生开枪打死了 2 名学生，另有 20 多人受伤，这促成时任美国总统的比尔·克林顿立即采取行动。美国教育部门和司法部门受命制定指南，以帮助学校工作人员、家长、社区成员和其他人员识别处于潜在麻烦和危险的学生的行为的早期指标。在瑟斯顿高中枪击事件发生 3 个月后，他们共同出版了《安全学校指南》，请参阅第六章相关内容。

此类悲剧不仅发生在美国和欧洲的学校，2001 年 6 月日本 1 名疯狂的男子袭击了一所小学，在以暴力犯罪率低而闻名的日本社会中拉响了警报（方框 3）。

早在 20 世纪 80 年代中期，纳伊、邓布兰、瑟斯顿和科伦拜恩的校园枪击案发生之前，美国就已经发生了多起骇人听闻的工作场所谋杀案。工作场所的大规模谋杀始于 1986 年，当时 1 名枪手袭击了俄克拉何马州邮局，造成 14 人死亡和 6 人受伤。持枪歹徒帕特里克·亨利·谢里尔（Patrick Henry Sherrill）被埃德蒙德邮局（Edmond Post Office）停职后回到自己的工作地点，进行屠杀然后自杀。此事件是美国历史上由单名持枪歹徒造成的最恶性的大规模杀伤事件之一，此后“going postal”成为形容心怀不满的劳动者在工作场所杀人的同义词[17]。自那时起，在美国（方框 4）和世界各地又发生了一系列主要由心怀不满的劳动者实施的袭击案。

方框 3　日本处决杀害 8 名学童的男子

2004 年 9 月 14 日，1 名男子因杀害 8 名小学生这一震惊日本民众的暴行获罪，被处以绞刑。2001 年，40 岁的宅间守（Mamoru Takuma）因袭击日本西部一所学校被判死刑，缓刑 1 年执行。

宅间守是 1 名失业男子，此前曾接受过精神疾病治疗。他承认犯有谋杀罪，并承认在大阪附近的池田小学伤害了 13 名儿童和 2 名教师。

宅间守冲进教室并开始用长刀随意挥砍，有 7 名女孩和 1 名男孩被杀害，其中 1 名儿童 6 岁，其余的 7 岁。

宅间守曾在一次法庭听证会上表示，他想用生命来偿还犯下的罪行，并撤回了辩护律师准备的上诉。

资料来源：澳大利亚广播公司，2002 年 9 月 14 日（另请参见《人民日报在线》：http：//english.people.com.cn/，于 2005 年 6 月 16 日访问）。

方框 4　7 人在芝加哥仓库枪击事件中丧生

警方周三表示，6 个月前被解雇的萨尔瓦多・塔皮亚（Salvador Tapia）返回之前工作的风城核心供应仓库（Windy City Core Supply Warehouse），并杀死了 6 名前同事。代理警司菲尔・克莱因（Phil Cline）称，36 岁的塔皮亚与警方进行了 3 次枪战，在最后一次枪战中被击毙。

“他似乎走遍了整个供应仓库去射击他的前同事们。他的前同事们并没有全部在一个区域，而是分散在仓库的不同区域中。”菲尔说。

菲尔说大多数受害者都在前门附近的办公室里。警察试图进入大楼，但塔皮亚出来向警察开了三枪，警方开火还击。1 分钟后，塔皮亚来到大楼外，再次向警察开枪。最后，在充分考虑到里面的受伤者的情况下，芝加哥警署地方特警队（the Hostage Barricade and Terrorism Unit，HBT）“被命令对大楼攻击”。

塔皮亚携带 1 把瓦尔特 PP.380 口径半自动手枪和至少 1 个额外弹夹。

菲尔说，塔皮亚因“工作不力”而被解雇。他上班迟到，经常整天旷工。塔皮亚被解雇后还和他的前老板通了几次电话。目前尚不清楚此次塔尼亚到工作场所，是因为被解雇后重返工作岗位还是与老板私人会面。菲尔还称，塔皮亚被逮捕过 12 次，其逮捕记录可回溯到 1989 年，包括家暴、违反枪支法、恶意袭击和醉酒驾驶。

菲尔・克莱因对记者说：“问题的核心是他获得枪支竟如此容易，他不该拥有枪，但他手中却持有枪。”

资料来源：美国有线电视新闻网（CNN）网站，2003 年 8 月 27 日（详见 http://www.cnn.com/2003/US/Midwest/08/27/chicago.shooting/，2005 年 9 月 27 日访问）。内容由 CNN 提供。

前文已列举了通过恐怖袭击实施大规模杀伤以及来自组织外的武装者和前雇员实施谋杀的实例，然而，工作场所暴力事件并非总是致死，实际上也并非总会导致身体伤害。

世界各地工作场所日常生活中的暴力

毫无疑问，上述一系列悲剧促使国际社会关注工作场所暴力这一值得关切的问题。究竟什么算作工作场所暴力仍然是一个紧要问题，本书将在第二章中更详细地讨论。值得注意的是，关于工作场所暴力的定义术语中哪些是适当的、哪些不是适当的争论仍在继续。

国际劳工组织最近制定了工作场所暴力的定义（方框 5），该定义随后被纳入其《服务业工作场所暴力及抗击暴力措施》的业务准则。

方框 5　工作场所暴力的定义

偏离合理品行的任何行动、事件或行为，在他或她的工作过程中或由于其工作的直接结果而导致其受到袭击、威胁、受伤等伤害[①]。

- 内部工作场所暴力是指工作场所内部劳动者之间发生的暴力行为，包括管理者和主管人员。
- 外部工作场所暴力是指劳动者（包括管理者和主管人员）与非工作场所的其他任何人员之间发生的暴力行为。

[①]所谓“直接结果”应理解为与工作有明确的联系，并且其行动、事件或行为在此后的合理期间内发生。

资料来源：国际劳工组织（ILO），2004 年 b，第 4 页。

国际劳工组织的定义强调了这类行为对身体方面的伤害。许多司法区通常会采用更广泛的定义，包括语言暴力、威胁、欺凌和其他形式的非身体行为。例如，在澳大利亚，国家职业健康与安全委员会（National Occupational Health and Safety Commission, NOHSC）通过以下方式描述了这种暴力行为：“工作暴力是指任何人企图或实际进行的任何攻击性行为，包括任何威胁性言语或行为，以致对劳动者造成伤害，使劳动者有合理理由相信他或她有危险。”[18]

从历史上看，大多数工作场所被视为相对良性和无暴力的环境，对话和讨论是正常工作环境的一部分。但是劳动者和管理者每天都面临着个人和工作相关的问题，可能包括同事的焦虑和沮丧、组织和生产困难、个性冲突、资源减少、生产及产出需求增加、外部入侵者以及与客户和公众的关系问题。尽管如此，对话通常会压倒对抗，人们设法在工作场所组织高效又富有成效的对话活动。然而也有一些情况，当劳动者、管理者、客户或公众之间的关系恶化，有效工作和取得生产成果的目标受到消极影响时，就不能积极开展这一对话过程。当这种情况发生且越来越频繁时，暴力就可能会进入工作场所，并将工作场所转化为敌对和危险的环境。

在此阶段，有一些例子有助于阐述世界各地与工作场所有关的暴力的范围、规模和类型。

澳大利亚

在澳大利亚，调查人员利用具有代表性的劳动人群样本，在不同的行业进行了一系列实证研究。在一对一的面对面访谈中，每个独立调查要求受访者详细地描述他们在过去 12 个月中所遭受的工作场所攻击。表 1 中是各类与工作相关的攻击行为在各行业部门的总受访者中占比。这些行为的占比有的超过 100%，因为一些随机选择的受访者在 12 个月内经历了 1 次以上的攻击事件，有的施暴者使用了 1 种以上的攻击形式，如语言暴力和袭击可能同时发生。

表 1　澳大利亚各行业部门 12 个月内工作场所暴力经历

行业部门（例数）	语言暴力（%）	威胁（%）	袭击（%）	欺凌（%）	其他（%）	合计（%）
少年司法（50）	68	36	17	12	13	76
高等教育（100）	50	39	1	65	25	80
卫生保健（400）	67	33	12	10.5	11	67
航海业（108）	19	5.5	1	—	1	27
长途运输（300）	33	8	1	—	21	—
快餐行业（304）	48	8	1	—	2	—
出租车（100）	81	17	10	—	—	—

注：表 1 所概述的每项研究（高等教育除外）均以随机抽取该行业有代表性的劳动人口样本为基础。高等教育工作者此前曾参与一所多校区大学全体教职工的电子调查。自愿参加面对面访谈的人很可能过度代表受欺凌的劳动者。

资料来源：梅休（Mayhew），2005 年 b，第 387 页。

表 1 所示数据表明：

- 不同职业和行业的工作场所暴力模式存在显著差异。
- 虽然在许多工作场所中语言暴力和威胁都很常见，但绝大多数攻击性事件都不涉及对劳动者的身体攻击。少年司法管教所的劳动者和卫生保健工作者最常遭受工作场所中的攻击。
- 与客户及顾客进行近距离面对面接触的工作，如出租车驾驶员，似面临更高的风险。

法　国

现有证据表明，在运输部门工作的不同职业群体发生的暴力行为呈上升趋势，包括针对公共交通从业者和出租车驾驶员的暴力行为。一项研究表明，针对城市交通劳动者的攻击行为总数从 2001 年的 3073 起增加到 2002 年的 3210 起[19]，图 1 能够清晰地表明，从 1997 年至 2002 年法国交通部门的攻击事件持续增长。

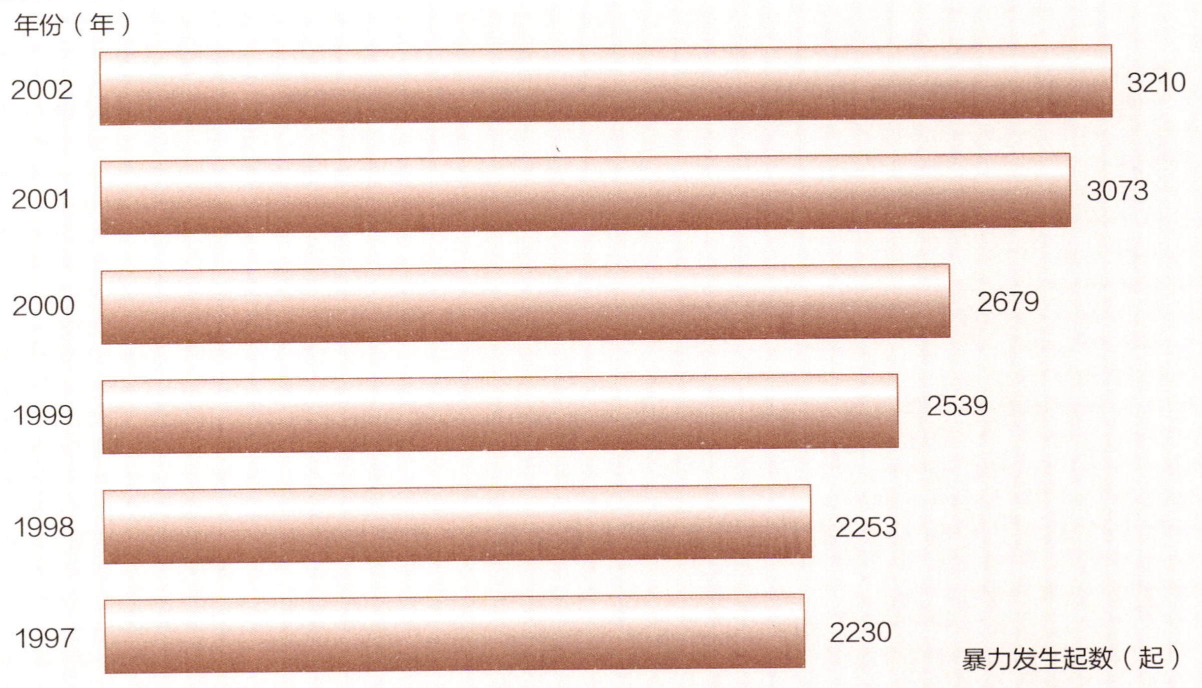

①之后是否请病假（脱离工作）。
资料来源：法国公共交通工会（Union des Transports Publics），2003 年，第 7 页。

图 1　1997 年~2002 年法国交通部门劳动者受到袭击的起数①

德　国

2002 年一项关于德国西部团伙欺凌现象的代表性研究表明，超过 80 万名劳动者是该形式暴力的受害者[20]。同样，2002 年在当时 15 个欧盟成员国进行的一项调查列举了过去 12 个月间各种形式工作场所的暴力：骚扰（7%），身体暴力（2% 来自同事，4% 来自单位外部劳动者），性骚扰（2%）[21]，换言之，工作场所欺凌、骚扰和恐吓（经常重叠的攻击形式）在欧盟成员国中十分普遍。

日　本

在日本，越来越多的关于工作场所暴力的纠纷被提交法院进行调解或裁决。在 2002 年 4 月至 2003 年 3 月，提交法院法律顾问的案件总数为 625572 起，其中有 5.1%即近 32000 起案件与骚扰和欺凌有关[22]。2003 年 4 月至 2003 年 9 月，共提出了 51444 次咨询请求，其中，9.6%与欺凌和骚扰有关[23]。换言之，这些纠纷的数量似随时间增长，致使东京劳动局在东京的 21 个地点设立了劳动咨询中心，提供有关解决争端的方法以及如何联系解决争端机构的信息，这些非身体伤害的工作场所暴力形式有严重的负面情绪或心理后果（方框 6）。

南　非

作为国际劳工组织、国际护士理事会、世界卫生组织、国际公共服务磋商项目的一部分[24]，南非开展了一项研究，发现卫生行业的劳动者遭受过各种工作场所暴力。在 12 个月期间，卫生行业私营部门 9% 的劳动者和公共部门高达 17% 的劳动者遭受过身体暴力。私营部门 52%、公共部门 60.1% 的劳动者遭受过语言暴力；公私联营部门 20.6% 的劳动者遭受过欺凌及团伙欺凌[25]。

公共部门更容易遭受暴力，发生更多与犯罪有关的事件，如抢劫、罪犯藏匿在大医院、帮派斗争在医院延续、患者持有枪支和被定罪的罪犯袭击工作人员。同时，医院也是最拥挤之地，劳动者短缺，患者等待时间长，用于培训和人力资源开发的资源较少，床位和资源短缺，预算削减，设备不足或陈旧。因此，几乎 1/3 的公共部门受访者表示他们对这种情况“非常担心”，就不足为奇了[26]。

西班牙

最近一项关于西班牙公共行政部门团伙欺凌的研究表明，22% 的官员遭受过这种形式的暴力，9.5% 的官员经历过职业倦怠[27]。相比之下，西班牙 2002 年的一项研究报告称欺凌行为的发生率为 16%[28]，5% 的官员受到“威胁”[29]。然而，西班牙劳动者遭受身体暴力的比例从 1995 年的 2% 下降到 2000 年的 1%[30]。还有一些研究将特定行业部门的受害率分开统计，例如公共行政部门[31]。

英 国

英国犯罪调查（British Crime Survey, BCS）估计，2002 年~2003 年在英格兰和威尔士发生了 84.9 万起工作场所暴力事件，其中包括 43.1 万起身体袭击和 41.8 万起威胁，总共有 37.8 万名劳动者在工作中至少经历过 1 次暴力事件（图 2）[32]。1999 年~2000 年的调查列举了 60.4 万名劳动者报告的 128.8 万起工作场所暴力事件，包括 63.4 万起袭击和 65.4 万起威胁，自 1999 年以来，暴力发生率似明显下降[33]。

美 国

谋杀是工作场所暴力中最恶劣和最严重的类型。美国官方统计数据显示，尽管这一数字近期有所下降，但谋杀仍然是第三大职业死亡原因[34]（这些统计数字将在第二章中更详细地综述）。

全球不同国家发生的特定工作场所暴力事件的数据和事例表明，此问题确实超越了特定国家、行业部门和职业群体的界限，尚无一个国家、工作环境或职业能够实际声称完全无任何形式的工作场所暴力，并且有些国家的一些职业和工作场所无疑比其他国家所面临的风险更高。

方框 6　欺凌行为造成的后果被归类为工伤：劳动者被拒绝工作后患上临床抑郁症

据共同社报道，在横滨市一家保健食品制造和销售公司工作，年龄分别为 35 岁和 36 岁的 2 名男性，申请将“被故意不给安排工作做”之后所遭受的临床抑郁症归为“rosai”或“工伤”，西横滨劳动标准监察局在 2001 年 8 月认定这些病例确实属于工伤。

大多数被归类为“工伤”的临床抑郁症病例都由过劳所致，从未有因“被不给任何工作做”而被批准的“工伤”，因此，协助这两名劳动者申请工伤认定的律师称此裁决为一项重大突破。这两名劳动者于 2001 年 4 月被勒令调到一家子公司，但他们拒绝遵从该决定。第 2 个月，他们被调到人事部门，但未被分配任何工作。几个月后，他们被勒令坐在办公室用隔板将其余部分隔开的一张桌子前，并且整天未被分配任何工作。

这两名男性都主诉头痛、恶心和其他症状，并被诊断出患有临床抑郁症。2001 年 7 月，他们申请将他们的病例归为“工伤”，声称其抑郁症是由其公司的工作环境所致，其中包括公司的内部欺凌。2002 年 1 月，他们要求公司赔偿损失，并向横滨地方法院提起诉讼。

资源来源：日本劳工快报（*Japan Labor Flash*），2003 年。

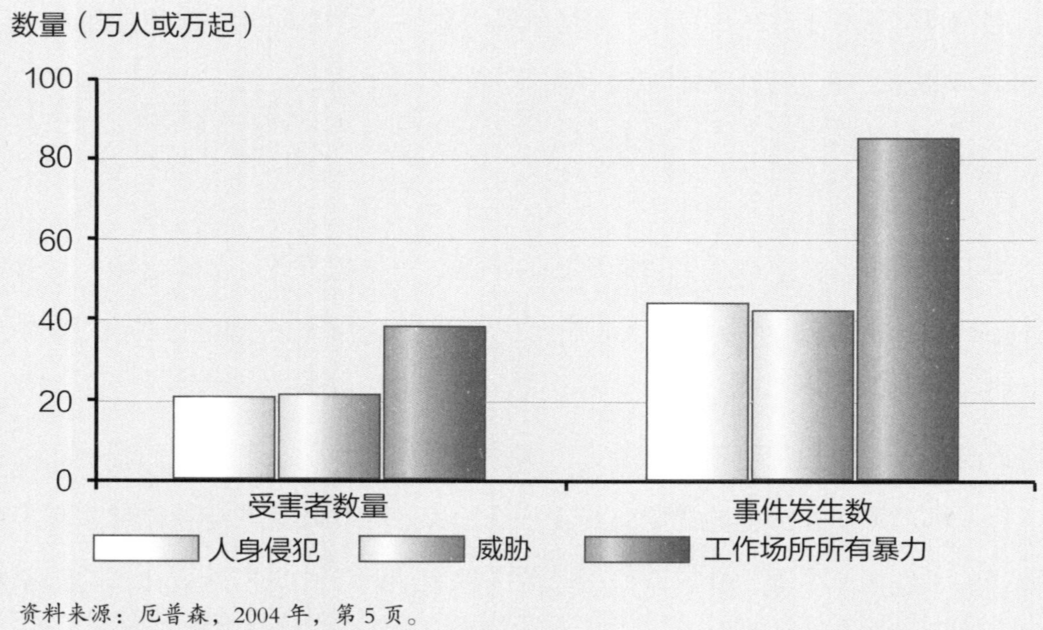

资料来源：厄普森，2004 年，第 5 页。

①以就业的适龄成年人为基础。

图 2　2002 年~2003 年英国犯罪调查访问的工作暴力受害者人数和暴力事件数量①

不断变化的工作场所暴力形式

涵盖在工作场所暴力范畴的各种行为非常宽泛，可接受行为的边界常常是不明确的，并且在不同的文化中对构成暴力的观念又如此多样，以至于如何定义工作场所暴力是一项重大挑战。实际上，工作场所中的暴力可能包括的各种各样行为通常是持续的或重叠的（方框 7）。

方框 7　工作中暴力行为示例

—— 谋杀（Homicide）

—— 强奸（Rape）

—— 抢劫（Robbery）

—— 伤人（Wounding）

—— 殴打（Battering）

—— 身体攻击（Physical attacks）

—— 踢打（Kicking）

—— 咬（Biting）

—— 拳打（Punching）

—— 唾骂（Spitting）

—— 挠、抓（Scratching）

—— 拧、掐和相关动作（Squeezing, pinching and related actions）

—— 咒骂（Swearing）

—— 尾随（Stalking）

—— 骚扰，包括性与种族相关的虐待（Harassment, including sexual and racial abuse）

—— 讽刺（Innuendo）

—— 迫害（Victimizing）

—— 恐吓（Intimidation）

—— 威胁（Threats）

—— 排斥（Ostracism）

—— 传递冒犯性信息（Leaving offensive messages）

—— 挑衅姿态（Aggressive posturing）

—— 粗鲁姿势（Rude gestures）

—— 敌视行为：用工作工具和仪器干扰（Interfering with work tools and equipment hostile behavior）

—— 大喊（Shouting）

—— 指名辱骂（Name-calling）

—— 故意沉默（有意忽视）（Deliberate silence）。

我们对当前工作暴力的模式和趋势将在接下来的章节中进行综述。然而确实有证据表明，许多司法区的工作场所暴力的发生率和严重程度都在增加。这反映了社区意识和定罪力度的日益增强导致暴力事件报告的增加，以及在某些司法区发生的工作场所暴力事件总数在实际上升。

近年来，家庭暴力领域也有类似趋势，它从“隐藏问题”迅速成为公共问题，成为被广泛关注和行动的主题。因此，家庭暴力的真实程度现在才被披露，而且它有可能通过将家庭冲突转移到工作环境而对工作场所产生负面的“溢出”影响。暴力对发展中国家和工业化国家的女性、儿童和年轻人以及社会上和经济上的弱势群体产生不相称的影响同样越来越明显。越来越多就业不稳定的劳动者容易失业和缺乏安全感，这也反映出因工作场所暴力而受害的人数在持续增加[35]。即使在那些暴力仍是“隐藏问题”的国家和工作场所，只要进行更仔细的分析和调查，暴力很可能会立即暴露出来。即使如此，非致死性暴力事件在很大程度上仍然报告不足。

从生理到心理

人们的注意力更多倾向于身体暴力，所出现的典型的工作场所暴力大多是本章开头提到的个别重大事件。然而，近年来新的证据不断说明非身体暴力——通常称为**心理暴力**——也会对受害者造成影响和伤害。心理暴力包括所有可能对受害者造成重大的情感伤害的各种攻击性手段，通常包括欺凌、团伙欺凌、胁迫、语言暴力和性骚扰。许多工作场所心理暴力都是由施暴者反复实施的，虽然事件的单次影响可能相对较小，但对受害者的累积效应会导致非常严重的后果[36]（通常比身体暴力造成的影响更大），例如反复**性骚扰、欺凌或团伙欺凌行为**。

性骚扰

尽管单次事件就能构成性骚扰，但性骚扰通常包括反复的、不受欢迎的、单方面的、强加的、可能对受害者造成破坏性影响的行动。由于工作场所的施暴者通常对性骚扰的受害者处于监督或比受害者更有权力的工作角色，因此受害者可能会因恐惧而不敢反抗或不敢正式提出投诉（控告）。

以下摘录自欧盟委员会指令 2002/73/EC（修订在就业、职业培训和晋升以及工作条件方面落实男女平等待遇原则），其对性骚扰的定义为：“凡发生任何形式的、不想发生的语言、非语言或身体上的性侵犯，营造胁迫、敌对、侮辱或令人反感的环境时，其目的或后果是侵犯人的尊严[37]。"

正如现实情况那样，性骚扰能够以多种形式发生，用来描述这些行为以及所涉及情况的术语可能会重合（方框 8）。

方框 8　性骚扰的形式

身体性的

- 故意和未经请求的身体接触。
- 不必要的身体挨近。
- 跟踪，例如反复以持续但通常不引人注目的方式跟踪。

语言性的

- 对一个人的身体、外表或生活方式反复做出性相关的评论或手势。
- 冒犯性电话。
- 对一个人的私生活过分好奇或暗示。
- 性暗示的笑话或提议。
- 在别人明确表示自己不想要之后仍不断邀请其参加社交活动。
- 带有性相关内容的、不需要的夸奖。
- 带有性色彩的语言、嘲笑或讽刺。
- 指名辱骂。
- 以某人的名字取乐。
- 提及性取向。

姿势性的

- 对某人的身体、外表或生活方式反复做出与性相关的手势。
- 具有性暗示的点头、眨眼，手、手指、腿或手臂的姿势、标识和其他冒犯性行为。
- 持续不怀好意地打量某人或其身体的某处。

书面的

- 冒犯性的信件或电子邮件。

强制性行为

- 用于控制、影响某人或其工作、事业或地位的，公开的或秘密的行为。
- 明确或隐含承诺职业晋升以换取性利益。

• 明确或隐含承诺聘用以换取性利益。
• 如果不保证给予性利益则要解雇的威胁。
• 如果不保证给予性利益则有意为难其工作。

制造敌意的环境

• 显示或展示色情图片、漫画、照片、图形或互联网图像。
• 具有色情性质的冒犯性的笑话。
• 展示色情材料、涂鸦、海报等。
• 暴露身体的私密部位。
• 使用淫秽语言。

资料来源：迪·马蒂诺，2002 年 a。

方框 9 列出了欧盟对工作中的暴力行为进行的调查结果。

欺　凌

工作场所欺凌是指通过报复性、残忍、恶意或羞辱性的企图损害个人或劳动者群体的**反复**攻击性行为。欺凌通常是隐匿的，发生在潜在证人看不见之地。然而这些行为通常会随着时间的推移而升级[38]。这些对受害者个人和职业表现的持续负面影响通常是不可预测、不合理和不公平的。

欺凌能够以多种不同的方式发生，如下所示，有些很明显、很容易识别，而另一些很微妙、难以明确区分。

工作场所欺凌意味着骚扰、冒犯、社会排斥某人或对某人的工作任务产生负面影响。欺凌（或团伙欺凌）必须在一段时间内（如大约 6 个月）反复和有规律地发生（如每周）在特定的活动、交往或流程中，才能称为欺凌（或团伙欺凌）。欺凌是一个不断升级的过程，在这个过程中被欺凌者一直处于劣势，成为系统性负面社会行为的目标。如果某冲突事件是一个孤立的事件，或者如果冲突双方的“力量”大致相等，那么冲突就不能称为欺凌[39]。

欺凌行为可能包括：

• 让那些比欺凌者有能力者的日子不好过。
• 通过不断的批评或推卸责任来惩罚其他能力太强者，经常给他们琐碎的事情做。

方框 9　欧盟工作暴力调查

调查问卷的结果表明：

- 各国在健康和安全背景下对暴力问题的认识存在很大差异。
- 除荷兰外，各国的立法立场一般都是将工作场所暴力包含在框架式的健康和安全法律法规、民法典和刑法中。
- 对暴力问题的研究是一种相对较新的研究方向，研究主要集中在欧洲较发达的国家。
- 据报告，法的执行一般在健康和安全法规要求的总体实施范围内进行，并在一定程度上使用了刑法典和民法典。
- 许多国家实施抗击工作场所暴力执法的重大障碍包括对工作场所暴力认识不足、在中小型企业中难以实施法律以及执法资源有限。

受访者提供的数据得出的总体结论是，在许多国家，人们对工作中的暴力问题的认识有限，但法律条文普遍存在并得到很好的执行，尽管如此，仍有理由质疑该结论。

首先，从文献综述中得出的主要结果是：工作场所暴力问题的严重性通常被低估，由于缺乏关于工作场所暴力的发生率和程度的具体而全面的研究，很难相信该问题已得到妥善处理。

其次，在整个欧盟，现有应对工作场所暴力的指南并不统一。在统一标准缺失的情况下，似不太可能真正地对工作场所暴力问题进行统一和全面的管理。

再次，必须质疑执法情况。尽管调查的受访者普遍报告工作场所暴力的执法实施情况良好，但连执法的确切性质都还未知。毫无疑问，负责健康与安全的相关机构应在一系列健康与安全问题上履行其职责，但这些仅限于在提供给他们的资源范围内这样做。这通常意味着实践中执法的资源有限，尤其是中小型企业往往不受高级别执法部门的约束。此外，在对工作场所暴力问题认识有限的情况下，必须质疑企业内部实际管理活动的程度。由于这些原因，该地区的工作场所暴力的执法情况可能不容乐观。

最后一个令人关注的问题是，尽管许多国家的情况看似积极，但仍有一些国家报告对工作中的暴力行为的关注程度很低。在不希望单列出某些特定国家的情况下，从其所发表的一些评论以及一些国家缺乏答复来看，显然在各个层面上对该问题的管理都有很大的改进空间。

资料来源：怀恩（Wynne）等，1997 年，第 28 页～第 29 页。

- 拒绝授权，因为欺凌者觉得他们不能信任其他任何人。
- 对员工大喊大叫，让他们把事情做好。
- 持续在他人面前或私下捉弄别人。
- 坚持认为某种做事的方式总是正确的。

- 通过阻止提拔来保持个人的地位。
- 如果有人敢挑战欺凌者的权威，欺凌者就会让他们超负荷工作，缩短最后期限，希望他们失败。
- 嫉妒他人的专业或社交能力，所以想让别人显得无能或生活悲惨，希望他们被解雇或辞职[40]。

团伙欺凌

据报道，近年来另一种形式的系统性集体暴力正在澳大利亚、奥地利、丹麦、德国、瑞典、英国和美国等国家增加。在欧洲，这种集体暴力通常被称为“团伙欺凌”（mobbing）。该词在一些国家有其特定用语，例如法语 harcèlement moral，西班牙语 acosoor maltrato psicológico，葡萄牙语 coacção moral，意大利语 molestiepsicologiche，越来越多的人认识到团伙欺凌。

团伙欺凌通常涉及一群劳动者联合起来攻击一位目标者，并使其遭受心理骚扰（方框10）。团伙欺凌包括诸如此类的行为：对某人持续发表负面评论或不断批评他的行为，通过隔绝社交活动孤立某人，闲聊或散布有关某人的虚假信息，或不断嘲笑某人。这种表面上看起来微不足道的单一行为对人的影响可能是毁灭性的，据估计，瑞典每年自杀总数中有10%~15% 处于或曾处于团伙欺凌[41]。

欺凌（主要指个人骚扰的情况）和团伙欺凌（主要包括集体骚扰的情况）在概念上的区别日渐趋同。大多数研究者如今在施暴者或施暴目标的数量上没有区分欺凌和团伙欺凌。有人可能会说，即使接受这种区别，其心理过程以及对受害者的重大影响大体等同。

工作场所暴力的新情况是同等重视不恰当的身体和心理行为，并充分认识到工作场所非身体暴力的重要影响。也认识到工作场所暴力不仅限于特定工作场所，如办公室、工厂或零售机构，由于新型信息技术的普及，在通勤期间和非传统工作场所，如家庭、远程医疗中心和可移动场所等，也存在暴力风险[42]。

鉴于对工作场所暴力认识水平的提高和报告数量的增加，现在劳动者、工会、用人单位、公共机构和国际专家越来越关注工作场所暴力。在关注此问题的同时，还应呼吁采取行动，预防工作场所暴力，在事件发生时或之后减轻受害者及其家属、用人单位和整个社

方框 10 挪威一家工厂的团伙欺凌

利夫（Leif）作为修理工在挪威一家大型工厂从事机械维护工作。作为一名熟练工，他收入较高。因其来自丹麦，同事经常嘲笑其丹麦口音的挪威语。该情况经常发生，以致其人际关系受到严重影响，他被孤立了。有一次，他恼火透顶，用拳头砸桌子，并要求停止所有对于其口音的嘲笑。从那时起，情况变得更糟。同事们加剧并扩展“嘲笑”的范围，其中包括将不需要修理的机器送给他修理。就这样，利夫逐渐获得了“丹麦疯子”的名声。

刚开始，许多工人和领班都不知道他突然的异常表现是被“嘲笑”的结果。他的社交网络崩溃了，越来越多的同事加入了这场“欺凌围猎”。无论他出现在哪里，大家都开玩笑和嘲讽。他的攻击情绪逐渐增强并且引起了管理层的注意，管理层的印象是利夫是过错方，并且通常认为他是一名绩效低的劳动者（因为同事的嘲笑逐渐变成的），于是利夫受到惩罚。他的焦虑逐渐加剧，出现心身问题，并开始请病假。用人单位在未讨论其问题的情况下给他重新分配技能较低的工作。利夫觉得不公正，他认为自己没有过错。

这种情况逐渐导致利夫患有严重的心身疾病，长期请病假。利夫丢了这份工作，因为他的工作履历中呈现出病史，所以找不到其他工作。他在社会上孤立无援，变成了一名完全失业的流浪者。

资料来源：莱曼（Leymann），1990 年，第 119 页，施普林格出版股份有限公司（Springer Publishing Company）授权使用，纽约，邮政编码：10012。

区处理这种暴力所付出的巨大社会、经济和其他相关成本。然而，关于应采取行动的性质和方向，以及谁有责任应实施预防性干预措施仍有疑问。

从意识到行动

随着就工作场所暴力的广泛定义（包括身体和心理因素）达成共识，人们似乎也普遍意识到这种形式的暴力是：

- 一个重大但仍未得到承认的问题。
- 不局限于大规模谋杀的个别事件，而是延伸到更广泛的、看似轻微但往往具有毁灭性的行为。
- 对劳动者、企业和社区来说，这是一个极其昂贵的负担。
- 不是偶发的、个人的问题，而是一个根植于更广泛的社会、经济、组织、性别角色和文化因素的结构性、战略性问题。

- 有损工作场所的功能，针对此种暴力行为采取的任何行动都是健全企业组织发展的组成部分。
- 此问题必须解决，而且要立即解决。

在应对工作场所暴力问题时，人们现在越来越意识到，这是一种职业危害，绝不能再接受任何形式的暴力是任何工作的正常组成部分，甚至在执法中。就像高危制造业和相关职业的情况一样，风险管理策略的实施是为了降低不确定性和受伤的可能性，应采取此类策略最大限度地降低劳动者在工作场所受到袭击、骚扰和虐待的可能性。

人们还日益认识到在应对暴力时必须考虑全面。这意味着与其为任何问题或情况寻找简单化的“单一解决办法”，不如查明和分析产生暴力的各种原因，并采取多种干预策略。这些策略应寻求对此问题采取广泛的预防办法，解决发生工作场所暴力的组织、管理和人际关系的根源。预防性干预还应通过重新设计工作场所和组织干预，加强对劳动者的安全保护，并在必要时提供康复和心理咨询，帮助受害者应对暴力事件的后果。

本书的范围

本书通过分析科学文献、数据和信息，旨在激励该领域未来的行动。虽然作者并没有在提供资料方面详尽无遗，并且他们刻意避免对暴力事件进行较为“耸人听闻”的介绍（尽管提供了其中一些事件的小插曲），而是将重点放在诠释工作场所暴力根源的客观数据、经验和科学出版物上，并促进此领域的积极行动。

本书覆盖全球是因为工作场所暴力在发展中国家和工业化国家都有，尽管来自发展中国家的关于工作场所暴力的信息通常是有限的、偶发的和不明确的，但其趋势是信息记录得更翔实。随着更多国家的数据质量提升，使得在第二章中列入专门讨论发展中国家的工作场所暴力问题变为可能。

如前所述，工作中暴力的根本原因在于更广泛的社会、文化、经济、社会性别角色及其相关领域，有大量关于暴力发生原因的文献可供查阅。然而，这些文献材料是如此广泛和深远，根据本书的目的无法在书中对其进行详细论述，取而代之的是第四章回顾了文献中对暴力的主要解释，因为它们与工作场所暴力这一具体问题相关。

为了避免重复劳动，本书只对国际劳工组织广泛和具体的行动已经涵盖的问题给予有限关注，如解决职业压力、酗酒和吸毒问题，以及童工[43]和移民劳动者等其他方面。某些技术议题如与军事行动有关的暴力，也不在本书讨论范围之内，本章开头提到的与国际恐怖主义这一范围过广的问题有关的任何详细综述也不在此列。

本书旨在为理解工作场所暴力的性质提供基础信息，并为将来预防这种情况的发生提出建议。因此，讨论强调了预防性战略，阐述了能够从这种经验中吸取的积极教训。本书面向所有参与抗击工作场所暴力者：政府机构的决策者、用人单位和工会、健康和安全专业者、顾问、培训师，以及管理层和劳动者代表。

本书由三部分组成：

第一部分致力于理解工作场所暴力行为。它涵盖了关于这一现象和不断变化的暴力状况的科学证据（第一章），对工业化国家和发展中国家的数据模式和趋势的分析（第二章）以及对处于风险的职业和环境的分析（第三章）。最后对工作中暴力给个人、用人单位和社区的社会和经济成本进行了分析（第四章）。

第二部分审查工作中暴力的不同应对类型，并确定最佳解决办法。这一部分分析了立法和监管干预以及具体法律的出现，更加重视预防性战略，以及抗击工作场所暴力的新集体协议（第五章）。第二部分还包括对政策和指南的分析，关于如何有效地应对工作场所暴力的主要信息，特定职业和特定类型暴力的指南（第六章），讨论最佳实践干预措施（第七章），最后考虑国际上对工作场所暴力的日益关注和在这一领域采取的举措（第八章）。

第三部分总结从前面的分析中吸取的主要教训，强调要传达的主要信息，并根据成功的经验提出了**具体且实际的行动建议**（第九章）。

注释

[1] 卢米斯（Loomis）等人，2001 年，第 410 页～第 417 页。

[2] Infoplease（在线百科网站），无日期，“恐怖袭击（在美国境内或针对海外美国人）：2001 年 9 月 11 日的受害者”。

[3] 关于上述事件的详细描述和分析，请参阅《9·11 委员会报告》，2004 年 7 月 22 日美国国家恐怖袭击委员会的最终报告，委员会于 2004 年 8 月 21 日停止工作。（参阅 http://www.9-11commission.gov/report/911Report.pdf，2005 年 9 月 27 日访问）。

[4] 澳大利亚联邦警察，无日期。

[5]维基百科，2004 年 3 月 11 日，“马德里火车爆炸案”。

[6]同上，2005 年 10 月 4 日，“伦敦西部爆炸案”。

[7]伊拉克死亡人数。《平民伤亡档案》，2003 年~2005 年。

[8]同上。

[9]国际新闻工作者联合会定期更新媒体从业人员伤亡情况，例如，《2003 年被杀害的记者和媒体工作人员》（参阅 www.ifj.org/pdfs/killreport 2003.pdf，2005 年 9 月 27 日访问）。

[10]哥伦比亚广播公司新闻部网站，《深度调查：伊拉克境内的外国人质》，2005 年，5 月 15 日。

[11]A. 奥尼尔，2005 年，第 377 页 ~ 第 391 页。另见关于生物恐怖主义可能对健康造成影响的电子出版物：施瓦德（Schwid）等人，2002 年。

[12]这些建议在《卡伦报告》中的第 12 章中进行了总结。在报告发表时，政府提供了对每项建议的官方答复。见苏格兰事务部，《对于 1996 年 3 月 13 日邓布兰小学枪击案的公开调查：政府的回应》。

[13]参见《卡伦报告》（卡伦，1996 年），第 9 章，政府的回应（苏格兰报告，1996 年，第 5 页 ~ 第 6 页）。1997 年，一项新法律禁止使用 22 口径以上的手枪。1998 年，禁令进一步扩大到禁用小口径手枪（参见：“枪支法运动”，http://www.crimelibrary.com/notorious%Sfmurders/mass/dunblane%Sfmassacre，2005 年 9 月 27 日访问）。

[14]政府回复（爱丁堡，苏格兰事务部，1996 年，第 6 页 ~ 第 7 页）。1997 年，英国卫生与安全执行局通过其教育服务咨询委员会发布了教育部门的暴力问题报告［伦敦，英国文书局（His Majesty’s Stationery Office，HMSO），1997 年］，向教育部门的管理人员和工作人员提供以下方面的建议：识别潜在的暴力风险；制订行动计划和意向声明；事件记录；制定预防战略；支持暴力受害者的工作人员；以及警察的作用。

[15]这一事件促使人们对法国学校的安保和安全进行了重要审查。参阅：《预防学校暴力计划》（*Les Dix-neuf Mesures Arrêtés.*），分为 3 个主要领域和 19 项措施，《费加罗报》，1996 年 3 月 21 日，第 9 页。

[16]自由网络杂志，“科伦拜恩高中的勇气”，1999 年 7 月（参见：http://www.doctor liberty.com/columbine.html）。这一事件也是迈克尔・摩尔（Michael Moore）执导的奥斯卡获奖纪录片《科伦拜恩的保龄》（2000）的主题，该片在美国和其他地方广泛放映。

[17]美国邮政服务（US Postal Service）因未能阻止这起以及后来的邮政场所谋杀案而受到批评，于是委托开展研究以调查该服务机构内此类工作场所暴力的普遍性。这项研究表明，与人们普遍认为的相反，邮政服务的工作场所袭击和谋杀案发生率远低于全国平均水平。根据美国劳工部统计局的数据，“邮政工作是职场中最安全的职业之一。在劳工部的职业死亡人数表上，按与工作有关的事故或谋杀分类，无论统计数据是如何编制的，邮政劳动者甚至都不是一个值得注意的点”。《美国邮政服务》，1998 年，第 2 页（参阅“Going Postal”，http://www.crimelibrary.com/notoriousmurders/mass/workhomicide/4.html?sect=8，2005 年 9 月 27 日访问）。另见：《发病率和死亡率周报》（*MMR Weekly*），1994 年。

[18]澳大利亚国家职业健康与安全委员会（National Occupational Health and Safety Committee，NOHSC），1999 年。

[19]公共交通工会，法国，2003 年，第 7 页。

[20]梅施库塔特（Meschkutat），斯泰克伯格（Stackelbeck）和兰根霍夫（Langenhoff），2002 年。

[21]保利（Paoli）和帕朗 - 蒂里翁（Parent-Thirion），2003 年，第 63 页。

[22]日本厚生劳动省，2003 年。

[23]日本劳工快报，2003 年。

[24]迪・马蒂诺，2002b。

[25]同上，第 25 页。虽然报告的结果是基于标准化的定量和定性方法和工具，但它们只是与特定地理区域有关的案例研究，因此应谨慎解释。另见第 9 页。

[26]同上。

[27]西斯内罗斯・V.（CISNEROS V.），《西班牙公共行政中的团伙欺凌报告》（Mobbing in Spanish Public Administration Sreport.），由伊纳基・皮努埃尔（Iñaki Piñuel）提供给作者，2004 年 9 月 18 日。

[28]皮努埃尔和扎巴拉（Zabala），2002 年。

[29]迪・马蒂诺，赫尔（Hoel）和库珀（Cooper），2003 年，第 42 页。

[30]同上，第 39 页。

[31]关于公共管理，见夏尔皮（Scialpi），2004 年。

[32]厄普森，2004 年。

[33]巴德（Budd），2001 年，第 3 页。

[34]桑塔纳（Santana）和费舍尔（Fisher），2002 年，第 90 页～第 113 页。另见费舍尔等人，1998 年，第 65 页～第 82 页。

[35]梅休和昆兰（Quinlan），1999 年，第 183 页～第 205 页。另见梅休，2003 年，第 203 页～第 219 页。

[36]梅休等人，2004 年，第 117 页—第 134 页。

[37]欧洲议会，2002 年。

[38]麦卡锡（McCarthy）和梅休，2004 年，另见梅休，2000 年 a。

[39]埃纳森（Einarsen）等人，2003 年 b，第 15 页。

[40]公共服务业工会（UNISON），1996 年。

[41]莱曼，1990 年，第 122 页。经纽约施普林格出版股份有限公司许可使用。另见埃纳森和米科尔森（Mikkelsen），2003 年 a，第 127 页～第 144 页。

[42]关于远程办公的推广和相关的暴力风险，见迪·马蒂诺，2001 年。另见同上，2005 年。

[43]1999 年 6 月，国际劳工大会通过了《禁止和立即行动消除最恶劣形式的童工劳动公约》（第 182 号）和建议书（第 190 号），批准该公约的成员国必须“立即采取有效措施，确保作为紧急事项禁止和消除最恶劣形式的童工劳动”。这些童工劳动包括：“（1）所有形式的奴隶制或类似奴隶制的做法，如出售和贩卖儿童、债务劳役和奴役，以及强迫或强制劳动，包括强迫或强制招募儿童用于武装冲突。（2）使用、招收或提供儿童卖淫、生产色情制品或进行色情表演。（3）使用、招收或提供儿童从事非法活动，特别是生产和贩卖有关国际条约中界定的毒品。（4）在可能对儿童健康、安全或道德有伤害性的环境中工作。”

（本章节方框内容由米元齐翻译，正文其他内容由吴菁翻译；审校：张敏）

第二章

模式和趋势

本章介绍并分析了不同国家的工作场所暴力程度的数据。在可能的情况下，会提供可靠的政府统计数据以加强对于风险模式的理解，但对跨国的数据进行分析比较困难，从数据中得出的解读必须谨慎。例如，在将一个国家的数据与另一个国家的数据进行比较时总会遇到困难，因为不同国家对不同形式工作场所暴力的定义不同，不同当局采用的编码标准也不尽相同，而且各国的文化理解也各不相同。

本章的讨论从一些国际公认的工作场所暴力定义开始，然后详细地回顾了欧洲和美国的现有数据，数据包含了谋杀、袭击、欺凌、性骚扰和其他攻击形式的工作场所暴力。之后提供了一系列的个案研究，详细地说明了不同发展中国家受害劳动者的经历，包括某些工会会员、流动劳动者、童工面临的一些风险以及性骚扰和暴力的特殊风险。本章回顾了男性和女性劳动者所遭受的不同水平的工作场所暴力，以及年轻劳动者所面临的特殊风险。

定义

对此问题的任何分析都面临重大的挑战，即对“暴力”“工作”“工作场所暴力”的定义未达成一致。世界卫生组织最近全面而权威的《世界暴力和健康报告》将“暴力”定义为：“蓄意运用身体的力量或权力，对自身、他人、群体或社会进行威胁或伤害，造成或极有可能造成损伤、死亡、精神伤害、发育障碍或权益的剥夺。”[1]

关于“工作场所暴力”的通用定义，国际上尚未达成一致。1994 年 5 月，欧盟委员会在都柏林组织了专家会议，首次为该领域达成共识做出了协调一致的努力。会议对“工作场所暴力”做出了以下定义：“劳动者在与其工作相关的环境中，遭受来自外部或内部的对他们的安全、健康构成威胁的虐待、攻击、骚扰事件。”[2]

- “虐待（Abuse）”是指一切背离合理行为并涉及滥用身体或心理力量的行为。
- “威胁（Threats）”包括死亡威胁，或宣布有意图伤害他人或破坏他们的财产。
- “攻击（Assault）”一般包括任何人身伤害或袭击的企图，也包括实际的人身伤害。

在实际情况中，这些行为往往相互重叠，因此很难对不同形式的暴力进行分类。强调事故对人的安全、健康和福祉的影响似乎主要反映了与会专家的特别关切，尽管这确实很重要。

同时，2003 年国际劳工组织理事会专家会议通过的国际劳工组织业务准则《服务业的工作场所暴力及抗击暴力措施》对“工作场所暴力”做出了以下定义：“使劳动者在工作过程中或直接因工作受到攻击、威胁、损害或受伤的任何不合理的动作、事件或行为。”[3]

在这一通用定义中，该准则对内部暴力和外部暴力进行了区分：

- 工作场所内部暴力是指发生在劳动者之间（包括管理者和主管人员）的暴力。
- 工作场所外部暴力是指发生在劳动者（以及管理者和主管人员）和工作场所其他任何人之间的暴力[4]。

其他类型的工作场所暴力被排除在这些定义之外，也不在本书范围内。例如，本书不考虑针对财产的暴力行为，尽管这是零售部门工作场所的一个重大问题。

同样，广义上的工作场所犯罪也被排除在外，因为此术语包括盗窃、诈骗和贪污等非暴力犯罪。需要注意的是，此类非暴力犯罪的发生率和流行率明显高于工作场所的暴力（正如在更广泛的社区中）。除了欺凌、恐吓和性骚扰等重要情况，会演变成暴力行为的工作场所冲突也被排除在外。

“工作”和“工作场所”的定义也充满了争议。如果官方的犯罪统计数据与职业数据有联系，并包含有关犯罪暴力事件发生地点的信息时，这些术语往往被采用相当有限制性的定义，提供的数据可以是办公室、银行等场所、学校或其它现实场所的暴力犯罪数据。然而，这种工作场所的定义不包含移动的或地理上有变化的职业活动，如执法者[5]、出租车驾驶员或记者的活动；也不考虑劳动者将进入他人家中的职业群体，如抄表工、水管工和邮政工作者；或者那些将自己的家作为工作场所的职业群体。新技术使许多传统工作场所变得冗余，上述后几类就业正变得更加普遍。

为了解决这些问题，国际劳工组织《服务业的工作场所暴力及抗击暴力措施》的业务准则首次澄清了暴力与工作之间的关系，以及什么是“工作场所”。该准则规定：“凡提及‘（工作的）直接结果’，应理解为与工作有明确联系，并且有关行动、事故或行为发生在其后的一段合理期限内。”[6]

该准则还对“工作场所”提出了如下定义：“劳动者因工作需要或必须前往的，由用人单位直接或间接控制的所有地方。”[7]

工作场所暴力区域和国家的数据

现在，将注意力转向与工作场所暴力的模式和趋势相关的选定区域和国家的数据。本书的目的不是详尽地描述这种暴力在世界上每个国家和地区的性质和严重程度。事实上，这种描述就大多数实际目的而言是毫无意义的，因为在许多司法区域有关此问题的数据质量和数量都非常有限，正如欧盟委员会对欧洲国家关于此数据的权威综述所指出的：

> 由于在此问题上普遍缺乏国家一级或职业一级的数据，与工作场所有关的暴力事件发生率很难估计。在获取这些信息方面存在特定的障碍，其中包括：
>
> - 在许多国家，涉及工作场所暴力的事件不属于健康和安全要求的范围，例如工作事故的报告要求。
> - 负责收集数据的地方，通常只侧重于收集暴力的致死后果，这些数据往往涉及极端暴力事件，例如使用武器的人身攻击。
> - 用人单位一般无适当的机制和程序记录或有效处理对劳动者的暴力问题。
> - 记录工作场所暴力事件的程序存在若干问题。在许多情况下，记录是以事故形式收集的，因此很难评估涉及暴力的真实事件数量。此外，报告程序不记录暴力威胁或接触威胁行为所造成的情绪或心理状况。
> - 某些类型的暴力事件，例如暴力威胁、劳动者之间的打斗和破坏性行为，无法

> 被报告到发生暴力事件的组织之外[8]。

在这些限制条件之下，以下是试图就公布的数据中出现的更重要的工作场所暴力的模式和趋势提供一些描述[9]。虽然非常缺乏反映具体趋势的数据，但欧洲和北美似乎都认可并详细地记录了工作场所暴力的规模和严重程度。

欧　洲

欧盟的纵向数据可以从欧洲改善生活和工作条件基金会（欧洲基金会）获得。根据2000年对当时15个欧盟成员国21703名劳动者的访谈，欧洲基金会进行了第三次欧盟工作状况调查，并且有一项重要附加说明，即1995年~1996年和2000年的欧盟工作状况调查，二者以稍有不同的方式询问了工作场所暴力和骚扰的经历，因此，该调查方法的改变使得调查结果之间较难比较。

欧洲基金会的第三次欧盟工作状况调查结果显示，在2000年，大约6%的劳动者在过去的12个月中遭受身体暴力（4%来自其他人，1.5%来自同事），2%遭受性骚扰，9%遭受恐吓或欺凌。然而，遭受工作场所暴力的风险在不同的行业部门和工作群体中并不相同[10]。

> 身体暴力似乎在整个欧盟的医疗保健和教育部门中是最常见的……2000年，11%的医疗保健和教育部门的劳动者经历过身体暴力……欧盟所有劳动者中，1.5%报告曾遭受同事的身体暴力，4.1%报告曾遭受工作场所之外的人的身体暴力。该现象表明，日益增加的身体暴力问题主要涉及需要与难缠的客户打交道的职业[11]。

虽然图3表明，随着时间的推移，工作场所身体暴力发生的比例有所下降，恐吓、欺凌略微上升，但欧洲基金会的其他出版报告显示，1996年至2000年，男性和女性报告的身体暴力、恐吓、欺凌和性骚扰案件数量持续上升[12]。因此，在解读短期趋势时需要谨慎，因为这种增长部分很可能与近年来加强宣传和改进报告有关，而不是与这些形式工作场所暴力的实际增长有关。

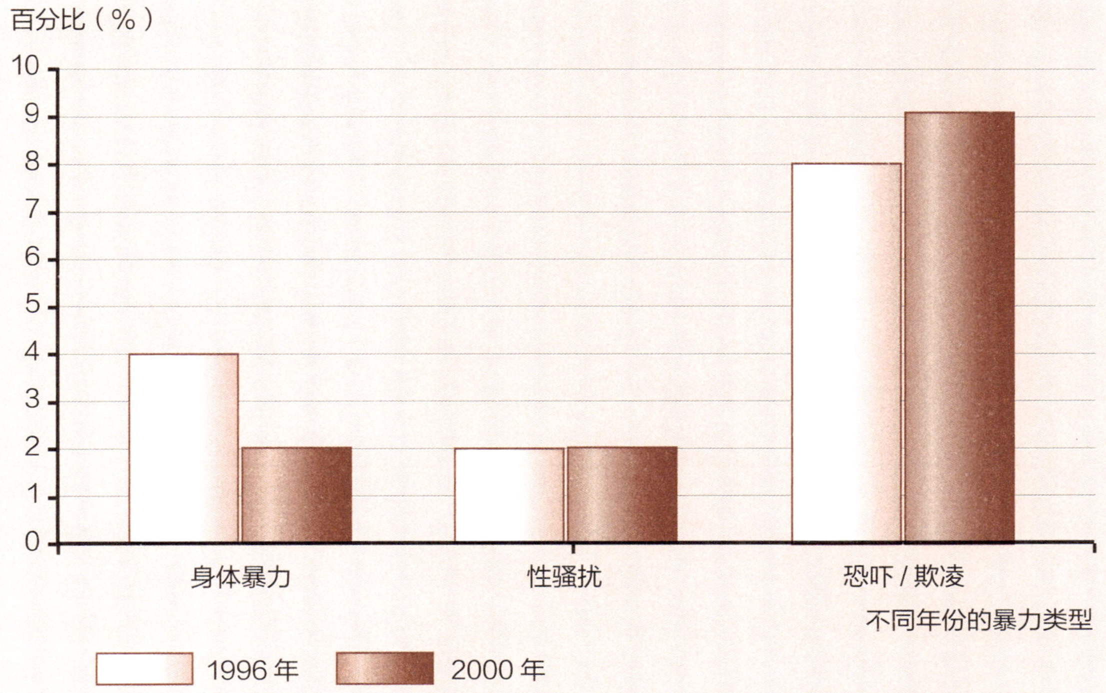

资料来源：迪·马蒂诺，赫尔和库珀，2003 年，第 45 页，基于欧洲基金会 1996 年和 2000 年在保利和梅丽尔关于工作条件的第 2 次和第 3 次调查。

图 3　1996 年和 2000 年欧盟的工作场所暴力占报告案件的百分比

2003 年，欧洲基金会发布了将研究扩展到 12 个加入国（Acceding Countries）的结果（塞浦路斯、捷克、爱沙尼亚、匈牙利、拉脱维亚、立陶宛、马耳他、波兰、罗马尼亚、斯洛文尼亚等[13]）。调查显示，欧盟成员国和加入国发生的各种形式的工作场所暴力的比例大致相等，如图 4 和图 5 所示[14]。

虽然图 4 和图 5 所示的工作场所暴力统计数字似乎相对较低，但应记住劳动者的 7% 也表明有很多受害者。总体来说，报告显示过去一年中在工作中遭受骚扰的人数有 300 万至 400 万。

身体暴力

同样，尽管报告显示身体暴力案件的数量有所下降，但欧洲基金会 2000 年的调查结果仍然表明，在欧盟 1.3 亿名劳动者中，有 300 多万名在过去 12 个月中遭受过身体暴力[15]。图 6 中显示了 1996 年和 2000 年 15 个欧盟成员国劳动者在过去 12 个月中遭受身体暴力的统计百分比。结果来自欧洲基金会与劳动者面对面的访谈。调查结果显示，不同国家之间

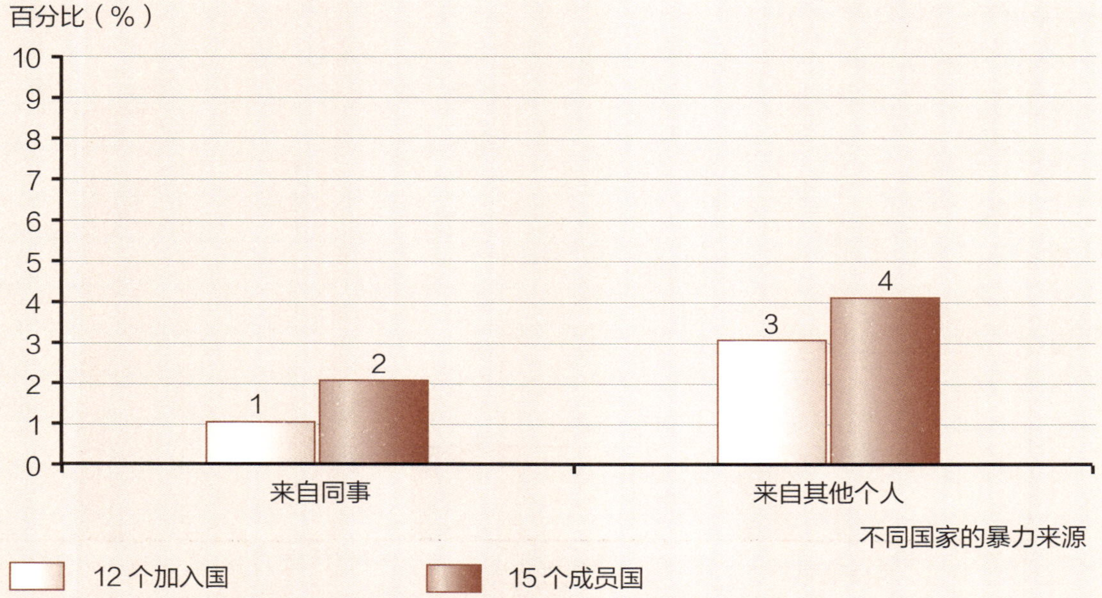

资料来源：保利和帕朗－蒂里翁（Parent–Thirion），2003 年，第 63 页。

图 4　欧盟加入国和成员国过去 12 个月中劳动者遭受身体暴力的统计百分比

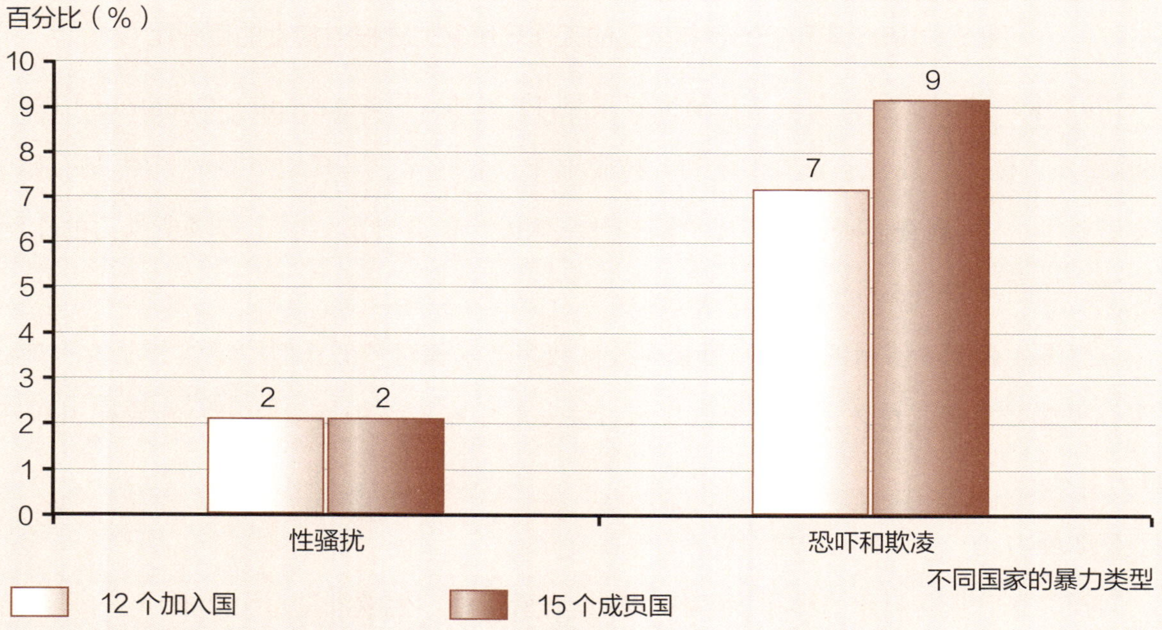

资料来源：保利和帕朗－蒂里翁，2003 年，第 64 页。

图 5　欧盟加入国和成员国过去 12 个月中劳动者遭受的恐吓 / 欺凌和性骚扰的统计百分比

暴力发生的严重程度存在很大差异，2000 年瑞典和英国的暴力事件最多，而某些南欧国家的暴力事件最少。

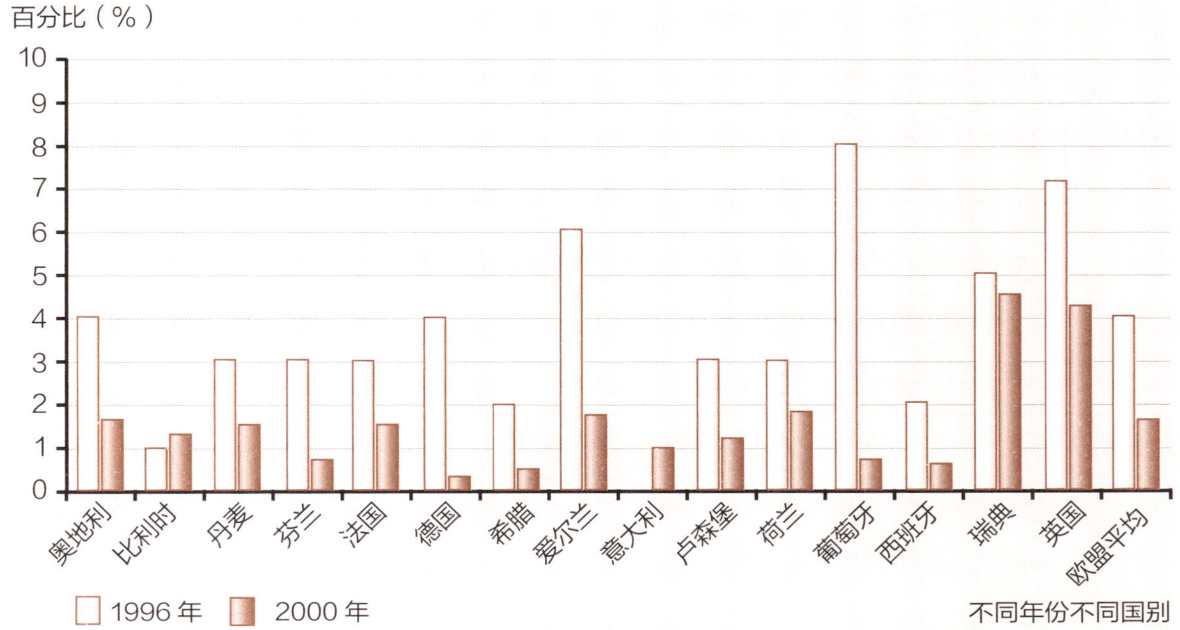

资料来源：迪·马蒂诺、赫尔和库珀，2003 年，第 39 页。

图 6　1996 年和 2000 年 15 个欧盟成员国劳动者在过去 12 个月中遭受身体暴力的统计百分比

迪·马蒂诺等人 2003 年在对欧盟工作场所暴力数据的模式和趋势进行综合评估时警告说，在国家之间进行比较会存在风险："严格地说，只有使用相同或至少相似方法的研究才具有完全的可比性，因此，只有少数几项研究提供了欧盟国家之间的比较数据，这些研究特别有价值……（因为它们是）纵向研究，可以提供关于变化趋势的最可靠信息[16]。"

在对现有研究进行评估之后，迪·马蒂诺等人在 5 个欧盟国家确定了几个严格符合方法学标准的研究，如表 2 所示。它们表明，各国在遭受身体暴力的风险方面存在相当大的差异[17]。

表 2 中所列的各国暴力发生率从 2.5% 到 71% 不等，值得关注的是，很大一部分受访者表示不止一次遭受暴力侵害。

在英国找到了纵向收集的关于欧洲国家工作场所暴力的最全面数据，图 7 显示了英国犯罪调查中关于此问题的调查结果。

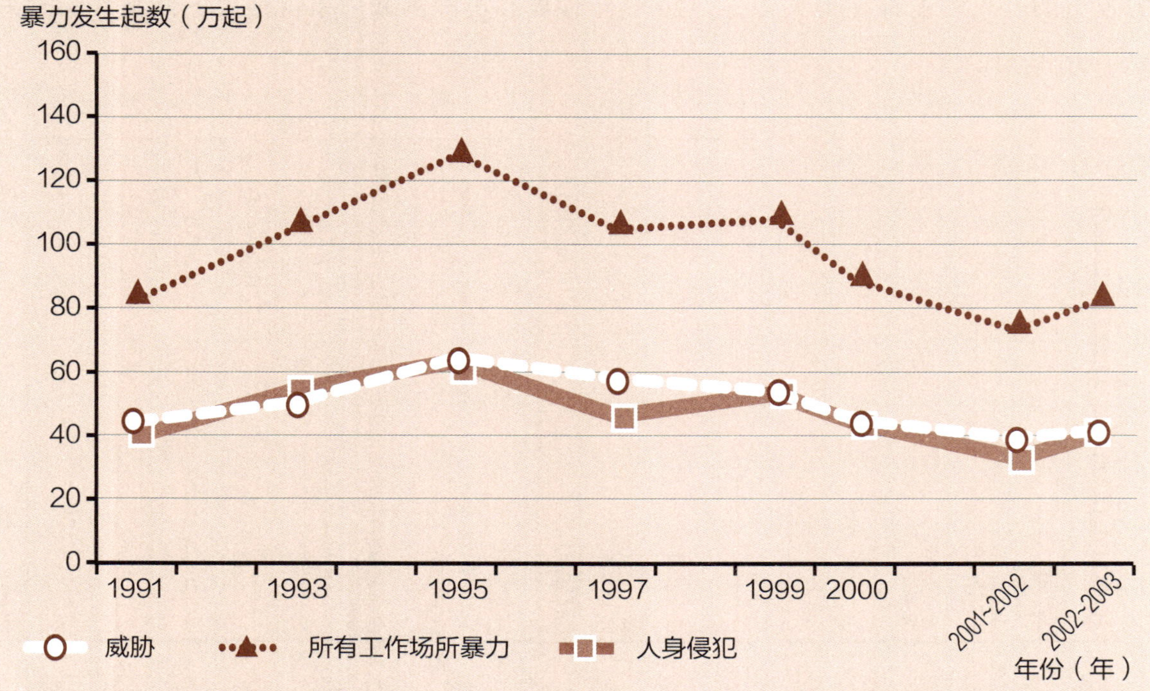

① 资料来源：1992 年、1994 年、1996 年、1998 年、2000 年、2001 年、2001 年 2 月、2002 年 3 月英国犯罪调查。

② 以就业的适龄成年人为基础。

资源来源：厄普森，2004 年，表 2.4，第 7 页。

图 7 英国 1991 年~2003 年工作场所暴力事件数量

表 2 欧盟部分成员国关于身体暴力的研究

国家	样本	样本量（N）	方法	暴力风险（%）	参考（研究者，年份）
丹麦	工会成员的全国代表性样本	1989	调查	7（过去 12 个月内）	工薪劳动者及公务员联事会（FTF），2001 年
	全国代表性样本	4000	入户调查	7.5	霍（Hogh）和多芙拉（Dofradottir），2001 年
芬兰	全国代表性样本	—	调查	5，劳动者	萨雷拉（Saarela），2002 年
	全国代表性样本	2972	调查	14，劳动者	哈潘莱米（Haapanlemi）和金努宁（Kinnunen），1997 年
	教师代表性样本	2038	调查	9，学生暴力受害者	哈卡宁（Hakanen），2002 年
瑞典	全国随机样本	14234	调查	14，报告暴力及威胁（17，女性；10，男性）	瑞典统计局（Statistiska Centralbyran），1999 年

续表

国家	样本	样本量（N）	方法	暴力风险（%）	参考（研究者，年份）
	护士随机样本	720	调查 （比较研究）	59 60，数次	诺兰（Nolan）等，2001 年
挪威	社会工作者代表样本	854	调查	21	斯卡帕斯（Skarpaas）和赤特尔（Hetle），1996 年
英国	全国代表性样本	19411	入户调查	2.5，报告至少发生过一次（1.2，遭到身体攻击；1.4，受到威胁）	英国犯罪调查，2002 年
	护士随机样本	720	调查 （比较研究）	71 60，数次	诺兰等，2001 年
	零售点	17000	会员调查	5，门店	英国零售业联盟，1999 年及 2000 年

注：— 未提供。

资料来源：迪·马蒂诺，赫尔和库珀，2003 年，第 41 页。改编自赫尔、雷纳（Rayner）和库珀，1999 年；以及扎普夫（Zapf）等，2003 年。

这十年间的数据表明：（1）威胁和袭击的发生率相似；（2）发生率在 1995 年达到顶峰，随后有所下降（尽管在 2002 年~2003 年的调查期间略有上升）。

总体而言，这些调查结果表明，过去 10 年中英国的工作场所身体暴力的发生率保持相对稳定。至于工作场所暴力的恐吓和欺凌形式，情况有所不同。

恐吓和欺凌

近年来，关于工作场所骚扰和欺凌的调查数量急剧上升，既往大多研究主要局限于北欧国家，现在已扩展到大多数欧盟国家。其中一些研究侧重于研究特定职业群体，例如，军人和特定专业人群，另一些则扩展到一般人群的各个层面[18]。

根据欧洲基金会 2000 年的调查，在过去 12 个月内，1300 多万名劳动者报告遭受了恐吓或欺凌，接近每十个人中就有一个。其中服务或销售行业的劳动者遭受恐吓或欺凌的比例最高（13%）[19]。受雇用劳动者（9%）比个体（5%）更容易遭受恐吓，女性（10%）比男性（7%）更容易遭受恐吓[20]。

英国的赫尔和库珀进行了一项对 5300 份问卷的分析研究[21]，图 8 对这些回答进行了汇总，该图表明了这些受访者遭受被欺凌的频率。

这些研究显示出欺凌行为存在巨大差异，很大程度上取决于使用的测量策略、职业、涉及的部门或国家，表 3 提供了一些研究的概述。

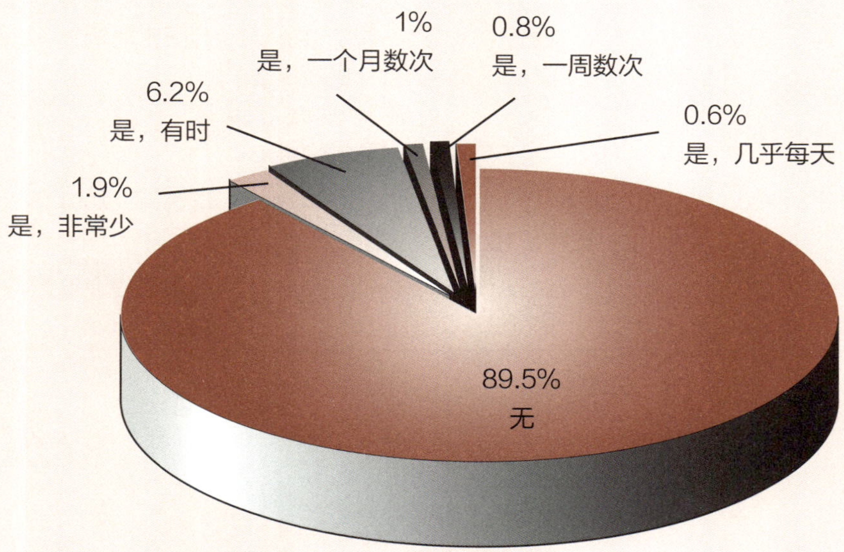

资料来源：数据来自赫尔和库珀，2000 年 11 月，第 5 页。

图 8　5300 名英国劳动者所述遭受欺凌的频率

表 3　欧洲关于欺凌行为的研究

国家	参考（研究者，年份）	目标人群	数量（N）	调查结果（%）
奥地利	尼德尔（Niedl），1995 年	医院劳动者	368	26
		研究所劳动者	63	8
丹麦	霍（Hogh）和多芙拉（Dofradottir），2001 年	随机样本 来自丹麦皇家教育学院的学生	1857	2
	米科尔森（Mikkelsen）和埃纳森（Einarsen），2001 年		99	2/14
	阿格瓦尔德（Agervold），2002 年	医院劳动者	236	3/16
	工薪劳动者及公务员联事会，2001 年	制造企业劳动者	224	4/8
		百货公司劳动者	215	1/25

续表

国家	参考（研究者，年份）	目标人群	数量（N）	调查结果（%）
		农村地方当局、国家机关、社会教育工作者	1613	4
		工会会员	—	18
芬兰	比约克维斯特（Björkqvist）等，1994 年	高校劳动者	338	17
	萨林（Salin），2001 年	商业专业人士随机样本	385	9/24
	瓦尔蒂亚（Vartia），1996 年	地方政府雇员	949	10
	瓦尔蒂亚和许蒂（Hyyti），2002 年	狱政官	896	11，男性 17，女性
	哈潘莱米（Haapanlemi）和金努宁（Kinunen），1997 年（芬兰生活质量调查）	随机样本和代表性样本	2956	3
	基维马奇（Kivimaki）等，2000 年	医院劳动者	—	5
德国	马肯森·冯·阿斯费尔德（Mackensen von Astfeld），2000 年	行政劳动者	1989	3
	梅施库塔特（Meschkutat）等，2002 年	代表性样本	1317	3~6
冰岛	欧摩尔（O’Moore），2000 年	全国随机样本	1009	17
	卫生安全局（HSA），2001 年	全国随机样本（电话采访）	5252	7
荷兰	休伯特（Hubert）等，2001 年	混合生产办公劳动者	427	4
	休伯特等，2001 年	金融机构劳动者；堆叠样本	3011	1
	休伯特和范维德霍芬（van Veldhoven），2001 年	14 个特定行业的随机样本	66764	2①
挪威	埃纳森和斯高斯达（Skogstad），1996 年	14 个随机指定部门样本	7787	9
	马蒂森（Matthiesen）等，1989 年	护士和助理护士	99	10.3
		教师	84	6
西班牙	皮努埃尔（Piñuel）和扎巴拉（Zabala），2002 年	一般劳动力代表性样本和旅游业代表性样本	2 410	16

续表

国家	参考（研究者，年份）	目标人群	数量（N）	调查结果（%）
葡萄牙	科维（Cowie）等，2000 年	大型跨国组织	221	34
瑞典	莱曼（Leymann），1992 年	除自营劳动者外，有代表性的劳动力人口样本	2438	4
	林德罗特（Lindroth）和莱曼，1993 年	幼儿园教师	230	6
	沃斯（Voss）等，2001 年	邮政劳动者	3470	8 女性
英国	雷纳，1997 年	兼职学生	581	53
	公共服务业工会，1997 年	公共部门工会成员	736	18
	奎因（Quine），1999 年	英国国家医疗服务体系劳动者	1100	38
	科维（Cowie）等，2000 年	国际组织劳动者	386	15
	赫尔等，2001 年 a	全国代表性样本	5288	11

注：如果给出 2 个百分比并用斜杠（/）分开，第 2 个数字表示至少每周一次的欺凌行为。
①数字指的是 4 种经常或总是具有攻击性和令人不快的情况的平均值。

资料来源：迪·马蒂诺，赫尔和库珀，2003 年，第 41 页。

表 3 列出的每项研究抽样人群中都确认遭受了欺凌行为，报告的行为最高发生率为 53%（1997 年英国雷纳的研究）。显然，不同的研究采用的方法有很大差异，这使得比较变得很困难，正如迪·马蒂诺等人所评论的：

> 如果用一个精确的定义来衡量欺凌行为，并指的是一周一次的定期经历，那么遭受欺凌行为的人不到 5%。如果我们把偶尔受到的欺凌经历包括在内，该数字通常会达到 10%。相比之下，如果受访者曾经历一种或多种与欺凌相关的负面行为就被认为受到欺凌，那么该数字在 10% 至 40%[22]。

遭受性暴力和性骚扰的情况与欺凌类似。因此，欧洲基金会广泛的调查再次提供了一个基准。

性暴力和性骚扰

2000 年欧洲基金会调查报告显示，2% 的受访劳动者表示他们遭受过性骚扰，尽管不同行业和部门间的发生率有所不同[23]。这些数据得到了国家研究的证实，虽然所报告的数字往往较高，例如捷克（4%）和罗马尼亚（3%）[24]。所报告的性骚扰发生程度的差异可能反映了样本的性别构成、所处理的问题类型、报告或漏报的不同压力（这可能受到不同劳动市场中不同权力水平的影响），以及最重要的是，劳动者在不同国家和文化背景下对性骚扰影响的看法。

欧盟委员会的报告[25]如下：

- 在奥地利、德国和卢森堡进行的全国调查，以及在奥地利、德国、挪威和英国进行的行业性研究中都发现性骚扰的发生率很高，这些研究报告的性骚扰发生率在70%至90%[26]。
- 荷兰、芬兰和英国的调查和其他行业的研究估计，性骚扰的发生率中位数在25%至60%[27]。
- 丹麦、芬兰、瑞典和荷兰的国家和部门研究报告的性骚扰发生率相对较低，在2%至25%[28]。

新近的其他研究补充证实：

- 一项针对德国呼叫中心劳动者的研究报告称，75%的女性劳动者经历过性骚扰电话[29]。
- 西班牙劳工工会联合会对1000名16岁及以上的劳动者进行了分层抽样调查，报告称，18%的女性劳动者和9%的男性劳动者遭受过性骚扰[30]。
- 在瑞典，2.3%的女性劳动者在过去的12个月中曾受到上级或同事的性骚扰，而在男性劳动者中此比例为0.9%[31]。
- 2004年，意大利统计局（ISTAT）根据2002年进行的一项调查，发布了一份关于性暴力和性骚扰的报告[32]。该调查显示，工作场所是女性遭受性暴力最多的地方之一，其次是交通工具上和街头。总共有14.3%的受访女性报告说，在工作生涯中曾在工作场所和周围环境中遭受暴力未遂，12.1%女性劳动者遭受身体骚扰。在随后3年内，报告的暴力未遂事件发生率为10.9%，身体骚扰事件发生率为15.1%[33]，同事、用人单位和主管对这种性暴力负有相当大的责任，特别是暴力未遂，具体数据详见表4。

根据意大利统计局的调查，共有373000名女性（3.1%）在工作期间遭受过性恐吓，包括用性交易来换取聘用（1.8%）或职业晋升（1.8%）。50多万名女性（4.9%）受到过更微妙的性恐吓形式，目的是测试她们的“性获得性”（sexual availability）（虽然“一生中”和“过去 3 年中”的报告结果之间存在一些细微的不一致，但这些都可以通过改进对最近事件的回忆来加以解释），表 5 显示了这种恐吓形式的频率。

表 4　2002 年意大利女性遭受的性暴力和性骚扰

经历	同事、雇主、主管		工作场所和周围环境	
	一生中至少 1 次（%）	过去 3 年中（%）	一生中至少 1 次（%）	过去 3 年中（%）
暴力及暴力未遂	15.3	8.8	11.8	9.9
暴力	4.4	3.9	1.6	3.9
暴力未遂	17.9	9.6	14.3	10.9
身体骚扰	10.4	11.6	12.1	15.1

资料来源：意大利统计局，2004 年。

表 5　2002 年意大利女性遭受的工作场所恐吓

经历	一生中（%）	过去 3 年中（%）
每天	35.3	27.6
一周几次	26.8	26.7
一周一次	4.0	3.9
一个月几次	19.2	27.3
一年几次及很少见	12.1	11.7
未回答	2.6	2.8

资料来源：意大利统计局，2004 年。

表 4 和表 5 中列举的数据提供了大量的证据，详细说明了意大利女性劳动者所面临的性暴力和性骚扰问题（尽管表 5 中也显示，“一生中”和“过去 3 年中”的报告之间存在一些细微差别），事实上，性骚扰形式的工作场所暴力似乎是意大利女性面临的一种地方特有的风险。

美　国

在其他国家出现的工作场所暴力经历对于男性和女性来说略有不同，在美国，关于工作场所暴力的许多方面都有更详细的数据。在下面的讨论中，这些数据按照严重程度进行了细分，并从工作场所的谋杀开始阐述。

谋　杀

美国劳工统计局（Bureau of Labor Statisitics，BLS）的全国致死职业伤害普查每年都会追踪工作场所的谋杀案，美国劳工统计局的数据显示，谋杀是工作场所死亡的第三大死因。从 1992 年到 2001 年，美国发生了近 9000 起工作场所谋杀案[34]，表 6 列出了这些致死性和非致死性袭击的年度数量和发生率。

由于劳动力规模在不同年份有所不同，表 6 中最重要的列项是“每 10 万名劳动者的发生率”。如表 6 所示，近年来工作场所谋杀案几乎一直在下降，非致死性袭击也出现了类似趋势。然而，值得注意的是，2001 年 9·11 事件（本书第一章提到的）导致了更多无辜劳动者的死亡。

图 9 更详细地显示了这种趋势的性质，该图列出了 1992—2003 年与工作有关的 3 种最常见的致死性事件。虽然用于构建表 6 和图 9 的数字来源略有不同，但总体模式是相同的。

表 6　1992 年~2001 年美国致死性和非致死性的工作场所袭击[①]

年份（年）	致死性袭击[②]数量（N）	每 10 万名劳动者的率（1/10 万）	非致死性袭击[③]数量（N）	每 10 万名劳动者的率（1/10 万）
1992	1044	0.88	22396	2.9
1993	1074	0.9	21254	2.7
1994	1080	0.88	20439	2.5
1995	1036	0.82	22956	2.8
1996	927	0.72	18538	2.2
1997	860	0.65	21329	2.5
1998	714	0.54	17589	2
1999	651	0.48	16644	1.8
2000	677	0.49	18418	2
2001	639	0.47	17215	1.9

① 自伤和动物袭击被排除。

② 2001 年致死性袭击数据是初步数据。2001 年的更新数据预计将于 2003 年 9 月发布。

③ 排除个体经营组织、政府劳动者遭受的袭击和未导致休假的袭击。

资料来源：理查德森（Richardson）和温道（ Windau），2003 年，第 673 页～第 689 页。

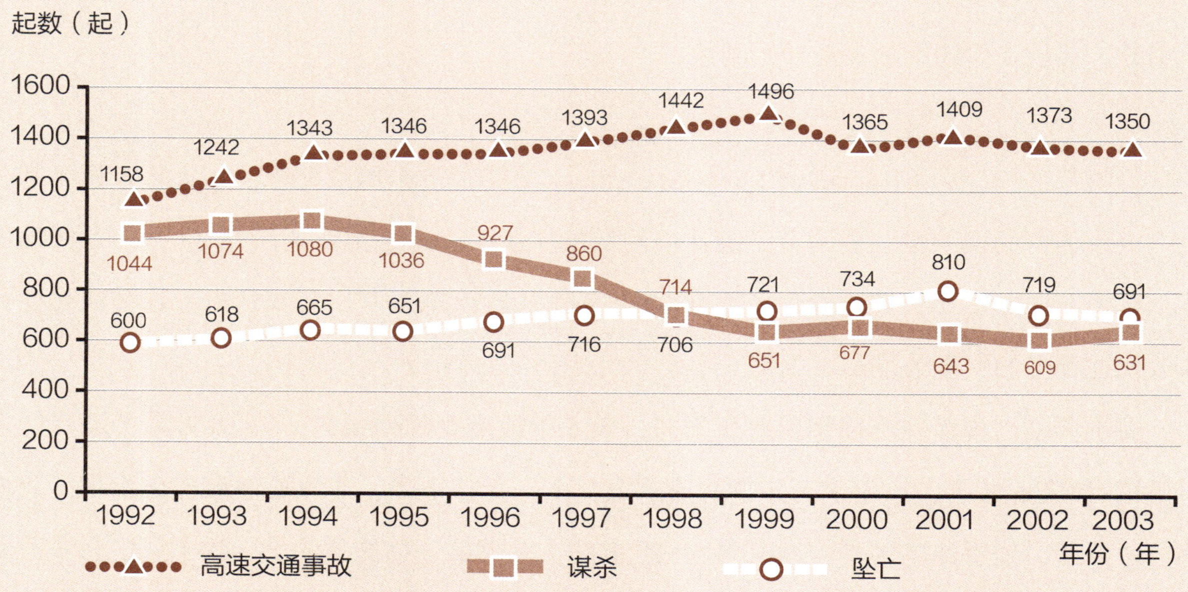

注：2001 年的数据不包括 2001 年 9 月 11 日恐怖袭击造成的死亡人数。

资料来源：美国劳工部，美国劳工统计局，2003 年全国致死职业伤害普查。

图 9　美国 1992—2003 年 3 种最常见的与工作相关的致死性事件

图 9 中提供的数据表明，1992—2003 年，与工作有关的最常见的死亡原因是高速交通事故。自 1998 年以来，坠亡已超过谋杀成为第二大最常见的与工作有关的死亡事件。2003 年的工作场所谋杀案数量为 631 起，是有记录以来最低的，仅为 1994 年 1080 起最高纪录的 58.4%。

图 10 显示了 2003 年美国工作场所死亡事件的发生方式，表明交通事故是死亡的主要原因（可能不会在其他数据中都被记录为与工作有关）。

如图 10 所示，在 2003 年记录的 5559 起死亡事件中，16% 归因为袭击和暴力行为，11% 归因于谋杀。

表 7 和表 8 分别显示了按职业特征细分的工作场所谋杀案发生率，以及受害者在特定职业中发生谋杀案的相对风险。

表 7 的数据显示：（1）个体经营者的谋杀案风险远高于按工资和薪金计算的劳动者；（2）运输业（特别是出租车服务）和零售业（特别是酒水商店和加油服务站）行业的劳动者面临的风险最大。对于建筑业、制造业以及美国联邦和州公共服务行业的劳动者来说，

风险水平相对较低。

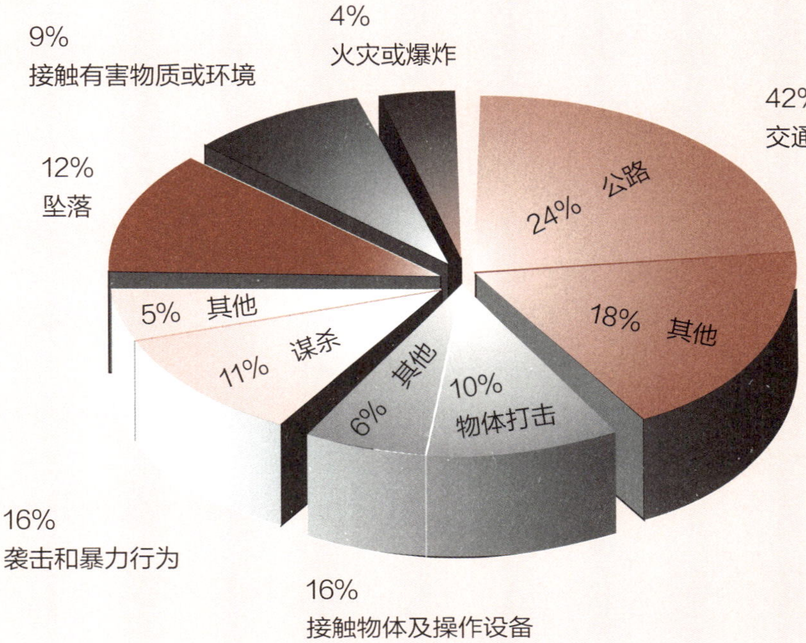

注：由于数值四舍五入，百分比总数不等于 100%。
资料来源：美国劳工部，美国劳工统计局，2003 年致死职业伤害普查。

图 10　美国 2003 年工作场所死亡的方式

表 7　美国 1996 年~2000 年按职业特征划分的工作场所谋杀案数量、构成比、发生率和相对危险度

特征	数量（N）	构成比（%）	发生率（1/100000）	相对危险度（RR）
劳动者状态				
工资、薪金	2806	73.3	0.46	0.8
个体经营	1023	26.7	1.95	3.4
职业				
管理和专业人员	730	19.1	0.37	0.65
技术销售和行政支持人员	1308	34.2	0.67	1.17
服务行业从业者	801	20.9	0.89	1.56
农、林、渔业从业者	80	2.1	0.45	0.78
精密生产、手工艺和修理者	187	4.9	0.26	0.46

续表

特征	数量（N）	构成比（%）	发生率（1/100000）	相对危险度（RR）
操作员、制造员和劳动者	677	17.7	0.74	1.28
行业				
民营企业	3403	88.9	0.6	1.04
农、林、渔业	77	2	0.44	0.76
建筑业	73	1.9	0.18	0.31
制造业	172	4.5	0.17	0.29
交通和公共事业	399	10.2	1.01	1.75
出租车服务	265	6.9	40.83	71.63
卡车运输和仓储	78	2	0.59	1.03
卡车运输和快递服务	63	1.6	0.51	0.89
批发业	108	2.8	0.42	0.74
零售业	1693	44.2	1.52	2.67
食品店	611	16	3.43	6.01
食品杂货店	571	14.9	3.69	6.48
汽车经销商和服务站	175	4.6	1.56	2.73
加油服务站	113	3	5.69	9.99
餐饮场所	499	13	1.48	2.59
杂货零售	271	7.1	1.43	2.5
酒水商店	77	2	11.79	20.68
金融、保险和房地产业	146	3.8	0.35	0.61
房地产	75	2	0.68	1.2
服务业	717	18.7	0.38	0.66
商业服务	172	4.5	0.53	0.93
侦缉及装甲车服务	107	2.8	3.78	6.63
汽车修理、服务和停车场	128	3.3	1.58	2.78
汽车修理店	77	2	1.28	2.25
健康服务	58	1.5	0.07	0.12
政府	424	11.1	0.43	0.75
联邦	47	1.2	0.21	0.36
州	83	2.2	0.31	0.55
地方	294	7.7	0.58	1.01

续表

特征	数量（N）	构成比（%）	发生率（1/100000）	相对危险度（RR）
公共行政	255	6.7	2.12	3.72
司法、公共秩序和安全	228	6	2.86	5.02
合计	3829	100	0.57	1

资料来源：理查德森（Richardson）和温道（ Windau），2003 年，第 673 页～第 689 页，特别见第 683 页。

表 8 提供了按特定职业划分的工作场所谋杀案数据，由此可见，不同职业之间的风险存在显著差异。对详细的职业数据进行分析表明，出租车驾驶员和汽车驾驶员的相对风险最高，其次是公共服务的警察和侦探、公共服务外的警卫以及饭店及住宿机构的管理者[35]。该数据显示，在工作中也出现了类似的袭击风险模式。

表 8 美国 1996 年~2000 年按特定职业划分的工作场所谋杀案数量、构成比、发生率和相对危险度

职业	数量（N）	构成比（%）	发生率（1/100000）	相对危险度（RR）
销售主管和业主	619	16.2	2.61	4.6
出纳员	308	8	2.08	3.6
出租车驾驶员和汽车驾驶员	265	6.9	20.78	36.3
饭店及住宿机构管理者	252	6.6	3.51	6.1
公共服务外的警卫和警察	193	5	5.24	9.1
公共服务的警察和侦探	184	4.8	6.29	11
（未在其他地方分类的）经理和行政人员	183	4.8	0.49	0.8
卡车驾驶员	105	2.7	0.69	1.2
合计	3829	100	0.57	1

资料来源：理查德森（Richardson）和温道（ Windau），2003 年，第 673 页～第 689 页。

袭击

有 2 个主要数据来源可以协助估计美国工作场所袭击的规模，数据按年度发布，一个由美国劳工统计局发布，另一个由美国司法统计局（Bureau of Justice Statistics，BJS）发布。

美国劳工统计局所进行的工伤与职业病年度调查，涉及约 25 万家私营机构，该报告称，2002 年发生了约 24000 起工作场所袭击和暴力行为。其中约 18000 起是个人所为[36]，女性劳动者约占所有受害劳动者的 61%。毋庸置疑，工作场所遭受袭击风险的性别差异部分取决于性别分工，即女性集中在风险较高的工作岗位（见本章末尾讨论的关于遭受风险的性别分布的讨论）。

据报道，大多数袭击事件针对服务业和零售业部门的劳动者，图 11 显示了施暴者的不同类别。

图 11 中的数据显示，对卫生行业劳动者的袭击占相当大的比例。鉴于卫生保健行业的劳动者中女性比例大，因此，女性在该行业部门遭遇更多工作场所袭击也就不足为奇了。

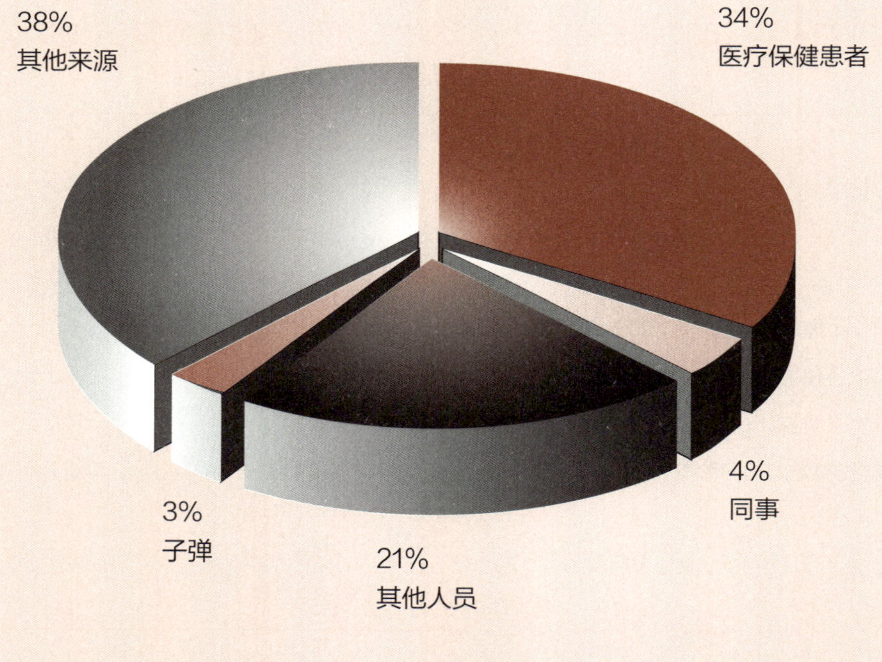

资料来源：美国劳工部，美国劳工统计局，2001 年。

图 11　2001 年美国按伤害来源（施暴者类别）分列的导致休假的袭击和暴力行为

另一项对美国工作场所发生的非致死性袭击数量的估计来自美国司法统计局美国犯罪受害者调查，这是一项针对全国范围内超过 10 万名 12 岁及以上个体的以家庭为基础的年度大规模研究，表 9 显示了 1993 年~1999 年不同形式的工作场所暴力的流行情况。

如表 9 所示，美国司法统计局的调查估计，美国工作场所每年平均发生 900 起谋杀案、36500 起强奸及性侵犯案、70100 起抢劫案、325000 起严重袭击案和 1311700 起一般袭击案，根据美国犯罪受害者调查：

表 9　美国 1993 年~1999 年按犯罪类型划分的年均工作场所受害人数、受害比率和受害者人数的百分比

犯罪类别	年均工作场所受害人数（N）	工作场所每 1000 人的受害率（1/1000）	占工作场所受害者人数的百分比（%）
谋杀	900	0.01	0.1
强奸 / 性侵	36500	0.3	2.1
抢劫	70100	0.5	4
严重袭击	325000	2.3	18.6
一般袭击	1311700	9.4	75.2
所有暴力犯罪	1744200	12.5	100

注：谋杀案数据来自美国劳工统计局致死性职业伤害普查。强奸和性侵、抢劫、严重袭击和一般袭击的数据来自美国犯罪受害调查（National Crime Victimization Survey，NCVS）。

资料来源：杜哈特（Duhart），2001 年，第 2 页。

在 1993 年~1999 年，美国平均每年发生 170 万起工作场所暴力事件。在此期间发生的所有工作场所暴力犯罪中，强奸及性侵、抢劫和谋杀只占很小的比例（6%）。大多数工作场所暴力事件是袭击，几乎每 20 起中就有 19 起是严重袭击或一般袭击[37]。

工作场所欺凌的发生率可能更难估计，不过，美国也曾就这种形式的工作场所暴力进行研究。

欺凌（情绪虐待行为）

权威的美国国家职业安全卫生研究所进行了综合调查，初步发现工作场所欺凌普遍存在，大多数工作场所欺凌事件是一对一对的，调查数据从全美 516 家私营组织和公共组织的关键受访者中收集。

此调查报告的数据表明：

- 所调查的 24.5%的公司报告说，前一年间已经发生了一定程度的欺凌。

- 在最近发生的事件中，39.2%涉及劳动者作为施暴者，24.5%涉及顾客作为施暴者，14.7%涉及主管作为施暴者。
- 在最近的事件中，55.2%涉及劳动者为“受害者”，顾客 10.5%，主管 7.7%[38]。

同样，暴力的发生率是值得关注的，此外，在工作场所欺凌和性骚扰之间通常只有一线之隔。

性骚扰

美国功绩制保护委员会（Merit Systems Protection Board，MSPB）进行了最早的性骚扰系统调查，该委员会从全美各地的劳动者中科学地挑选样本。在这些调查中采用的性骚扰的定义是“工作中不请自来和不想要的性关注”。调查要求受访者表明他们在过去 24 个月内经历过几种“不想要的性关注”的频率。1980 年、1987 年和 1994 年分别进行了联邦劳动者调查，1994 年的调查向不想要的行为列表中添加了“尾随”。值得注意的是，这三种调查发现了非常相似的暴力发生率，表 10 详细地列出了报告每种具体行为的性别百分比。

美国功绩制保护委员会的调查仍然是性骚扰研究中的基准，更多的研究结果证实了这些早期调查所检测到的性骚扰的严重程度[39]。例如，在对美国公司的性骚扰研究中，心理学家路易斯·菲茨杰拉德（Louise Fitzgerald）发现，大约半数女性在 2 年期间经历了某种形式的性骚扰行为[40]。再次重申，采用的性骚扰和暴力的定义至关重要：

> ……虽然并非所有这样的经历都符合性骚扰的法律标准，但他们仍然导致抑郁、焦虑和与压力相关的身体问题，特别是当骚扰频繁和激烈……于 1988 年首次出版并自此修订的 18 条同性经历问卷（Sexual Experiences Questionnaire，SEQ），测量的是菲茨杰拉德所定义的性骚扰行为类别，包括性骚扰、不想要的性关注和性胁迫。
>
> 性骚扰包括传达敌对、厌恶女性态度的词语、行为和姿势。伴随着性骚扰，不想要的性关注是法律定义的“敌对工作环境”的特征。相比之下，性胁迫等价于性骚扰的法律概念，意味着以性贿赂（sexual favours）换取工作奖励。与司法的调查不同，性经历问卷测量被骚扰受害者的心理痛苦——骚扰让人感到无能为力。它还测量焦虑、抑郁、工作满意度和工作等的结果……研究表明，大多数女性都避免公开被骚扰的事实，害怕失去工作并破坏她们的职业生涯。虽然这个数字似乎正在上升，但历史上不到 5%的女

性敢于公开其所遭受的经历。那些面临巨大损失者——例如单身母亲——尤其避免出头举报……[41]

表 10 1980 年、1987 年和 1994 年 MSPB 对美国劳动者调查中报告遭受性骚扰的性别构成比

性别	暴力类型	1980 年（%）	1987 年（%）	1994 年（%）
女性	性挑逗、黄色笑话、评论	33	35	37
	性的表情、姿势	28	28	29
	故意触摸、围困	26	26	24
	约会压力	15	15	13
	色情性质的信件、电话或材料	9	12	10
	性贿赂压力	9	9	7
	尾随	无	无	7
	实际或企图强奸或性侵犯	1	0.8	4
	其他任何类型	42	42	44
男性	性挑逗、黄色笑话、评论	10	12	14
	性的表情、姿势	8	9	9
	故意触摸、围困	7	8	8
	约会压力	3	4	4
	色情性质的信件、电话或材料	3	4	4
	性贿赂压力	2	3	2
	尾随	无	无	2
	实际或企图强奸或性侵犯	0.3	0.3	2
	其他任何类型	15	14	19

资料来源：普赖尔和菲茨杰拉德，2003 年，第 79 页。

2000 年帕尔米耶里（Palmieri）等人报告，53%的女性在服兵役时经历了性骚扰[42]。同样，在越南服役的 558 名女性退伍军人的现状调查报告服兵役期间遭受了严重的不同形式的工作场所暴力：性骚扰（79%）、不想要的性接触（54%）、威胁或完全的身体暴力（36%）[43]，然而，只有有限数量的性骚扰案件得到报告。

这些研究的发现已经广泛用于当代美国性骚扰诉讼，因此，美国平等就业机会委员会

和公平就业实施机构提交的骚扰指控数呈现大幅上升趋势，从 1992 年财政年度的 10532 件到 2004 年财政年度的 13136 的大幅上升反映了遭受性骚扰的行为或报告此种行为的意愿上升[44]。

迄今，本章的讨论主要集中在欧洲和美国不同形式的工作场所暴力的可获得的数据。笔者坚信，承认发展中国家劳动者在工作中易受暴力的脆弱性也很重要。

发展中国家

在本书的早期版本中，我们已经强调了发展中国家工作场所暴力模式和趋势的可用数据有限。随着工作场所暴力成为优先事项和关注的议题，这种情况现在开始发生了变化。虽然证据仍然有限和分散，并且多为传闻。

有关发展中国家工作场所暴力的大部分已发布的数据都嵌入更通用的文献中，这些文献讨论了人权议题，特别是与工会活动有关的权利，行使结社自由权，确保安全的工作条件以及预防剥削劳动者（方框 11）。另一些相关的文献关注在发展中国家和工业化国家中很多被边缘化和被剥削的流动劳动者的权利。在劳动者权利的文献中找到了第三个实质性信息来源，包括免受性虐待和剥削的自由。

关于发展中国家的工作场所暴力的可用证据可能是冰山一角，工作场所暴力事件经常被其他关键问题掩盖，这些问题可能会转移人们对这一特定领域的注意力，因此，对工作场所暴力事件的普遍报告较少似乎已成常态，而非例外。

不同的观念和文化背景也有助于对社会中工作场所暴力的相对重要性做出不同的理解和评价，在一个国家不能被容忍的行为在另一个国家可能会被接受或被容忍。这种方法上的差异可能会导致对现实问题的曲解，因此，对这个问题有较充分认识的国家在统计上可能比对工作场所暴力现象给予较少注意的国家更容易受到“惩罚”。

尽管概念和定义承载着文化意义，尽管存在着发展中国家可能以不同的方式看待这些概念和定义的事实，但国际社会似乎正在形成对工作场所暴力的共识，“工作场所暴力”术语现在似能描述一系列工作事件，包括与发展中国家和工业化国家都相关的工作场所的身体暴力、心理暴力和性暴力。

此外，发展中国家往往特别关注在工作中受到不公平或严重不公平待遇的行为，这种待遇不公平严重侵犯了劳动者及其家属的就业、生活尊严和体面。对于这种制度或社会暴力的处理，有论者们根据他们的不同看法给出了不同的被称为机构社会暴力的案例。有的情况相当极端，例如强迫某人劳动或强迫某人做比他或她的正常工作更多的工作而无报酬；系统性的案例，如在公共和私人就业部门提供相对较低的工资；不良的或不体面的工作场所行为的案例，如强迫劳动者做他或她无能力做的事；施暴性的不体面的工作条件，或者同时存在多种类型的劳动合同，劳动者从事相同的工作，却领取不同的工资；司法公正可及性问题，以及因抱怨虐待性的工作条件而担心遭到报复的恐惧，都将进一步加剧这种暴力。

上述所有行为是否都能够纳入工作暴力的概念，还是应该纳入更广泛的不公正和工作条件恶劣的概念，这是一个有争议的问题。无论如何，这些更广泛的不公正的工作条件议题仍然不在本报告的讨论范围之内，下文简要回顾了发展中国家所经历的工作场所暴力情况。

身体暴力

哥伦比亚所报告的情况表明，在某些国家设法行使其权利的工会成员面临着危及生命的暴力的风险（方框 11）。在国际自由工会联合会《侵犯工会权利年度调查》中，国际自由工会联合会监督并记录了世界上大多数国家的工会运营情况，国际自由工会联合会 2004 年的报告详细描述了 2003 年的情况，指出哥伦比亚仍然是世界上对于工会成员而言最危险的地方，2003 年共有 94 人因其工会活动而被杀害，300 人左右收到了被证实的死亡威胁[45]。

方框 11　对哥伦比亚工会成员的长期斗争仍在继续：2002 年前 3 个月有 45 人被谋杀

对哥伦比亚工会会员的大规模屠杀事件在 2002 年无丝毫减弱的迹象，该国最大的劳工联合会工人中心工会（Central Unitaria de Trabajadores，CUT）报告说，截至 2002 年 4 月 4 日，有 45 名工会成员被谋杀，其中 10 名受害者是领导人，包括地方执行委员会委员和 3 名工会主席。

1 月 12 日，准军事组织处决了考卡省工人中心工会本地执行委员会成员埃诺克・塞波尼（Enoc Samboni）。8 名准军事人员于下午 1：30 在考卡省拉丘雷拉（La Chorrera）设立伪造的警察路障上将其拘留，将埃诺克・塞波尼逼出车外后，他们将其带回他的家中，在他的家里他们偷走了他的手机和个人日程表。然后，他们把他带到图帕金卡河附近处，在其头部开了三枪。美洲国家组织泛美洲人权委员会已命令哥伦比亚政府为他提供保护，而在他被谋杀时，内政部的保护计划中就已包括他。

资料来源：美国美洲劳动教育项目（Labor Education in the Americas Project，LEAP），2002 年，第 1 页。

在 2005 年 3 月举行的第 292 届会议上，国际劳工组织理事会批准了国际劳工组织结社自由委员会的第 336 次报告，该报告审查了 30 个案例[46]。该委员会提请特别注意尼泊尔的案件，指控对示威活动进行暴力干预，导致工会成员被捕和拘留。该委员会请政府确保当局只在法律和秩序受到严重威胁时才动用武力，而且当局采取的干预应与试图控制的危险相适应[47]。

在危地马拉的案例中，该委员会审查了对工会成员施加暴力、解雇工会领导人之后用人单位拒绝恢复其职务的命令，以及无故拖延诉讼程序。该委员会强调了指控袭击、死亡威胁和恐吓工会成员以及袭击工会总部的严重性[48]。

该委员会还审查了津巴布韦关于指控任意逮捕和拘留、反工会恐吓和骚扰的案件，委员会敦促政府不要诉诸此类措施。恐吓和恐惧的不公正氛围不利于工会活动的正常进行，该委员会对津巴布韦工会氛围的极端严重性表示全面的、深切的关注，最近提交给委员会的类似性质的案件数量表明此点[49]。

上述情况阐明了一直存在着影响发展中国家劳动者的身体暴力、威胁和其他极端虐待形式的案例。工作中的身体暴力和严重虐待在工业化国家持续存在，但在发展中国家，这种现象的严重程度，特别是对女性、流动劳动者和儿童等较弱势的劳动者更为明显，以下资料表明此问题存在的严重性和广泛性：

- 科特迪瓦是被贩卖儿童的目的地，儿童被贩卖作种植园和其他农业劳动者、矿业劳动者和家政佣工，在某些情况下，这些儿童的条件接近被迫奴役。这些儿童中有许多是从马里等邻国贩运过来的。过去几年，估计有 15000 名 9~12 岁的马里儿童在科特迪瓦北部的棉花、咖啡和可可农场被贩卖，做强迫劳动，更多的儿童被强迫从事家政服务。有组织的人贩子网络欺骗儿童及其家人，让他们相信他们会在境外得到有偿工作。然后以 20 美元 ~ 40 美元（14500 非洲法郎 ~ 29000 非洲法郎）的价格将他们出售给种植园所有者。据报道，这些儿童被迫每天无偿工作 12 小时，并经常遭受身体暴力[50]。
- 在开罗，许多来自苏丹、埃塞俄比亚、厄立特里亚、尼日利亚和菲律宾的流动劳动者以家政劳动者的身份在这座城市合法或非法地居住和工作。这些人经常被剥夺公民权利，担心被驱逐出境，往往更容易遭受暴力。根据收到的信息，非洲流动劳动者在街上受到骚扰的依据是他们的外表，尽管他们中的许多人在街上戴着头巾或围巾，努力让自己看起来更像“埃及人”[51]。

- 大约有700万名外国人在沙特阿拉伯工作，其中许多人来自印度、埃及、印度尼西亚、巴基斯坦、菲律宾和孟加拉国。据估计，受雇为家政劳动者的100万名女性的工作条件特别困难，这是劳动法未涵盖的工作类别。
- 劳动部一名官员在2001年4月承认，2000年有1.9万多名女性家政劳动者逃离雇主，理由是虐待、拖欠工资和其他不满情绪[52]。

在国际人权组织人权观察的一份报告中，可以找到关于沙特阿拉伯女性逃离工作场所暴力和虐待的一些案例，案例之一是法蒂玛（Fatima）（方框12）。

人权观察组织还报告说，沙特阿拉伯的女性流动劳动者在试图从其雇佣者拘留她们的上了锁的房间中逃脱时发生了死亡和严重受伤。该国最大的一家医院在2002年报告说，每周有2名~3名外籍女性家政劳动者在从工作场所跳楼后严重骨折[53]。

在印度尼西亚和马来西亚，虐待外籍家政劳动者也是一个日益严重的问题，人权观察组织最近的另一份报告就证明了此点[54]。该报告全面介绍了外籍家政劳动者面临的困境，详细介绍了他们最初从印度尼西亚农村被招募到马来西亚最终返回家园的经历。2004年5月，东南亚各地的媒体上展示了一名年轻的印尼籍家政劳动者尼瓦拉·博纳特（Nivmala Bonat）的尸体。博纳特案引起了国际关注，据称博纳特的雇主残忍地殴打并虐待她。

该人权观察组织的报告记录了在劳动者流动周期的每个阶段发生的一连串虐待，包括身体暴力、性侵犯和骚扰。该报告还强调了在马来西亚和印度尼西亚之间劳动者流动的进程如何使流动劳动者处于极端脆弱的境地，几乎无任何手段来纠正施暴者[55]。

发展中国家的街头小贩也普遍遭受严重虐待和身体暴力。2004年3月在韩国首尔举行的第一届国际街网大会报告说：

- 许多成员面临着不断的骚扰和政府的镇压，这不断地干扰他们的生产效率和谋生能力。
- 街头小贩面临的骚扰形式多种多样，包括暴力攻击、性骚扰、贿赂和敲诈勒索——有时是由当局实施的，有时是与当局携手合作的暴徒、黑帮和财团实施的。
- 有许多类型的针对性别的骚扰，包括做街头小贩的妇女和儿童面临的不同形式的针对性别的暴力和性骚扰[56]。

方框 12　被剥削的家政劳动者

法蒂玛是一名来自菲律宾棉兰老岛的 26 岁穆斯林女性，她自述教育程度是五年级，14 岁时在她家人的安排下出嫁，2003 年 2 月，她通过一项为期 2 年的家庭用工合同前往沙特阿拉伯，家里留下了丈夫和 4 个 2 岁至 9 岁的孩子。

马尼拉的一家劳动力中介将法蒂玛安置在达曼的一个沙特阿拉伯家庭，月薪 280 美元，法蒂玛的工作时间从凌晨 5:30 开始，一直持续到下午 6:30，之后她被允许休息 30 分钟。然后，她又工作 2 个小时，直到晚上 9 点。她告诉我们，雇主每天只给她提供一顿饭，通常是米饭和鸡肉，除此之外，任何额外的食物都得她自己负担费用。

男雇主在机场见到她时拿走了其护照，不允许法蒂玛离开家，而且她从未得到过一份正式居留证（可使她自由出行而不必担心被捕的证件）。

每天除了忙碌的工作之外，法蒂玛还遭受了 3 起严重的性骚扰事件和 1 次被男雇主殴打及所致的惊吓。她告诉人权观察组织，男雇主曾 2 次向她暴露自己的身体，提出要她帮自己自慰并向她付款。“我拒绝了。我告诉他，我想以正确的方式赚钱。我告诉他我不是妓女，而是一名已婚妇女和一名穆斯林。”她说。在遭到这些拒绝之后，“他把刀架在我脖子上，并威胁如果我告诉他的妻子，他就要杀了我”。

法蒂玛侥幸逃脱。与菲律宾领事馆取得了联系之后，一名劳工专员同意会见她。当天晚些时候，她在领事馆接受采访，“他们告诉我，我的老板是有钱人，不要反抗他”。外交官将法蒂玛送交当地警察，后者对她最近的袭击并不关心，但将她遣返菲律宾。

回到菲律宾，法蒂玛的丈夫对其处境并不同情。她从马尼拉机场给其丈夫打电话，并向丈夫解释所发生的一切。她丈夫未提供法蒂玛所期望的“道德支持”，法蒂玛说，“他告诉我，回到家对我来说是愚蠢的，而且他恨我”。在接受人权观察组织采访时，她仍在马尼拉，向招募她的劳动机构提出赔偿要求。她说她不能够与她自己的 2 个最小的孩子说话，因为她丈夫拒绝她与其孩子们之间的任何形式的沟通。

资料来源：改编自《人权观察》，2004 年。

除了谋杀、伤害、性骚扰和暴力的风险外，还有心理暴力的风险。即同一人在不同的时间点可能会遭受多种形式的工作场所暴力，或者同时发生多种形式的攻击行为。

心理暴力和身体暴力在卫生行业涌现

人们越来越多地关注那些劳动者面临多种不同形式暴力的行业，包括身体上、心理上以及各种形式的骚扰、欺凌和团伙欺凌，卫生保健行业似乎处于特别大的风险之中。

2002 年对 7 个国家（巴西、保加利亚、黎巴嫩、葡萄牙、南非、泰国和澳大利亚）的卫生行业劳动者进行的一项开创性研究表明，心理暴力比身体暴力更普遍[57]。虽然人们的注意力传统上集中在身体暴力上，但从这些国家研究中出现的卫生行业工作场所暴力的新情况强调了心理暴力和身体暴力在发展中国家的重要影响。

在大多数被调查的国家中，身体暴力大量存在，在保加利亚，约 8% 的受访者报告在前一年遭受过人身攻击；在巴西，为 6%；在黎巴嫩，为 6%；在泰国，为 11%；在南非公共部门，高达 17%。

然而这项研究的主要新发现是：卫生行业工作场所普遍存在心理暴力，其中语言暴力位居榜首。在巴西，40% 的受访者在去年经历过语言暴力；保加利亚为 32%；南非为 60%；泰国为 48%；黎巴嫩为 41%；澳大利亚则高达 67%。第二个令人关注的领域是欺凌和团伙欺凌，保加利亚约 40%；南非约 21%；泰国约 11%；黎巴嫩约 22%；澳大利亚约 10.5%；巴西约 15%。

在过去，欺凌或团伙欺凌在发展中国家几乎是鲜为人知的（或者至少无报道），这些国别研究的结果首次揭示了这两种形式的心理暴力在工业化国家和发展中国家中令人担忧的程度。如果再发生性骚扰和性暴力，对劳动者的影响是雪上加霜。

性骚扰和暴力

对于性骚扰和暴力，文化观念和传统在定义和禁止这种行为方面发挥重要作用。在许多国家，这种行为在社会和工作场所不仅普遍存在，而且在大多数情况下与根深蒂固的性别角色行为定型观念有关。传统观念认为妇女是发泄性欲的对象，她们在社会和家庭中位于从属地位，这使得她们的性受害往往被视为“正常秩序”的一部分。

在对亚洲及太平洋地区反对性骚扰所采取的行动的一次重大审查中，国际劳工组织提供了不同国家的性骚扰案例[58]，审查了对这种行为形式的态度和看法，其中 4 个案例如下（方框 13）。

正如国际劳工组织的报告所强调的那样，工作等级不同的劳动者、不同性别的劳动者，甚至不同年龄组的劳动者对性骚扰的看法往往存在显著差异。这种骚扰在某些社会中可能被认为是为无关紧要的问题，但在另一些社会中则被认为是一个严重的问题。从对斯里兰卡和菲律宾的研究中可以看出，工会官员轻视工作场所的性骚扰，他们认为与其他

方框 13　性骚扰案例

“我是一家小公司的秘书，在办公室里只有我和厂长。厂长以帮助我熟悉工作为借口，触摸我的胸部并用他的性器官对我持续进行骚扰。我不能再忍受。因为办公室里只有我们两人，所以我不能回避他。除了辞职，就没有其他解决办法吗？①”

“生产经理通常每天监察女工的表现，将许多好看的年轻女工带到他的办公室。他向她们提供在办公室的行政工作，以换取与女工的性行为，满足他的性欲……许多貌美的女工由于受到骚扰而不得不辞职，并转到了其他工厂。但是他仍然在寻找她们，当他知道她们住在哪里时，他会找到她们的房间。②”

“坎加尼（主管）在那次事件发生之前一直在做各种准备。他会让我在远离其他劳动者的地方独自工作，或者在一天结束时背着我的篮子，或者给我的日常采摘工作量多算一些。坎加尼会一直告诉我：‘自从你采茶时我看到你的胸部，我就想要你。’”辛纳・多莱说：“你的身材很好，但是我将是第一个得到你的人。③”（马哈莱斯韦，19 岁的斯里兰卡采茶者）

在原告（女性劳动者）被雇用并开始在一家小型出版公司担任编辑几年后，该公司的男主编试图集中精力进行销售活动，其主编的职权逐渐转移（至原告）。在其他劳动者或商业客户在场的情况下，男主编对原告的私人生活评头论足，包括她所谓的“滥交”，不适合作为职业女性的榜样等。他还告知公司总经理，原告与男性的关系扰乱了公司的业务。当他们的关系开始影响企业的运营时，总经理决定两者中之一应离开公司。在和原告协商与男主编和解，遭到了原告的拒绝并要求男主编道歉之后，总经理告知她应该辞职，于是她就辞职了④。（1992 年于日本福冈发生的性骚扰案件）

资料来源：① 2001 年在扎顿（Zaitun）的平权咨询案件，大韩民国仁川女工协会，1998 年。
② 1985 年，泰国帕（Par）服装厂工会对女性劳动者的性骚扰访谈，引自扎顿，2001 年。
③ 维贾亚提塔克（Wijayatitake）和扎卡里亚（Zackariya），2000 年。④ 小川（Yamakawa），2001 年。

更紧迫的劳工问题相比，这是一个无须太过担心的问题[59]。另一问题是可靠的数据和证据很少。

关于所审查地区的性骚扰事件发生率，国际劳工组织的报告指出：

> 性骚扰的官方调查、经验、传闻证据和统计数据的质量因国家而异，这取决于人们对性骚扰的认知水平以及数据收集的类型和质量。在一些国家，工作场所性骚扰的统计数据有时会与其他类型的违法行为的统计数据整合在一起，如冒犯、性侵犯和威胁，因此很难获得工作场所性骚扰的真实情况的数据。

研究结果也因抽样人群、抽样规模、抽样群体对性骚扰的认识水平，尤其是被调查问题的精确度而异，例如，询问被调查者是否经历过某种特定形式的不受欢迎的行为比询问是否受到过性骚扰更有可能得到肯定的答案，因为被调查者对构成性骚扰的理解可能不同。因此，在对性骚扰发生率进行过多次调查的国家，其所得结果可能会有所不同，然而，大多数研究结果表明，工作场所不仅存在性骚扰，这更是一个问题[60]。

国际劳工组织的报告确定了一些高风险部门和职业，这些职业人群包括本章前面已经讨论过其困境的家政劳动者和流动劳动者，在教育和培训机构工作或准备工作的青年男女劳动者，以及男性占主导地位或由少数几个男性监督大量女性的职业中的劳动者[61]。

遇到这些性骚扰行为的不仅仅是亚太地区的人，如下所示，这种行为在整个发展中国家都很常见。

- 尼日利亚的一项调查显示，寻求就业的年轻女大学毕业生通常被要求在对其学历进行评估之前先给予性贿赂[62]。
- 马来西亚皇家警察进行的一项暴力研究显示，1997 年至 2001 年 5 月，共有 11851 起工作场所强奸和性骚扰案件（6082 起强奸案件和 5769 起性骚扰案件）[63]。
- 在南非，2001 年 3 月，《人权观察》发表了一份题为《校园恐惧：南非校园对女孩的性暴力》的报告，记录了学校里教师、学生和其他人对女孩的普遍强奸、性虐待、性骚扰和伤害[64]。
- 在乌克兰，妇女团体报告说，工作场所普遍存在性骚扰，包括强迫性行为。除了禁止强迫与“物质依赖者”发生性关系的法律（适用于劳动者）之外，据报告，抗击性骚扰的法律保障不足[65]。
- 在科威特，强奸和性侵犯的形势令人关切，特别是对外籍家政劳动者而言，性侵犯由男性雇主和同事实施。当地媒体对此问题给予了极大关注，当严重虐待的证据被出示时，警方和法院都对雇主采取了行动[66]。
- 根据亚洲移民中心 2000 年底进行的一项研究（表 11），女性劳动者在家政服务中被性骚扰是一个重大问题。

表 11 显示的数据表明，中国香港的女性移民劳动者经历了一系列形式的性骚扰和暴力。根据作者的统计显示，在约 22 万名外籍家政劳动者中，有 440 人被强奸[67]，因此，可以证实的是某些形式的工作场所暴力对女性劳动者的威胁大于男性。

表 11　2000 年中国香港从事家政服务的女性移民劳动者遭受性骚扰的程度

遭受的性骚扰 / 袭击类型	样本组应答率（%）	外推 22 万名外籍家政劳动者（人数）
强奸	0.2	440
被迫发生性行为或实施性行为	0.3	660
雇佣者要求她们做性暗示的事情，比如跳艳舞、穿性感服装	0.7	1540
雇佣者恶意监视她们或在厕所偷窥她们	0.9	1980
雇佣者给她们看或让她们摸自己的身体、裸体或穿着内衣走路	1.1	2420
身体骚扰（雇佣者触摸她们的身体部位，进行其他性挑逗、亲吻她们）	1.3	2860
雇佣者用露骨的性暗示语言与她们交谈，向她们展示色情材料（书籍、视频、照片）	1.5	3300

资料来源：亚洲移民中心，2000 年；引自哈斯佩尔等，2001 年，第 59 页。

工作场所暴力：性别差异

性别是整个工作场所的一个重要变量，在许多社会中，女性传统上被降格从事比男性收入低、地位低的职业，机会平等倡议已开始致力于恢复平衡，但性别分工和性别陈旧观念的影响在许多工业部门和世界许多地方仍然非常普遍。

在审查性别对工作场所暴力经历的影响时，必须考虑这些“现实”因素，虽然大多数侵犯或暴力案件总体上施暴者为男性，但对男女性别化的经历有一系列不同的解释，包括性别分工（例如，一些劳动者群体因为特定工作增加了面对面接触的水平，从而面临更大的暴力风险）。性别的社会化使男女两性有特定的行为表现（例如，男性可能倾向于以暴制暴，而女性可能采取行动以平息或避免攻击性事件）[68]。被视为“软目标”的女性和其他劳动者可能比男性受害更深。

工作场所暴力最明显的例子是谋杀，图 12 呈现了 2002 年美国男性和女性在工作场所遭受的致死性的伤害。

如图 12 所示，女性遭到工作场所谋杀的概率比男性高几倍，数据显示，在所有女性职业性死亡事件中，谋杀占 31%，而男性为 9%。相比之下，男性劳动者的坠落风险更大，占男性死亡人数的 13%（女性为 9%）。接触有害物质或环境占 10 %（女性为 4%）[69]。毋庸置疑，在美国，性别分工对职业风险接触有着主要影响，在其他国家，基于性别差异的工作场所暴力风险差异也很明显。

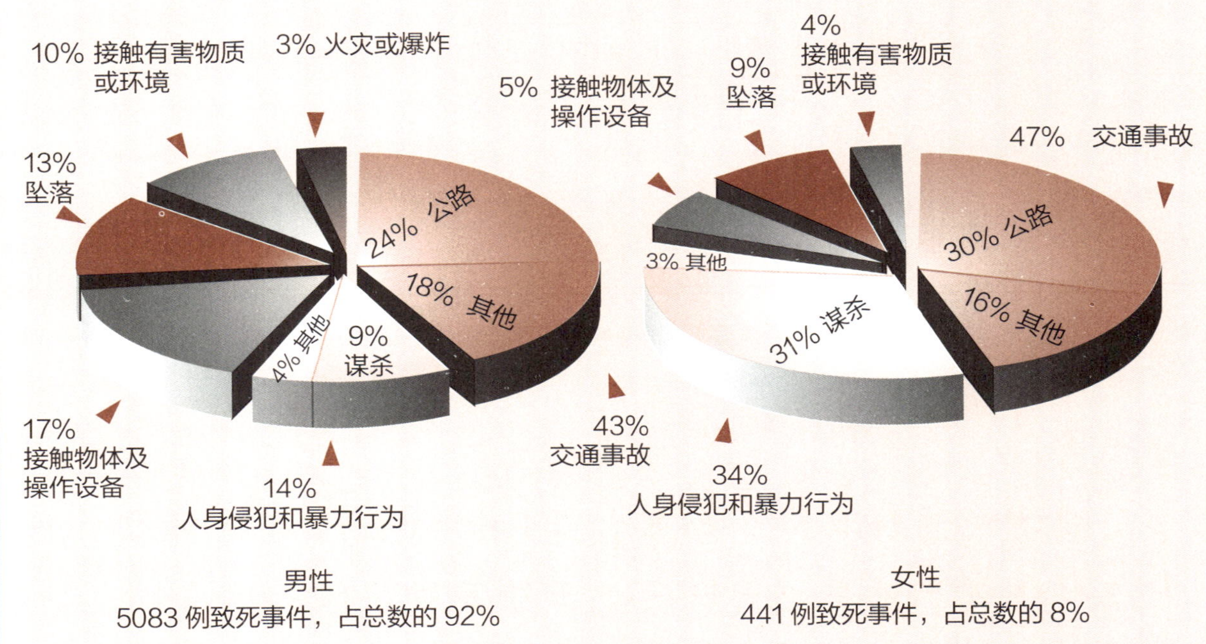

注：由于数据四舍五入，百分比总数不等 100%。

资料来源：美国劳工部提供，美国劳动统计局，致死性职业伤害普查，2002 年。2003 年 1 月 7 日提供的资料。

图 12　2002 年美国男性和女性工作场所致死性的工伤事故

在芬兰，在工作场所遭受精神暴力（欺凌）是一个很大的风险，如表 12 所示，男性、女性劳动者之间似乎有明显的差异。

表 12 中的数据表明，女性在工作场所遭受精神暴力（欺凌）的风险明显高于男性。随着时间的推移，芬兰女性劳动者遭受欺凌的风险增加，这一模式似乎略有加重。

迄今为止，已将多种形式的工作场所暴力纳入考虑，然而，近年的证据表明，家庭暴力能“溢出”到工作场所，给受害者、同事和用人单位带来潜在的严重后果。

全球范围内，工作场所内外的暴力对女性影响巨大[70]，暴力大多发生在家中，通常被称为“家庭暴力”。现在人们越来越认识到：家庭暴力能够“溢出”到工作场所，女性劳动者的伴侣会闯入其工作场所，对其进行身体或心理侵犯。对用人单位和其他劳动者而言，挑战已经变成为受虐待的女性提供抵抗这种侵犯的机会和躲避袭击者。至少，如果无适当的援助，遭受暴力的女性很可能生产效率降低，她们的身心健康都处于危险之中。

表 12　1997 年和 2003 年芬兰按性别分类的工作场所精神暴力

	1997 年			2003 年		
	总体（%）	男性（%）	女性（%）	总体（%）	男性（%）	女性（%）
持续的	5	4	5	6	4	8
偶尔的	34	29	39	36	30	41
从不	60	65	55	58	66	50
不好说	1	1	1	—	—	—

资料来源：芬兰统计局，《1997 年和 2003 年工作生活质量调查》，作者特别阐述，2004 年 3 月 23 日。

在东欧：

在所有接受调查的国家中，家庭暴力是最普遍的性别暴力形式。整个地区的法律制度无法适当地解决此问题：无具体规定，也不可能有任何限制令。社会上对什么是家庭暴力也缺乏足够理解，因此始终不能承认和定义家庭暴力。女性对家庭暴力的性质缺乏了解，并且缺乏支持网络，这在一定程度上解释了为什么女性自己往往不重视虐待的严重性。家庭暴力受害者无庇护所。由于在经济上依赖施虐的丈夫或男性伴侣，女性继续处于受虐待的婚姻或关系是很常见的。同时，国家当局也很少或根本未采取行动来结束这种情况。关于婚内强奸，虽然有几个国家修改了立法，将它定为犯罪，但实际上法院未判决任何此类案件[71]。

为什么如此多的针对女性的暴力犯罪会发生在工作场所？本章前面提出的证据表明，女性的工作集中在许多高风险职业，主要有教师、社会工作者、护士和其他医疗工作者，以及银行工作者和商店工作者[72]。女性继续被限制在低收入和低社会地位的工作中，而男性则主要从事收入较高、地位较高的工作和管理职位，这也是造成此问题的原因[73]。

如图 13 所示，在欧盟，女性遭受工作场所性骚扰的风险是全体人口平均水平的 2 倍，就业不稳定的劳动者遭受性骚扰的风险类似，服务行业的年轻女性劳动者遭受性骚扰的风险甚至更高。

虽然图 13 中显示的百分比数据不能简单地相加，但很明显，在酒店和餐饮部门从事短期工作的年轻女性可能面临一系列形式的工作场所暴力的特殊风险，也就是说，个体可能会具有多重脆弱性。

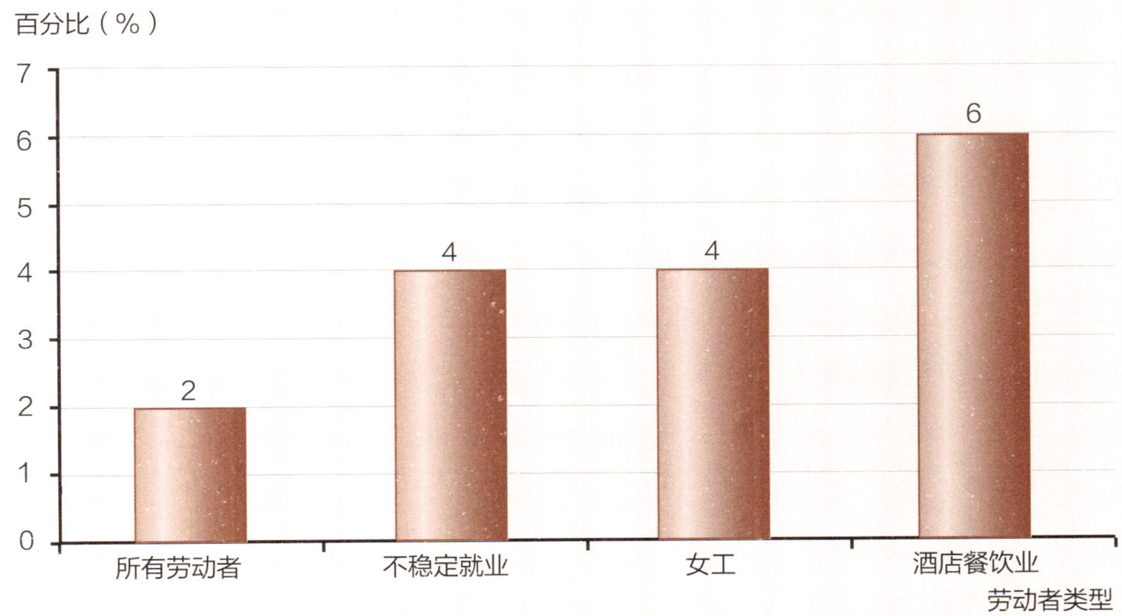

资料来源：保利和梅利尔，2003 年，第 28 页～第 29 页。

图 13　2000 年欧盟女性遭受性骚扰的情况

尽管遭受性骚扰的绝大多数是女性，但这种形式的受害者并不仅限于一种性别。最新研究显示，男性也会遭到骚扰，有时是实质性的。例如，一份为欧盟委员会编写的关于欧洲性骚扰问题的报告[74]。葡萄牙的其他研究发现，有证据表明，从事医疗行业的男性比女性更常遭受性骚扰，这有助于凸显陈旧观念的危险性[75]。

冰岛大学社会科学研究所于 1996 年进行了一项关于卫生和社会服务部门性骚扰的研究[76]。如表 13 所示，“男性和女性遭受性骚扰”的结果取决于问题的类型，性别百分比会随着问题类型而变化。

表 13 中的数据表明，提问的方式会对回答有根本上的影响。根据不同的措辞，有时似乎更多的女性成为受害者，有时男性和女性受害的水平相似，有时男性比女性受害更多。表 13 显示的数据中最令人惊讶的发现可能是男性和女性经历的暴力水平相对相似。

表 13　1996 年冰岛“对护士的暴力”研究结果

问题 / 样本（N）	男			女		
	是（%）	否（%）	人数（N）	是（%）	否（%）	人数（N）
在过去 6 个月的工作中，你是否遭受过语言性骚扰？（N=785）	6.9	93.1	101	7.2	92.8	684
你在工作中是否遭受过语言性骚扰？（N=767）	19.2	80.8	99	20.2	79.8	668
在过去 6 个月的工作中，你是否遭受过身体性骚扰？（N=786））	2	98	102	6.6	93.2	684
你在工作中是否遭受过身体性骚扰？（N=772）	14	86	100	20.2	79.8	672
你在工作中是否遭受过强奸或强奸未遂？（N=771）	2	98	100	0.4	99.6	671

资料来源：冰岛大学社会科学研究所，1996 年。

特别是欺凌，报告这种形式的工作场所暴力的男女比例不同也可能是由其他因素造成的，包括：

- 女性可能对欺凌更敏感，比男性更倾向给自己贴上被欺凌的标签。
- 男性可能强调受害者的角色和责任，而女性可能通过施暴者的特征或群体动态来解释欺凌行为。
- 男性不太愿意给自己贴上受欺凌的标签。
- 女性可能集中在较大的官方机构就业，在这些机构中，主导和从属地位更为常见，欺凌行为也因此猖獗。
- 女性可能集中在等级制度中较低的位置就业，因此更易成为欺凌者的目标。

因此，女性报告的较高暴力发生率可解释为发生在女性身上的负面行为较高和男性不太愿意将这些经历归类为欺凌这两者之间相互作用的结果[77]。

重要的是要认识到，虽然女性可能更容易成为受害者，但这一事实本身并不能证明“所有男性都是犯罪者，所有女性都是受害者”这种笼统的说法是正确的。事实上，尽管程度往往较轻，但女性也是各种形式的工作场所暴力的实施者，例如，意大利女性与生活质量协会（Donne & Qualità della）进行的覆盖整个意大利 150 多家公司的研究披露，在 1000 起团伙欺凌案件中，38% 是由女性管理者实施的[78]。

最后，要关注那些可能被边缘化的劳动者群体也很重要。年轻劳动者通常从事等级较低的工作，通常工作技能较少，而且大多数人从事无保障的工作，因此，年轻劳动者也可能容易遭受工作场所暴力。

年轻劳动者对于工作场所暴力的脆弱性

另一个常见的现象是年轻劳动者容易遭受各种工作场所暴力，这有一系列的原因，包括缺乏处理暴力场面的经验，遇到攻击时无法自信应对，在劳动力市场处于弱势一方，缺乏对于劳动法和工作条件法规条例中关于劳动保护条款的理解。此外，分配给年轻劳动者的工作任务可能会使他们面临更高风险，例如，如果他们深夜在音像店工作。

在英国伦敦地铁工作的 18 岁 ~ 30 岁的工作者比年长者更有可能受到袭击，如图 14 所示，受袭击的风险随年龄增长而稳步下降。

在美国，1996 年至 2000 年，大多数工作场所谋杀案发生于男性劳动者，其中几乎半数发生于 25~44 岁的劳动者[79]。

在加拿大，所有导致至少休息一个工作日的工伤事故（包括工作场所暴力行为的后续行动）中，有 25.9% 发生于 15 岁 ~ 29 岁年龄段的劳动者[80]。

在德国，人们发现年轻劳动者（25 岁以下）被团伙欺凌的风险最大，这些数据见表 14。

因此，现有数据表明，在工业化世界，年轻劳动者面临更大的工作场所暴力风险。毋庸置疑的是，这种脆弱性的增加很大程度上是因为年轻劳动者集中在高风险工作中（如零售业）。然而，他们在劳动力市场上缺乏权力，这也可能导致他们不愿意公开谈论不适当的行为，在本章前面的讨论中，其他被边缘化的劳动者已经表现出这种不愿意。

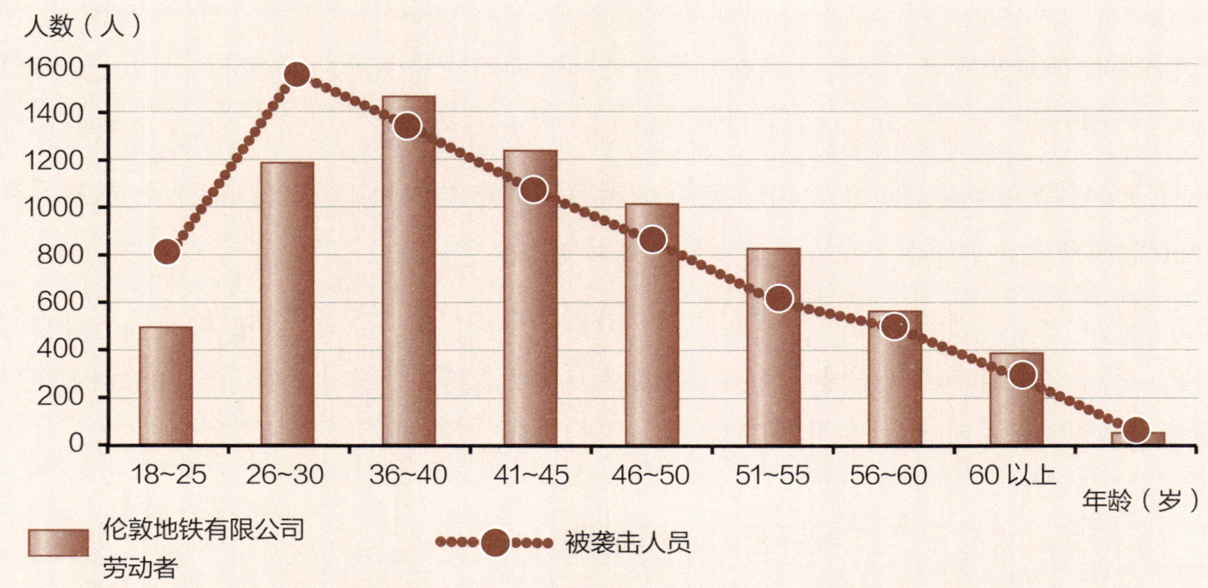

资料来源：伦敦交通职业健康：劳动者遭受人身侵犯工作组报告：员工受侵犯的定量分析（伦敦三叉戟咨询有限公司（Trident Consultants Ltd），J2909，1997 年 3 月）。转自伦敦地铁有限公司交通职业健康业务经理 C. 利普斯科姆先生和伦敦交通工作组业务经理 S. 哈里斯，1997 年（资料于 1997 年 4 月 2 日提供）。

图 14　1993 年 1 月至 1996 年 8 月伦敦地铁有限公司（LUL）劳动者和受袭击职工分年龄组概况

表 14　2000 年德国劳动者按年龄分组报告的团伙欺凌发生率

年龄（岁）	报告的团伙欺凌发生率（%）
<25	3.7
25~34	2.6
34~44	2.6
44~54	2.2
≥ 55	2.9

资料来源：梅施库塔特，斯泰克伯格和兰根霍夫，2002 年，第 28 页。

从一般到具体

本章阐述的暴力的一般模式和趋势证实了工作场所暴力问题的全球性和巨大重要影响。在此通用内涵之下，确定了一些值得特别关注的、处于特殊风险中的职业和情形，以便将研究和行动聚焦于最需要之处，第三章将讨论如何处理这些职业和情形的暴力风险。

注释

[1]世界卫生组织，2002 年 b，第 5 页。
[2]怀恩等人，1997 年，第 1 页。
[3]国际劳工组织，2004 年 b，第 4 页，第 1.3.1 段。
[4]同上。
[5]一些官方统计数据可能包括执法人员在执行公务时所犯暴力罪行的信息。出租车驾驶员和记者等其他弱势职业群体更有可能通过他们的企业或工会团体收集此类统计数据。
[6]国际劳工组织，2004b，第 4 页，第 1.3.1 段，脚注 1。
[7]同上，第 6 页，第 1.3.3 段。
[8]怀恩等人，1997 年，第 5 页。
[9]本书的早期版本中从国际犯罪受害情况调查（ICVS）获得的数据被纳入考虑。在与这项调查的国际工作组成员［由荷兰司法部、联合国跨地区犯罪和司法研究所（犯罪司法所）和英国内政部的代表组成］协商后，决定不将该调查数据纳入本书的更新版本。这一决定部分是基于对该调查的信息的可靠性和可比性的某些考量，特别是与性事件有关的信息，以及没有比本书 1998 年出版的第一版和 2000 年出版的第二版中的调查数据更新和更全面的信息。
[10]保利和梅丽尔，2001 年，第 63 页～第 64 页。
[11]欧洲改善生活和工作条件基金会，2003 年，第 4 页。
[12]同上。
[13]自 2004 年 5 月起，塞浦路斯、捷克共和国、爱沙尼亚、匈牙利、拉脱维亚、立陶宛、马耳他、波兰、斯洛文尼亚、斯洛伐克都是欧盟成员国。保加利亚和罗马尼亚希望在 2007 年加入。
[14]保利和帕朗 – 蒂里翁，2003 年，第 63 页～第 64 页。
[15]迪・马蒂诺，赫尔和库珀，2003 年，第 39 页；欧洲改善生活和工作条件基金会，2003 年，第 4 页。
[16]迪・马蒂诺，赫尔和库珀，2003 年，第 36 页。
[17]同上。
[18]同上，第 39 页。另见萨德勒（Sadler）等人，2001 年，第 325 页～第 334 页。
[19]欧洲改善生活和工作条件基金会，2003 年，第 41 页。
[20]保利和梅丽尔，2001 年，第 28 页～第 29 页。另见欧盟委员会，2001 年，第 11 页。
[21]赫尔和库珀，2000 年 11 月，引自雷纳等人，2002 年。
[22]同上，第 41 页。
[23]保利和帕朗 – 蒂里翁，2003 年，第 64 页。
[24]同上，第 64 页。
[25]欧盟委员会，1998 年，第 16 页。
[26]迪・马蒂诺，赫尔和库珀，2003 年，第 28 页。
[27]同上。
[28]同上。
[29]斯绎斯尼（Sczesny）和施塔尔贝格（Stahlberg），2000 年，第 127 页。
[30]西班牙劳工工会联合会，2000 年，表 2，第 28 页。另见迪・马蒂诺，赫尔和库珀，2003 年，第 29 页。
[31]瑞典统计局，1999 年，第 24 页。
[32]意大利统计局，2004 年。
[33]同上。
[34]理查德森和温道，2003 年，第 673 页～第 689 页。
[35]同上。
[36]美国劳工部，美国劳工统计局，2002 年，表 5。
[37]杜哈特，2001 年，第 1 页～第 2 页。
[38]美国国家职业安全卫生研究所（NIOSH），2004 年，第 1 页。
[39]美国功绩制保护委员会，1995 年。
[40]菲茨杰拉德和舒尔曼（Shulman），1993 年，引自默里（Murray），1998 年，第 1 页。
[41]默里，1998 年，第 1 页～第 2 页。
[42]帕尔米耶里等人，2003 年，第 85 页。
[43]萨德勒等人，2001 年，第 325 页～第 334 页，尤其是第 327 页。
[44]美国劳工部，平等就业机会委员会，2002 年。
[45]国际自由工会联合会，2004 年，第 2 页。
[46]国际劳工组织，2005 年。

[47]第 2341 号案件（尼泊尔）：委员会在报告中要求随时了解事态发展，第 631 段～第 654 段。
[48]第 2203 号案件（危地马拉）：临时报告，第 106 段～第 107 段，第 405 段～第 465 段；第 2259 号案件（危地马拉）：临时报告，第 431 段～第 465 段；第 2295 号案件（危地马拉）：临时报告，第 466 段～第 478 段。
[49]第 2328 号案件（津巴布韦）：委员会在报告中要求随时了解事态发展，第 866 段～第 890 段；第 2365 号案件（津巴布韦）：临时报告，第 891 段～第 914 段。
[50]联合国，人权委员会，2003 年，第 182 段和第 382 段。
[51]同上，第 730 段。
[52]同上，第 815 段。
[53]《人权观察》，2004 年 a，第四部分，第 14 页。
[54]同上，2004 年 b。
[55]同上。
[56]国际街道联盟，2004 年，附件 6。
[57]迪・马蒂诺，2006 年 b，第 16 页。
[58]哈斯佩尔斯（Haspels）等人，2001 年。
[59]同上，第 16 页。
[60]同上，第 58 页。
[61]同上，第 60 页。
[62]埃法赫・丘库马（Effah-Chukwuma）和奥萨伦（Osarenren），2001 年，第 93 页。
[63]穆斯里（Musri）和达乌德（Daud），2002 年，第 10 页～第 12 页。
[64]《人权观察》，2001 年。
[65]联合国，人权委员会，2003 年，第 2142 段。
[66]同上，第 763 段。
[67]亚洲外佣中心（AMC），2000 年，引自哈斯佩尔斯等人，2001 年，第 59 页。
[68]苏西・兰普勒信托，1994 年 b，第 J:13:9:5 页～第 J:13:9:6 页。
[69]由美国劳工部提供，美国劳动统计局 2003 年 1 月 7 日向作者提供的资料。
[70]美国司法统计局，1998 年。
[71]联合国，人权委员会，2003 年，第 1857 段。
[72]阿罗马（Aromaa），1993 年，第 145 页。另见范登博思（VandenBos）和布拉陶（Bulatao）（编辑），1996 年；赫雷尔（Hurrell）等人，1996 年，第 163 页～第 170 页；兰扎（Lanza），1996 年，第 189 页～第 198 页。
[73]林（Lim），L.，1996 年，第 17 页。
[74]欧盟委员会，就业、工业关系和社会事务总局，1998 年。
[75]费里尼奥（Ferrinho）等人，2002 年。这项调查结果的概述已被迪・马蒂诺纳入著作，2002 年 b，第 16 页。
[76]冰岛大学社会科学研究所，1996 年。
[77]迪・马蒂诺、赫尔和库珀，2003 年，第 26 页。
[78]意大利女性与生活质量协会，没有日期。
[79]理查德森和温道，2003 年，第 673 页～第 689 页，尤其是第 681 页。
[80]加拿大人力资源开发部（Développement Ressources Humaines Canada，DHRC），2000 年，第 48 页。

（本章节方框内容由米元齐翻译，第 27 页至第 40 页正文其他内容由王福媛翻译，第 41 页至第 54 页由申文亚和吴菁翻译，第 53 页—第 64 页由骆倩倩翻译；审校：张敏）

第三章
处于风险的职业和环境

第二章详细地说明了根据现有证据评估的工作场所暴力的一般模式、发生率和严重程度。如前文所述，许多特定职业群体和特定情况的劳动者所面临的风险更高，本章将详细地研究这些高风险的情景。

众所周知，无职业能完全免受工作场所暴力侵害，而如方框 14 所示，执行某些任务的劳动者会面临特殊风险。新闻工作者把应对威胁生命的暴力作为职业生涯的一部分。警察是另一种高风险职业，且应对暴力行为通常是其常规职业危害的一部分，如方框 15 的案例所示，有时这种职业性危害因素被证明是极其危险和令人痛苦的。

方框 14　2004 年人权日：媒体工作者被谋杀事件

国际新闻工作者联合会（International Federation of Journalists，IFJ）在纪念国际人权日时再次呼吁各国政府采取紧急行动，保护在这一年中权利经常受到侵犯的媒体工作者，这一年可能是有记录以来媒体工作者被谋杀人数最多之年。

“在本次国际人权日，媒体工作者几乎无可庆祝。”IFJ 秘书长艾丹・怀特（Aidan White）表示，“已牺牲 100 多人，包括有针对性的暗杀，同时越来越多的证据表明政府罔顾新闻媒体权利，2004 年正变成残酷和虐待之年。”

迄今为止，IFJ 已经记录了 120 人死亡。许多杀戮事件发生在伊拉克，自 2003 年伊拉克战争爆发以来，已有 67 人被杀。2004 年最危险的地区之一是菲律宾，那里已有 12 名新闻工作者被谋杀。自 1985 年以来，总共有 61 名记者被谋杀，但尚无一名罪犯被绳之以法。

IFJ 和其他媒体行业团体通过建立国际新闻安全研究所（International News Safety Institute，

INSI）来应对这场持续的危机，该研究所致力于促进新闻业的安全文化建设。上月，INSI 宣布对国际法所涵盖的范围及其保护媒体工作者的能力开展一项新调查。

资料来源：国际新闻工作者联合会，2004 年。

方框 15　红番区暴乱

2004 年 2 月 15 日，澳大利亚悉尼内城郊区红番区爆发暴乱，此次暴乱是由一个年轻的土著男孩托马斯·希基（Thomas Hickey“TJ”）意外死亡引发的，几名警官对该事件的经历描述如下：

萨金特·巴克斯特（Sargent Baxter）中士 2 月 15 日早上 6 点开始值班，丝毫不知道在他值班时会发生什么。托马斯·希基去世后，局势变得有些紧张。巴克斯特中士于下午 4 点 30 分到达现场。

有报告称有民用汽车被损坏，并有人向火车站扔石头，警车的挡风玻璃也被砸碎。警方试图通过举行媒体发布会的方式来平息这场暴乱，以纠正“警察要为 TJ 的死负责”的谣言，但并未达到预期效果。尽管法定下班时间是下午 6 点，巴克斯特中士及其他日班警察都被留在岗位上。巴克斯特中士说，天黑后，局势“持续升级”，骚乱者于晚上 7 点 30 分左右将警察赶回火车站。扔石头的人群砸碎窗户后，火车站的正门被关闭了。出于安全原因，该火车站的 6 个站台对平民关闭。

尽管晚上 9 点左右红番区警司丹尼斯·史密斯试图进行谈判，但情况再次恶化。“一群人跑到街上，向警察扔石头，跳上车辆，他们砸警车、偷警棍。”晚上 9 点 04 分，巴克斯特中士认为情况非常危险，故将此定性为“高优先级预警”。

之后的夜班值班由格雷格·赖特中士负责，他说：“毫无疑问，这是我所参与过最猛烈的暴乱……我想把这场暴乱比作电影《拯救大兵瑞恩》的前 10 分钟，也就是当他们到达那个‘海滩’时，我们被‘导弹’击中，但看不清‘导弹’来自何方。”

巴克斯特中士受了一些挫伤，但其他军官却没那么幸运。“我注意到几个人被撞倒在地，其中一个不省人事。高级警官迈克尔·麦高恩被一块砖头砸昏，头部受伤而需要住院治疗。”后来他将这场暴乱描述为类似于英国足球骚乱。“我能看到人们弯腰捡起铺路石直接扔向我们……我所接受的训练让我无法应对如此严重的情况……大约有 40 名警察受伤，其中 8 名警察的腿部、膝部和头部受伤需要住院治疗。”

资料来源：席尔瓦（Silva），2004 年，第 7 页 ~ 第 9 页。

英国犯罪调查和英国健康与安全执行局在《伤害、疾病和危险事件报告条例》（RIDDOR）所收集的综合性数据中，能够找到关于工作场所暴力风险最高的职业的更多数据。根据 2002 年~2003 年英国犯罪调查的估计，遭受袭击风险最高的职业群体是保护性服务职业（例如警察），风险为12.6%（每10万名劳动者中有12600人），是平均风险的14倍多[1]。紧随其后的是几个健康相关职业群体，包括卫生和社会福利助理专业人员（3.3%，每10万名劳动者中有3300人），以及医疗从业人员（2.3%）[2]。《伤害、疾病和危险事件报告条例》的数字[3]（使用更狭义的“职业群体”定义来计算）表明，在同一时期内，监狱官（每10万名劳动者中有1665人）、警察（每10万名劳动者中有541人）、公交和长途汽车司机（每10万名劳动者中有360人）以及助理护士（每10万名劳动者中有195人）的致死率、重伤率和丧失劳动能力超过3天的伤害发生率很高[4]。

现在大家普遍承认，工作中遭受暴力的程度不仅取决于一个人的职业，还取决于该人执行特定任务或职责时所处的环境或情况。这些“处于危险的情况”包括独自工作、与公众一起工作、工作时处理贵重物品、与身处困境者一起工作、在对暴力日益“开放”的环境中工作、在特别脆弱的条件下工作、在军事和准军事组织工作以及在冲突地区工作。虽然这些情况中的每一种都需要单独分析和讨论，但需要强调的是，某些职业群体可能在任何时候都会面临这些危险相关情况。例如，执法人员与市民及困难群众接触频繁，出租车驾驶员在处理贵重物品和独自工作时与公众接触，社会劳动者单独与身处困境者接触。

独自工作

独自工作者日益增加。自动化在工厂和办公室的普及往往伴随着生产合理化以及工作场所重组过程，独自工作变得日益频繁。这一趋势从传统的工作场所向外扩展，在产业转包、重新安置、远程工作、互联网以及“新”个体就业的实践中越来越普遍，流动性增加引起的推动作用和交互式通信技术的发展也更倾向于单人操作。

全职独自工作只是全貌中的一角，更多的人在兼职时独自工作。一项在加拿大公职人员中开展的调查显示，约84 %的调查对象表明他们经常独自工作[5]。与之相同，独自工作的现象在芬兰的服务业从业者中也占有相当大的比例（方框16）。

独自工作并非意味着一定会面临更高的暴力风险，但大家普遍认为，独自工作可能会增加有关劳动者的脆弱性。这种脆弱水平取决于开展独自工作的情况类型。对于独自工作的劳动者来说，从后街抄近路在白天可能是完全合理的，但在晚上就会引起麻烦。在犯罪猖獗区邮件投

方框 16　对服务行业独自工作者安全的担忧与日俱增：暴力威胁比过去几年更加普遍

独自工作的芬兰人与日俱增，尤其在服务行业中，此现象激增。超市及售货亭的营业时间越来越长，老板们甚至试图 24 小时营业。

在公共行业中，如医疗卫生行业，劳动者减员的首要原因就是需要削减人事支出。外包各种任务也导致了独自工作人数的增加。

据不同组织以及权威机构预测，芬兰可能已有 20 万名劳动者大部分时间在独自工作，独自工作的人数占劳动者总数的 10 %。

资料来源：塔利（Talli），2003 年。

递可能是个危险的工作，而在无犯罪区就是完全安全的。

大家发现，独自工作的情况相当广泛。

小商店、加油站和售货亭

这类劳动者经常被施暴者视为“容易”攻击的目标，因此特别容易受到暴力的侵害。在南非，约 426 个接受调查的汽油零售点在 2002 年 7 月的前 36 个月中，平均 60 % 经历过暴力犯罪[6]。

澳大利亚的近期研究表明，加油站（汽油零售点）特别容易受到暴力袭击。自 1993 年以来，加油站发生抢劫案的比例持续上升；1993~2000 年，在此类场所发生的抢劫案数量整体上升了 214 %。1998~1999 年针对全国小型企业的调查数据显示，过去 12 个月中 8% 的加油站曾至少发生一起抢劫案[7]。此外，其中 80 % 的案件发生时，加油站只有一名劳动者当班。

在常规时间之外独自工作

清洁工、维修工似处于特殊风险中。例如，清洁工存在于大量的小型企业中，工作无保障且缺乏技能，女性劳动者频繁受虐待或受骚扰。这些女性通常为流动劳动者，因此特别容易受到来自清洁公司高层以及客户公司人员的骚扰和虐待[8]。

出租车驾驶员

出租车驾驶员通常也是独自工作者。在工业化国家中，他们所面临的工作相关谋杀和严重袭击的风险水平最高[9]。例如，美国出租车驾驶员面临的致死袭击的风险最高，是美国普通劳动者的 30 倍以上[10]。1993 年~1999 年，平均每年每千名劳动者中有 128.3 名出租车驾驶员是暴力受害者（仅次于警察的第二危险职业）[11]。

南非的出租车驾驶员面临的风险也非常高。从 1996 年 1 月 1 日到 2000 年 4 月 30 日，报告了 1096 例出租车谋杀案[12]。南非还报告过“出租车大战”，在这场战争中，黑帮组织在马路上随意射杀对方，结果数千人在血腥暴力或道路冲撞中丧命[13]。

在澳大利亚，3 项独立的研究重点关注了对于不同州的出租车驾驶员的暴力：维多利亚州、新南威尔士州和昆士兰州。虽然这几项研究是由不同的研究者实施的，研究方法也略有差别，但是结果非常相似。在这 3 项研究中，每项研究都发现出租车驾驶员面临语言暴力、威胁、袭击和谋杀的重大风险。例如，在昆士兰州的研究显示，在过去 12 个月里，有 81% 的驾驶员遭受过语言暴力，17 % 遭受过威胁，10 % 遭受过袭击[14]。

如果独自工作者还需要反复与客户或顾客面对面接触，那风险就会加大。事实上，证据显示，所有经常接触客户或顾客的劳动者都面临更大风险的工作场所暴力。

与公众接触的工作

多种职业和众多工作环境都涉及与公众接触。尽管大多数情况下，此类工作是令人愉快的，但也有案例表明与公众接触所面临的暴力风险会更高。

英国 100 名工会代表响应了英国犯罪调查的访谈，他们可涵盖 9 万名劳动者的情况，表 15 对商业和服务业劳动者工作期间接触公众的暴力事件的规模提供了一个总体印象（尽管是主观的）。

如第二章所述，此类暴力事件的原因是多样的。在与大量公众打交道的大型组织中，劳动者很可能遇到一些有暴力史或有危险性精神疾病的人，或是醉酒者。这类“随机性”的伤害很难预测到，并可能会导致非常严重的事故。

表 15　在工作中遭受袭击风险最高的职业，
2001 年~2002 年和 2002 年~2003 年英国犯罪调查访谈

一次或多次受害者	被袭击风险（%）
保护性服务职业人员	12.6
卫生和社会福利相关专业人员	3.3
交通和移动式机械驾驶员和操作员	1.9
农业和服务业管理者和经营者	1.8
健康专业人员	1.4
个人护理服务业人员	1.3
休闲行业和其他个人服务职业人员	1.1
教学和研究专业人员	1.0
初级管理和服务行业人员	0.9
公司经理	0.8
所有职业人员	0.9

资料来源：厄普森，2004 年，第 10 页。

在其他情况下，暴力行为可能是由可感知的或实际的服务质量所致。暴力也可能由提供服务的劳动者轻慢和漠不关心的行为所触发，或是因为客户的愿望和期望普遍得不到满足而对于该组织有更普通的攻击，这与特定时刻的实际冲突无直接关系。

公交车、火车和地铁工作者

这些劳动者通常是任何交通工具延误时最容易受到责备的对象。对于票价、流氓行为以及交通事故的争议，都增加了交通运输业劳动者被袭击的危险性，同时，对其他乘客的伤害以及对财产的故意破坏也会增加其危险。

表 16　1999 年~2004 年英国铁路劳动者遭受袭击的记录统计表

年份（年）	1999	2000	2001	2002	2003	2004
例数	1479	1720	2261	3017	3640	3847

资料来源：英国铁路安全和标准委员会，2004 年，第 174 页。

表 16 中提供了英国地铁劳动者受到袭击的记录，该数据覆盖了 1999 年至 2004 年，能够看出，地铁劳动者受到的伤害在 6 年间持续增加，该报道表明：

> 53 % 的袭击发生在车站（2004 年有小幅度增长），其余几乎所有袭击都发生在火车上（其中语言伤害的比例更大）。收入保障职能部门、站台工作者以及火车上的劳动者是受影响最大的群体，与逃票相关的袭击次数占所有袭击的近 30%，近年来第一次在 2004 年大致保持未变。女性报告的非身体攻击多于男性[15]。

对于公共汽车上的劳动者来说，类似模式袭击的发生也很普遍。仅 2001 年就报告了近 7000 例在伦敦公交车上的犯罪，包括持刀伤人事件、乱涂乱画、扔石头以及其他严重的暴力事件[16]。伤害不局限于伦敦的公交车驾驶员，英格兰东北部 2 家最大的公交车公司表示，他们共短缺约 200 名驾驶员。如方框 17 所示，更严重的是暴力行为似乎成了一种普遍现象。

方框 17　袭击引发公交车驾驶员危机

据称，针对公交车驾驶员的暴力不断增加，并触发了一场招聘危机，这威胁到了一些公交服务。

英格兰东北部 2 家最大的公交车公司称，他们大约短缺 200 名驾驶员。

英国运输总工会（Transport and General Worker's Union，TGWU）的地区组织者艾伦・格雷（Alan Gray）认为这场危机的责任在于对驾驶员的袭击次数不断攀升，格雷呼吁运输部门要采取更多措施保护驾驶员。

几家公交车公司已采取安全措施，努力保护驾驶员不受袭击。

现在，很多公交车都安装了闭路监视系统。

同时在某些地区，身着便衣或制服的警察晚上会在出问题的区域乘公交车巡查。

资料来源：英国广播公司（BBC）新闻："袭击引发公交车驾驶员危机"，2003 年 a。

飞机上的乘客也会有施暴行为。暴力的发生率在短途和长途航班间、不同航空公司间以及不同的职业群体间略有不同。例如，一项报告称飞机安检人员中 82.5 % 遭受过语言暴力，17.4 % 被威胁过，4.5 % 称曾遭到身体袭击[17]。空中乘务员所面临的危险因素也类似。

空中乘务员

空中乘务员是另一类面临严重暴力风险的劳动者。“空中愤怒”（Air Rage）事件、不守规则乘客的极度不端行为，以及喝酒、禁烟、拥挤和长途飞行，都成为航空公司及其机组人员日益担忧的问题[18]。飞机上的暴力也对其他乘客以及飞行安全构成了严重威胁。

由于航空公司并不会一直保留或公布相关数据，因此很难获得关于“空中愤怒”事件数量的准确统计数据。但众所周知，对于有袭击性和破坏性的乘客及空中暴力的报告数近年来呈指数增长[19]。很难获得准确的统计数据是因为对什么是“空中愤怒”难以达成一致意见。英国航空公司在 1998 年 3 月底前的 12 个月内，记录了 266 起由飞机上的破坏性行为导致的事故[20]，这一数字自 1995 年来增加了 400 %。与此相似，美国航空公司在 1994 年至 1995 年所报告的乘客干扰空中乘务员履职事件上升了 200 %。仅 1997 年，美国联合航空公司的航班上就发生了 450 起类似事件。因此正如表 17 所示，根据美国联邦航空管理局的数据，1995 年至 2001 年乘客不端行为事件发生的数量已经增加了 1 倍多。截至 2000 年 12 月 12 日，已经报告了 216 例事件。

表 17　美国联邦航空管理局：1995 年~2001 年乘客不端行为事件的数量

年份（年）	事件数（起）
1995	146
1996	188
1997	321
1998	282
1999	310
2000	321
2001	321

资料来源：美国联邦航空管理局，2003 年。

交通运输业子行业的劳动者所面临的此类风险，在频繁面对面接触顾客的其他群体中也存在。事实上，当发生武装抢劫时，某些群体面临着额外的暴力风险或暴力威胁，例如，零售行业的劳动者。

零售行业劳动者

零售业劳动者可能因为糟糕的零售服务或劣质产品而遭受暴力。暴力也可能源自那些对结账不耐烦的顾客，他们试图用非法信用卡或超限的额度付款，也可能发生一场持枪抢劫。想买酒的醉酒顾客对零售业劳动者来说也是一种威胁，深夜营业时间加剧了暴力风险[21]。英国零售商协会关于零售企业损失的调查显示，在 2002 年，每 1000 名劳动者中就有 6 人遭受过身体暴力；每 1000 名劳动者中有 18 个人遭受过暴力威胁；每 1000 名劳动者中有 11 人遭受过语言暴力[22]。截至 2003 年，劳动者遭受的暴力增加了 17 %，直接针对劳动者的语言暴力增加了 109 %，对劳动者的威胁飙升了 161 %[23]。

提供社会服务的劳动者

暴力也可能是被极端边缘化的公众为了满足其迫切的基本需求而最后采取的绝望之举。绝望并不会自动牵涉到暴力，但是它能够为反抗不平等对待的态度铺路，并最终导致对提供服务者的虐待。以加拿大为例，根据 1994 年的一项调查，亚伯达省 61 % 的社会服务机构劳动者曾遭受语言威胁，42 % 遭受过身体威胁，30 % 遭受过身体袭击[24]。

在英国，36 % 的卫生及社会福利专家报告说，他们非常或相当担心工作中的袭击行为，2002 年~2003 年英国犯罪调查引用了此报告[25]。据报告，旅游业和酒店业劳动者中也有类似发现。

酒店、餐饮业劳动者

酒店、餐饮业劳动者与顾客的关系通常被认为是“私人的”，对服务缺乏承诺或对顾客的需求不敏感，都可能会被视为一种个人冒犯，从而导致顾客的攻击行为。酒吧员工特别容易受到公众的袭击。1997 年，一项关于英国南部酒吧暴力程度的调查揭示，24 % 的持证酒吧劳动者认为自己处于“高度”危险中，另有近 1/4 的劳动者认为自己处于“相当大”危险中[26]。

2000 年，英国一所高等教育机构对 274 位参与酒店餐饮课程的学生进行的调查显示，57 % 的学生曾在实习中经历一些不想要的性骚扰[27]，其中多数涉及语言骚扰，例如暗示性的评论和辱骂，伴随其后的是暗示性的打量，大多数案件（88%）都是 1 名女学生被 1 名男性骚扰，施暴者包括同事、经理和顾客。

美国以及亚洲国家报告了类似的性骚扰案例，尽管程度大相径庭。在一项针对美国新奥尔良和中国香港饭店劳动者的对比研究中，对于问题“你是否曾经感受到顾客、经理或同事对你有性骚扰”，分别有 74.7 % 和 25.3 % 的劳动者[28] 给予“是”的答案。

2002 年，西班牙对于旅游部门劳动者欺凌行为的调查得出结论，16 % 的劳动者会遭受每周 1 次或更频繁的心理暴力（测量标准是在过去 6 个月中遭受 1 种或多种与心理暴力有关的消极行为）[29]。在被调查者中，45 % 的劳动者目睹了欺凌发生。受害者提到，施暴者主要是老板或经理（82 %），而同事占 16 %。47 % 的案例中暴力持续了长达 1 年以上，30 % 持续 2 年或更久[30]。从具体行为来看，报告中最常见的行为是“给予无意义的工作”“给予低于专业能力的工作”“施加过多的压力”以及“系统性地贬低个人努力”（作者翻译自西班牙文）。

舞者及其他表演艺术家

欺凌在舞蹈行业尤其普遍。英国一项关于欺凌的全国性调查显示，此行业的调查对象中，14.1 % 在过去 6 个月中遭受过欺凌，29.6 % 在过去 5 年中遭受过欺凌，同时有 50% 的调查对象报告说在过去 5 年中目睹过欺凌[31]。此外，还发现施暴者中 75 % 是经理，33 % 是同事，8.3 % 是下属，有些调查对象经历了不止一个类别的暴力。据报告，与其他行业相比，舞蹈行业中“不想要的性关注”发生率也很高（14.4 %），相同的数据在银行业是 3.8 %[32]。

某些舞者，尤其是那些从事舞台舞、桌边舞以及脱衣舞等“异域风情舞蹈”者，报告称她们对社会的幻想破灭且健康问题增加，其中的原因有：服装和外表限制，肮脏的工作环境，管理者或顾客强迫表演特殊种类的舞蹈，性骚扰，身体袭击，强迫性行为，以及污名化的影响[33]。更为复杂的是，有人指控警方未采取任何行动，且指责受害者自己招惹了麻烦，需要对自己的状况负责（责备受害者）。有些舞者可能会受到一定程度的骚扰，而图书馆工作者则可能不会遭受这种风险。

图书管理员

尽管工作场所暴力经常与接触公众的工作联系在一起，但一般很少考虑到这样一个事实，即图书管理员在其职业生涯中也很可能经历来自公众的暴力或袭击行为。相比于学术图书管理员或其他特殊的图书管理员，公共图书管理员更易遭受暴力影响，因为开放政策容许任何人进入图书馆。有时这会引来一些反社会公民，这些人会制造破坏，甚至会引起极端暴力行为。据报道，美国图书馆已经发生了几起抢劫和公众使用枪支的案件，他们对图书管理员有极大不满[34]，有些图书管理员甚至被杀害。如果现场有足够数量的钱财或贵重物品，图书管理员通常会面临更大的暴力风险，例如与抢劫有关的暴力。

处理贵重物品和现金

只要贵重物品触手可及，或看似触手可及，就有可能发生犯罪，并且暴力犯罪日益猖獗。许多行业的劳动者都面临此风险。商店、邮局、金融机构或任何进行现金交易的地方，劳动者都遭受着与抢劫有关的暴力的特殊风险。

商　店

劳动者数量少、缺乏培训和安保措施不足，都加剧了与抢劫有关的暴力风险。小商店尤其危险，特别是在开店和闭店时。药店也是如此，它们很可能是抢劫现金和毒品的目标。

在澳大利亚，一项针对小型企业的全国性调查显示，在 1998 年~1999 年，11% 的药店报告称在过去 12 个月中至少遭受过 1 次抢劫[35]，这些药店抢劫案中的大多数都发生在有 2 名或 2 名以上劳动者当班期间。反复受害（情景）也是了解抢劫概况的一个关键因素，5% 的药店抢劫案占所有报告的抢劫案的近 3/4。其他零售企业也存在类似的风险。

邮政服务

如前所述，邮政工作已被确定为遭受同事暴力的“高危”职业。在美国，“going postal”一词已成为谋杀等严重工作场所暴力行为的同义词。然而，证据并不支持美国邮政业劳动者实际上比其他职业群体面临更大的死亡和重伤风险这一结论。

邮政工作的性质意味着劳动者面临着来自工作环境以外人员的暴力风险。例如，2001年美国发生了一系列生物恐怖主义活动（炭疽案件），并针对此种威胁采取了紧急预防措施。这些事件强调了邮政劳动者在处理大量邮件时所面临的无处不在的危险，以及对炸弹和燃烧装置等可疑物体保持警惕的必要性。

邮政劳动者还面临着来自公众的与抢劫有关的袭击风险，这与其在邮局处理现金和贵重物品有关。这些劳动者还可能面临组织改革、兼并和收购、全球化、新技术、新操作规程、业务绩效审计等方面压力加剧带来的风险。在英国，抽样表明，14 % 的邮政劳动者认为暴力威胁是糟糕的或非常糟糕的[36]。

邮政劳动者可能特别容易遭受工作场所欺凌。在英国全国范围内对 5288 名劳动者进行的一项关于工作场所欺凌行为的研究显示，约 1/10 的劳动者在既往 6 个月内曾在工作中受到欺凌[37]。据报道，工作场所欺凌发生率过去 6 个月和过去 5 年最高的是邮政和电信（16 % 和 27 %），监狱部门 16 % 和 32 %；学校 15.5 % 和 35 %；舞蹈专业 14 % 和 28 %[38]。

这些高比率的工作场所欺凌使管理者、劳动者和劳动者组织之间的关系变得紧张。工作场所暴力高发还引起了劳动者工作无保障、不满和冲突，并可能导致劳动者感到无法应对他们的要求。据美国邮政劳动者工会发言人称：“在职业生涯中，超过 1/3 的美国邮政服务业劳动者会成为虐待或欺凌的受害者，这高于全国平均水平，大多数人永远不会报告。许多人要么被解雇，要么辞职[39]。”

工作满意度极低、士气低落和管理不善等，以及与其他劳动者的关系对邮政劳动者的行为产生了负面影响[40]。在美国邮政服务部门约 70 万名劳动者中，每年的申诉约为 15 万起，约有 6.9 万名邮政劳动者面临管理层的纪律听证会[41]。与抢劫有关的暴力行为最有可能导致工作场所谋杀，并且抢劫最有可能发生在手头有大量现金的工作场所。

金融机构

对金融机构的暴力攻击长期以来一直是金融部门劳动者面临的一项危险，特别是银行，作为正常业务运营的一部分，必须处理大量现金。虽然近年来加强保安措施成功地降低了银行抢劫案的发生率，但此犯罪仍然令人关注。表 18 详细地说明了美国银行发生的抢劫案数量。2001 年，共发生了 8500 多起银行抢劫案，相当于约每小时发生 1 次（略低于每 52 分钟），总损失约 7 千万美元。纵向数据趋势表明，此类犯罪的水平在过去 10 年中几乎无变化。

表 18　1990 年~2001 年美国银行抢劫案数量[①]

年份（年）	银行犯罪统计（起）	统一犯罪报告方案（UCR）汇总（起）
1990	8042	9589
1991	9532	11004
1992	9540	11432
1993	8561	11876
1994	7081	8663
1995	6986	9289
1996	8362	10741
1997	8082	9461
1998	7711	8486
1999	6813	8193
2000	7310	8565
2001	8516	10450

注：[①]报告于银行犯罪统计数据库（Bank Crime Statistics database）和统一犯罪报告方案（Uniform Crime Reporting Programme，UCR）的汇总中。

资料来源：美国联邦调查局（Federal Bureau of Investigation，United States），2005 年。

在某些情况下，银行和建屋互助会加强安全措施使这些地方成为更安全的工作场所。根据南非安全研究所的数据，在南非，银行抢劫案的数量急剧下降，从 1996 年 4 月至 1997 年 3 月的 561 起下降到 2002 年 4 月至 2003 年 3 月的 127 起[42]。

澳大利亚也报告有类似趋势。图 15 展示了 1998 年 1 月至 2002 年 4 月发生的银行抢劫案数量，在这 5 年间，银行抢劫案的月平均数量有所下降。然而，一些与抢劫有关的暴力行为可能只是转移到其他更易受伤害的群体，即处理金钱和贵重物品的劳动者群体身上。

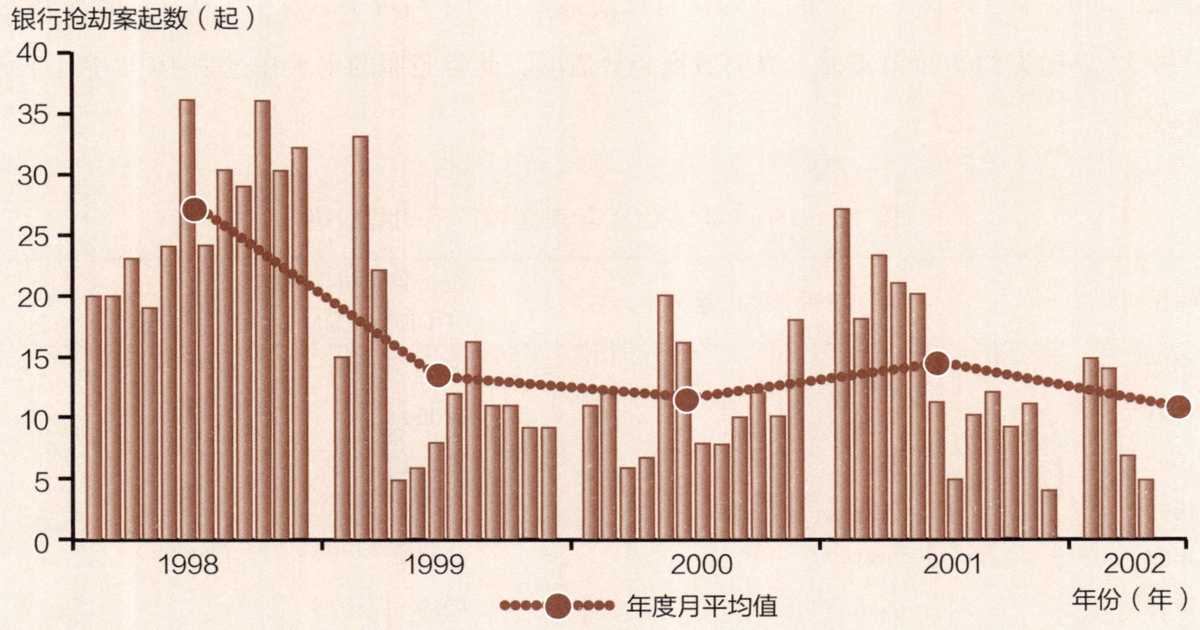

N=8300

资料来源：伯茨基（Borzycki），2003 年。经澳大利亚犯罪学研究所许可转载。

图 15　1998 年 1 月至 2002 年 4 月澳大利亚每月银行抢劫案数量

私人保安

前文已经提到了警察在工作场所遭受的暴力风险很高，另一个工作场所暴力发生率也很高的相关职业群体是私人保安（也称保安人员）。在许多国家，雇用保安是为了保护高风险的企业免受攻击的威胁。此类企业不仅包括银行，还包括珠宝店、博彩店、赌场和其他存放大量现金和贵重物品的工作场所。

尽管这些劳动者通常会接受应对暴力的特殊培训，但暴力的流行程度及其增长的速度使得应对变得越来越困难。在私人保安行业，现金运输部门可能是最容易受到攻击的，无情的犯罪集团会杀害保护贵重物品的警卫。

迄今为止，本章回顾了因为劳动者独自工作、与公众有广泛的面对面接触、现场有大量现金或贵重物品（这是引发相关暴力行为的诱因）等有特殊工作场所暴力风险的职业。然而，特定类型的人更有可能对劳动者实施暴力行为。接下来，对那些更有可能对劳动者实施暴力者的特征进行讨论。

与身处困境者一起工作

那些害怕的、身处困境的、痛苦或绝望的人可能有更大的暴力倾向，医疗卫生行业的劳动者更可能与这些人有面对面的接触，因此医务人员常常成为受害者（方框 18）。

方框 18　医生与护士需要得到更多保护以免受袭击

2004 年 12 月 19 日有消息称，对于医务人员免受暴力攻击的保护不足。

英国医学会（The British Medical Association，BMA）、英国皇家护理学院（Royal College of Nursing，RCN）和英国皇家助产士学院（the Royal College of Midwives，RCM）表明“应急工作者法（苏格兰）”将伤害应急救援者定为一项特殊犯罪行为，这造成了一些反常现象。

这三家组织呼吁支持苏格兰议会成员（Members of the Scottish Parliament，MSP）、苏格兰民族党党员斯图尔特·史蒂文森（Stewart Stevenson）周三在苏格兰议会提出的修正案。该修正案提出，给予所有医生、注册护士、助产士与救护车救护员、消防员及警察可负担的同等水平的保护。该法规定，在任何工作时间袭击或妨碍警察、消防员或救护车救护员，都是犯罪行为。

苏格兰行政院在 2003 年 5 月发表的国民医疗服务体系（National Health Service，NHS）苏格兰职业健康与安全调查发现，每 10 个人中就会有 1 人在 1 年时间里遭受言语或身体的袭击。同时发现，在所有 NHS 劳动者之中，护士们和助产士们所经历的意外暴力事件最多。

护士们和助产士们所经历的职业伤害中 3/4 与暴力有关，在公共部门中，他们遭受的暴力仅次于警察，在当班时最容易成为暴力袭击的对象。约 1/3 护士称他们在职业生涯中曾遭受身体袭击。

资料来源：《新闻电讯报》，“医生们与护士们需要得到更多保护以免受袭击”，2004 年。

与身处困境者接触的劳动者遭受暴力的情况非常普遍，以致工作场所暴力通常被认为是其工作中不可或缺的一部分。因疾病和痛苦而产生的沮丧和愤怒，痴呆、某些精神障碍等老龄问题，酗酒和滥用药物，这些都会影响行为，从而导致语言暴力或者身体上的暴力。施暴者生活的社区日渐贫穷和边缘化，实施关爱活动的环境不足或组织方式不足，为此类人提供服务的劳动者接受的培训和人际交流技能不足，以及工作场所普遍存在的压力和不安全的气氛，这些都会大大加剧暴力的程度。

全球医务人员都处在此困境的最前沿。最近在巴西、保加利亚、黎巴嫩、葡萄牙、南非、泰国所开展的广泛跨国研究以及澳大利亚的另一项研究表明，该行业里所有的劳动者都广泛处于身体或心理暴力的风险中（有关数据的详细介绍，请参阅第二章关于发展中国家的讨论）[43]。

正如任何类别的医务人员都无法避免工作场所暴力的风险一样，任何医疗工作机构都未能幸免于工作场所暴力[44]，然而，不同医疗卫生职业团队面临的风险并不相同，以下提供了一系列不同的场景。

综合医院

在美国，在医院工作的劳动者超过 500 万人，他们接触很多职业健康安全有害因素及风险，包括暴力。“根据美国劳工统计局的估计，1999 年发生了 2637 起针对医院劳动者的非致死性袭击，即每万名劳动者中发生 8.3 起袭击事件，这一比率远高于所有私营行业非致死性伤害的发生率，即每万名劳动者中 2 人受伤[45]。”

然而，某些医疗卫生工作者群体比其他群体面临更大的风险，风险最高的似乎是那些急诊部的劳动者。

在急诊监护病房工作的医务人员

提供急诊服务的医务人员似乎面临更大的暴力风险，尤其是来自醉酒或受非法药物影响的患者，例如，在西班牙巴塞罗那一家大型医院急诊病房的劳动者中，56 % 的人报告曾遭受患者或其亲属的言语攻击[46]，方框 19 中描述了苏格兰 1 家医院急诊监护病房的劳动者受到袭击的案例。

方框 19　患者因在英国国家医疗服务体系医院施暴被判入狱

1 名患者因在医院急诊部 2 次失控，被判入狱 9 个月。JK 是 1 名吸毒者和酗酒者，之前他在珀斯皇家医院打架并朝医生和护士扔设备。JK 承认曾 2 次在医院中失控。在抱怨腹痛之后他第 2 次被带进医院，那时他喝得酩酊大醉。德里克・派尔警长说，把该施暴患者关进监狱是向施暴患者释放出的最强威慑。泰赛德地区正在推出 1 项针对破坏性患者的新政策，并将彻底禁止此行为作为最终制裁。

“他的行为使医务工作者都不能接近他，他们只能退后站在一边以免受伤害。在挣扎的过程中，他踢倒了墙上的麻醉设施，弄坏了机器上的 1 根管子。”

后来警察逮捕了 JK，未经治疗就将其从医院带走。第 2 次时，他因吸毒过量而住院，并在语言和身体上（对医务人员）施虐。

资料来源：英国广播公司新闻，“患者因在 NHS 施暴被判入狱”，2004 年。

精神病院工作者

除了在医院急诊部工作的劳动者，在精神病院工作的全部劳动者也处在风险中。尽管有一些精神健康问题被认为更容易导致暴力，并非所有的精神病患者都具有攻击性。

在精神病院，通常大部分患者并非施暴者，且大多数情况下发生暴力也不导致创伤性损伤[47]。然而在瑞典，与其他科室的护士相比，精神科护士遭受暴力的可能性高 5 倍，受到患者性骚扰的可能性高 3 倍[48]。有些暴力事件会非常严重，如方框 20 中的案例所示。

方框 20　澳大利亚悉尼罗泽尔医院事故

TR 的基本情况

事故发生时，TR 26 岁，高约 6 英尺，重 15 英石~16 英石[译者注①]，他有 6 年精神分裂症—情感障碍史，曾 4 次住进罗泽尔医院。

事故经过

1997 年 4 月 6 日晚上 7:30 左右，罗泽尔医院的患者 TR 结束周末休假返回医院。晚上 9:30 左右，他与工作人员交谈且似乎表现得举止正常。晚上 9:45 左右，护士马祖迪耶（Mazoudier）在 25 号病区的一楼，听到了强烈的撞击声和咆哮声。她沿着走廊去查看噪声的来源。突然 3 号宿舍的门被猛烈撞击了 2 次，TR 赤裸着出现并咆哮着污言秽语。随后他撞向马祖迪耶，导致她摔在走廊的墙上，弄掉了手里的药物图表、钥匙和报警器。TR 说他要杀了马祖迪耶。马祖迪耶推开他，并大声呼救，寻求帮助。

在紧急时刻，护士特纳（Turner）出现在楼梯底部，并按响了手里的报警器。然后，TR 开始用紧握的拳头攻击特纳的头部，与此同时，他还朝特纳大声咆哮着污言秽语。

另一名护士沃克（Walker）开始对 TR 大叫，试图让他停止袭击特纳。TR 随后开始攻击沃克，击中了她的左太阳穴。然后，TR 又跑过走廊，撞击了沃克，把她推到了门框上。

---

① 译者注：6 英尺约 1.83 米；15 英石~16 英石为 95.34 公斤~101.70 公斤。

护士卡里克（Carrick）从观察室进入了25号病区，看见TR赤身裸体地躺在地板上。TR在流血，地板上也都是玻璃碎片。TR站起来抓住了卡里克的脖子，奔跑着将他的头朝出口的门上撞了2次。随后TR再次袭击了卡里克，又打了他几拳。接着TR一只手抓住他的头，另一只手拿着一大片破碎的镜子，朝卡里克说要割他喉咙。在那个阶段，卡里克还能够对TR说“不，不”，并把玻璃从他手上移走。

突然，TR又出现在25号病区的护士站中，他赤身裸体，高声尖叫，双臂在空中挥舞着。TR冲进办公室时，护士麦克卢基（McLuckie）是离他最近的，她抓住他的右臂，并大声向周围的工作人员喊“打倒他”，这是重大事件积极结果课程（Critical Incident Positive Outcome courses，CIPO）所教授的方法。之后TR被带下来并限制在25号病区的员工区域。

在此次事件中，卡里克的右手背被割伤，右肩和左肩被割伤，头部也有瘀伤。他夜晚还做噩梦，并接受了心理咨询。马祖迪耶左大腿有瘀伤，头部和背部酸痛。事故之后，马祖迪耶出现了睡眠困难。特纳头部和颈部软组织受到挫伤，还有头痛以及心理创伤。沃克的前额和颈部擦伤，也接受了心理咨询。4名护士由于此事故都要求休假一段时间。

资料来源：新南威尔士州劳动保障局（督察逢皮利）诉悉尼中部地区医疗服务评论（2002年），第10页～第12页，IRC1999年第1509号，法官J. 施密特（参见www.aostlii.edu.au/cases/nsw/NSWIRComm/，2002年3月28日）。

然而，并非只有精神疾病患者是施暴者，痴呆患者也频频袭击医务人员。

老年护理单位

1993年，1项在瑞典8家老年护理机构开展的研究显示，在既往12个月中，医务人员报告的暴力分别为：75 %遭受过威胁，93 %遭受过轻微身体暴力，53 %遭受过严重身体暴力[49]。与此相似，1992年在澳大利亚南部阿德莱德市的7家老年护理机构开展的1项研究显示，在这些老年护理机构或疗养机构中，91 %全体员工和96 %私人护理人员表示他们曾遭受养老者的攻击行为[50]。

瑞典的近期研究证实，这些机构的情况仍然极其严重。1999年12月~2000年1月调查人员使用分层抽样设计，对护理和福利部门的2800名当地政府工作者进行问卷调查。这些劳动者主要从事老年人或发育障碍者的相关护理工作，调查包括了高级护理者、专家和其他类别护理者在内的7个职业组，总体而言，这些人代表了17万多名劳动者，应答率为85 %。调查结果显示，在过去1年中，多达51 %的被调查者遭受过语言或身体上的威胁及暴力。此外，护理部门超过9%的劳动者每日都遭受暴力或威胁行为，67 %的劳动者1个月中遭受数次暴力。最脆弱的群体是护理助理和直接照护者，语言威胁似更常见（79 %）。遭受暴力的劳动者后续报告说他们感到愤怒（41 %）和无助（31 %），尽管身体伤害较为轻微，但也很常见（18%）[51]。工作场所的组织变革和繁重的工作负荷似与风险增加有关。表 19 中列出了暴力行为在全世界医务人员的总体蔓延状况和严重性。该表是根据国际劳工组织、国际护士理事会、世界卫生组织和国际公共服务合作工作组进行的一系列国际调查编制而成的。

表 19　7 个国家医护人员遭受的暴力事件在过去 12 个月中抽样的百分比

国家	身体袭击（%）	语言虐待（%）	欺凌和团伙欺凌（%）
澳大利亚	12.0	67.0	10.5
巴西	6.4	39.5	15.2
保加利亚	7.5	32.2	30.9
黎巴嫩	5.8	40.9	22.1
葡萄牙	3.0	50.0① 16.5②	23.01① 16.5②
南非（私营部门）	9.0	52.0	20.6
南非	17.0	60.1	—
泰国	10.5	47.7	10.7

注：①在医疗综合部门。②在医院。
"—"为资料无法提供。
资料来源：表格根据迪・马蒂诺提供的数据所构建（2002 年 b，第 50 页）。

从表 19 中的数据可以看出，在进行调查的所有 7 个国家中，语言暴力、身体袭击以及欺凌和团伙欺凌的发生率都很高，来自南非的数据尤其令人担忧。然而，不仅仅是医疗卫生行业的工作人员报告说接触的工作场所暴力越来越多，与顾客保持密切且公开接触的其他环境也存在暴力风险，包括教育行业。

工作环境对暴力日益"开放"

传统上相对不受暴力侵害的工作环境正逐渐受到工作场所暴力的影响，这一令人担心的趋势似乎映射出了社区暴力和动乱的普遍增长，以及一些社会价值观的崩溃。

学 校

学校暴力就是该趋势的一部分。长期以来，教师一直面临着工作场所暴力的风险。而目前在一些国家教师所面临的风险水平是最令人担忧的，如本书开头所述，这一风险在美国和其他地方更加复杂，在那里普通可能发生大规模枪击事件。也有证据表明，一些枪击事件施暴的学生本身就是被其他学生欺凌的受害者。这又是一个受害者和施暴者身份转换的例子，即受害者和施暴者转变了角色。方框 21 提供了此类欺凌和暴力及其潜在后果的案例。

方框 21　群体枪击事件：欺凌是一个因素

在许多案例中，欺凌在其中起着关键作用。很多袭击者都曾经历长期的、严重的欺凌和骚扰。此类在学校发生的袭击事件中，被欺凌的经历在激发学校攻击事件中扮演着重要角色。欺凌并非是造成每个暴力案例的因素，很显然也不会对每个在校学生构成风险。但在一些袭击案例中，袭击者用近乎残忍的语言描述出其遭受欺凌的经历。

通过施暴者的描述，如果那些欺凌行为发生在工作场所，就会符合骚扰的法律定义。在许多学校枪击案中，欺凌都扮演了重要的角色，此事对现如今美国打击学校欺凌行为提供了强力的支持。

最近的 2 起袭击案件，引起了国家对欺凌问题的关注。1 名男孩受到了其他同学的折磨，欺凌他的同学们点燃打火机后将滚烫的金属压在了他的脖子上。他经常被人嘲弄，甚至被他的朋友嘲弄。为了结束被嘲弄，他朝自己的同班同学开了枪，杀了 2 名同学。

在第 2 起案件中，1 名女孩成为此类严重骚扰事件的受害者，以致她频繁逃学。学校管理者威胁她，如果再不按时上学，将采取法律措施。在她回家的路上，学生们会大喊她的名字并朝她扔石子。她的父母越来越担心，把她转到了 1 所小的教区学校，但嘲弄仍在继续。为了终止这种痛苦，该学生计划在透露其隐私的 1 名班级同学面前自杀。她自杀未遂，而是将枪对准了同学，打伤了那名同学的肩膀。

资料来源：美国司法部，2002 年，第 10 页～第 15 页，第 10 页为主。

学校欺凌是世界范围内普遍存在的现象，在许多国家，欺凌是主要的学校安全问题。

- 在**挪威**，9 % 的学生是欺凌行为的受害者 [52]。
- 在**英国**，每年遭受欺凌的学生比例为 4%~10 %[53]。
- 在**西班牙**，15 % 的中学生是欺凌者或欺凌行为的受害者 [54]。
- 在**澳大利亚**，在 20 世纪 90 年代，6 个~7 个孩子中就有 1 个表示他们每周都遭受欺凌 [55]。
- 在**德国**，4 %~12 % 的学生遭受过频繁且持续的欺凌 [56]。
- 在**美国**，15 岁的学生中有 20 % 说他们本学期在学校遭受过欺凌 [57]。一项针对初中和高中学生的研究发现，77 % 的学生在学校中受到过欺凌 [58]。

世界卫生组织对 27 个国家学龄儿童的研究报告称，在大多数受调查的国家中，多数的 13 岁儿童至少在某些时候参与过欺凌 [59]。

在**加拿大**，学校暴力事件在历史上很少发生，且往往涉及未上学的年轻人 [60]。现在这种情况已改变。萨斯喀彻温教师协会（Saskatchewan Teachers’ Association）在 1993 年的一项广泛的调查显示，66 % 的教师报告说，他们在职业生涯中遭受过学生、家长、同事、行政人员或其他人的虐待，包括语言暴力、亵渎手势、身体袭击或是个人财产破坏。1993 年报告的暴力事件中，65 % 是语言暴力、粗鲁或猥亵的手势，18 % 是身体虐待，17 % 是财产损失。78% 的教师表示，他们认为校园暴力正在增加；71 % 的受访者表示，“媒体助长了侮辱教师的氛围”；60 % 的人报告说，他们学校侮辱教师的行为正在增加 [61]。

最近的研究表明，加拿大校园暴力的风险进一步上升。在魁北克，9 % 的在校学生是敲诈勒索的受害者。在蒙特利尔，这一数字为 15 %[62]。此外，12 岁~17 岁的暴力犯罪中有 20% 发生在学校 [63]。

在**瑞典**，关于学校暴力的报告增加了 300 %，尽管这些似乎都是以前未被报告过的轻微暴力行为 [64]。

在**南非**，一项全国调查发现，40 % 的强奸和 43 % 的猥亵针对的是 17 岁以下的女孩，且往往发生在学校 [65]。此外，62 % 的学校暴力涉及种族事件和对女孩的性骚扰 [66]。

在**法国**，在 2002 年~2003 学年，每所中学平均报告了 13 起事件。在整个学年中，每 100 名学生中发生的事故数略高于 2 起。共报告了 7.2 万起事件，包括 2.13 万起无武器身体暴力行为和 16623 起语言暴力或严重威胁事件。其中 1/6 的事故中，教师是受害者。这些行为的主要受害者和施暴者是学生[67]。

据报道，**日本**学校的暴力事件也越来越多。教育、文化、体育、科学和技术部门报告称，在 2002 年 4 月至 2003 年 3 月，公立小学、初中和高中发生了 33765 起暴力事件。其中，针对教师的暴力行为共有 4856 起，占 14.4 %[68]。欺凌行为在小学和初中也很常见，初中一年级学生报告称，欺凌现象非常严重[69]。少数情况下，教师是施暴者（方框 22）。

方框 22　日本教师实施暴力事件创纪录

日本教育部一项调查发现，最近一个学年因对学生实施“污秽行为”而受处罚的日本教师人数创造了历史新高。

同时，教师们也面临着巨大的压力。上一年同一调查表明，每 400 名教师中就有 1 人因精神痛苦或精神压力休假。

日本一度标榜的教育系统已经发生了巨大改变，曾被视为国家成功模范的教育系统现已成为滋生问题的温床。此问题归咎于很多因素，包括学生在参加竞争性考试时所面临的巨大压力。

日本学校的情况折射出当今世界的状况，全国的犯罪率在上升，正如自杀和抑郁水平在不断上升。几乎所有的问题都归咎于日本 10 年来经济的滑坡——一场无结束迹象的滑坡。

资料来源：英国广播公司新闻，2001 年。

大都市和农村地区的学校面临的暴力风险相近。在各个国家中，学校暴力事件报告增加的情况相近。

大都市地区的学校

2003 年，在意大利米兰开展了一项样本量为 10513 名学生的研究。调查发现，64% 的小学生和一半中学生报告称，自己曾是欺凌的受害者或施暴者[70]。

农村地区的学校

据报道，中美洲的女性教师，尤其是在犯罪率高的边缘地区或偏远地区工作的女教师，很容易受到社会暴力和性暴力的伤害，这些教师在夜间参加培训课程时也会遭受暴力[71]。

校园欺凌与工作场所暴力

尽管人们意识到学校暴力的风险正在不断上升，但对于它可能成为工作场所暴力的先兆，未给予太多关注。然而，最近此问题引起了越来越多的关注。

英国的一项研究分析了来自不同工作场所的劳动者所完成的 5288 份问卷[72]，研究者发现，校园欺凌和工作场所暴力经历之间存在显著（尽管不大）的关联。在另一项研究中，如表 20 所示，那些曾在学校遭受欺凌或曾是欺凌受害者的人，在工作场所受害的风险很高。

表 20　英国学校欺凌受害者和学校欺凌者 / 欺凌受害者在工作场所遭受欺凌的风险[①]

	过去 6 个月在工作中被欺凌（人数）		过去 5 年在工作中被欺凌（人数）	
	是	否	是	否
学校欺凌受害者	309	2285	753	1832
非学校欺凌受害者	237	2357	529	2070
曾被欺凌的学校欺凌者	118	426	271	1011
未曾被欺凌的学校欺凌者	765	3877	609	3293

注：[①]在过去 6 个月和 5 年中，学校欺凌受害者和学校欺凌者 / 欺凌受害者，在工作场所受欺凌的风险。

资料来源：史密斯等人，2003 年，第 182 页。经《英国心理学杂志》许可转载。英国心理学会。

译者注：学校欺凌受害者包括仅是欺凌受害者以及曾被欺凌的学校欺凌者。译者团队根据此表计算比值比（Odds Ratio, OR），曾是学校欺凌受害者的劳动者在过去 6 个月在工作中被欺凌的危险度是不曾作为学校欺凌受害者的劳动者的 1.34 倍；曾是学校欺凌受害者的劳动者在过去 5 年在工作中被欺凌的危险度是不曾作为学校欺凌受害者的劳动者的 1.61 倍。曾被欺凌的学校欺凌者在过去 6 个月工作中被欺凌的危险度是不曾作为学校欺凌受害者的劳动者的 1.40 倍；曾被欺凌的学校欺凌者在过去 5 年工作中被欺凌的危险度是不曾作为学校欺凌受害者的劳动者的 1.45 倍。

表 20 中数据表明，在工作场所遭受欺凌风险最大的是那些曾被欺凌的学校欺凌者，其次是那些仅是欺凌受害者。

呼叫中心

另一个截然不同的劳动者群体也面临较大的暴力风险，那就是呼叫中心的劳动者。值得注意的是，尽管这些劳动者未与其顾客面对面接触，但持续的电话交流已成为传播语言暴力和威胁的媒介。

为控制成本，呼叫中心通常设在发展中国家，是全球工作场所中越来越常见的一部分。虽然在很多用人单位看来，工作场所暴力的概念不会也不应该延伸到此类中心，但毫无疑问，呼叫中心的劳动者们在日常工作中会经历大量的骚扰和压力。呼叫中心的工作条件变化很大，在很大程度上取决于所从事的工作类型。例如，一名训练有素、在法律或医疗问题上能够向呼叫者提供专业建议的呼叫中心代理，与处理日常工作和只根据事先准备好的讲稿发言的薪酬低、地位低的劳动者之间，感受到的工作满意度和工作压力方面有着相当大的差别。当呼叫中心被销量目标和尽快接听新电话的压力所主导时，这将会是个压力尤其大的环境。

在呼叫中心，用于把呼入呼叫转发给空闲接线员的 ACD 技术，可以通过对呼出呼叫的预测拨号技术补充。在这里，呼叫是由技术自动发起的，只有当呼叫者拿起电话时呼叫才会被传递给空闲的接线员。这两种技术都意味着呼叫中心的劳动者们受技术所控，而不能控制自己的工作量。愤怒的顾客的语言暴力和持续的技术监控会进一步加剧工作的紧张程度。

阿根廷国家科学技术研究委员会的一项研究报告称，呼叫中心的劳动者尤其面临着与工作相关的压力，该研究表明，此类劳动者中多达 20 % 使用了镇静剂[73]。

呼叫中心的劳动者也可能在电话中面临着性骚扰，这本身就可能造成压力。德国对 106 名在呼叫中心工作的劳动者进行的一项研究显示，3/4 的女性劳动者报告说她们经历过性骚扰电话[74]。

体育运动

针对体育工作者和运动员的语言暴力形式截然不同。

在体育赛事中，暴力在运动员和公众中传播迅速。理论上来说，体育运动鼓励形成团队精神、社会包容、承认多样性、分享积极的态度、健康的生活方式以及更多的参与和对话。在实践中，暴力可能会危及体育运动所遵循的价值观。无论是对于业余还是专业运动员，以及支持他们的体育俱乐部和协会组成的复杂网络，暴力都日益被视为一种职业危害。在体育赛事、大型比赛甚至在学校操场上，都会偶然发生重大暴力事件，有些已经导致了重大的悲剧。

2002 年世界杯期间，在**俄罗斯队**被日本队击败后，成千上万的足球迷在莫斯科市中心发生骚乱，结果导致 2 人死亡，约 50 人住院，其中包括 20 名警察[75]。

人们发现，对于裁判等运动官员缺乏尊重和侮辱的情况已经影响了他们参加体育赛事的意愿。例如在**澳大利亚**，报道称 1997 年至 2001 年，参加体育赛事的裁判人数下降了 26%，这一下降主要归因于语言暴力和骚扰。施暴者主要是运动员（37 %）、教练（22 %）、观众（19 %）和家长（17 %）[76]。

在遭受身体虐待时，最常见的是打或踢、扔东西和吐口水。大多数骚扰发生在社区或当地体育场馆里，其次是地区和州范围的体育比赛中。

迄今为止，讨论的范围已经涵盖了各种具有特殊风险的职业，独自劳动的特定问题可能增加潜在工作场所暴力的工作地点因素（如现金或贵重物品），与客户和顾客的密切接触，与身处困境者一起工作的相关风险，可能增加劳动者风险的个体因素，以及在教育环境中与欺凌和暴力有关的特殊问题，同样重要的是，还必须认识到有些劳动者群体工作条件的风险特别高。

在特别脆弱的条件下工作

无保障就业的劳动者

越来越多的劳动者在无基础保障的情况下就业，例如短期合同工、零工、临时工或分包合同工。在越来越多的企业中，这些劳动者是劳动者中的大多数。有些人因为处于边缘地位，很可能会遭受暴力。表 21 展示了 6 个大型研究的结果，这些研究是关于澳大利亚一些无保障就业劳动者群体遭受的工作场所暴力的情况，其中大多数研究都调查了不止 1 个工作群体（快餐业的年轻临时工和出租车驾驶员是例外）。所有的研究都对随机抽样的劳动者进行面对面访谈，同时包含一个需要定性和定量回答的详细问卷。

尽管暴力的水平在表 21 所列的职业中都很高，快餐业的年轻临时劳动者和出租车驾驶员等职业的暴力水平也如此，但很难对从事相同职业的无保障就业劳动者和正式劳动者的风险水平差异做出概括。经验数据表明，某些工业部门中就业的无保障劳动者的工作场所暴力水平更高（如服装外包劳动者，主要因为他们对工作任务的控制有限；或外包建筑劳动者，他们的工作竞争特别激烈，以致在竞争的截止期限时语言暴力大大增加）。但是在其他情况下（如保育），劳动者遭受的暴力水平更高。在一些面向较小群体的研究中，结果并未明确指出就业状况的差异。作者得出结论，工作场所暴力的主要决定因素是工业部门内部的风险水平以及客户及劳动者的接触水平。然而，就业情况无保障是一重要的次要危险因素[77]。

表 21　1993 年~1998 年澳大利亚 15 个职业群体工作暴力事件经历（每个样本的构成比）

行业 / 职业	年份（年）	总访谈人数①（N）	语言暴力（%）	威胁（%）	身体攻击（%）	要挟或抢夺（%）
快餐业	1998					
年轻临时工		304	48.4	7.6	1.0	23
服装业	1997/1998	200				
工厂工人			4.0	1.0	1.0	
外包工			49.0	23.0	7.0	
建筑业②	1997	331				
承包商			8.0（17.3）	2.7（8.0）	2.7（2.7）	
家具制造商			13.3（16.0）	6.7（2.7）	1.3（2.7）	
拆除人员			35.7（23.5）	7.1（5.9）	7.1（—）	
小企业（劳动者少于 5 人）	1996/1997	248				
车库（车主 / 经理）			9.7	4.2	—	
咖啡厅（店主 / 经理）			45.7	15.7	1.4	
报刊亭（所有者 / 经理）			62.9	11.4	1.4	
印刷车间（业主 / 经理）			37.1	2.9	2.9	
外包与正式劳动者②	1995	255				
儿童护理			50.0（15.0）	13.0（2.5）	11.0（—）	
招待			57.0（53.0）	46.0（30.0）	11.0（7.0）	

续表

行业 / 职业	年份（年）	总访谈人数[①]（N）	语言暴力（%）	威胁（%）	身体攻击（%）	要挟或抢夺（%）
运输			47.0（13.0）	6.0（13.0）	—（13.0）	
建造			15.0（56.0）	—（17.0）	—（—）	
出租车驾驶员	1993	100	81.0	17.0	10.0	

注：[①]总样本 1438 份。[②]对于“建筑业”和“外包与正式劳动者”这两个标题，每行显示的第一个数字是该行业内的劳动者数，括号中的数字是同一行业分组中外包劳动者的占比百分数。

资料来源：梅休和昆兰，1999 年，第 183 页～第 205 页，特别是第 191 页。由施普林格科学和商业传媒许可授权。

另一可能降低工作场所暴力风险的就业特征是种族，正如无保障就业的劳动者面临的风险一样，移民劳动者在劳动力市场的权力水平可能会降低。

移民劳动者和不同种族的劳动者

在**美国**，谋杀是外籍劳动者在工作场所死亡的主要方式，这并非个别情况[78]，全世界都有对于虐待移民劳动者的严重指控。例如，在**澳大利亚**，代孕孕母或家政劳动者、就业于酒吧或夜总会的菲律宾女性，遭受暴力的比率要比一般澳大利亚人高得多[79]。

对于偷渡移民者来说，风险更高。虐待和粗暴对待对于这些劳动者来说极为常见。即使考虑到他们的劳动关系性质，此类劳动者在工作中遭受暴力程度的证据依旧很难获得。像方框 23 报告的悲惨事件，揭露了这些劳动者在国外环境中挣扎求生时所遭遇的工作场所暴力的现实。

方框 23　溺水事件导致人口贩运被调查

在英格兰西北部，19 名中国移民在沙滩上采集乌蛤时溺水而亡，引发了对这场悲剧背后关于劳务中介人的一场大规模调查。迄今为止，英国警方已经逮捕了 5 名与该起死亡事件有关的嫌疑人。兰开夏郡警方的一位发言人表示，他们正在审讯 3 名男性和 2 名女性嫌疑人，调查他们是否与此悲剧有关。被捕者的国籍未被透露。英国警方承诺，将尽一切可能查出是谁将这 19 名低薪资劳动者（17 名男性，2 名女性）送至莫克姆湾收集鸟蛤。这队人周四被爱尔兰海快速上涨的潮水所吞没了。鸟蛤是一种小型贝类美食。这群人可能被无良的雇主控制了，他们利用了移民愿意做 1 天工作得到 1 英镑的特点。

当地媒体报道，该死亡事件激发了人们呼吁加强法律管理，停止剥削外来务工劳动者。

该发言人告诉记者，这些死去的劳动者可能花了很多钱才被带到英国，但却被迫在无适当设备的恶劣条件下劳作。

资料来源：《中国日报》，2004 年，第 1 页。

因此，对于那些在劳动力市场上权力有限的劳动者而言，存在一系列可能的脆弱性。如果个别劳动者具有不止一种的工作场所暴力风险因素，他们可能更容易受到伤害。

加工出口企业的劳动者

在加工出口企业中，往往会雇用一些特别易受到伤害的劳动力，他们主要由不熟练的年轻人和从事无保障工作的女性组成。这些生产过程的特点是生产过程高度密集、工作条件差且工作时间长[80]。虐待、性骚扰和身体袭击都是此环境的一部分。全球劳动者和社区联盟（Global Alliance for Workers and Communities，GAWC）在不同国家进行的一系列研究也证明了此观点。该联盟由私人组织、公共组织和非政府组织组成，成立于 1999 年，致力于提升全球生产和服务业劳动者的工作经验和机会（该联盟于 2004 年结束运作）。该联盟 2001 年关于印度尼西亚 9 家耐克工厂的报道指出：

> 全部 9 家工厂都经历过或被观察到存在各种形式的性骚扰和性虐待，一些工厂报告的此类事件相对较少，而其他工厂报告此类事件较多。其中语言暴力最为明显，30.2% 的劳动者亲身遭受过，56.8 % 的劳动者观察到此问题。平均 7.8 % 的劳动者报告说受到了令人讨厌的性暗示评论，3.3 % 的劳动者报告说遭受了身体虐待。此外，在 2 个不同工厂中，各工厂至少有 2 名劳动者报告了招聘和晋升中的性交易行为[81]。

该报道还指出，耐克已经对这些问题启动了严肃调查，2003 年又发布了一份报告显示，耐克在此领域开展调查并采取行动后，虐待和性骚扰案件大幅减少[82]。这些受害劳动者中还有一些是儿童。

儿　童

童工有多种形式，包括与父母分离、实际上相当于监禁的隔离、身体虐待、性虐待、实质上的农奴或奴隶身份。对于被交易、作为家政雇佣者或劳动者出售或被迫成为儿童兵的儿童来说，情况尤其如此。

1999 年，国际劳工组织召开的由各国政府、用人单位和劳动者组织所组成国际劳工大会，通过了 1999 年《消除最恶劣形式童工劳动公约》(第 182 号)，该公约的重点是消除雇用儿童从事危险工作如深海捕捞、利用儿童从事非法活动如贩毒，以及可能危害儿童健康、安全或道德的任务。国际劳工组织最近关于这一主题的出版物包括：《无童工的未来》[83]《打击童工：劳动监察者手册》[84] 和《童工：健康和安全风险》[85]。

国际劳工组织估计，在他人家庭中从事家务劳动是全世界 16 岁以下女孩最大的一个童工就业形式 [86]。但在全世界范围内，此群体可能高达数百万人。

约 90 % 的儿童家政劳动者是女孩，尽管在一些国家如**尼泊尔**和**海地**，也有相当数量的男孩被雇为家政劳动者。从事家政劳动的大多数儿童年龄在 12 岁到 17 岁，但在许多国家，儿童通常在 12 岁之前就开始做家政劳动。儿童家政劳动者经常遭受歧视，丧失自由、身份和自尊，并被剥夺上学机会。他们也容易遭受身体和语言上的暴力，并受到他们所做的工作和他们所处环境的影响 [87]，如方框 24 中的案例所述。

方框 24　家政劳动者受到的虐待

第二章已经提及来自沙特阿拉伯、马来西亚和印度尼西亚等国数以百万的移民劳动者所遭受的工作场所暴力。其他研究表明，在拉丁美洲，许多与家政劳动者一起长大的男性都会与家政劳动者发生第一次性接触。在秘鲁利马，一项研究估计该比例为 60%。性服务是家政劳动者合同中未说明的一部分，这种假设因是否存在因文化差异而议。

一个国际非政府组织认为，媒体对家政劳动者滥交的刻板印象是导致他们在拉丁美洲被普遍性虐待的一个重要因素。在斐济，八九成的家政劳动者表明其雇主对其有性虐待。在孟加拉国，女性家政劳动者可能会在青春期返回家中或结婚。孟加拉国一项涉及 71 名家政劳动者的调查发现，被调查的女性(平均年龄 11 岁)中有 25% 认为自己曾受到性虐待，7 人曾被强奸。一般来说，她们的家庭会拒绝这种“被糟蹋的女孩”，因为“她们的行为”让其家庭蒙羞。这些家政劳动者常会成为卖淫的预备军，因为这些年轻女孩别无选择。

在印度加尔各答的一项小规模研究中，大部分受访者表示他们曾经历身体上或精神上的暴行。菲律宾也报道过同事间的暴力，包括来自男性同事的性骚扰。很难对儿童家政劳动者所遭受的暴行进行定量测量，因为除非对自己的知心朋友，他们很少有足够的勇气说出这些遭遇。家政劳动者受虐待和暴力的情况偶尔会在媒体中报道。NGO 时事通讯记录了源源不断的严重虐待女性和男性家政劳动者的案例。

在南非，暴力的形式通常是用熨斗攻击。在斯里兰卡，律师们公开讲述对儿童家政劳动者使用的极端暴力。科伦坡少年法庭的案件揭示了雇主们对儿童家政劳动者的残暴罪行，包括烙印、泡在沸水中、在嘴上涂辣椒粉、殴打和刺伤行为。也曾报道儿童家政劳动者因饥饿、烧伤和被迫过量摄入盐而致死的案件。

资料来源：联合国儿童基金会（United Nations International Children's Emergency Fund，UNICEF），1999 年，第 8 页。

因此，家政服务业的童工特别容易遭受工作场所暴力，值得注意的是，其中很多人都非常年幼。

在街头工作的儿童面临着非常特殊的风险（方框 25）。他们不仅处于危险的社会环境中，而且很容易成为各种形式暴力的目标。当涉及边缘或非法活动从而接触犯罪世界时，儿童遭受的暴力程度可能是巨大的[88]。

方框 25　虐待街头流浪儿童：从被贩卖到编织地毯，从“酒店男孩”到流浪街头

希亚姆被卖给了雇主

16 岁的希亚姆来自一个裁缝家庭，他 9 岁时被姐夫带去加德满都。

“我姐夫（布帕朱）告诉我他会在加德满都给我找一份好工作，我现在还记得，还有另外 6 个男孩，我们从兰戎到杜姆雷（塔纳胡），从那里来到了加德满都。我姐夫把我们带到了一个地毯厂，并告诉我们‘你们这些人要在这里工作’，之后他就消失了。后来我们试着逃离工厂，主管告诉我们，我们已经被卖给了工厂。你知道吗，我们必须在那里工作 16 小时至 18 小时，从早上 6 点到晚上 11 点。如果不工作，主管就会打我们。”

“在那里工作 6 个月后，我与 2 个朋友一起从工厂逃跑了，来到了卡利马蒂地区的 1 家宾馆。在那里我当了 6 个月的宾馆服务员。宾馆老板不支付我工资，他只给我提供一点点儿顾客剩下的食物。之后，我离开了宾馆，在街上流浪，我在街上流浪了五六年。”

卡玛拉艾滋病毒检测呈阳性

现年 19 岁的卡玛拉来自一个婆罗门家庭，患有心理疾病。她的父母在她 3 岁左右去世了。她与舅舅在小镇中生活到 9 岁，之后来到加德满都，做了一段时间的家政童工。

卡玛拉工作的家庭对她并不友好，10 岁时她流浪街头。大约 12 岁时，她第一次被强暴，之后她便频繁地受到流浪男孩和其他男性的性虐待。她常常为了寻找顾客在街上待到半夜。有时他们会带她去宾馆或自己的房间。但如果她的客人是流浪男孩，他们会带她去寺庙、河岸或狭窄的街道等偏僻的地方做爱。她说她去卖淫是为了生活，每次她能拿到 100 卢比~200 卢比。

据报道，她感染了艾滋病毒，现在生活在康复中心。

资料来源：由苏贝迪（Subedi）改编，2002 年。

军事和准军事组织

在战争地区，儿童也是为了支持军队而被迫劳动的受害者，甚至可能被迫加入军事或准军事团体。如方框 26 所示，在这种情况下，最骇人听闻的暴力形式和对基本人权的侵犯都可能成为常态。

国际劳工组织最近的一本出版物《年轻士兵：为什么他们选择战斗》，确认并分析了年轻人参与武装部队或武装团体的关键因素：

> 尽管战争在总体上带来了威协性，更具体地说，它将个人及其家庭置于危险之中，并威胁到他们的食物和经济上的生存方式。军队或武装组织填补了这一空白或承诺这样做。与这些因素相关的是学校教育的存在与缺失，以及学校是否在身体上、文化上或心理上被用作招聘场所。学校的作用说明了其中某些因素的双重性质：失学（无论是由于自己的行为还是不可抗力）使年轻人很容易被招募，尤其是在他们找不到工作或其他经济方式不可行的情况下。同时，一些学校可能会允许军队或武装团体接触学生，将他们视为良好的选择，或视为满足种族、宗教或政治要求来鼓励征兵。无论是在学校里还是在学校外，一些特定的年轻人都可能会成为目标，因为年龄、性别、可获得性、能力、脆弱性或其他原因，潜在的招聘人员会认为他们很可能是应聘者[89]。
>
> 类似的是，家庭也可能是影响征兵的原因，因为被家庭中的一位成员疏远或被虐待，或因为家庭（或关键家庭成员）现在或曾经参与武装部队或武装团体，或以鼓励或

方框 26　战争地区的虐待儿童事件

在全世界几十个国家里，儿童已经成为战争的直接参与者。由于没有童年且经常受到可怕的暴力，约 30 万儿童在目前的武装冲突中服役。这些年幼的战士参与了现代战役的方方面面。他们在战争的前线挥舞着 AK-47 和 M-16，充当人类的探雷器，参与自杀式任务，携带补给，充当信使或瞭望员。

由于孩子们身体脆弱，容易受到惊吓，他们通常会被训练成典型的、顺从的士兵。很多孩子被强行绑架或招募，且常常在死亡威胁下被迫服从命令。其他人出于绝望而加入武装部队。随着社会在战争中瓦解，孩子们被迫失学，被迫背井离乡，或与家人分离。很多儿童认为加入武装组织是他们生存下来的最佳机会。其他人则寻求脱离贫穷，或加入军队以给被杀的家人报仇。

全世界已有 30 多个国家在用儿童士兵。人权观察组织曾采访来自安哥拉、哥伦比亚、黎巴嫩、利比里亚、塞拉利昂、苏丹和乌干达等国的儿童士兵。在塞拉利昂，数以千计被叛军绑架的儿童目睹并参加了针对平民的可怕暴行，包括斩首、截肢和把人活活烧死。被迫参与暴行的儿童通常会被给予毒品，以克服他们的恐惧和不愿参战情绪。

在哥伦比亚，数万名儿童在该国持续不断的冲突中被各方当作士兵使用。政府支持的准军事部队招募年仅 8 岁的儿童，而游击队则利用儿童收集情报，制造和部署地雷，并在埋伏中充当先遣部队。

在黎巴嫩南部，年仅 12 岁的男孩被以色列民兵部队南黎巴嫩军（the South Lebanon Army，SLA）强迫征兵。如果男人和男孩拒绝服兵役，为了躲避征兵而逃离该地区或抛弃南黎巴嫩军，他们的整个家庭就可能被驱逐出占领区。

在世界很多地方女孩也会被征作士兵。除了作战任务，女孩们还是性虐待的对象，成为安哥拉、塞拉利昂和乌干达的叛军领导人的“妻子”。在安哥拉北部，人权观察组织采访了为叛军指挥官怀孕的女孩们，她们被迫将婴儿绑在背上，拿起武器对抗乌干达安全部队。

由于不成熟且缺乏经验，儿童士兵的伤亡率比成年士兵更高。即使在战争结束后，他们也可能会罹患身体疾病或受到心理创伤。由于频繁被剥夺教育或学习工作技能的机会，很多儿童士兵发现他们很难重新融入和平社会。前儿童士兵由于只受过战争教育，他们常常被卷入犯罪，或很容易成为未来征兵的牺牲品。

资料来源：“人权观察”，2004 年。另见 WHO，2001 年，第 235 页。

批准这种参与的方式结盟。

对于一个在家里、在学校或其他地方有麻烦的年轻人，并在自己身上、情感上和社会发展的关键时刻需要寻求支持、地位、个人认同感和角色意识，武装部队或武装团体似乎是一个很有吸引力的选择，尤其是当这种参与受到社会、文化的宽容或鼓励，或受到家庭、学校和同龄人群体的关键影响。

在全球持续不断的冲突中，不仅仅儿童是军事力量剥削和残暴对待的对象。越来越多的证据表明，军事和准军事组织的成年成员是其队伍中身体和心理暴力的受害者。一个可能隐藏已久的现象的真实层面，现在才开始显现。

在**俄罗斯**，2003 年大约有 1200 名军事人员在非战斗环境中丧生，事故、粗心、欺凌以及自杀被列为主要原因[90]。这一较大的数字延续着俄罗斯军队多年来一直存在的趋势。官方数据承认，2003 年有 2500 名军人成为欺凌的受害者，其中 16 人死亡。军事观察家认为，实际数字可能远远高于此。官方公布的军人自杀数据在过去几年中每年一直在 300 人左右。有些自杀者是对军队生活感到绝望的军官，但 70 % 的自杀者是在应征入伍第一年的士兵，他们是最常见的欺凌受害者。

1999 年，**意大利**报道了 861 起“新兵欺凌”（nonnismo，指对年轻士兵的欺凌）事件。一项网络调查显示，27 % 的受访者遭受过“新兵欺凌”[91]。

对于军队而言，问题不仅是欺凌行为，如方框 27 所示，在同时雇用男性和女性成员的军事和准军事组织中，性虐待和性骚扰可能会成为一种职业性危害因素。

方框 27　美国士兵被指控强奸战友

有消息称，五角大楼已经下令对部署在伊朗和阿富汗地区的 100 多名美国女性士兵被战友强奸或性侵的报道进行紧急调查。在 18 个月的时间里，在中央司令部的部队里已经发生了 112 例性侵女兵案，该部队负责监督中东和中亚的行动。与此同时，得克萨斯州空军训练基地的 20 多名女性告诉当地危机中心，她们在 2002 年遭受了侵犯。如果一半的案件得到证实，这将成为美国军方最近 10 年来面对的最严重的强奸丑闻。

资料来源：博尔格（Borge），2004 年。

当局现在会对性骚扰和性侵犯进行调查，该事实令人鼓舞，这可能是近年来许多军事和准军事组织此类记录的数量明显上升的原因。从**英国**执法机构伦敦大都会警察局（London’s Metropolitan Police Force）的一名女警官提起的诉讼中可以看出，此种形式的职业暴力的受害者获得赔偿的难度很大。

在英国上议院——最高上诉法院最终裁决的一起案件中，沃特斯（Waters）夫人向她的上级申诉道，她在自己的警察住所被一名同事强奸和猥亵。该起 1988 年提出的申诉案被她的用人单位出于各种实际目的而忽略了，而沃特斯夫人受到了其男性同事的持续敌意对待，这相当于意图迫使她辞职的欺凌行为。随后她对她的用人单位提起了法律诉讼，指控用人单位疏忽，即应照护劳动者时未履行职责。

英国上议院在 2000 年 7 月达成的一项具有里程碑意义的决议中裁定，伦敦大都会警察局警务处处长确实存在疏忽行为[92]。上议院在裁决的过程中，就发生的欺凌行为以及用人单位未以适当方式处理性侵犯投诉的责任提出了以下意见：

> 诉讼中提出的主要指控是一种疏忽："用人单位"未能履行责任对其"劳动者"采取应有的照护。一般说来，许多被指控的行为都能被视为一种欺凌，"用人单位"或那些被授权负责管理的组织者应该采取措施加以制止，以保护"劳动者"免受其害，但他们未履行责任，他们做了不公平的报告，并试图迫使受害者离开警察局。
>
> 如果一家用人单位知道其劳动者在受聘期间所做的行为可能对某一特定劳动者造成身体或心理上的伤害，而他在其权力范围内没有做任何事来监督或预防此类行为，显然可以证实，他可能违反了对该劳动者的职责。在我看来，如果用人单位能够预见这种行为可能发生，而且如果发生了，可能会对个人造成身体或精神上的伤害，他可能也违反了其责任。如果此类性侵犯被指控（无论是否发生）我将会接受（埃文斯 LJ 准备假设而不作决定），而该名警官坚持对此提出申诉，可以预见，可能会对该名女子采取一些报复措施，而她可能会因此而受到伤害。即使在刚开始这并非一定是可以预见的，但对于履行专员职责的各级负责人而言这可能是可以预见的，甚至确实是显而易见的，即存在伤害的风险，应当采取一些保护措施[93]。

当所有劳动者都面临巨大的压力时，可能会加剧遭受工作场所欺凌、性骚扰、语言暴力和更严重形式的工作暴力的风险，最极端的压力形式无疑是在冲突地区工作。

冲突地区

军队和其他准军事部队成员对来自组织内部的职业暴力的脆弱性，在许多情况下就算未超过来自外部的暴力风险，也是与之相当的。此种风险在本书开头提到的日益严重的恐怖主义中最为明显。在**伊拉克**、**以色列**、**巴基斯坦**、**阿富汗**和**车臣**等武装冲突地区，士兵和警察经常成为恐怖袭击的目标。记者、援助人员和其他非战斗人员也是恐怖分子的目标，下面关于伊拉克的报告说明了这一点（方框 28）。

方框 28 伊拉克的叛乱袭击

国际人道组织负责人哈桑（Hassan）女士 2004 年 10 月在伊拉克首都被绑架，11 月公布了蒙面男子朝她头部开枪的镜头。该起犯罪事件使救援团体感到寒心，也使安全部队感到困惑，因为无任何组织表示对此事负责。伊拉克警方表示，在巴格达以南 22 千米的马丹地区的一起突袭事件中逮捕了 11 名男性，其中 5 名承认曾参与哈桑女士的谋杀事件……上周日，1 名澳大利亚工程师被劫持为人质，自战争结束以来，200 多名外国人被绑架。发布给半岛电视台的一盘录像带显示，63 岁的道格拉斯·伍德（Douglas Wood）坐在地板上 2 名带着步枪和防弹背心的蒙面男子中间……在巴格达，6 枚汽车炸弹发生爆炸，十几名持枪歹徒在 1 个检查站开枪射死了 5 名伊拉克警察并拿走了他们的武器……在城市东部，美国士兵从着火后未正常爆炸的车上拉出了 1 名炸弹袭击者。根据美国的 1 份声明，袭击者说自己是为了保护被绑架的家人而被迫发动攻击。

资料来源：卡罗尔（Carroll）和鲍克洛夫特（Bowcroft），2005 年，第 1 页。

小 结

本章已回顾了大量数据，深入了解了特定职业群体和工作环境对工作场所暴力的脆弱性，这些数据表明，全球数以百万计的劳动者感受到了工作场所暴力对其身体和心理的影响，其中一些职业和环境因为那些他们往往无法控制的情境因素，劳动者遭受暴力的比率明显更高。

第四章将注意力转向更详细地解释这种暴力的原因，以及为抗击工作场所暴力行为而做出的措施。

注释

[1] 世界卫生组织，2002 年 b，第 5 页。

[2] 同上。

[3] 英国卫生与安全管理局（HSE），2005 年。

[4] 同上。

[5] 皮齐诺（Pizzino），1994 年，第 15 页。
[6] 哈德兰（Hadland），2002 年，第 26 页。
[7] 泰勒（Taylor），2002 年。
[8] 国际自由工会联合会，1995 年，第 2 页。
[9] 梅休，2000 年 c，第 1 页～第 6 页。
[10] 理查德林和温道，2003 年，第 673 页～第 689 页，特别是第 678 页。
[11] 杜哈特，2001 年，第 4 页。
[12] 南非种族关系研究所，2000 年，第 4 页。
[13] 埃森伯格（Essenberg），2003 年，第 24 页。
[14] 梅休，2000 年 c，第 3 页。另请参见同上，1999 年，第 127 页～第 139 页。
[15] 英国铁路安全和标准委员会，2004 年，第 174 页。
[16] 工会大会，2002 年，引用自埃森伯格，2003 年，第 19 页。
[17] 罗斯卡姆（Rosskam），2001 年，引用自埃森伯格，2003 年，第 19 页～第 20 页。
[18] 威廉姆斯（Williams），2000 年，第 429 页～第 435 页。
[19] 博伊（Bowie），2000 年，第 247 页～第 254 页，特别是第 250 页。
[20] 博尔（Bor）等人，2000 年。
[21] 欧洲工会联合会（ETUC），1993 年，第 8 页。
[22] 英国零售商协会（BRC），2003 年，第 38 页。
[23] 同上，2004 年。
[24] 皮齐诺（Pizzino），1994 年，第 6 页。
[25] 厄普森，2004 年。另请参见丹顿（Denton）等人，2000 年，第 419 页～第 427 页。
[26] 收入数据服务有限公司，1997 年，第 17 页。
[27] 沃斯福尔德（Worsfold）和麦肯（McCann），2000 年，第 249 页～第 255 页。
[28] 阿尔格鲁萨等人，2002 年，第 19 页～第 31 页。
[29] 皮努埃尔和扎巴拉，2002 年，引用自赫尔和埃纳森，2001 年。
[30] 同上。
[31] 赫尔和库珀，2000 年，引用自雷纳等人，2002 年。
[32] 同上，第 5 页。
[33] 马蒂卡・廷代尔等人，2000 年，第 87 页～第 108 页，引用自吉加（Giga）等人，2003 年 a。
[34] 法鲁希亚（Farrugia），2002 年，第 309 页～第 319 页。
[35] 泰勒，2002 年，第 1 页。
[36] 通讯工人工会，2001 年。
[37] 赫尔和库珀，2000 年，第 5 页。
[38] 同上，第 6 页。
[39] 琼斯（Johns），2003 年。
[40] 卡希尔（Cahill）和兰茨贝吉斯（Landsbergis），1996 年，第 731 页～第 750 页。
[41] 吉加，赫尔和库珀，2003 年。
[42] 南非安全研究所，2003 年。
[43] 迪・马蒂诺，2002 年 b。另请参见梅休和查普尔，2003 年，第 3 页～第 43 页。
[44] 正在开发一系列心理风险评估工具，旨在预测暴力罪犯、性罪犯和精神病患者的累犯行为，这些工具目前在惩教场所被广泛使用。
[45] 美国国家职业安全卫生研究所，2002 年，第 1 页。
[46] 诺加里达・奎萨特（Nogareda Cuixart），1990 年，第 11 页。
[47] 博内森（Bonnesen），1995 年；巴斯特・彼德森（Bast-Pettersen）等人，1995 年，第 21 页。

[48]阿内茨（Arnetz），彼德森，1994 年。
[49]伯格斯特伦（Bergström），1995 年；巴斯特·彼德森等人，1995 年，第 17 页。
[50]贝克（Beck）等人，1992 年，第 21 页～第 23 页。
[51]门克尔（Menckel）和维塔萨拉（Viitasara），2002 年，第 376 页～第 385 页。
[52]肖（Shaw），2001 年 b，引用自维杜戈（Verdugo）和维尔（Vere），2003 年，第 14 页。
[53]夏普和史密斯，1991 年，同上，第 15 页。
[54]奥尔特加（Ortega）和莫拉 - 梅尔坎（Mora-Merchan），1999 年，同上。
[55]里格比（Rigby）和斯利（Slee），1999 年，同上。
[56]吕瑟（Lösel）和布利绎纳（Bliesener），1999 年，同上。
[57]美国教育部和司法部，1999 年，同上。
[58]阿内特（Arnette）和瓦斯本（Wasleben），1998 年，同上。
[59]世界卫生组织，2002b，第 2 章，第 23 页～第 49 页。另见 WHO，2002 年 c。
[60]金（King）和皮尔特（Peart），1999 年，第 87 页。关于澳大利亚学校现状的回顾，见众议院就业、教育和培训常设委员会，1994 年。另见里格比（Rigby），2004 年。
[61]萨斯喀彻温教师协会，1994 年，第 3 页。
[62]通德罗（Tondreau），2000 年，引用自维杜戈（Verdugo）和维尔（Vere），2003 年，第 14 页。
[63]加拿大司法统计中心，1999 年，同上。
[64]肖（Shaw），2001 年 a，同上。
[65]同上。
[66]肖，2001 年 b，同上。
[67]法国青年、教育和研究部，2004 年。
[68]教育、文化、体育、科学和技术部，日本，无日期。
[69]莫里塔等人，1999 年。
[70]亚纳康（Iannacone），2003 年。
[71]马蒂娜（Martine），1994 年，第 64 页。
[72]赫尔和库珀，2000 年，第 2 页。
[73]迪·马蒂诺，2005 年，第 30 页。
[74]斯绎斯尼和施塔尔贝格，2000 年，第 121 页～第 136 页。
[75]BBC 体育，2002 年世界俱乐部，“足球暴力能被制止吗”，2002 年 6 月 10 日。
[76]澳大利亚体育委员会（ASC），2002 年。另见文（Wenn），1989 年。
[77]梅休和昆兰，1999 年。
[78]理查德森和温道，2003 年，第 681 页。
[79]见库内恩（Cunneen）和斯塔布斯（Stubbs），1997。
[80]佩雷斯（Pérez）和瓦莱拉（Valera），1995 年，第 31 页。
[81]全球劳动者和社区联盟（GAWC），2001 年，第 4 页。
[82]同上，2003 年。
[83]国际劳工组织，2002 年 a。
[84]国际劳工组织，2002 年 b。
[85]福拉斯蒂耶里（Forastieri），2002 年。另见加利（Galli），2001 年。
[86]国际劳工组织，1996 年 b。另见弗洛雷斯 - 奥班达（Flores-Oebanda）等人，2001 年；博思帕拉（Boonpala）和凯恩（Kane），2001 年。
[87]联合国人权事务委员会，2002 年。
[88]奥洛克林（O’Loughlin），2001 年，第 17 页。另见布莱克（Black），1993 年，第 7 页、第 15 页和第 22 页。
[89]布雷特（Brett）和施佩希特（Specht），2004 年，第 62 页—第 63 页。

[90] BBC 新闻，2003 年 b。
[91] 公共网络（Publiweb），无日期。另见泰塞里（Tesseri），无日期。
[92] 上议院："上诉上议院对沃持斯一案的判决意见（美联社）"（上诉人）v. 2000 年 7 月 27 日大都会警察局局长（答辩人）（见 http://www.parliament.thestationery-office.co.uk/pa/ld199900/ldjudgmt/jd000727/waters-1.htm，2006 年 1 月 4 日访问）。
[93] 沃持斯和大都会警察局长（2000 年）4 All ER 934–947。

（本章节内容由王福媛翻译；审校：张敏）

第四章
释　义

大多数公民都有一种强烈而自然的愿望，那就是对于工作场所暴力寻找出简单的解释和解决的办法。因为此种暴力可能正困扰着社会，并威胁到了“人类的体面生活方式”。正如人们所观察到的那样，往往是媒体提供了这样的解释，并且传达了对工作场所暴力“流行病”负有责任的那些人的持续性印象。这些印象往往被“心怀不满的劳动者”“愤怒的配偶”和“不高兴、绝望、通常有精神障碍者”的形象所主导，他们把愤怒发泄在工作场所的同事身上。当然，这些媒体图片也以惊人的速度在全球传播，并影响了远远超出其发源地的公众和官方对暴力的看法。

第二章对工作场所暴力的性质和范围的分析表明，有些情况下，这些媒体的看法既不准确，又具有误导性。尽管如此，这些看法仍然能够影响政策，并且影响政府和其他机构对于总体暴力问题的看法和回应，特别是对于工作场所暴力问题。

本章考虑了可能导致工作场所暴力风险增加的多重原因，包括个人、社会、经济和文化特征（方框 29），特别讨论强调了简单化的解释是不够的。因为简单化的解决方案并不合适，不能提供有效的预防。

方框 29　单一的原因，单一的解决办法

很多人认为暴力是由单一原因所致，并因此认为单一的解决办法肯定能减少暴力的发生，这是很诱人的（或方便的）。例如，有些人会认为消除电视暴力就是解决暴力行为的办法。还有一些人认为，对枪支施行更严格的管控是消除暴力的途径。

对暴力最直言不讳的评论者通常会反映出思想倾向或制度利益，但正确理解暴力以及最终控制暴力的手段需要理解其影响因素的多样性和复杂性。①

寻找滴答响的炸弹

暴力犯罪已经渗透并支配着我们的社会。提示犯罪的滴答钟一整天都在快速移动着，对于工作场所暴力的普遍恐惧已经成了影响正常生活方式的最新威胁……心怀不满的劳动者和愤怒的配偶以及对无辜劳动者施暴的行为泛滥……

暴力犯罪已经不再局限于城市中心和犹太社区，办公室、工厂、学校操场、邮局、快餐店、医院、购物中心、酒店、杂货店、银行、便利店，事实上几乎所有工作场所都成了发泄不满、不开心、绝望的最新场所，通常也是精神障碍者发泄愤怒的首选场所[2]。

①经澳大利亚犯罪学研究所许可转载，国家暴力问题委员会，1990 年，第 60 页。

②经麦格劳—希尔公司允许转载，来自曼特尔（Mantell）和阿尔布雷希特（Albrecht），1994 年，第 9 页～第 10 页。

复杂的原因，复杂的解决方案

目前，许多预防工作场所暴力的文献都提出了识别高危个体并加以预防的方法，包括开发就业前测试，识别并排除那些可能有暴力行为者；制定个人档案，识别现有劳动者中哪些可能变为暴力者；以及制定暴力事件发生时的处理措施[1]。因此，对于那些可能在工作场所实施暴力的有精神疾病者，主要应对策略如下：要么阻止这些“定时炸弹”进入工作场所，要么在“炸弹引爆”前设法识别或化解其愤怒。此方法的特点还在于强调需要通过使用一系列安全措施限制他们进入工作场所和在工作场所内流动，从而“强化目标”[2]。

此类措施很可能有助于减少工作场所和更广泛社区内暴力事件的发生。从此意义上说，这些措施是值得赞扬的，但该措施必须受到一些认识的限制，即这些仍然是针对一个极其复杂和多样化问题的有限症状的措施，既不容易解释，也不容易解决。

认识和理解导致暴力的各种因素的多样性和复杂性，是任何有效的预防或控制方案的重要前提（方框 30）。本章旨在提供这种理解，首先通过简要回顾一些总体上已被确定为导致暴力的最重要因素，其次考虑这些因素如何相互作用而产生工作中的暴力。

暴力一般在工作场所和整个社会中以多种形式存在。1 家企业里 2 名劳动者之间发生身体暴力，与持械抢劫金融机构导致柜员被枪杀的事件相去甚远。2 名顾客在酒吧打架，1

方框 30　暴力的概念

很显然暴力是一个非常复杂的现象，涉及对秩序破坏和创建之间的重大歧义。在日常语言中暴力能被证明是一个更精确的概念，因为每个人基本上都知道它的意思，而且只有在社会科学的使用中才丢失其分析有用性的轮廓，然而这种希望是徒劳的。民意调查表明暴力的概念是极端分散的，从身体和精神伤害、特殊形式的犯罪、在道路上和体育运动中的粗鲁行为，到社会政治歧视……

不仅“暴力是什么”这个问题一直是争论的主题，暴力的起源问题亦如是。有 2 种完全相左的观点，因为暴力既被归因为一成不变的人性，又被归因为社会条件。对于暴力合适的处理策略也一直争论不休，从简单的镇压和采用更严厉的威胁到各种形式的教养和教育。

资料来源：英布什（Imbush），2003 年，第 13 页～第 14 页。

名经理介入并被打伤，与女劳动者在下班回家时遭到抢劫、强奸的情形截然不同。因此，任何个人的暴力行为都可能需要复杂的解读。

切记暴力风险取决于一系列潜在因素的相互作用，以下因素已被确定为最重要的因素。

暴力风险因素

有一系列可能促成暴力行为的因素（方框 31）。这些潜在原因可能存在于个人内部，也可能存在于社会内部，可能归因于文化规范，也可能起源于不利因素。

方框 31　暴力风险因素：儿童发展与家庭影响①

- 家庭被认为是攻击行为的训练场，攻击行为首先是在家庭中学会的。从某种程度而言，如果家庭未成功给孩子灌输非暴力的价值观，那么这些孩子在步入社会生活进行沟通时，就更有可能发展出一系列的暴力行为。
- 儿童的攻击性与其父母的特定性格之间存在关联，特别是母亲的排斥和父母使用体罚和威胁。
- 虐待型的父母通常自己是儿童时也被虐待或忽视过，但只有 1/5 至 1/3 的受虐待者或被忽视者会不善待自己的孩子。

文化因素

行为规范

- 总体上而言，一种文化的定位或亚文化中蕴含的共同理念有助于定义可容忍行为的限度。从某种程度而言，如果一个社会崇尚暴力，将暴力行为视作威望，或将暴力定义为标准的、合法的或功能性的行为，那么社会中个人的价值观也会相应地向此方面发展。

- 运用暴力来达到被视为合法的目的是根植于任何文化中的原则，许多人容忍运动场上、家里和学校的暴力行为。

经济不平等

- 暴力在具有广泛贫穷和不平等特征的社会中更加常见，在全世界范围内，那些收入最不平等的国家中谋杀率最高。
- 在很多社会中，暴力的受害者和施暴者都来自最弱势的社会经济群体。

文化瓦解

- 社会对暴力行为禁令的放松可能来自对社会边缘成员的疏远感，很多年轻人以及很大一部分土著人尤其如此。

环境

- 一个地区的物理特性以及在此开展的活动可以传达出，暴力或多或少是可以接受的。破旧的环境有可能招来暴力，而干净、现代化的环境可以抑制攻击性行为。

性别

- 性别不平等的观念已经深深植根于很多文化中，强奸、家暴以及性侵犯都可以看作符合文化规范的暴力表达。

人格因素

- 过去的攻击性行为是未来攻击性行为最好的预测指标。所以有攻击性的儿童往往会成长为有攻击性的成年人。
- 与暴力行为相关的 2 个人格特质，一个是缺少同理心或缺乏对他人感受的关心，另一个是冲动或无法延迟满足。
- 有着非同寻常的强大自我控制力的敌意冲动者——那些人被称为过度控制人格——可导致极端暴力。

毒品滥用

- “毒品导致暴力”的说法过于简单化。一种毒品对于个人行为的影响是一系列药物及非药物因素的产物，包括该毒品的药理性质、个体的神经系统功能、个人特征和气质、他或她对于药物效果的期望以及该个体所处的社会环境。
- 吸毒和暴力行为可能都是由一个共同的原因造成的——无法控制自己的冲动。除此之外，在其他攻击性人格中，吸毒可能会加重冲动。
- 酒精与暴力之间存在着紧密的联系，但关系是复杂的。这可能不是酒精药理作用的结果，而是心理、社会和文化因素共存的产物。

- 暴力很少与非法毒品的药理作用直接相关。当然，暴力往往与这些物质的非法贩卖和分布联系在一起。

生物因素

- 暴力行为是非遗传特征。
- 不良的围产期经历可能间接导致暴力行为。
- 自主神经系统功能障碍可能会导致精神病态行为。
- 激素尤其是睾丸素，可能在暴力行为中起一定作用。
- 男性被指控暴力犯罪的可能性至少是女性的 10 倍，这表明无论是由于实际的性别还是由于性别引起的行为期望，行为上确实存在真正的性别差异。
- 出现暴力行为最常见的年龄为 15 岁~30 岁。

精神疾病

- 某些形式的精神疾病，尤其是偏执型精神分裂症，可能会导致暴力行为，尽管预测精神病患者的暴力行为是极其困难的。

媒体影响力

- 在某些观众眼中，看电视很可能与攻击性有关。研究表明这种关系是双向的，即观看暴力视频导致了攻击性上升，而攻击性又会导致观看暴力视频。
- 观看录像和电影可能与看电视有相同的效果。

同龄人和学校教育

- 有不良行为或有攻击性同龄人的陪伴可能会影响一个人，使其变得有攻击性。

[①]如前所述，这张与暴力风险有关的因素列表改编自澳大利亚国家暴力问题委员会（the National Committee on Violence，NCV）10 多年前的报告。虽然时间已经过去了很久，NCV 对这些因素的认定在当下仍然同 1990 年一样有意义（参见：www.aic.gov.au/publications/ncv.html，2005 年 11 月 12 日查询）。

资料来源：改编自澳大利亚国家暴力问题委员会（1990 年），第 61 页～第 63 页。经澳大利亚犯罪学研究所和国家暴力问题委员会许可转载。

就解决任何社会普遍暴力问题的长期战略而言，方框 31 中的清单表明，最重要的积极结果很可能是通过集中关注家庭的儿童发展项目而取得的。攻击性行为首先在家庭内部学会，只要家庭能够向孩子灌输非暴力价值观，这些孩子就更有可能在不诉诸暴力行为的情况下，与整个社会进行沟通。

从预防工作场所暴力的角度来看，这些长期战略显然意义重大，正如处理与暴力有关的一系列文化因素的措施。如果一个社会容忍暴力，将暴力行为归因于威望，或将暴力定义为正常的、合法的或功能性的行为，那么该社会和该社会工作场所内的个人价值观就会相应发展。改变这些价值观显然对任何社会都是一项艰巨的挑战，但是世界上很多地区已经通过旨在减少经济不平等，解决青年教育问题和土著群体边缘化问题，以及实现性别平等的基础广泛的方案来解决这一挑战[3]。

让这些不同领域的计划产生广泛或宏观层面的影响，并将其影响扩散到工作场所，尚需时日。同时，可以通过特定社会及其工作场所内的很多有针对性的项目和行动实现积极的微观层面的改变。然而，在考虑这些项目和活动之前，有必要更仔细地审查某些被确定为与暴力有关的风险因素，以了解它们如何相互作用并在工作中产生暴力。

个人行为和工作场所暴力

> 工作场所暴力具有特定的心理根源，并发生在特定的情境中，因此能够被视为个人行为。已有一些作者从此角度探讨了工作场所暴力，但是大多数这类专门针对工作场所暴力的报告通常都是个案研究或者是预防工作场所暴力的个人经历描述，而不是对人格和情境原因之间的相互作用进行系统性研究，尽管如此，这些报告还是发挥了引领作用[4]。

此段引自美国心理协会（American Psychological Association）权威出版物的引文表明，以研究为基础的解释工作场所暴力原因的文献，其范围和学术视角都非常有限。大多数此类文献研究集中在与个人攻击性和自我破坏行为有关的风险因素上，而不是那些可能被广泛称为的社会议题以及这两者之间的联系。方框 32 是一个有用的风险因素分类框架，这些风险因素被分类在这两个宽泛的大标题下。

一份关于工作场所暴力的“个人行为”方式的英国文献总结，得出的最常见的个人行为特征为：

- **愤愤不平。**一种被不公平对待的感觉，无论是真实的还是想象的，都能导致暴力发生。
- **被迫等待、造成愤怒和沮丧。**来自他人的一个诱发愤怒的刺激会瞬间导致暴力发生。

- **感到私生活受到侵犯**。因受到训斥、被裁员以及类似经历而感到失去自尊，会加剧一个人的攻击性。
- **偏见**。无论是种族偏见还是性别偏见，都能引发针对另一个群体成员的暴力。
- **劳动者态度**。如果一位成员被视作对另一位的威胁，则会发生暴力。
- **身体状况不佳**。这些可能会助长攻击性。
- **精神不稳定**。这可能会导致攻击性行为[5]。

方框 32　暴力风险因素的分类

1. 个人因素
    1.1　社会心理因素
        1.1.1　发展因素
        1.1.2　精神疾病
        1.1.3　个人暴力史与刑事司法犯罪史
    1.2　生理因素
        1.2.1　基因
        1.2.2　神经和脑损伤
        1.2.3　酒精和其他毒品
2. 社会因素
    2.1　宏观社会环境
        2.1.1　社会经济地位不平等
        2.1.2　枪支、酒精和其他毒品的可获得性
        2.1.3　媒体影响
        2.1.4　文化的其他方面
    2.2　微观社会环境
        2.2.1　性别和家庭暴力
        2.2.2　情景因素

资料来源：麦克唐纳德（McDonald）和布朗（Brown），1997 年，经澳大利亚犯罪学研究所许可。

那些试图用这种方式来解释暴力的研究者致力于预测一个人何时可能会有攻击性行为。

毫无疑问，某些可识别的因素确实增加了某些个体和群体以暴力方式行事的可能性。这些因素既能在有关人员的长期生活经历中找到，也能在直接的情景因素中找到。

其本质仍然是，当试图预测是否会发生攻击性行为时，必须区分预测是在一般人群水平上还是在个体水平上。现有证据确实可以在一定程度上说明，表现出下列主要特征的群体在工作中实施暴力的风险较高：

- 有暴力行为史。
- 男性。
- 年轻的成年人。
- 童年不幸，包括缺乏父母关爱，家庭关系不好，学业成绩低下。
- 精神药物滥用问题，尤其是酗酒问题。
- 严重的精神疾病，其症状未通过治疗方案得到充分识别或控制。
- 处于有利于发生自我引导的或人际关系的暴力环境中，包括拥有枪支[6]。

这些因素之间都能相互影响，其所致效果也具有累积效应，一个群体拥有的这些因素越多，该群体参与暴力行为的风险就越高。然而，如何以足够的准确性和可靠性预测该群体中某一特定个体是否会发生暴力行为，仍是难题。在目前的认知状态下，不可能完全准确地预测一个特定的个体是否会以一种侵略性的方式行事。因此，如果根据一系列如上所述的关键特征进行预测，那么总会存在一种可能性，即有些人可能会被错误地认定为有施暴行为的风险，而另一些人则无风险。

这些所谓的预测模型的“假阳性”和“假阴性”意味着，如果在工作环境中使用这些技术，需要非常谨慎和小心。确保那些确实对工作场所安全和健康构成明确威胁的个人不得进入，或者提供帮助使他们对自己或他人采取攻击性行为的可能性降到最低，这对用人单位和劳动者都绝对有利。然而，这些预测工具明确的潜在风险是被一种偏见或歧视的潮流利用，用于将那些被判为符合某一宽泛定义类别或形象的不受欢迎者甚至群体，排除在工作场所之外。

方框 33 中描述的约瑟夫 ·T. 韦斯贝克（Joseph T.Wesbecker）的案例继续说明了在工作场所暴力预测中，即使应用了精细的临床评估工具，仍然存在缺乏精确性的问题。目前的暴力预测工作可以总结为：“暴力能够被预测，这意味着在一个既定的群体中，我们能够根据这些成员的特征，给他们作不同的暴力概率预测。不过，需要重点关注预测的有效性、可靠性和准确性。”[7]

有人建议，特别关注某些特定工作任务类型的执行情境，对个人和社会风险因素进行交互作用分析，是了解工作场所暴力的一种更有效的方法。

方框 33　约瑟夫·T. 韦斯贝克案例

1989 年 9 月 14 日上午，肯塔基州路易斯维尔的标准凹版印刷公司的一名正在休长期病假的、情绪失常的劳动者约瑟夫·T. 韦斯贝克，走进了位于路易斯维尔市中心的工厂，用一支半自动突击步枪打死了 8 名同事，并打伤了 12 人，随后用手枪开枪自杀了。

为了判断与蒙纳罕（Monahan）提出的暴力行为预测模型的“契合”程度，研究人员对韦斯贝克的生活和导致悲剧的事件进行了调查。

蒙纳罕是研究危险和暴力行为领域的权威人士，他提出以下问题可能有助于对一个人的潜在暴力行为进行有意义的临床评估：

- 哪些事件突然促发了该人潜在的暴力行为，这些事件是在什么背景下发生的?
- 此人的相关人口统计特征是什么?（一个建议描述是：一名非白人男性，年龄在十几岁或 20 岁出头，社会经济地位低，有酗酒或吸毒史，智商相对较低，受教育程度相对较低，有频繁调动或更换工作的倾向。）
- 此人的暴力行为史是什么?
- 在此人的背景人群发生暴力行为的基础概率是多少?
- 在此人当前的环境中，压力源是什么?
- 哪些认知和情感因素显示一个人可能有以暴力方式应对压力的倾向?
- 哪些认知和情感因素显示一个人可能有以非暴力方式应对压力的倾向?
- 一个人过去使用暴力应对机制的环境与此人将来可能使用暴力应对问题的环境有多相似?
- 哪些人可能是此人暴力行为的受害者，其受害的可能性有多大?
- 此人拥有什么实施暴力的手段?

尽管蒙纳罕提出的几个预测因子在约瑟夫的案例中证明了有效性，但其他几个预测因子却并非如此。

为约瑟夫治疗了 2 年多的内科医生李·A. 科尔曼（Lee A. Coleman）在枪击案发生前 3 天见了约瑟夫。在验尸官办公室获得的医院记录中，科尔曼指出，约瑟夫表现出“荒诞离奇的想法”以及“焦虑和愤怒程度增加……我鼓励患者去医院治疗以稳定病情，但他拒绝了”。

此外，韦斯贝克也不符合有暴力倾向者的人口统计学特征：

- 他以前在工作中无暴力行为。
- 他无实施家庭暴力的警方记录，尽管他曾 2 次被第 1 任妻子控告骚扰，但是在这 2 起案件中，他都被判无罪。
- 他表现出以非暴力方式应对压力的倾向：至少 2 年的自愿门诊治疗，3 次自愿住院治疗，通过工会和县人事关系委员会提出申诉，并与 1 名劳工律师讨论工作问题。

虽然韦斯贝克无父亲（他父亲在他 1 岁左右就被杀了），但他与母亲和祖母一起长大，一生都住在路易斯维尔。他已婚，有几个孩子，无犯罪记录，无吸毒或酗酒史，有几个好朋友，在标准凹版印刷公司工作了 17 年，经济上很稳定。

然而，韦斯贝克的某些思想和行为确实与蒙纳罕的模型元素非常吻合：

- 韦斯贝克的工作环境中有相当大的压力源，他的离婚和第 1 次婚姻的诉讼也表明他的个人生活中有巨大压力。
- 尽管他表现出以非暴力方式应对压力的意愿，但认知和情感因素都显示他可能会以暴力方式应对压力：精神病报告中表现为愤怒，带着左轮手枪上班，计划杀害公司高管，他还有一个怪诞计划，用飞机模型上的炸药炸毁工厂。

韦斯贝克的案例强调了预测暴力的困难，职业心理健康专业人员在减少工作场所暴力行为方面面临的挑战。

资料来源：改编自库兹米特（Kuzmits），1990 年，第 1014 页～第 1020 页，经许可；蒙纳罕，1986 年，第 559 页～第 568 页，经许可。

交互模型：情景性、个人、工作场所和社会风险因素

基于个人和社会风险因素的综合分析始于一项研究，该研究包括总部位于伦敦的塔维斯托克人际关系研究所（Tavistock Institute of Human Relations）为英国健康与安全管理局开发的被认为是研究工作场所暴力最有价值的框架，确认许多因素能够导致或造成工作中的暴力风险：“问题可能出在攻击者身上，其自身一些特点可能使其攻击其他劳动者[8]。被攻击的劳动者可能也要负部分责任，因其能力不足，或者态度冷漠，或者组织工作的方式有时会让人误解或沮丧[9]。”

塔维斯托克的研究者在一个框架模型中汇集了他们发现的各种因素，这些因素与解释攻击者（施暴者）和劳动者（受害者）之间的交互作用如何在工作场所产生暴力结果有关，

此模型经过了实质性的改良，如图 16 所示[10]。

应该强调的是，尽管图 16 保留的是塔维斯托克的基本模型，但是为了结合本章前面和第二章探讨的问题：包括与暴力预测相关的风险因素，以及被认为更容易遭受攻击行为的工作任务或情况类型，该模型已做了很大扩展。从某种意义上说，这些问题的后果可能是立竿见影的，因为它们对受害者个体以及与之联系的用人单位都有影响。因此，受害者可能遭受身体和心理双重伤害，这会对其产生长期影响，削弱其工作能力，影响正常的社会交往和家庭氛围。在极端情况下，受害者的生命可能受到威胁或丧生。对用人单位而言，工作场所暴力的不良后果会打击用人单位的经济基础，降低生产效率，影响劳动者士气，并导致发生更多的暴力压力和风险。

模型进一步指出，暴力行为的不良后果远远超出了模型所呈现的直接后果，能延伸并成为围绕受害者和用人单位的社会和情景性风险因素的一部分。来自工作场所的暴力行为会对原本迷失的文化、不稳定的社会产生冲击，正如它会助长全球化的不稳定影响和推动工作过程合理化一样。这些联系以图的形式用箭头呈现，箭头从模型的结果框分别指向标题为“社会风险因素”和“个人危险因素、工作场所危险因素、情景性风险因素”的方框，并最终回溯到受害者和施暴者的方框中，对本书前两个版本中出现的模型的扩展所呈现的联系进行了注释[11]。

如图 16 所示的每个主要标题下，有对模型更详细的阐述。

个人风险因素

不同类别的施暴者和受害者之间交互作用的性质和结果几乎肯定会因工作场所暴力的类型、所从事的工作以及工作环境本身而有所不同。

施暴者

攻击者或施暴者主要分为三大类：特定用人单位的客户；同行或同事；亲属或陌生人（方框 34）。由于社会或文化差异的影响，不同国家者之间，个体风险因素也可能存在差异。

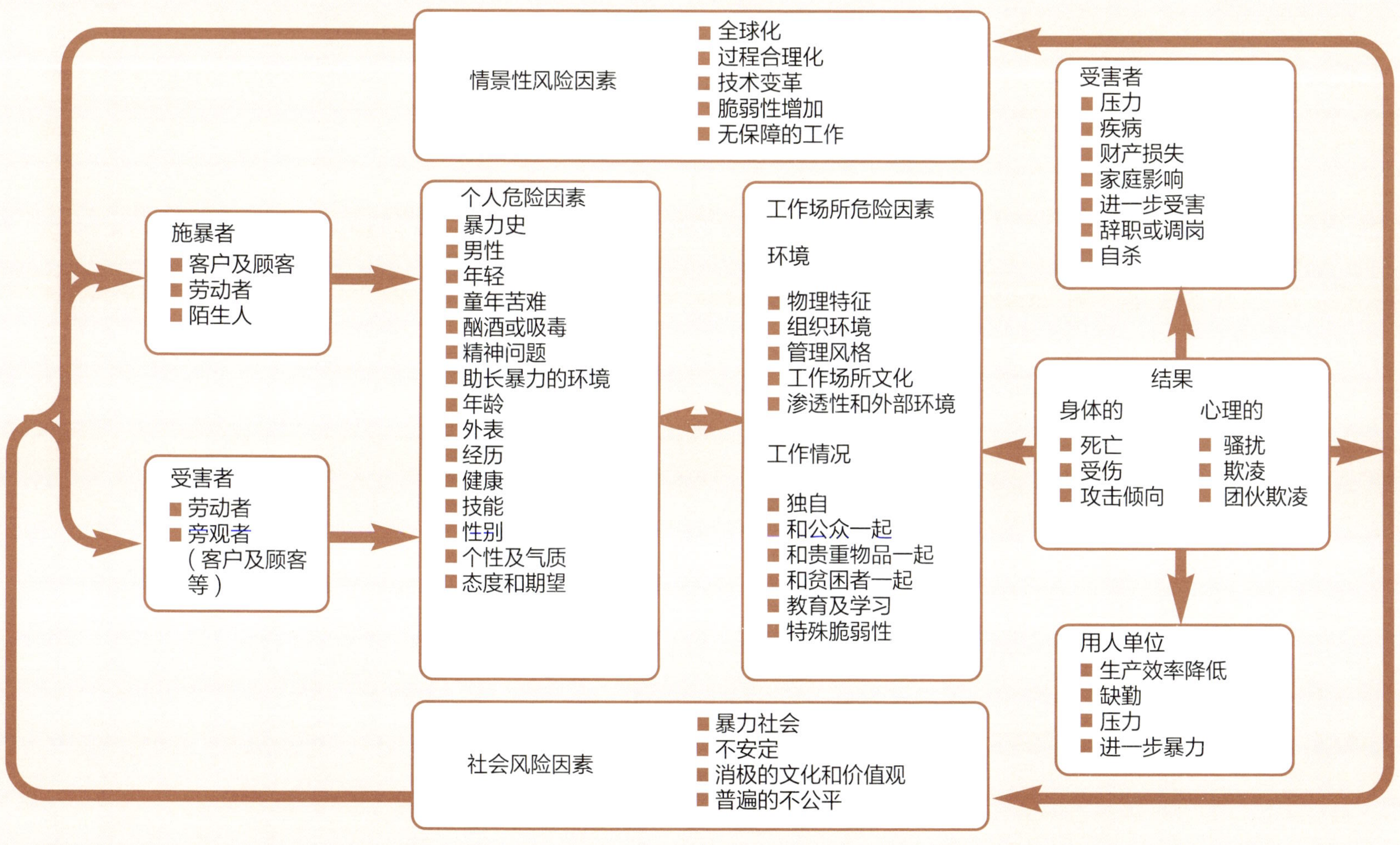

资料来源：查普尔 (Chappell) 和迪·马蒂诺于 2005 年提出的新模型，基于波纳 (Poyner) 和沃恩 (Warne) 的研究，1988 年，第 7 页。

图 16　工作场所暴力：一个交互式模型

方框 34　施暴者的类型

芬兰①工作场所精神暴力（欺凌）的施暴者：

- 57%* 来自同事的恐吓。
- 40% 来自上司。
- 17% 来自客户。
- 5% 来自下属。

美国②工作场所谋杀案的凶手：

- 75% 是陌生人。
- 15% 是同事或前同事。
- 10% 是亲属或其他熟人。

注：* 这些数字是重叠的，尽管大多数人只受到其中一个群体的恐吓。

资料来源：①芬兰统计局，1997 年和 2003 年工作生活质量调查，2004 年 3 月 23 日，作者特别阐述。②理查森和温道，2003 年，第 673 页～第 689 页，特别是第 677 页。

在大多数情况下，最可能与施暴者暴力风险升高有关的关键特征是前面提到的那些特征（方框 31）：施暴史，男性，年轻，童年不幸，药物滥用，特定类型的精神疾病；处在一个容易引发暴力的环境中[12]。塔维斯托克的研究确定了 5 个特征，其中大部分与上述所列基本重合：人格，临时条件，负面 / 不确定的期望，不成熟以及养狗者[13]。

受害者

在大多数情况下，工作场所暴力的受害者很可能是一名劳动者，他们有很多可能与暴力风险有关的特性[14]，这些因素包括外貌、健康状况、年龄和经验、性别、个性和气质、态度和期望。

外貌和第一印象在任何工作中都很重要，因为它们能够奠定人际交往的基调，也为遭遇确立角色特征，例如，在与公众直接接触的职业中，穿制服可能会诱发或阻止暴力发生，制服通常出现在那些期望劳动者行使权威或受公众尊重的职业，制服还能用来区分劳动者和公众人群。在许多情况下，制服很可能会阻止暴力行为发生。但在一些情况下，穿制服的劳动者的存在会令人不满，并可能激惹虐待或暴力行为，例如，在英国，据报告，由于公众普遍对像警察那样穿制服者怀有敌意，被报告的攻击急救工作者的案件越来越多，因此，急救工作者现在开始穿绿色的工作制服，而非蓝色制服，以区别于执法人员。

在一般情况下，劳动者的健康状况也会影响他们与客户和公众的互动方式。繁重的工作负荷或轻微的精神疾病带来的压力，可能会导致误解或误导行为，从而引发攻击性反应。劳动者的年龄和经验是增加或减少攻击可能性的其他因素。处理以往类似难题的经验，显然与年龄有关，这些经验能使年长的劳动者比无经验的劳动者做出更明智的反应。

如前面的阐述，一个人的性别能够通过多种方式影响攻击性行为。男性比女性更有可能对许多工作场所中的情况做出攻击性反应，而女性在工作中遭受某些类型的伤害的风险也比男性大得多。

在考虑受害风险时，劳动者的个性和态度也与之有关联。有些劳动者在处理难题方面往往比其他人做得好——这种品质通常与不太明显的人格特征和行为风格有关。劳动者的态度和对工作的期望也是暴力行为的影响因素，例如，在一家即将倒闭或正在经历大规模裁员的单位工作的劳动者，他们在与客户打交道时就不太可能宽容。类似的，与特定工作有关联的不确定的角色定义会影响暴力事件或潜在暴力事件的处理方式。学校老师希望能和不守规矩的孩子交流，但公共汽车驾驶员可能不会；警察预期会遇到精神失常者或危险者，但消防员和其他应急服务提供者可能不会。

总之，受害者对攻击行为的反应方式在决定攻击行为减弱还是升级方面显得很重要。关键是，受害者不能被攻击者认为有不公正或不合理的行为。受害者的焦虑或愤怒行为也可能触发暴力，而受害者控制自己的行为可能有助于缓解紧张的局势。

工作场所的风险因素

施暴者和受害者在工作场所相互影响，工作环境，包括其物理环境和组织架构及其管理风格和文化，都能影响因相互作用所产生的暴力风险。

工作场所的物理设计特征能够成为化解或触发暴力或升级攻击性互动的潜在因素，例如，澳大利亚的研究表明，在特许经营烟酒的店、酒馆、俱乐部、酒吧等场所或附近，发生暴力和破坏性行为的程度受到一系列环境因素的影响，包括经营场所的物理设计和舒适度。人满为患、通风不良、肮脏和嘈杂的场所比那些具有良好物理设计特征的场所的暴力发生率更高[15]。

在这方面，机构的组织架构同样重要，甚至更重要，例如，组织不善可能导致某一特定劳动者群体的工作量过大（而其他群体可能相对不活跃），从而降低他们的工作绩效，造成不合理的延误和等候，在这些劳动者中形成消极态度，并在客户中诱发攻击性行为。错综复杂的官僚程序也可能产生同样的效果，使劳动者和顾客都承受严重的压力。

从更宽泛的内涵来看，还必须考虑到人际关系的类型、管理风格、责任分散的程度以及工作场所的一般文化，例如，一个广泛开展对话和交流的“参与式”工作环境可能有助于化解暴力风险。与之相反，在一个“封闭”的独裁工作环境中，人们孤立地工作，相互猜疑，对外部人员持防御态度，就可能会增加暴力风险[16]。

与此同时，在地方层面上分散服务和责任可能有助于劳动者更加了解本地问题，更好地满足顾客的需求，并对那些可能演变为暴力的难题进行预测。在关系高度正规的集中化、非个性化组织中，这种本地化的灵活性就很难实现。以种族宽容、机会平等与合作为基础的用人单位文化也有助于形成一种暴力无用武之地的工作氛围。与之相反，如果歧视和隔离或明或暗地成为用人单位文化的一部分，这能够反映在用人单位内部和与外部的所有行为和关系中。意大利最近的 2 项研究说明了这些因素的重要性。

2002 年，意大利国家职业安全与预防高等研究院职业医学系对意大利国家电力公司（Group ENEL）的 2600 名劳动者进行了一项全国性研究，揭示了组织氛围在工作场所团伙欺凌发展中的关键作用。受访的大多数劳动者将工作场所暴力与用人单位缺乏组织战略知识以及无效的内部信息交流系统相联系。

如图 17 所示，65.6% 的受访劳动者对企业组织战略一无所知，如图 18 所示，无效的内部信息交流系统加剧了他们对这些知识的缺乏。

如图 18 所示，近 58% 的受访者认为信息交流系统无效，因此，图 17 和图 18 所示的比例表明了这一领域的所有组织的现状，那么近 2/3 的劳动者在发生工作场所暴力事件时是无应对该类事件的组织战略知识的。如果信息交流系统真如本次调查报告所述的那么不充分的话，那么劳动者在发生工作场所暴力时也不太可能做出快速反应。

2000 年在意大利巴里省和马特拉省的另一项调查，调查了 300 名劳动者，如图 19 所示，这项调查强调了公司态度和计划对降低或提高工作场所暴力风险的重要性。

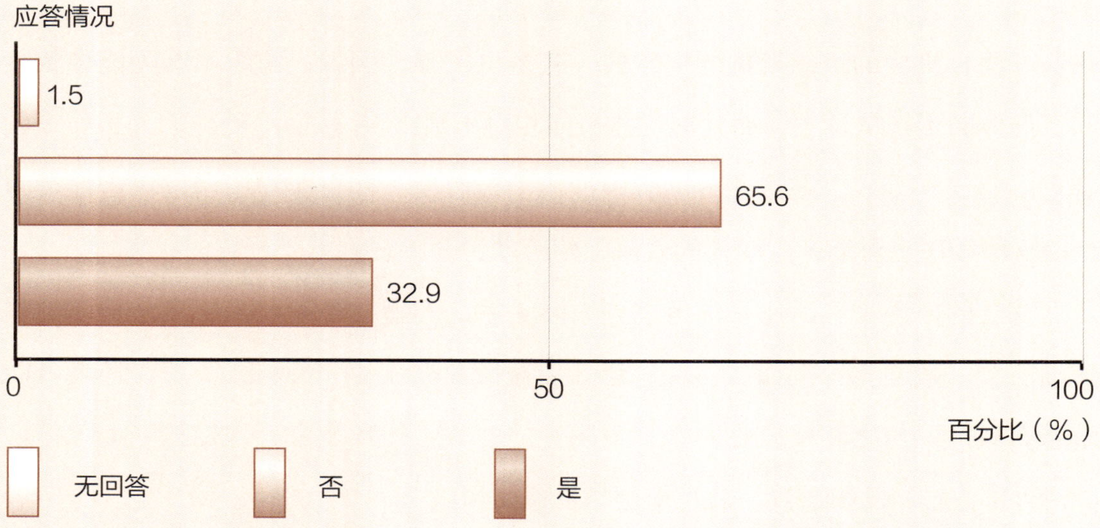

资料来源：意大利国家职业安全与预防高等研究院（Istituto Superiore per la Prevenzione e la Sinurezza Sul Lavoro,ISPESL），职业医学系，罗马，2002年。

图 17　企业组织战略知识："你对企业的组织战略有什么了解吗？"

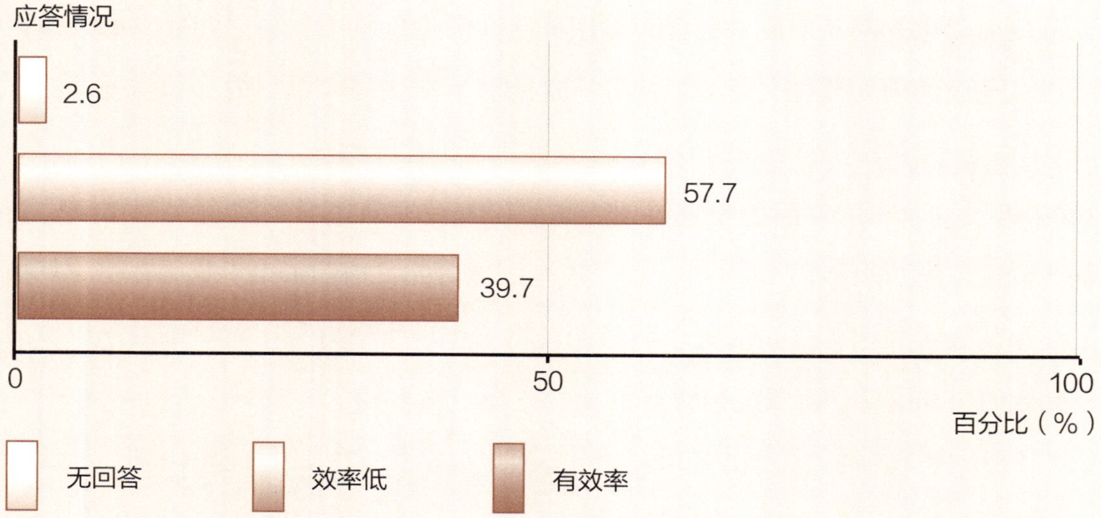

资料来源：意大利国家职业安全与预防高等研究院（ISPESL），罗马，2002年。

图 18　无效的内部信息交流系统："你认为本公司内部的信息交流系统有效吗？"

图 19 所示的数据表明，有 23.5% 的受访者表示，该公司对工作场所暴力情况只有浅层次的了解。令人担忧的是，在接受采访的 300 名劳动者中，63.5% 报告说，公司知道暴力情况，但容忍该暴力风险存在。容忍暴力情况和不作为的理由包括"为了自己便利"，图 20 展示了受访者认为的降低暴力风险的可能性。

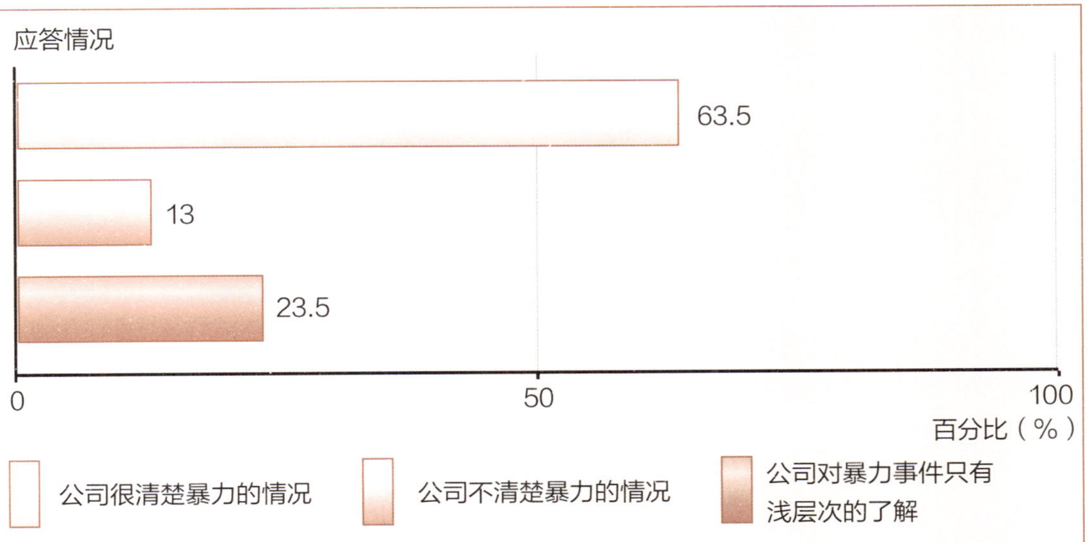

资料来源：弗拉舍里（Fraschieri），2003 年，第 71 页。

图 19　公司对暴力情况的认识程度："公司是否意识到暴力情况？"

图 20 的数据表明：（1）仅极少数受访者坚信公司无法减少工作场所暴力；（2）有点出乎意料的是，仅 17% 的受访者坚信该公司应该采取干预措施阻止暴力情况；（3）仅 19% 的受访者报告说，公司组织并煽动了暴力犯罪；（4）高达 57% 的劳动者坚信，公司出于自身的考虑容忍了工作场所暴力情况。

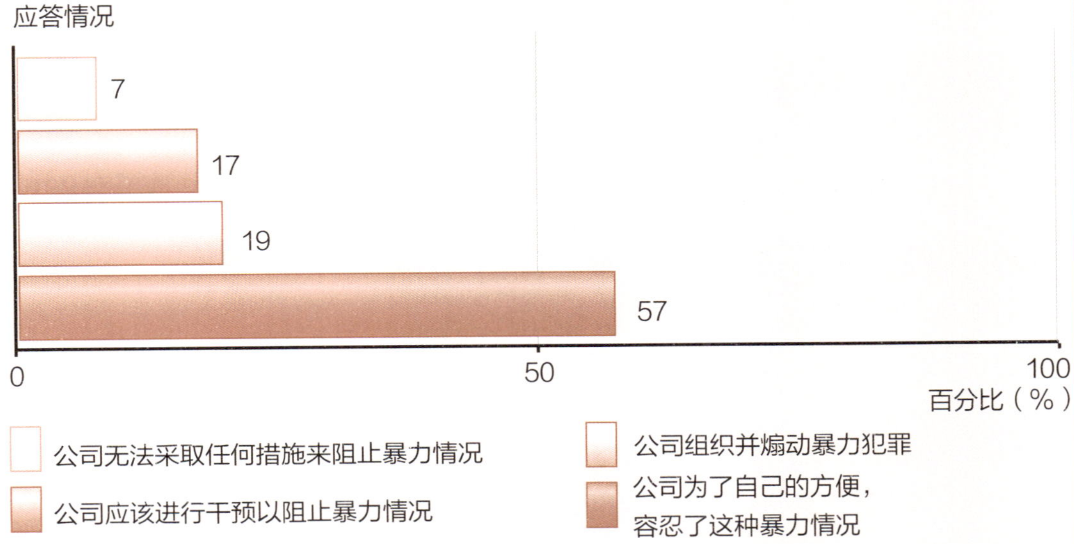

资料来源：弗拉舍里，2003 年，第 71 页。

图 20　对公司降低风险的能力感知："如何看待公司应对暴力情况的能力？"

每种情况都是包含不同因素的、独特的混合体，因此要进行特殊的分析，这就是为什么预测发生暴力的具体行为是极其困难的。尽管如此，似乎有可能而且有必要比以前更详细地识别一些工作情况，这些情况与理解这种类型的攻击以及制定预防或控制这种攻击的战略密切相关。[17]

通过私有化、权力下放和合理化进行的广泛重建也一直对工作条件和就业条件产生深远影响。尽管国家不同、情况各异，随之产生的暴力强度不同，裁员、解雇、冻结或削减工资、更大的工作负荷和更快的工作节奏、更长的有效工作时间、更不舒适的轮班作业和在非工作时间工作，这些过程增加了承包、分包以及更多临时的和更无保障的就业情况。这些都是公认的潜在压力源，最终可能产生一种由不确定性、日益加剧的愤怒和脆弱性驱动的暴力氛围。

技术革新可能是工作压力和暴力风险的另一个加速器，特别是当这种革新尚未伴随足够的培训以及工作正处于或似乎处于危险之中时。这些压力因素可能会对劳动力的付出和积极性产生负面影响，损害生产效率和服务质量，并可能威胁到任何正在进行的改革的成功。

工作不安全感与压力、工作场所暴力风险增加有关，即使是有报告称压力并不高或正在下降，这一关联在卫生行业已经得到了证实[18]。虽然工作不安全感通常源于宏观层面的情况，远远超出本报告的框架和范围，但人际和组织这两个问题已被确定，这两个问题至少可以化解部分工作不安全感产生的压力和暴力风险。第一，主管和同事需要支持那些工作有风险的劳动者，因为基于工作的支持对工作不安全感的负面影响有缓和作用[19]。第二，也是最重要的一点，劳动者应参与变革过程，拥有足够信息，以了解改革计划和变革过程中的目标，定期磋商，充分了解即将发生的变化（例如，通过传播详细信息），并有机会对暂时过渡的困难和可能的赔偿办法提出反馈意见[20]。

在欧洲进行的一项大规模调查显示，工作无保障的劳动者（按临时、短期、定期合同和临时代理合同雇用的劳动者）和有固定工作的劳动者相比，健康状况较差[21]。在调整工作条件、社会和环境因素后，这种较差的健康状况仍然存在。风险因素包括对工作任务和工作时间的掌控程度低、生产速度加快、执行低技能工作任务以及工作无保障，所有这些都是造成压力的主要因素。工作场所暴力也与真实的或感知的脆弱性有关。这项调查和其他调查也清楚地表明，从事无保障工作的劳动者比拥有永久雇佣合同的劳动者更容易遭受工作场所暴力[22]。

在预测暴力方面，外部环境与工作环境之间的相互关系也很重要，因此，对工作场所发生暴力事件的可能性的任何预测都将取决于对特定情况下施暴者和受害者特征、特定工作环境和外部环境特征的透彻分析。

外部环境、社会和情境因素的渗透

外部环境的风险对工作环境的“渗透性”水平是不同的，例如，一家银行或商店位于一个很危险的地区将更有可能遭遇抢劫，公交线路的暴力风险程度取决于它们服务的城市区域，人们在一个办公场所的挫败感和公众攻击性程度可能会因其自身生活环境中的挫败感和攻击性程度而有所不同。

每当暴力嵌入一个社会，它也有可能反映在工作场所。一些研究强烈暗示，社会问题直接影响工作场所的安全，暴力是主要问题之一。方框 35 中的案例来自国际劳工组织关于卫生行业工作场所暴力的报告，反映了许多国家普遍存在的情况。

在为该国际合作项目进行卫生行业个案研究的所有国家，都有证据表明暴力行为从当地居民“跨越”到了卫生工作场所，也就是说，当地居民的风险因素似乎渗透到了工作场所的边界。而受害者遭受的不仅是身体上的暴力，还有很多人受到情绪压力的影响。

方框 35　暴力根植于社会生活之中

在保加利亚，暴力是生活的正常要素：

暴力无处不在，它存在于所有社会阶层、职业和族裔群体的生活之中。暴力的心理基础是：存在于在权力等级基础上的依赖，即依赖于权力在自己之上者。一个权利控制中心始终在个人之外的社会（如父权制、家长制和极权主义社会），一旦外部控制被剥夺，就无法应对暴力。在无任何内在道德规范，换句话说无自我约束的情况下，许多保加利亚人将暴力视作规范家庭、社会、人际和机构关系的典范，而社会正逐步接受这一准则。

在南非，社会暴力充斥着工作场所：

在公共部门严重的工作场所暴力事件反映了一个更大的问题，其根源是南非的社会经济现状。

但是一项研究不太可能准确刻画管理风格的影响、南非卫生系统管理和行政方面的缺陷、伦理行为承诺的缺乏、社会暴力对医疗卫生工作者心理发展的影响。

根据泰国发展研究所执行主任的说法，这个国家正从“微笑之国转变为暴力之国”：

过去，某些形式的暴力，在施暴者和受害者有亲属关系的情况下是被容许的，例如殴打妻子和体罚子女。但是在陌生人之间是不容许的。只有当受害者不是施暴者的妻子时，强奸才是犯罪，婚内强奸是不违法的。现在，泰国人民意识到暴力了，并视其为国家层面上的社会问题。

资料来源：迪·马蒂诺，2002 年，第 14 页。

压力和暴力

压力和暴力之间的关系并不是一种直接和排他性的关系，人们关注难以普遍接受的压力概念。正如 2003 年 10 月在日内瓦制定国际劳工组织业务准则《服务部门工作场所暴力行为和打击这一现象的措施》的专家们在其序言中所指出的：“工作场所暴力有一些不良后果，其中可能包括压力，尽管压力对某些人来说是无法明确的概念[23]。”

压力与暴力之间的相互关系逐渐成为一个关键问题，这种相互关系的潜在影响力正越来越多地被官方文件承认[24]，越来越多的研究为暴力与压力之间的内在联系提供了证据。

芬兰一项关于欺凌对市政劳动者影响的研究发现，40% 受欺凌的劳动者感到压力或非常有压力，例如，49% 的劳动者感到异常疲劳，30% 的劳动者经常紧张或持续紧张[25]，这些反应都是压力的典型表现。最近的另一项研究表明，欺凌造成的不良情绪影响可能比身体暴力更广泛。

情绪暴力或心理暴力对心理健康的影响如下所示。

身体暴力对心理健康的不良影响：

- 压力反应和整体健康受损。
- 心理幸福感下降，出现心理问题的风险增大。
- 认知效应，如注意力问题。
- 自信心下降。
- 工作满意度下降。
- 恐惧反应。

- 创伤后应激。

心理暴力对心理健康的不良影响：

- 焦虑。
- 抑郁。
- 身心失调症状。
- 有攻击性。
- 恐惧和不信任。
- 认知方面的影响，比如无法集中注意力，不能清晰地思考问题，解决问题的能力下降。
- 孤立与孤独。
- 人际关系恶化。
- 创伤后应激[27]。

压力也能导致沮丧和愤怒，因此压力是工作场所暴力的前因之一[28]。特定的压力源已被确定为暴力的预兆。在 1997 年美国的一项研究中，对一家州立卫生机构的大约 7000 名劳动者进行抽样调查，结果发现，工作中发生的身体暴力与 11 种不同的工作压力源之间存在联系。研究发现，对于男性和女性，11 个压力源中有 4 个与袭击有关。对于两性而言，有限的工作掌控度、对人高度负责的要求、可供选择的就业机会有限以及技能未充分利用，都被发现是与袭击性相关的重要因子。作者得出的结论是，与压力较小的劳动者相比，压力较大的劳动者更容易遭受袭击[29]。

因此，可能产生一个恶性循环，劳动者承受着程度越来越深的压力和暴力。此外，其他形式的暴力可能从外部侵入工作场所。

家庭暴力“外溢”到工作场所

如方框 36 所示，广泛的家庭暴力对工作场所的严重影响正逐渐被人们认识，并受到越来越多的关注。

在美国：

作为该公司宣传认识家庭暴力活动的一部分，由丽诗加邦股份有限公司（Liz Claiborne，Inc.）进行的一项调查显示，91%的公司领导坚信，家庭暴力既影响劳动者的私生活，也影响劳动者的工作。该调查发现，美国企业领导者已经越来越意识到家庭暴力不仅是一个国家问题，也是一个影响劳动者工作的问题。尽管人们的认识有所提高，但只有12%的企业领导者表示，他们的企业应该在处理家庭暴力问题上发挥重要作用[30]。

根据联合国妇女发展基金报告显示，针对女性的施暴行为十分猖獗。世界上1/3的女性在其生命中会遭受殴打、强迫性行为或其他方式的虐待。

方框36 家庭暴力常常蔓延到工作场所

对于被殴打的女性劳动者，一份工作可能是她们躲避虐待的唯一出路。然而，工作场所是施暴者可以确定能找到受害者之处①。如果她有一个固定的工作路径，她可能在特定的时间去特定的地点待特定的几个小时，那么，她是易被施暴者找到的。旧金山预防家庭暴力基金会指出，越来越多的用人单位认识到，家庭暴力等所谓的个人“现实生活”问题既影响劳动者的工作绩效，也影响公司的最终盈亏②。

被虐待的受害者并不是虐待关系中的唯--受害者。从介入制止暴力的同事们到那些目睹暴力行为者，这种对抗影响整个组织③。无论是当面还是通过电话，3/4的女性都在工作场所被施虐的丈夫或情人伤害或骚扰。除了必须处理工作中的骚扰外，用人单位领导和受害者还要忍受增加其他方面的问题。在俄克拉何马州塔尔萨市进行的一项研究显示，96%有工作的、被殴打的女性劳动者会因其所受的虐待而产生其他与工作有关的问题。另一项在纽约和明尼苏达州进行的研究显示，这些被殴打的女性劳动者中，最终因受虐待产生的相关问题而失去其工作者高达20%。

①莱仑（Levin），1995年，第11页～第13页，引用于约翰逊（Johnson）和加德纳（Gardner），2000年，第197页～第202页，尤其是第199页。

②赫德森，1998年，第C1页，引自约翰逊和加德纳，同上。

③空调供暖和制冷新闻，1999年。

资料来源：约翰逊和加德纳，2000年，第197页～第206页，特别是第199页（请参阅旧金山预防家庭暴力基金会网站：http://endabuse.org/，浏览日期为2005年6月23日）。

联合国妇女发展基金报告指出，世界上任何地方的女性都未能免受家庭和亲密暴力的伤害。在柬埔寨，16% 的女性劳动者遭受丈夫的身体虐待，英国有 30% 的女性劳动者遭受伴侣或前伴侣的身体虐待，巴勒斯坦西部有 52%，尼加拉瓜有 21%，加拿大有 29%，美国有 22%[31]。美国疾病控制和预防中心（CDC）估计，仅在美国，每年由亲密伴侣对女性暴力伤害造成的损失就超过 58 亿美元——直接医疗和卫生服务的成本为 41 亿美元，而生产效率损失有 17 亿美元[32]。

世界卫生组织 2002 年公布的另一项全球调查显示，10%~69% 的女性在生活中的某些时期曾遭受男性亲密伴侣的身体暴力。在过去的 12 个月，在澳大利亚、加拿大和美国，遭受伴侣袭击的女性比例为 3% 或更少；在尼加拉瓜有过伴侣的女性（有过持续性行为的女性）占 27%；在韩国目前有伴侣的女性占 38%，在巴勒斯坦西部和加沙地带的目前已婚女性占 52%。

对于这其中的许多女性，身体暴力不是一个孤立的事件，而是虐待行为持续模式的一部分。在这些亲密关系中，身体暴力往往伴随着心理虐待，高达 50% 的案例是性虐待。例如，在日本 613 名曾遭受虐待的女性中，57% 的女性遭受了这三种类型的虐待：身体虐待、心理虐待和性虐待[33]。

家庭暴力的报道长期不足，但研究表明，在英国：

- 1/4 的女性，在她们一生中会遭受家庭暴力。
- 平均每周有 2 名女性被现任或前任男性伴侣杀害。
- 家庭暴力几乎占所有暴力犯罪的 1/4。
- 家庭暴力每年给国家造成的损失可能超过 50 亿英镑[34]。

在美国，虽然 1993 年至 2001 年亲密伴侣对女性暴力犯罪的数量急剧下降，但亲密伴侣暴力占 2001 年 12 岁及以上女性所遭受的所有非致死性暴力犯罪的 20%，2000 年有 1247 名女性被亲密伴侣杀害[35]。

在拉丁美洲和加勒比地区，“大多数研究表明，在该区域有伴侣的成年女性中，30%~75% 遭受过心理虐待，10%~30% 遭受过身体暴力”。

> 在东欧：
>
> 在所有接受调查的国家中，家庭暴力是最普遍的基于性别的暴力形式。整个区域的

法律制度都未能妥善地解决此议题：无具体规定，也无任何限制令。社会上对家庭暴力到底是什么也没有充分地理解，因此始终未能识别并予以命名。对女性所遭受的家庭暴力的性质缺乏认知，缺乏支持网络，这在一定程度上解释了为什么女性自己往往轻视被虐待的严重性。家庭暴力受害者无庇护所。女性由于经济上依赖施虐的丈夫或男性伴侣而维持受虐待的婚姻或关系，这是很常见的。同时，国家当局很少或根本未采取任何措施来结束这种状况。关于婚内强奸，虽有几个国家修改了立法，将其定为犯罪，但实际上法院尚未对任何这类案件作出判决[37]。

在图 16 所示的交互模型框架中，最后一个问题是在工作场所发生的任何暴力的结果或后果。在最极端的暴力事件中，例如纽约发生的恐怖袭击和邓布兰发生的多起校园枪击案（均在第一章中讨论过），这些事件会导致死亡和战区中所见的那种严重破坏。对于此类暴力的幸存者，包括那些响应提供紧急护理和援助者，以及目睹该事件的劳动者，其受到的个人创伤和痛苦是极其严重且持久的。

然而，工作场所暴力就像一块石头被扔进水里，不仅对受害者产生立竿见影的影响，而且还会以越来越大的涟漪扩散，直接或间接地影响着其他有关人员，波及有关用人单位和社区，这一效应说明了为什么工作场所暴力的成本常常被低估。

工作场所暴力的成本

工作场所暴力的成本由受害者、用人单位组织和整个社会共同承担，直到最近，专家们才开始量化这种暴力的多重且巨大的成本[38]。

个人成本

在个人层面，工作场所暴力造成的个人痛苦和伤痛的代价很难量化。痛苦和屈辱并非能自我“消化”的事件。它们通常会导致缺乏内动力、失去信心、伤自尊、抑郁、愤怒、焦虑和易怒。1993 年芬兰关于工作中的心理骚扰的一项研究表明，59% 的受害者将这种情况归因于“不公正”，47% 的受害者想过离开其工作，37% 的受害者患上抑郁症[39]。所有这些指标都是压力的典型表现，压力是一个代价高昂的问题。如果不根除暴力原因，或者不通过适当的干预减少暴力的负面影响，这些症状很可能发展成身体疾病、心理障碍、烟草酒精和药物滥用等，最终导致从业能力下降、残疾甚至自杀[40]。

这些负面后果不仅影响到遭受暴力的中心人物，而且往往扩大到该事件附近的人，甚至波及远离或事件发生时不在暴力发生地的人，因此，暴力的影响能够渗透到整个工作场所、受害者的家庭及其生活的社区。

组织成本

在工作场所层面，暴力对人际关系、工作组织、生产效率和整体的工作环境造成直接的（往往是长期的）破坏。用人单位承担改进安全措施的耗费和损失工作时间的直接成本。表 22 列出了工作场所暴力的一些负面影响，这些都对用人单位的绩效有不利影响。

表 22　1996 年美国工作场所暴力对生产效率的影响

影响	受访者（%）
士气下降	9
压力增加	22
恐惧增加	18
生产效率低下	10
缺勤率增加	3
劳动者间的信任下降	11
劳动者离职率升高	3
其他	19

资料来源：人力资源管理学会（Source for Human Resource Management，SHRM），1996 年工作场所暴力调查（弗吉尼亚州亚历山大市，SHRM，1996 年）。经许可转载。

如表 22 所示，工作场所暴力背后的许多成本或多或少有些是隐藏的。事实上，除非一个组织的财务报告系统将成本直接归因于暴力原因，否则其真实支出就不太可能被揭示出来。然而，还有更多的成本被外化到整个社会。

社区成本

工作场所暴力的成本也影响到整个社区。工作场所暴力受害者重返社会的卫生保健和长期康复费用，此类暴力事件的失业者再培训费用，因工作场所暴力而使能力受损的医疗费用，以及法律和刑事司法系统的费用都是支付成本的一部分。

要评估工作场所暴力给社区造成的总成本，还需要考虑这种暴力对受害者的伴侣和亲属的间接影响，并从更广泛的角度考虑其破坏性影响。因为这增加了对犯罪和暴力的恐惧和焦虑。

为了充分了解所有成本要素综合效应的总体影响，突出相互关系的动态同样重要，如图 21 所示。

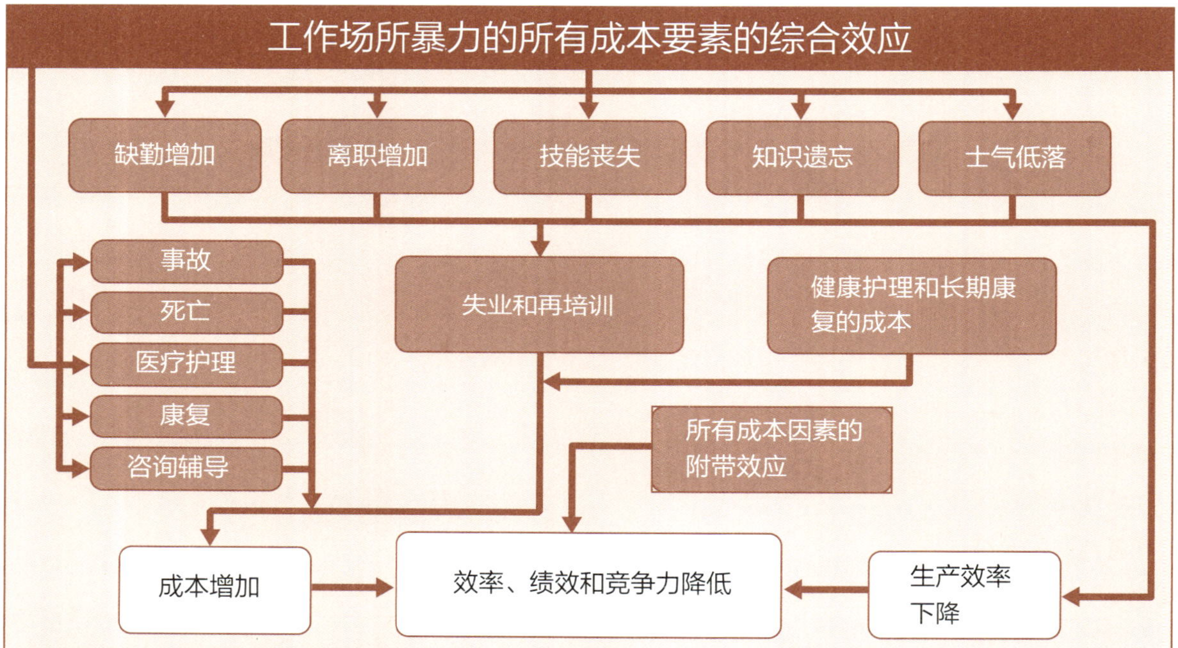

资料来源：迪·马蒂诺、戈尔德和沙普，2002 年。

图 21　工作场所暴力的所有成本要素的综合效应

因此，必须考虑到工作场所暴力的全部成本，同时，这可能为计算预防性干预措施的成本效益估计提供一个有用的基础。

确定成本

成本包括直接成本、间接成本和“无形”成本。

直接成本包括工伤、疾病、残疾、死亡、缺勤和离职：

- 在英国，近一半（42%）的工作场所袭击，对受害者造成了某些类型伤害[41]。
- 对芬兰 2 家医院进行的一项关于欺凌行为的研究发现，被欺凌者比未受欺凌者多休 26% 的病假[42]。
- 来自欧盟的数据表明，与健康问题相关的缺勤和工作中遭受暴力之间存在显著的相关性。如图 22 所示，在 12 个月内，遭受身体暴力的劳动者缺勤率为 35%，遭受欺凌的劳动者缺勤率为 34%，遭受性骚扰的劳动者缺勤率为 31%，而一般劳动者缺勤率为 23%[43]。

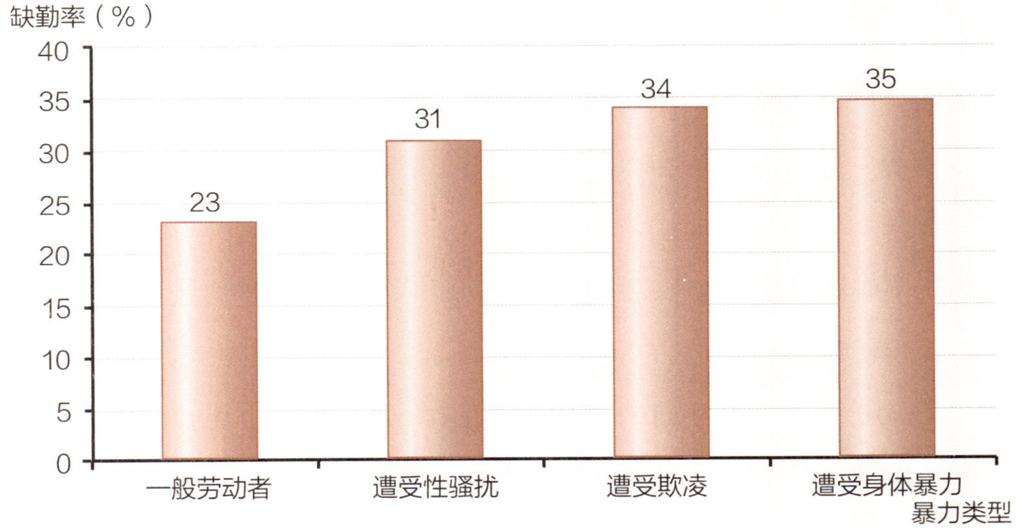

资料来源：欧洲改善生活和工作条件基金会（European Foundation for the Improvement of Living and Working Conditions），1997 年，第 4 页。

图 22　1996 年欧盟劳动者 12 个月的缺勤率

间接成本包括工作满意度、士气、承诺、效率、绩效和生产效率的降低，例如：

- 一项对皇家护理学院成员的调查显示，遭受袭击的护士的心理健康状况比未遭受袭击的护士差，这些护士患急性心理问题的可能性是其他护士的 2 倍，经常遭受袭击者受影响最大[44]。
- 瑞典对护士的一项研究报告说，遭受暴力会对工作满意度有负面影响[45]。
- 同样，超过一半遭受过工作场所暴力的芬兰监狱工作者也表示其工作满意度下降[46]。

无形成本包括对公司形象、创造力、工作氛围、创新开放度、知识积累和持续学习的负面影响。这些无形资产对于新兴的以人为本的用人单位的竞争力至关重要。也就是说，创新和创造力的增强似乎与工作中存在的压力和暴力完全不相容。

量化成本

考虑到前面所述的暴力和压力之间的相互作用，综合定量的相对成本如下：

- 根据莫妮卡·亨德森（Monica Henderson）的模型，通过详细的财务计算，估计总体而言，欺凌每年给澳大利亚用人单位造成 60 亿 ~130 亿澳元损失，其中包括隐藏的和失去的“机会成本”。这些澳大利亚的成本计算是根据影响的发生率（通常是影响的结果范围的中点）的保守估计。就个案而言，他们估计，每起欺凌事件对每个用人单位造成的总损失至少为 16977 澳元[47]。在普通法律案件中，这类损失可能会被放大。例如，1998 年 4 月昆士兰州的高级法院判给原告约 55 万澳元的损害赔偿金，尽管此案已被上诉。该报道登在昆士兰北部的一家报纸，叙述了一位销售经理被其主管反复辱骂[48]。
- 在美国，工作场所发生的严重暴力事件给用人单位造成的平均经济损失估计为 25 万美元。而较频繁、程度较低的事件，估计每起事件给用人单位造成的损失高达 2.5 万美元。美国用人单位每年因工作场所暴力花费的总成本估计为 42 亿美元[49]。
- 比德尔（Biddle）和哈特利（Hartley）研究了美国工作场所的谋杀案，并计算出每年的损失约为 9.7 亿美元，其中包括受害者外推到 67 岁的收入损失[50]。
- 根据一个典型的英国地方当局的工作场所欺凌案例，计算了该组织的成本（表 23）。

表 23　英国地方当局工作场所欺凌的估算成本（英镑）

成本项目	成本（英镑）
缺勤	6972
更换成本	7500
调查者进行申诉调查的时间	2110
该局直接领导的时间	1847
总部人员	2600
公司管理者的时间（包括劳动者福利）	2100
纪律处分程序费用（听证 / 律师）	3780

续表

成本项目	成本（英镑）
采访证人的费用	1200
总成本（最少）	28109

资料来源：埃纳森等人，2003 年。

总体而言，在工伤和疾病的总成本中，归因于压力和暴力的比例可能高达 30%。根据以上数据，已经估计出压力和暴力造成的损失每年可能占 GDP 的 0.5%~3.5%[51]。

寻找应对措施

理解工作场所暴力的维度及其发生方式已经成为本书第一部分的主题，将获得的知识转化为行动是现在最紧要的挑战。因此，第二部分将着重讨论能够或应该采取的各种行动方式。采取行动时，明智之举或许是回顾一下埃齐奥尼（Etzioni）在 1971 年发表的声明：

> 归根结底，暴力水平受动机和认知、心理、武力、社会纽带、结构和程序以及可用于暴力的技术等因素相互作用的影响。因此，无孤立的、基本的暴力应对方法……只有一个公正而有凝聚力的社会，响应新需求，满足旧需求，为其成员提供有意义的生活，才能大幅地减少暴力发生，即使这样也无法消除暴力[52]。

注释：

[1] 澳大利亚犯罪学研究所编制了一份有关职业暴力的预防政策、战略和指导材料的全面的参考书目，涵盖了 1989 年至 2003 年，可在网站 http://www .aic.gov 查阅。预防策略的问题在本书的第二部分有详细的论述。

[2] 见布什（Bush）和奥谢（ O’Shea），1996 年，被范登博思（VandenBos ）和布拉陶（Bulatao）引用，1996 年，第 283 页 ~ 第 298 页。另见梅休，2000 年 a。

[3] 澳大利亚 NCV 的报告提供了一个试图阐明预防或控制暴力的全面的国家战略的例子。该战略包括影响公共部门机构的建议，如卫生和福利、教育、就业和培训、住房、交通、体育和娱乐、土著事务和刑事司法。它还扩展到私营企业，包括特定行业，如媒体和酒类贸易，宗教组织和体育当局等非政府机构，以及其他团体，包括工会。

澳大利亚历届政府都直接或间接地利用 NCV 报告来落实报告中的许多建议。例如，大量资金投入促进儿童发展方案。1996 年 4 月，在澳大利亚旅游和历史古迹景点塔斯马尼亚岛的恶瑟港口，一名枪手制造了大规模枪击悲剧，当时，NCV 提出的国家枪支管制战略也很有影响力。参见查普尔和迪・马蒂诺，2000 年，第 5 页 ~ 第 6 页和第 79 页 ~ 第 80 页。另见世界卫生组织，2002 年。

[4] 范登博思和布拉陶，1996 年，第 16 页。另见拉姆内确（Lamnek），海特美亚（Heitmeyer）和哈根（Hagan）（编

辑），2003 年，第 1113 页～第 1127 页。

[5] 霍德（Hoad），1996 年，第 64 页～第 86 页。

[6] 改编自麦克唐纳德和布朗，1997 年，第 2 页。应当指出的是，这一期的许多文献都与风险评估有关，包括被判犯有严重暴力行为的人再次犯罪的风险。对这些文献有用的总结可以在麦克谢里（2004 年）的著作中找到。另见艾伦（Allan）和道森（Dawson），2004 年。

[7] 柴根（Chaiken）等人，勒斯（Reiss）和罗斯（Roth）（编辑），1993 年，第 279 页～第 280 页。预测工具状况的最新评估见奥格洛夫（O' Gloff）和戴维斯（Davis），2005 年，第 301 页～第 338 页。

[8] 波纳和沃恩，1988 年。

[9] 同上，第 2 页。博伊（2002，第 1 页～第 20 页）在分析应对工作场所暴力的方法时也强调了这种互动方法的重要性。

[10] 见波纳和沃恩，1988 年，第 2 页～第 7 页。该模型的修订版也出现在健康安全行政机构编写的“审查与工作场所有关的暴力”，由健康安全执行机构起草，《合同研究报告》，No. 143/1997 年伦敦。

[11] 迪・马蒂诺，2003b，海特美亚和哈根（编辑），第 885 页～第 902 页。

[12] 麦克唐纳德和布朗，1997 年，第 2 页。

[13] 波纳和沃恩，1988 年，第 3 页。对于**人格**，塔维斯托克的研究人员强调，有些工作涉及与可能做出攻击和暴力反应的客户接触，而**临时条件**是指受酒精或药物影响的公众或正遭受疾病和压力的影响者，疾病和压力会使他们的行为难以预测或更难控制。**消极的、不确定的**期望包括那些预料到互动会很困难或令人沮丧者，或者那些不确定的期待者，因此他们处于紧张和好战的情绪中。**不成熟**与儿童或年轻人有关，他们的行为不如成年人容易受到控制，他们在群体中很容易被引导或被影响做出攻击性行为。**养狗者**反映了这一现象，在英国，狗咬邮递员和收垃圾者情况更严重。

[14] 塔维斯托克的研究认为劳动者等同于受害者。然而，在某些情况下，工作场所暴力会影响非劳动者。例如，在金融机构工作时间，持械抢劫会使所有在场的任何顾客都成为受害者，包括该用人单位的全体员工。

[15] 见荷马（Homel）等人，1992 年，第 679 页～第 697 页；荷马和克拉克（Clark），1994 年，第 1 页～第 46 页。另见梅休和查普尔，2001 年，第 4 页～第 12 页。

[16] 博伊在工作场所暴力类型学的评论中考虑并发展了工作场所暴力者的一方面。他指出，现在人们越来越关注组织在创造可能引发劳动者、客户和其他人发生暴力的工作环境中能够发挥的作用。见博伊，2002 年，第 11 页～第 14 页。另见阿威（Arway），2002 年，第 41 页～第 58 页。

[17] 格兰杰（Grainger），1996 年，第 17 页。

[18] 阿福德（Afford），2001 年，第 13 页。

[19] V.K. 林（V.K. Lim），1996 年，第 171 页～第 194 页。

[20] 德国国际发展基金会，2000 年，第 51 页。

[21] 贝纳维德斯（Benavides）和贝纳赫（Benach），1999 年。

[22] 梅休，2003 年，第 203 页～第 219 页。

[23] 国际劳工组织，2004 年，第 1 页。

[24] 迪・马蒂诺和穆斯里（Musri），2001 年。

[25] 瓦尔蒂亚（Vartia），1994 年，第 29 页。另见同上 2001 年，第 63 页～第 69 页。

[26] 梅休等人，2004 年，第 117 页～第 134。

[27] 迪・马蒂诺，赫尔和库珀，2002 年，第 59 页～第 60 页

[28] 迪・马蒂诺，2002 年，第 6 页。

[29] 赫雷尔（Hurrell）等人，1996 年。

[30] 旧金山预防家庭暴力基金会，2002 年。

[31] 联合国妇女发展基金，2003 年。

[32] 美国疾病控制和预防中心，2005 年。

[33] 世界卫生组织，2002 年，第 89 页。

[34] 沃尔比（Walby），2004 年。

[35] 伦尼森（Rennison），2003 年，第 1 页。
[36] 布维尼克（Buvinic）等人，1999 年，第 3 页。
[37] 联合国经济及社会理事会，人权委员会，2003 年，第 1857 段。
[38] 关于人际暴力代价的概述，见世界卫生组织，2004 年，第 22 段—第 23 段。
[39] 瓦尔蒂亚，1993 年，第 21 页。
[40] 国际劳工组织，1992 年。
[41] 厄普森，2004 年，第 19 页。
[42] 基维马奇（Kivimaki）等人，2000 年，第 656 页～第 660 页。
[43] 欧洲改善生活和工作条件基金会，1997 年。
[44] 鲍尔（Ball）和皮克（Pike），2000 年。
[45] 阿内茨和彼德森，1996 年，第 119 页～第 127 页。
[46] 瓦尔蒂亚和海蒂（Hyyti），2000 年，第 144 页～第 48 页。
[47] 麦卡锡和梅休详细地介绍了亨德森模型的成本计算，2004 年，第 43 页。
[48] 希恩（Sheehan）等人，2001 年。另见奥伯哈特（Oberhardt），1998 年，第 1 页。
[49] 菲尔布里克（Philbrick）等人，2003 年，第 84 页～第 90 页。
[50] 比德尔和哈特利，2002 年，第 23 页。
[51] 赫尔等人，2000 年。
[52] 埃齐奥尼，1971 年，第 704 页～第 741 页。

（本章第 105 页～第 109 页内容由王福媛翻译，第 110 页～第 135 页内容由骆倩倩翻译；审校：张敏）

第二部分

工作场所暴力的应对措施

第五章
法律责任和权利

涉及工作场所暴力事件的法律责任和权利既复杂又多样，适用的法律、规章和规定能够触及刑法和民法、职业安全与健康立法、劳动康复和赔偿法规以及环境法和劳动法等难题。

本书的早期版本中写道，世界上几乎所有国家的现行法律制度都是在围绕保护性立法和条例范围内应对工作场所暴力。当时只有瑞典和荷兰 2 个国家就工作场所暴力颁布了具体和全面的法定措施。现在，此情况已经改变，不仅在国家层面，而且在区域和国际法律层面也都发生了变化。

本章主要借鉴在这一领域处于领先地位的工业化国家的法规和条例，在国家层面审议过去和当代法律倡议的一般性质和范围，民族国家内的普通法决策有时可能对启动工作场所暴力预防干预措施产生深远影响，第八章更深入地研究国际层面的法律发展。

国家法律

已颁布一系列与工作场所暴力有关的法律规定和普通法。虽然有些法律文书只适用于特定形式的工作场所暴力，例如，刑事条款主要适用于违反刑法者，但其他法律文书的适用范围更广，例如许多职业安全与健康法和条例中所要求的“一般安全照护义务”。

刑　法

长期以来，刑法一直被用作预防在包括工作场所在内的所有地点实施身体暴力。对于那些因实施谋杀、强奸、抢劫和袭击等传统暴力犯罪者，如果被抓获并定罪，将受到有关刑事司法系统的个人制裁。在大多数情况下，这些制度认为暴力犯罪应受到现有最严厉的制裁。在许多法律领域中，谋杀被判死刑，强奸和抢劫被判长期监禁。某些劳动者在履职时涉及暴力犯罪，例如警察、惩戒官员或司法官员，通常也会受到更严厉的惩罚。

近年来，公众对家庭暴力和性侵犯的态度发生了重大变化。与促进女性和儿童权利的运动密切相关的是，过去在许多国家基本上未报告和未受惩罚的行为，现在已经成为刑法和刑事司法广泛关注和采取行动的问题[1]。

这些事态发展也对工作场所产生了影响和作用，为将反袭击的保护法适用在就业过程中发生的性暴力和非性暴力提供了新动力，并加强了在更广泛的社区打击此类暴力的力度。此外，这些事态的发展还促使一些司法区扩大关于暴力的刑法修订，涵盖骚扰和相关活动。

英国 1997 年的立法规定，实施相当于骚扰他人的行为是刑事犯罪（方框 37）。虽然不是专门针对工作场所暴力，但立法的广度足以涵盖工作场所和许多其他地方的骚扰犯罪[2]。在法国，2002 年出台的新立法考虑了对性骚扰和精神骚扰案件的刑事规定（见“抗击工作场所暴力的具体立法”）。

工伤立法

这类立法，包括社会保障或劳动者赔偿，通常是对就业期间或因就业而发生的工伤和疾病的唯一赔偿办法。具体的工伤立法是否涵盖工作场所暴力造成的伤害，将取决于对其特定立法规定的解释。在大多数情况下，涉及袭击和身体伤害的工作场所暴力事件可能会被包括在内，但也可能有例外，例如劳动者之间纯粹针对个人的争吵，或者受伤的劳动者是最初的挑衅者。

在**加拿大**，一些条例已经修订了劳动者的赔偿条款，明确规定工作场所暴力在此类计划内应予赔偿。例如，加拿大不列颠哥伦比亚省于 1993 年通过了一项关于“保护劳动者免

方框 37　1997 年英国立法保护劳动者免受骚扰

骚扰：一个人持续进行一系列（至少有 2 次）他或她知道或应当知道那相当于骚扰他人的行为，这就是一种犯罪行为。没有必要证明骚扰者有意图使受害人感到被骚扰，控方只需证明任何一个理智的人都会认为那些行为会使人觉得被骚扰了。“骚扰”明确包括“惊扰他人或者使他人痛苦”，“行为”包括语言。

以下行为不被定义为骚扰：证明其行为是为了预防或侦查犯罪而进行的；是在法定权限下进行的；在特定情况下，追查行为是“合理的”。

犯骚扰罪者一经简易程序定罪，可处以不超过 6 个月的监禁或罚款，或两者兼而有之，法院有权在定罪后立即发出限制令。

民事赔偿：在民事诉讼中，实际发生的骚扰罪行或嫌犯已被逮捕的罪行可以成为受害者或可能的受害者提出索赔的主题，可以申请限制骚扰以及损害赔偿。

用暴力恐吓他人的罪行：一种“更高级别”的犯罪行为：如果一个人至少有 2 次做了他或她知道或应该知道的会使他人担心其对他们使用暴力的行为，此罪行最高可判处 5 年监禁，或无限额罚款，或两者兼而有之。另外，定罪法庭有权发出限制令（但在此情况下，该法未规定受害人能够提起民事诉讼）。

上述措施仅适用于英格兰和威尔士，但是该法也包含适用于苏格兰法律的单独条款。

资料来源：基于《保护免受骚扰法》的分析，《劳资关系法公报》（伦敦），第 560 号，1997 年 1 月，第 4 页。

受工作场所暴力”的职业健康与安全法规。该法规将暴力定义为：“使用武力和任何能使劳动者有合理理由相信他或她有受伤危险的威胁性言论或行为。”该条例要求所有工作场所都要进行暴力风险评估，如果因此识别出了一个风险，则要根据此风险制定政策、程序文件和改善工作环境，以消除这种风险。萨斯喀彻温省在 1993 年《职业健康与安全法》和 1996 年《职业健康与安全条例》中也发布了类似规定。一些省份对与工作场所暴力直接或间接相关的独自工作的劳动者做了法律规定[3]。

在**意大利**，团伙欺凌现在被确认是一种职业伤害，受到这种对待的劳动者有权领取伤残抚恤金。1988 年，宪法法院（1988 年 2 月 18 日第 179 号决定）[4]提出，如果工作环境和病理状态之间的因果关系得到证明，则可将其认定为 1965 年 6 月 30 日第 11235 号 TU 清单中未列明的职业病[5]。在此基础上，意大利国家工伤事故职业病及保险研究院发布了关于“因工作中的组织限制而产生的心理障碍”的具体指示[6]，并确定了相关情况，如方框 38 所示，这种情况明确指出了团伙欺凌。

方框 38　国家工伤事故、职业病及保险研究院认为工作场所中可能导致“心理障碍”的行为

- 工作活动中被边缘化。
- 任务被剥夺。
- 不给分配工作，强迫不让工作。
- 不提供工作工具。
- 不正当的、反复的人事调动。
- 专业能力长期得不到充分发挥。
- 长期任务过重。
- 系统性和结构性地剥夺获取信息或充分获取信息的途径。
- 排除在培训和再培训计划之外。
- 过度控制。

资料来源：意大利国家工伤事故、职业病及保险研究院（Istituto Nazionale per l’ Assicurazionecontro gli Infortuni sul Lavoro，INAIL），国家工伤事故保险局，第 71 号办公室通告，2003 年 12 月 17 日，特别是第 2 页～第 3 页。

方框 38 所示的行为清单已被反复确认为欺凌和团伙欺凌中常用的策略[7]。多国的研究人员已阐述了类似清单，尽管对于定义一个过程为“欺凌”所需的时间长度和发生次数的争论仍在继续[8]。在一些民族国家（如斯堪的纳维亚半岛），“团伙欺凌”一词可与“欺凌”互换使用。然而，在英语国家，“团伙欺凌”一词最常用于一群施暴者欺侮一个受害者。相反，“欺凌”一词往往用于一个施暴者欺负一个受害者。

职业健康与安全立法

在大多数国家，用人单位被赋予“照护义务”（duty of care），既要提供安全的工作**场所**，也要提供安全的工作**流程**，监督并采取适当的措施保护劳动者，将危害、风险和危险情况减少到最小，并预防劳动者受伤。虽然工作场所暴力通常无法被直接处理，但在越来越多的国家，职业健康与安全管理框架认为用人单位有责任为劳动者提供一个无暴力的工作场所。

在**英国**，根据 1974 年颁布的《工作场所健康与安全法》第 2 部分（1），用人单位有法定责任在现行合理可行的范围内，确保其劳动者工作中的健康、安全和福祉。这一职责包括将劳动者在工作中遭受暴力的风险减少到最小[9]。

此外，1992 年颁布的《工作场所健康与安全管理法》要求用人单位对劳动者在工作时所面临的风险进行“适当且有效”的评估。如果单位有 5 名及以上劳动者，用人单位必须记录重要的评估结果，这种风险评估还必须确定风险的程度和性质、促成因素、原因以及消除或控制风险所需的改变。

在**新西兰**，1992 年颁布的《就业健康与安全法》被作为用人单位和劳动者制定处理工作场所暴力指南的基础[10]。根据该法，用人单位有法律义务采取一切切实可行的步骤，查明工作场所中的所有危险，确定其危害程度，并消除、隔离或将其成为伤害源的可能性减少到最小。同样相关的还有 1997 年颁布的《反骚扰法》，该法提供了在工作场所和其他地方免受骚扰的民事和刑事保护[11]。

在**美国**，联邦政府于 1970 年颁布了《职业安全与健康法》，在全国范围内制定了统一的标准，然而，执法责任被下放到州政府[12]。根据该法，用人单位有责任采取现行一切合理可行的措施，保护劳动者的生命、安全和健康，包括消除或将风险因素减少到最小，提供安全装置和个人防护设备，采用安全工作规程、操作和工艺，创建安全健康的工作场所。

美国职业安全与健康管理局指南在这方面发挥了重要作用（方框 39），由于该指南不是以附属条例的形式制定的，因此，不执行该指南本身并不违反 1970 年《职业安全与健康法》。由于这些指导方针是由美国职业安全与健康管理局（联邦政府机构）发布的，并且“确定”了工作场所暴力的危害，它们与非官方机构发布的指导方针有很大的不同（见第六章）。特定案例可以引用美国职业安全与健康管理局指南，也可以在裁决过程中加以引用，并对法院的判决产生直接影响。它们既详尽又全面，涉及暴力预防项目（规划）的建立、管理者对这些规划的承诺和劳动者的参与、工作场所暴力风险的分析、危险预防和控制、培训和教育，记录保存和评估以及不同类型的操作和设施的具体规划要素。

在**芬兰**，2002 年 6 月议会批准了一项新的《职业安全与健康法》，并于 2003 年 1 月 1 日生效，该立法涉及身体和心理暴力，包括暴力威胁和骚扰（方框 40）。

方框 39　美国职业安全与健康管理局指南的作用

美国职业安全与健康管理局及相关国家机构参与管理工作场所暴力的人员认为，这些机构可以在需要改革的法律领域提高职业安全与健康的工作绩效[①]。行政管理专家认为，这一策略甚至比成文法规或侵权法改革更可取，因为相关政府机构能够颁布全面而详细的条例。

1999 年，美国加州职业安全与健康管理局（CAL/OSHA）的卫生保健和社区工作人员安全保障指南（见第六章方框 49）提供了职业安全与健康机构应当能够向所有用人单位提供的一系列关于危害因素和风险的指导类型，包括工作场所暴力[②]。加州职业安全与健康管理局指南是由美国联邦和州一级机构制定的，并经过了一段时间的修订。它们是由具备预防和减轻各种医疗环境中的暴力袭击的专业人员和组织制定的，并详细说明了关于减少劳动者处于工作场所暴力危害、降低犯罪者实施暴力行为的能力的预防措施，并为用人单位提供一系列管理建议。

这些指南“不是一个新标准或条例”，相反，“不执行准则本身并不违反 1970 年《职业安全与健康法》的一般责任条款。但如果用人单位存在公认的工作场所暴力因素，并且他们未采取任何措施来预防或减少这种情况，那么用人单位就会被传讯”[③]。

资料来源：[①]职业安全与健康管理局发布了《美国职业安全与健康法》（O.S.H.）第 25 号《保护卫生保健部门工作人员准则》草案（BNA）第 5 号，第 187 页（1995 年 7 月 5 日）（引述自职业安全与健康管理局官员约瑟夫·A.）。[②]加州职业安全与健康管理局，1998 年。[③]另请参见戈德堡（Goldberg），1997 年；皮尔斯（Pierce），1985 年，第 917 页和第 937 页；卡拉布雷西（Calabresi），1982 年，第 44 页～第 45 页，第 53 页（认为尽管理论上有可能实施，但是政府机构在法律改革中一直“令人非常失望”）。

方框 40　《芬兰职业安全与健康法》第 738 号 /2002 年

第 27 条—暴力威胁

（1）对于存在明显暴力威胁的工作和工作环境，应尽量改善工作和工作环境，以预防暴力威胁和暴力事件的发生。因此，我们应当在工作场所进行合适的安全部署、提供适当的安全设备以预防或限制暴力行为，并在工作场所提供协助呼救的机会。

（2）工作单位应就第 1 条所述为工作和工作场所拟定指导程序。在指导程序中，必须预先考虑控制威胁情况，并必须提出控制或限制暴力事件对劳动者安全造成影响的实质性举措。必要时，必须检查安全措施和设备的功能。

（3）政府法令可对有明显暴力威胁的行业部门和工作任务中的劳动者的职业安全和健康保护措施做出进一步规定。

第 28 条—骚扰

如果在工作中发生对劳动者的骚扰或其他不适当的行为，对劳动者造成伤害或产生健康风险，用人单位在了解此事后，应利用现有手段采取纠正措施。

资料来源：参见 http://www.finlex.fi/pdf/saadkaan/E0020738.PDF，2005 年 10 月 3 日访问。

环境立法

环境立法和条例越来越被视为预防工作场所暴力的有效手段。这类措施有助于查明暴力的原因，了解暴力相关的问题，以及采取纠正战略。凭借鼓励对暴力采取预防性方法，这些措施为制定越来越多的政策、指导方针和操作规程奠定了基础。这些政策、指导方针和操作规程旨在消除工作中的暴力根源，而非仅仅减轻其后果。

1994 年，荷兰在 1980 年《工作环境法》中增加了一些条款，旨在确保“安全和良好”的工作条件、高水平的保护、劳动者的共同决定权，以及有助于预防工作中的性恐吓、攻击和暴力[13]。根据这些规定，当劳动者在与其工作直接相关的情况下受到精神或身体上的骚扰、威胁或侵害时，就会发生攻击和暴力行为。

同样在荷兰，1998 年《工作环境法》（最初于 1980 年通过，1994 年 1 月根据《欧洲工作健康与安全框架指令 89/391/EEC》修订）正在取代上述法律，其本质上是一个授权框架，为制定更详细的法令奠定了基础[14]。根据第 4（2）条，用人单位有责任尽可能保护劳动者在工作场所免受性骚扰、攻击和暴力。根据第 5 条，用人单位必须执行关于性骚扰的政策。根据该法，用人单位必须进行的风险分析和评估中一定要包括性骚扰。任何不遵守该法或相关法令和条例要求的用人单位，要被劳动监察局处以罚款[15]。

研究人员在 1995 年、2000 年和 2004 年对这些新规定的影响进行了 3 次评估监测（方框 41）。

方框 41　荷兰监测抗击暴力立法的影响：3 次调查

1995 年，荷兰在存在重大风险的部门中首次评估了这些条款，主要的结论是：大多数用人单位都认识到存在攻击和程度较轻的骚扰，但是绝大多数用人单位都未落实重要的预防措施。

2000 年，又对法规进行了评估（同时涉及劳动者和用人单位），重点是袭击、性骚扰和欺凌，一些核心发现包括：

- 受访劳动者中，36％受到攻击，10％受到性骚扰，16％受到欺凌。
- 因攻击和暴力导致的病假占 7%，因性骚扰的占 9%，因欺凌的占 22%。
- 大公司的法人比中小企业业主采取了更多的预防措施。
- 许多报告的事件并未解决或改变受害者工作中的严重问题。

- 在许多情况下，由于缺乏相关程序，暴力事件未被报告。
- 许多用人单位已经采取措施，在发生骚扰、欺凌、冲突等问题后，进行事后照护以及由可信赖者提供帮助。
- 在荷兰，对工作场所暴力、性骚扰和欺凌的认知普遍落后。

2004 年进行了第 3 次评估，涉及“工作中的不体面行为”，包括各种形式的攻击、暴力、性骚扰、欺凌、恐吓、歧视和工作中的冲突。特定劳动者群体的参与程度也在评估中，包括收入水平、无保障的就业、种族、性取向等。

资料来源：荷兰社会事务和就业部 H. 施拉玛（H. Schrama）和 R. 范德斯鲁伊斯（R. van der Sluys）提供，2004 年 2 月。

类似的，**挪威**和**瑞典**的环境法强调了工作环境为劳动者设计的重要性；工作组织和工作设计在减少风险方面的关键作用；工作中身体和心理因素的相关性；为每一位劳动者提供有意义的工作任务和发展机会以及自主权和职业责任的必要性；确保劳动者了解并参与有关安全和健康的所有事项的必要性。

在此类立法中，工作环境与工作暴力之间的联系越来越明显，例如，挪威环境立法的修正案明确规定了劳动者在工作环境中享有“免受骚扰或其他不正当行为”的权利[16]。

抗击工作场所暴力的专门立法

1993 年，**瑞典**国家职业安全与健康委员会（National Board of Occupational Safety and Health）根据其《31 号工作环境法》颁布了 2 项关于工作场所暴力的全面和创新的法令[17]，成为世界上第一部此类法令，涵盖了工作环境中的暴力和威胁以及工作中的受害情况[18]。

这些法令仍然是其他国家宝贵的参照基准，每项法令都附有如何执行规定和建议的实际指导。重点是结合预防策略来应对环境和组织问题中的暴力，而不是通过在个人层面上围堵风险。这些法令要求用人单位以尽可能消除危险的方式规划和组织工作，预防工作场所暴力的发生，以及确保工作场所不容忍任何形式的暴力，方框 42 阐明了法令中第一条所载的要点。

在**法国**，由于人们日益关注工作场所暴力问题的范围和严重性，《社会责任现代化法》[19]引入了处理性骚扰的新规定，并在《劳动法典》和《刑法典》中具体约定了道德骚扰问题。早在 1999 年德布向经济及社会理事会提交报告，揭示工作场所暴力的程度和严重性

方框 42 《瑞典关于预防工作环境中的暴力和威胁措施的法令》

瑞典国家职业安全与健康委员会法令包含《关于在工作环境中预防暴力和威胁的措施的规定》（AFS 1993:2），这一法规适用于可能存在暴力风险或暴力威胁的工作。高风险工作包括施暴者有可能获得现金、货物或贵重物品的工作。该条例规定了用人单位负有的具体责任，用人单位有责任调查存在的暴力风险或威胁，并采取预防措施。

工作场所和程序的设计应尽可能避免存在暴力风险。对于那些容易遭受暴力的工作，要有特殊的常规安全程序。例如，针对涉及运输金钱、证券和其他贵重物品的工作，要有详细的具体措施。如果存在经常发生暴力或暴力威胁的风险，则劳动者应获得特别的支持和指导，需要建立常规程序，进行培训和提供信息、警报呼叫响应以及实际的紧急演习。但是，使用技术手段（例如对讲电话，隐藏式电话或静态照相机、视频监控器或光学监控器）必须遵守有关使用此类设备的法规。大型工作场所应具有识别应急情况并实施处理危机事件的专业人员，并能制定特殊的应急计划。

劳动者应接受足够的培训、信息和指导，从而能够安全地工作。在已知某些工作任务具有一定风险的情况下，需要在劳动者入职时或在转入此工作前告知该劳动者此风险。劳动者必须能够在发生暴力或威胁情况时立即寻求帮助，用人单位必须确保提供和维护警报设备和其他必要的技术帮助，并详细介绍其使用方法。

此外，法令还规定用人单位要对暴力事件和威胁进行记录、调查和追踪，并要求将严重伤害或事件通知劳动监察局。最后，用人单位必须确保向受害劳动者提供及时的援助和支持，以减轻身体和精神上的伤害。当劳动者被卷入创伤事件时，他们同时需要进行医学治疗和心理照护。

资料来源：瑞典国家职业安全与健康委员会，瑞典国家职业安全与健康委员会章程，其中载有《关于工作环境中预防暴力和威胁的措施的规定》（AFS 1993：2），9 月 21 日，斯德哥尔摩（官方英文译本）。

之前，就提出了这项新立法[20]。

法院的判决产生了关于这一问题的大量判例法[21]，最终使最高法院的 2 项关键判决[22]确立了用人单位对那些被赋予权力者的行为承担全部责任。

继第 2002-73 号法律出台之后，法国《劳动法典》对道德骚扰作出了定义[23]，概述了用人单位有义务采取一切必要措施预防这种道德骚扰[24]，并向受害者提供广泛的保护[25]，包括可能求助于外部调解员[26]。该法典还赋予工会干预公共和私营部门道德骚扰案件的权力。如果违反了这些规定，可根据《劳动法典》和《刑法典》处以最高一年监禁和 1.5 万欧元的罚款[27]。

在**比利时**，2002 年 6 月 11 日“关于保护工作场所免遭暴力、道德骚扰（欺凌）和性骚扰”的法修订了 1996 年 8 月 4 日“关于工作时劳动者福祉”的法，特别是第 32 条，并涵盖了广泛的工作场所暴力情况，包括身体暴力和语言攻击，以及欺凌、团伙欺凌和性骚扰。

该法概述了用人单位有义务实施一系列预防措施以减少工作场所暴力的风险，这些措施包括工作环境的物理组织，为受害者提供适当的援助和支持流程，提供预防顾问，对工作场所暴力案件进行迅速和公正的调查，提供信息和培训，以及管理层在各个层面预防压力的责任。

通过预防顾问、主管或经理和相关管辖区的工厂监察员，向工作场所暴力受害者提供不同的赔偿措施。为了保护劳动者免受报复，用人单位不得终止与该劳动者的工作关系，在申诉过程中不得改变劳动者工作条件，除非是出于远离工作场所暴力的理由。

举证责任由施暴者承担，被告必须证明其动作和行为实际上并不构成暴力。最后，要求劳动者积极参与预防工作，放弃任何暴力行为，避免滥用追索权手段。

2002 年 12 月 19 日，**加拿大魁北克省**颁布的“修订关于劳动标准和其他立法规定的法案”[28] 包括了关于心理骚扰的规定，《工作场所心理预防法》于 2004 年 6 月 1 日生效，将心理骚扰定义为：

> 任何以重复、敌对或不受欢迎的行为、语言评论、动作或手势的形式表现的无理行为，影响劳动者的尊严或心理或身体的完整性，并给劳动者造成有害的工作环境[29]。

根据该法案，每位劳动者都有权享有不受心理骚扰的工作环境，用人单位必须采取合理行动预防心理骚扰，并在意识到出现这种行为时予以预防[30]，这些规定将构成：

> 集体协议的组成部分，只要这些程序在该协议项下可供劳动者使用，该协议所涵盖的劳动者必须行使该协议规定的程序。在对案件进行咨询之前的任何时候，此类协议的各方均可向部长提出联合申请，要求任命一人担任调解员[31]。

在**阿根廷**布宜诺斯艾利斯市[32]、布宜诺斯艾利斯省[33]和土库曼省[34]最近出台了专门解决工作场所暴力问题的新立法。

布宜诺斯艾利斯省的立法在许多方面似乎是这三个地区中最全面的，它对工作场所暴力作出了详细的定义，包括：

- 身体虐待或其他直接或间接旨在对劳动者造成身体伤害的行为。
- 对劳动者的精神和社会虐待，持续和重复的敌视、骚扰、嘲笑和批评。
- 工作场所的骚扰，试图侵害个人尊严或身心健康、危害其工作或破坏工作环境，通过语言、行动、特殊行为、手势和书面信息，持续不断地采取行动，使劳动者感到不舒服。
- 工资差异，如为同一用人单位执行相同职能工作的男女之间存在工资差异。

该新立法还规定，“如果不遵守本法第1条规定的禁令，根据正在实施的法律条例，可能会产生纠正性处罚，包括官方警告或连续60天的停职，除非由于其规模和严重性或官员的级别，可能导致失业、免罪或被视为重罪”[35]。

波兰对《劳动法典》[36]进行了修正，纳入了团伙欺凌的定义、用人单位抵制团伙欺凌的义务以及在涉嫌团伙欺凌的情况下审查劳动者的程序。团伙欺凌是指针对某一劳动者的直接行为，包括持续和长期的骚扰、恐吓、羞辱、诋毁其职业价值、孤立或将其从工作组中除名[37]。

用人单位不仅有义务制止团伙欺凌，而且还应预防其对劳动者的个人伤害，例如一线经理或同事。如果团伙欺凌导致工伤或疾病，劳动者可以要求赔偿。如果劳动者因这种不当行为而被终止雇佣合约，他或她有权向用人单位索取不低于最低固定工资或薪金的赔偿（根据单独条例的具体规定），劳动者必须以书面形式声明终止劳动合同，并说明理由[38]。

专门立法

在持续制定关于工作场所暴力的法规和条例的趋势同时，确定了高风险职业和与特殊类型暴力有关的特定风险因素，以下是这些因素的说明。

性骚扰

有关性骚扰的立法框架正在迅速变化，机会平等法、劳动法以及刑法都可能单独或合并使用以处理这种行为，普通法判决也影响预防行动。然而，在许多国家，仍无相关法律将性骚扰作为一种法律层面特别被禁止的活动。

当平等机会法被用来处理性骚扰时，它通常等同于一种歧视性的就业操作规程。劳动法、侵权法和刑法经常从滥用权力或对受害者个人尊严和隐私的不可接受的侮辱的角度来处理此问题。性骚扰的法律责任问题并不总是明确的——它可以落在用人单位身上，也可以落在骚扰者身上，或者两者都有。

在有专门机构处理性骚扰投诉的情况下，劳动者可以通过工作场所以外的途径来追诉。这使得劳动者可通过调解以解决问题，或对用人单位和被指控的骚扰者采取强制执行行动，或两者兼而有之。对性骚扰的补救措施可包括支付损害赔偿金，法院命令用人单位或骚扰者停止骚扰。用人单位也可能被要求修复因骚扰造成的损失，包括申诉人的复职或骚扰者的转移，以及被要求执行未来预防性骚扰的政策。在内部制裁方面，用人单位可根据罪行的严重程度对骚扰者进行惩戒，包括下令解雇他们。

在越来越多的国家，这些问题现已通过与性骚扰有关的具体法规得到解决。在欧盟以及包括澳大利亚、加拿大、日本和美国在内的大多数工业化国家，无论是通过法规还是判例法，防犯性骚扰的措施现已得到良好的发展。

欧盟关于男女平等待遇的第 2002/73/EC 号指令[39]将于 2005 年起在成员国实施，将影响对性骚扰的现有国家立法[40]，如方框 43 所示，另见第八章。

方框 43　欧盟第 2002/73/EC 号指令的颁布

奥地利：1998 年第 44 号联邦法，关于修改平等待遇法案。

比利时：2002 年 6 月 11 日关于在工作中免受暴力和性骚扰的法案（Loi du 11 juin 2002 relative à la protection contre la violence et le harcèlement moral ou sexuel au travail）。

丹麦：2002 年 7 月 2 日第 553 号《性别平等（合并）法》。

芬兰：经 1995 年 2 月 17 日第 206/1995 号法律修正的《男女平等法》。

法国：2002 年 1 月 17 日第 2002-73 号法律对社会现代化作出规定（Loi 2002-73 du 17 Janvier 2002 sur la modernisation sociale）。

德国：关于保护劳动者免受工作中骚扰的法规（Gesetz zum Schutz der Beschäftigten von sexueller Belästung am Arbeitsplatz，24 June 1994）。

希腊：关于平等的法律（1414.30.01.84）。

爱尔兰：1998 年第 21 号《就业平等法》，1977 年《不公平解雇法》。

意大利：关于机会平等和积极行动的第 125/91 号法规。

卢森堡：2000 年 5 月 27 日关于性骚扰的法规（Loi sur le harcèlement sexuel du 27 mai 2000）。

荷兰：1998 年《工作条件法案》。

葡萄牙：第 61/91 号法令，关于保障遭受暴力侵害的女性（Ley No. 61/91 por la quel se garantiza la proteccion adecuada de las mujeres victimas de violencia）。

西班牙：关于修改刑法的第 11/1999 号组织法：关于刑法的第 10/1995 号组织法（Workers' Statute，10 March 1980. Ley orgánico No. 11/1999 de modificación del código penal; ley orgánico No. 10/1995 del código penal）。

瑞典：1991 年《平等机会法》。

英国：1975 年《反性别歧视法》。

资料来源：欧盟委员会：欧盟工作场所的性骚扰（卢森堡，欧洲共同体官方出版物办公室，1998 年）；国际劳工组织：性骚扰——一项国际劳工组织对公司行为的调查（日内瓦，1999 年，有更新）。

发展中国家和转型期国家对性骚扰的立法关注也大大增加，因此，阿根廷、孟加拉国、伯利兹、哥斯达黎加、克罗地亚、多米尼加共和国、斐济、圭亚那、洪都拉斯、以色列、莱索托、毛里求斯、纳米比亚、巴拿马、巴拉圭、菲律宾、罗马尼亚、南非、斯里兰卡、泰国、坦桑尼亚联合共和国、乌拉圭和委内瑞拉分别通过了具体立法，宣布性骚扰为被禁止的活动，或通过了涵盖性歧视的一般立法，根据这些立法可以提供免受性骚扰的保护。其他国家只在国家或省级层面或特定部门规定禁止性骚扰，其中一些立法特别先进，菲律宾早在 1995 年采取的措施就说明了该点（方框 44）。

因此，一些国家积极主动地启动了一个强有力的立法框架以处理性骚扰问题，然而，仍有许多工作要做。随着时间的推移，另一种形式的工作场所暴力似乎被报道得越来越多——“空中愤怒”。

空中愤怒

日本新修订的《航空法》于 2004 年 1 月 15 日生效，旨在通过禁止“空中愤怒”或在

方框 44 《菲律宾 1995 年反性骚扰法》（节选）

第 2 部分　政策声明

国家应该重视每个人的尊严，加强人力资源开发，保证充分尊重劳动者和求职者、学生或接受培训者、指导或教育者。为此，现宣布在就业、教育或培训环境中的一切形式的性骚扰都是非法的。

与工作、教育或培训有关的性骚扰是指由用人单位、劳动者、经理、主管、用人单位的代理人、教师、教员、教授、教练、培训师或其他任何在工作、培训或教育环境中对他人具有权威影响力或道德优势者，要求、请求或以其他方式要求他人提供任何性服务。

在工作就业环境中，以下情况被认定为性骚扰：

- 在招聘、就业、再就业或续聘劳动者时，或在给予该人丰厚报酬、待遇、晋升或特权时，提供性服务被当作交换条件。若劳动者拒绝提供性服务会导致被限制、孤立或另类，这就对该劳动者造成歧视，剥夺或减少就业的机会或以其他方式对其产生不利影响。
- 损害劳动者在现行劳动法下所拥有的权利或特权。
- 给劳动者营造恐吓、敌对或有攻击性的环境。

第 4b 部分　用人单位的义务

用人单位应当有义务预防或阻止性骚扰行为的发生，并规定解决、处理或起诉性骚扰行为的程序。为此，用人单位应通过与劳动者们正式委派的劳动者代表磋商、共同批准颁布适当的规章制度，规定调查性骚扰案件的程序和对其的行政处罚。此外，用人单位还应设立一个礼节规范和性骚扰案件调查委员会。该委员会应视情况与官员和劳动者举行会议，加深彼此的了解，预防性骚扰事件的发生。该委员会还应对涉嫌构成性骚扰的指控案件进行调查。

第 5 部分　用人单位的责任

如果用人单位或办公室负责人接到受害人遭遇性骚扰的求助，而未立即采取行动，则用人单位应承担因在工作、教育或培训环境中发生的性骚扰行为造成的后果。

第 6 部分　损害赔偿的独立诉讼

本法的任何规定均不妨碍性骚扰的受害者另外提起独立的损害赔偿和其他的肯定性救济诉讼。

第 7 部分　处罚

任何违反本法规定者，一经定罪，应由法院酌情判处 1 个月以上 6 个月以下的监禁，或处以罚款，或两者兼施。

资料来源：第 7877 号《反性骚扰法》，1995 年 2 月 14 日，《政府公报》（马尼拉），第 91 卷，第 15 号，1995 年 4 月 10 日，第 2144 页～第 2146 页。

飞机上造成公共危害的行为，确保飞机的安全运行。法律禁止旅客影响飞机安全运行（如在飞机上使用手机）、扰乱飞机秩序或干扰空中乘务员工作的行为。机长可以向当事人发出限制令，任何不遵守规定者，将被处以最高 50 万日元的罚款[41]。大多数工业化国家都在执行类似规定，而且往往更为严格，包括《刑法》中针对威胁飞机安全者（甚至拿威胁飞机安全开玩笑）的规定。

空中愤怒主要发生在有多名目击者的公共场所，但其他形式的工作场所暴力（包括性骚扰）往往在旁观者和潜在证人看不见的情况下一对一地发生，因此，独自工作的劳动者往往更容易遭受各种形式的工作场所暴力。

独自工作

加拿大的各省负责进行包括职业安全与健康在内的多项监管，因此缺乏统一性。1992 年政府间协调合作项目启动了，以改进标准和程序的协调[42]，《加拿大劳动法》明确了由工作组织造成的一个暴力的特殊风险因素，即独自工作，其规定：

> 用人单位仍有责任确保每位劳动者在工作时的安全和健康。通过和安全与健康委员会、受影响的劳动者讨论以及对工作现场检查，可以找到许多不同的替代方案，以确保独自工作的劳动者不因独处而处于过度危险的境地[43]。

澳大利亚也有联邦政府体系，但各州之间的立法有所不同，虽然随着时间的推移有了进一步的协调，但在每个具体问题上，通常倾向于一个司法区起主导作用的情况仍然存在。例如，西澳大利亚职业安全与健康管理局是第一个制定附属立法加强对工作场所暴力抗击的机构[44]，后来维多利亚州加强了这一立法[45]。根据 1984 年《职业安全与健康法》第 14 节的规定，西澳大利亚工作安全委员会还发起了第一份关于独自工作的指导说明[46]。

集体协议

关于工作场所暴力的立法有时会得到处理这一问题的集体协议的期望或补充。这类协议可以是区域性的、国家性的，也可以是特定于行业部门的，它往往比法规或管制框架更灵活和迅速地应对工作场所的暴力威胁。

区域协议

在**欧盟**，国际商业、职业和专业技术人员工会欧洲分会（EUROFIET）和对应的欧洲商会于 1995 年签署了一项关于打击商业犯罪和暴力的开创性协议。在此声明中，EUROFIET 和欧洲商会强调犯罪和暴力是一个安全和健康问题。该声明强调，为了有效解决这些问题，欧洲和国家层面的社会组织和公共部门必须密切合作，特别应该推进以下措施：

- 敦促国家和地方公共当局注意工作场所暴力的风险。
- 强调用人单位有义务保护劳动者的安全和健康。
- 鼓励三方合作。
- 出台指导方针，帮助用人单位和劳动者预防暴力事件。
- 向劳动者提供适当的培训，使其能够处理工作场所中的暴力行为，并知晓自己的权利和义务。
- 提供具体信息的指南。
- 处理现金和贵重物品、应对商店盗窃和抢劫的有效程序。
- 识别风险。
- 改进工作场所暴力事件的记录和报告。
- 制定适当的善后支持计划。
- 在欧盟开展社会对话[47]。

2004 年 5 月，欧洲社会组织达成了一项关于工作压力的欧洲协议框架（方框 45）。尽管该协议未具体涉及暴力、骚扰和创伤后应激，但如前几章所述，鉴于压力与工作场所暴力之间密切而重要的关系，该协议可能会产生重大影响。

方框 45　欧盟社会伙伴就工作压力达成框架协议

2004 年 5 月 27 日，经过 9 个月的紧张谈判，欧洲工会联合会（ETUC）、欧洲工业和雇主联合工会 / 欧洲手工业、中小企业协会（UNICE / UEAPME）和公众参与一般经济利益企业的欧洲企业中心（CEEP）就工作压力问题达成了欧洲框架协议，该协议规定：

- 承认压力可能会影响任何工作场所和任何劳动者，但并非所有工作场所或劳动者都必定会受到压力的影响。
- 认识到压力不是一种疾病，压力也能够有积极作用。
- 考虑个体对压力反应的差异，对工作有关的压力进行细致描述。
- 提出了一种方法来确定是否存在工作有关的压力问题，并界定了预防、消除或减少压力的方法，该方法：

  —— 充分考虑压力的多面特征。

  —— 同时涵盖压力的健康、安全以及组织方面。

  —— 给予公司层面的决策充分的自由度，并意识到最终要由用人单位来决定适当的措施。

关于其执行情况，协议拟定：

- 包含签署方成员对执行该协议的书面承诺。
- 将执行工具和执行程序的选择权留给签署方的成员按其国家惯例执行。
- 包含一个报告执行该协议所采取的行动的程序。
- 如果有任何签署方要求，预计可能会在5年后对该协议进行评估。

资料来源：摘自CEEP社会事务委员会报告员T. 韦伯，《CEEP月刊》，2004年6月第1期。（参见：http://www.ceep.org/en/themes/socialaffairs/sacnewsletter tterjune2004.doc，2005年10月25日访问。）

除了欧洲范围的指导之外，欧盟成员国国内的一些组织还采取了其他措施，以减少压力和工作场所暴力的风险以及相关问题，下面是其中一些简要回顾。

国家协议

在**挪威**，1994年挪威工会联合会（LO）和挪威工商业联合会（NHO）之间的基本协议明确规定了劳动者有权拒绝与不当行为者共事：

> 劳动者有权拒绝与表现出不当行为者共事或在其管理下工作，根据一般的工作或社会生活准则，这种不当行为应当成为被解雇的理由。如果出现这种情况，用人单位和工会谈判代表应立即进行讨论。如果双方未能达成协议，也不得采取任何罢工或其他形式的劳资行动[48]。

在**丹麦**，丹麦工作环境管理局、丹麦工业劳动者中央组织和丹麦工会联合会（LO）于2001年签署了一项关于心理工作环境的中心协议，根据此项新协议，欺凌和骚扰将由用人单位和劳动者处理，利用当地协议解决这些问题[49]。

工业部门协议

特定行业团体还制定了有关工作暴力的示范协议，例如，在**英国**，公共服务业工会（UNISON）是最早制定《国家卫生服务处理暴力行为的示范协议》的团体之一[50]。制定和执行应对暴力的政策需要在管理层和工会代表之间进行协商，需要安全代表和委员会参与，并在所有阶段达成一致。这类行业部门协议的基本组成部分包括提供信息、为安全代表提供经工会批准的额外培训的机会、调查暴力事件的充足资源以及安全委员会审查反暴力政策的有效性的措施。

同样，英国制造业、科学和金融工会出版了《预防工作暴力指南》[51]，它强调只有劳动者充分参与该领域的发展，才能实现该领域的成功战略，例如，关于暴力预防策略以及所提供培训的计划和组织，用人单位必须与安全代表充分磋商。

方框 46 中的示范协议是制造业、科学和金融工会提出的，用以制定有效的暴力预防策略。

方框 46　关于工作场所暴力的示范协议

用人单位和制造业、科学和金融工会之间关于工作中暴力的协议阐明了处理暴力的程序。它是《健康与安全政策》的一部分，会定期进行审查和适当更新。下一个审查日期将是［……］

1. 工作暴力的工作定义

将采取如下对暴力的定义：

劳动者在就业期间受到公众虐待、威胁或袭击，包括语言暴力和威胁（使用或不使用武器）、粗鲁的手势、讥讽、性骚扰和种族歧视，以及因个人的残疾或性取向而受到的歧视以及身体袭击，无论这是否造成损害。身体袭击包括被推搡或猛推，以及被击打、猛击等。在交通工具上时，它也包括驾驶员以危险的方式行驶。公众包括患者、客户和同事。

2. 用人单位

（1）识别在就业中可能产生的暴力行为，并承诺尽力采取一切合理可行的措施，消除或减少劳动者所面临的暴力风险。

（2）将与健康和安全委员会以及工会安全代表磋商，制定一项预防暴力的政策，并根据此政策，为全员劳动者制定本单位的策略和指导方针。

（3）确认劳动者不得代表用人单位冒险保护用人单位的财产等，以及确认 1992 年《工作场所健康与安全管理法规》第 7 条规定的严重和紧急危险的程序。

（4）评估工作中产生暴力的可能性，鉴别任何有风险的劳动者群体，并采取所有可行的措施，消除或降低风险，包括提供培训、改善工作环境、提供有关潜在暴力客户或顾客的信息（以及可能与他们在一起的人）以及关于开展工作的地区或地点相关信息。

（5）要求全面报告所有暴力事件，包括虐待和暴力未遂事件，并建立报告系统。

（6）将调查所有事件，并报告给健康与安全委员会。

（7）为那些暴力受害者提供支持和善后服务，包括在适当时提供咨询和专业帮助。

（8）在可能的情况下，将施暴者转移（在很多情况下这是不可能的）。

（9）在不影响未来的前景或无任何损害的情况下，同意对因遭受暴力而无法履行原职责者调换职务、岗位，或者再安排新工作。

（10）将与工会安全代表协商，为可能遭受暴力侵害的劳动者提供全面培训，使他们能够识别暴力或潜在暴力的环境，并在适当时提供再培训和更新培训，提供适应新技术、工艺、材料发展的知识更新。

（11）将认真对待并调查有关劳动者所面临的潜在暴力的报告，并将采取预防措施以降低风险。

（12）与卫生和安全委员会磋商，将定期监测和审查预防暴力政策。

（13）将确定负责实施预防暴力政策的人员。

资料来源：制造业、科学和金融工会（MSF），1993 年，第 9 页和第 24 页～第 25 页。

公司协议

在**德国**，自 1996 年以来，大众汽车就开始执行一项协议，旨在建立一种基于伙伴关系的企业文化，发展积极工作的氛围，并提高公司的经济效益。

该协议指出，任何形式的种族或性别歧视、性骚扰或团伙欺凌都是对劳动者尊严的侵犯。协议为解决这些工作场所问题提供了广泛的手段，并且涉及管理层、劳动者委员会、负责女性问题的人员、人事部门以及卫生和安全官员——当他们注意到性骚扰和团伙欺凌的情况时，所有这些人都必须立即进行干预。对施暴者采取的措施是逐步和升级的，在最坏的情况下会以解雇处理。还计划采取培训、研讨会、信息交流和宣传活动等积极行动。

将样本文件作为政策模板后，这份协议激发了与工会达成的其他协议，并得到了积极推动。对于私营部门，德国金属行业工会在互联网上发布了 10 份协议样本，所有协议都遵循相同的结构，但根据每个企业的特殊性进行了调整。

德国政策声明的一种模式是根据 2001 年 1 月生效的法兰克福机场集团的集体协议制定的。该政策文件罕见地把监测和评估纳入了协议，不受单独程序协议的约束（见第七章）[52]。

在**意大利**，相关人员总结了专门处理工作场所暴力问题的公司协议，如都灵的 ATM/Satti①（见第七章）[53]、卡坦扎罗的文化部以及当地卫生局（ASL）机构。这些协议基本上规定了反聚众欺凌委员会的组成［在 ATM/Satti 协议中称为“氛围委员会（Climate Committee）”］以及对当地卫生局案件中聚众欺凌风险的定期评估。

法院的作用

在法律及其相关规章、标准发展的内涵范围内，法院发挥了主要作用。法院判决往往是预见性的解释和法律解决方案，随后国家法律将吸纳这些解释和方案。法院判决给予工作场所暴力受害者的受保护范围和最高限值。法院澄清也大大有助于界定用人单位的责任，特别是在那些尚未出台专门针对工作场所暴力新立法的国家（方框 47）。

方框 47　邮递员遭骚扰：邮局难辞其咎

一名来自比利时韦曾贝克－奥珀姆的年轻邮递员大卫·范格塞尔（David Van Gysel）于 2000 年 10 月 17 日跳下火车自杀。布鲁塞尔刑事法院判处其 4 名同事和直属领导长达 22 个月的监禁。在宣判时，法院认为，这名年轻人的死亡与他受到部分同事的骚扰有直接联系。法院还对该邮政公司处以约 23.8 万欧元的罚款。该判决开创先河，因为这是企业首次因此被判罪。比利时邮政的辩护律师迪迪埃·普绎斯（Didier Putzeys）立即宣布，该企业将对判决提出上诉，因其未考虑到“如果已查明侵权行为的肇事者，公司就不必承担责任”的原则。大卫·范格塞尔的父母表示他们对判决结果很满意，据其律师说，该父母现在能够开始勉强接受丧子之痛。

资料来源：赫敏·博克赫斯特（Hermine Bokhurst），比利时法语《晚报》（*Le Soir*），2004 年 1 月 21 日。

---

① 译者注：意大利 2 家交通运输领域的公司达成的合作协议。

用人单位的责任

就业失察

在**美国**，现在至少有28个州的司法区承认对劳动者就业失察的侵权行为，即用人单位在选择劳动者时负有合理注意的责任，从而排除录用可能对其他劳动者和公众造成危险的新入职者[54]，例如，用人单位可能会因为未对新入职者进行适当的背景调查而被认为负有失察之责。如果查阅个人资料和联系前用人单位，调查这些背景就能发现求职者的暴力倾向[55]。

美国法院在特定情况下承认，用人单位对其劳动者的培训疏忽导致第三者受伤是合法的诉讼理由。在留用已显示出有暴力行为倾向的劳动者的案例中，用人单位也要承担法定责任。美国法院在其他的判例中承认用人单位应采取合理的审慎措施，监督以暴力行为威胁他人的劳动者，否则要承担替代责任[56]。

失信

1996年**澳大利亚**一法院案例［布拉津（Burazin）诉布莱克顿市安保有限责任公司（Blacktown City Guardian Pty. Ltd.）］建议扩大劳动合同的范围，包括用人单位的一项隐含责任，即确保合同“如无合理理由，不得以可能损害或破坏用人单位和劳动者双方之间信心和信赖关系的方式进行”[57]。

该案法官在阐述时详细指出，“由于该默示条款的根本目的是保护劳动者免受压迫、骚扰和丧失工作满意度，因此很难理解为什么不应将其视为一个旨在‘提供内心平和或免于痛苦’的条款”[58]。

该案例被视作提供了在采取民事赔偿措施抗击工作中各种暴力类型方面的重要新机遇[59]。

就业前筛检

用人单位为预防工作场所暴力并履行提供安全工作场所的法定责任，通常会设法识别和“剔除”有潜在问题的劳动者。可以采用各种方法，如问卷调查和访谈、背景调查、测谎仪测试、酒精和毒品检测、心理或人格测试和诚实度测试。然而这样做时还必须考虑隐私权，这会限制所选择的方法或实施方式。

如果用人单位发现一位劳动者可能有暴力史而未采取应有的审慎行动，可能要承担就业失察或未提供安全工作场所之法定责任。另外，用人单位在寻求可能被视为侵犯个人隐私或带有歧视性的信息时，要面临很多限制。因此，在许多情况下，必须在保护劳动者免受暴力侵害、提供安全工作场所之法定责任和保护个人隐私权之间取得平衡。

在**美国**，根据《美国残疾人法》（Disabilities Act，ADA）或《1973 年康复法》（Rehabilitation Act of 1973），为排除“不稳定”或不健康的劳动者而进行的心理测试和其他背景调查可能会导致残疾歧视责任（方框 48）。根据《民权法》第七章或同等的州法律，如果用人单位的筛检做法对某一特定群体产生不成比例的影响，也可被认为对种族歧视负有责任，例如，在背景筛检期间对逮捕记录的调查就因只对少数民族族裔产生负面影响而被认为违反《民权法》第七章[60]。

方框 48　抗击暴力和遵守《美国残疾人法》间的两难困境

根据华盛顿特区国家事务局发布的公平就业准则，当患有精神障碍的劳动者构成施暴风险时，公司就要面对自相矛盾的规定：他们必须遵守《美国残疾人法》，也要维护工作场所的安全。

该公司的两难困境在于：如果用人单位因此解雇有精神残疾的劳动者，用人单位可能会被视为歧视该劳动者。根据《美国残疾人法》的要求，用人单位不得歧视此类劳动者，除非这些劳动者对其他劳动者的健康和安全构成“直接威胁”，而此威胁又不能通过合理的调解加以解决。但因这种具有威胁性的不良行为并非构成直接威胁，如若该公司不解雇有精神残疾的劳动者，同事们或其他受害方可能会指控该用人单位玩忽职守。

公平就业准则提到，抗击工作场所暴力的强有力政策是一项保障措施，例如即使是由于残障而违反此类政策的劳动者，也可能不胜任工作。美国富国银行（Wells-Fargo）的工作场所暴力政策要求立即解雇身体施暴、人身恐吓或暴力威胁的劳动者。

用人单位还能通过要求专业人士评估表现出破坏性行为的劳动者来保护自己及其劳动者。时事通讯称，如果其后根据《美国残疾人法》提起诉讼，法院要看到用人单位在努力遵守《美国残疾人法》，并保护其劳动者。

资料来源：经出版商许可，转载自“人力资源焦点”（*HR Focus*），纽约，美国管理协会，1996 年 3 月，第 19 页。

还有一些其他情况，习惯法已对组织政策产生了深刻影响，下面列出了几个核心案例。

招聘外包

1998 年，马萨诸塞州的一个陪审团开出了有史以来数额最大的就业失察赔偿费——2650 万美元，作为一名被医务工作者谋杀的脑瘫受害者的遗产。在该案例中，当地一家健康服务公司受雇为该患者提供日常护理，该服务公司随后将护士的录用外包给了当地另一家公司。遗属同时起诉了这两家当地健康服务公司，并在审判中证明，2 家公司都未对这名犯有谋杀的劳动者进行背景调查，而事实上，这名实施谋杀的劳动者从未上过护理学校，并犯下了六宗重罪。外包该工作的公司辩解称，其不应为独立承包商的侵权行为承担责任。陪审团做出了有利于原告的裁决，指出第一家公司给其独立承包商提供了一些指导，但确实未要求对劳动者进行筛检[61]。

在**澳大利亚**，所有不同司法区的职业安全和健康法规都未明确处理委托人（principal）、承包商（contractor）和责任用人单位（host employer）之间的关系。目前成文法下的起诉和侵权案例都提供了指南，因为在许多案例中，责任用人单位和承包公司都被定罪和罚款[62]。

推定解雇

在**英国**，尚无关于工作场所暴力的专门法律，但有几项通用法律与该领域相关，其中最重要的是《工作场所健康和安全法》（1974 年）（Health and Safety at Work Act 1974）、《工作场所健康与安全管理条例》（1999 年）（the Management of Health and Safetyat Work Regulations 1999）和《保护免受骚扰法》（1997 年 3 月第 40 号）（Protection from Harassment Act，No. 40）。1996 年发布的《就业权利法》（Employment Rights Act）规定劳动者不得被不公正地解雇，与欺凌特别相关的是“推定解雇（Constructive Dismissals）”的概念。当用人单位从根本上违反雇佣合同的明示或默示条款而使得劳动者自愿离职时，劳动者即被推定解雇。让劳动者遭受欺凌可能是违反合同默示条款的一种形式。尽管法理学尚未得到统一，一些法院判决似乎证实了此点，例如，在英国阿比国民银行诉鲁宾逊（Robinson）一案［2000–WL1741415（EAT）］中，劳动上诉法庭维持了推定解雇的裁定。在此案中，该劳动者的经理“一直在工作场所持续欺凌和骚扰她，到了她认为无法忍受的程度”[63]。

非法行为

2001 年在**德国**，图林根高等劳动法院发布了 2 项关于团伙欺凌的重要裁决[64]。在第一个案件中，法庭称，团伙欺凌不仅影响了相关银行劳动者的人格尊严，而且还影响了受害者的健康和安全，达到了刑事犯罪的程度。法庭确认了先前对有关劳动者被非法“羞辱”的裁决，并警告说，如果不停止团伙欺凌，将被罚款 5 万马克。在第二个案件中，法官确认解雇一位欺凌他人的超市经理是合法的，因为该经理侮辱并“击垮”了一名劳动者，使得该劳动者几乎要轻生[65]。

举证责任

在**意大利**，最高上诉法院的一项裁决规定，用人单位必须证明已采取了一切必要措施保护劳动者心理和身体健康[66]，劳动者有责任提供所受伤害和职业疾病性质的证据。

在**西班牙**，马德里社会事务法院（Juzgado de lo Socialde Madrid，JS-Madrid）一项裁决规定，在团伙欺凌案件中，受害者必须提供所指控的事实的证据，但不需要提供构成团伙欺凌的直接证据[67]。因此，尽管侵权法尚未得到统一，但各国法院判决的模式是明确的，因此习惯法判决支持了法规和组织政策中禁止一切形式的工作场所暴力的这种总趋势。

从干预到行动

本章讨论了近年来为处理工作场所暴力行为而采取的一系列立法和监管干预措施，然而，应当强调的是，虽然许多国家在广泛的立法和监管方面取得了令人鼓舞的全面进展，但工作场所暴力的应对措施仍然在许多国家司法管辖范围内部或之间是分散的，劳动者获得赔偿往往异常困难，在暴力事件发生后寻求法定赔偿办法可能会使原告陷入昂贵、悬而未决和压力巨大的诉讼之中。

麦卡锡和梅休（2004 年）在对工作场所暴力的立法和监管对策进行的国际评估中，提出了以下建议以改进该领域中所做的立法尝试：

- 建立以“面向最佳实践”国际标准为导向的法律约束网络是可取的，因为“最小公倍数”的指南可能不能有效预防多种形式的工作场所欺凌 / 暴力。

- 要建立一个记录工作场所欺凌 / 暴力事件的国际数据库，为制定法定措施提供信息，例如，联合国关于犯罪趋势和刑事司法系统运作情况的调查和国际犯罪受害调查等，这些方案能扩展到记录职业性暴力和欺凌行为[68]。
- 在职业安全健康法规内制定有关工作场所欺凌 / 暴力行为的配套立法，提供更严格的可执行配套标准。
- 加强对职业安全健康监督员的培训和配置，识别违反职业安全和健康法定责任的行为，赋予就工作场所欺凌 / 暴力发出临时改善通知书的权力，以进一步促进早期预防工作。
- 受害者和被指控的施暴者都应享有自然正义[①]，此外，应通过程序性安排保护申诉人免受诽谤风险。
- 在可能的情况下，应采用“无责任”冲突调解和变革性方法，同时制定条款为施暴者和受害者提供选择机会，并加大对已证实的一系列施暴者的制裁力度。难以界定和证明不明显的工作场所欺凌 / 暴力形式，及将其视作工作文化中的常规，都证明了此法的正当性。
- 在裁定有关工作场所欺凌 / 暴力的投诉时，重点应放在施暴者的行为上。受害者的身体或心理缺陷不应成为违法犯罪者行为或不合理工作操作的借口。此外，在责任认定中需要考虑导致冲突的、不合理的工作操作规程。
- 应急服务和环境设计的法定职责应与抗击工作场所欺凌 / 暴力政策相一致。
- 应急服务部门（救护车和消防）、特警队（Special Weapons and Tactics，SWAT）和卫生行业（有毒化学品检测、卫生洗消和传染病治疗）的反应也应保持一致。
- 保险保障费金额能与为防范工作场所欺凌 / 暴力而实施的预防战略的质量挂钩。
- 监察员应有权处理在组织内部无法解决的投诉，提供调解途径，使其不会给接受者造成不合理的费用和痛苦。
- 需要在法律法规范围内加强对“吹哨者”的保护，预防利用工作场所欺凌 / 暴力使腐败持续下去[69]。

① 译者注：自然正义源于亚里士多德的理论，近当代逐渐发展为公权力和行政部门的基本原则。

本章的综述有意集中于广泛的趋势和进展，而未讨论政府、企业、工会和其他机构如何设法使这些立法和管制规定具有实际意义和方向，以下各章将对此更具针对性的层面进行综述。

注释：

[1]《联合国儿童权利公约》第 19 条规定：

“1. 缔约国应采取一切适当的立法、行政、社会和教育措施，保护儿童在受父母、法定监护人或其他任何负责照管儿童的人的照料时，不受到任何形式的身心摧残、伤害或凌辱、忽视或照料不周、虐待或剥削，包括性侵犯。

2. 这类保护性措施应酌情包括采取有效程序建立社会方案，向儿童和负责照管儿童的人提供必要的支助，采取其他预防形式，查明、报告、查询、调查、处理和追究前述的虐待儿童事件，以及在适当时进行司法干预。”该公约于 1989 年 11 月 20 日由联合国大会通过。

[2] 1997 年 3 月 21 日第 40 号《保护免受骚扰法》。

[3] 加拿大职业健康与安全中心（Canadian Centre for Occupational Health and Safety，CCOHS），2005 年。

[4] 宪法法院：工伤和职业病强制性保险中心，1988 年（见 http：//norativo.inail.it/bdninternet/docs/cost17988.htm，2005 年 11 月 15 日访问）。

[5] 经 1965 年 6 月 30 日第 1124 号总统令批准的《工伤事故和职业病保险条例》合并文本。

[6] 意大利国家工伤事故、职业病及研究所，第 71 号办公室通告，2003 年 12 月 17 日，特别是第 2 页 ~ 第 3 页。

[7] 加拿大职业健康与安全中心，2005 年。

[8] 埃纳森等人，2003 年。另见莱曼，1990 年，以及麦卡锡和梅休，2004 年。

[9] 英国安全与卫生委员会和卫生与安全执行局处理工作场所暴力和心理暴力的方法（见：http://www.hse.gov.uk/violence/hschse.pdf，2005 年 11 月 15 日查阅）。

[10] 新西兰政府劳工部新西兰职业安全与卫生部门，1995 年。

[11] 下列是相关的法律：1992 年 10 月 27 日第 96 号法《就业健康和安全法》，经 1993 年、1998 年、2002 年和 2004 年；《1997 年反骚扰法：就骚扰提供刑事和民事补救措施》，第 92 号，1997 年 12 月 1 日（参阅：http://www .legislation.co.nz，2005 年 11 月 15 日访问）。

[12] 约翰斯顿（Johnstone），1997 年，第 305 页。

[13] 载于 1980 年 11 月 8 日公报（Staatsblad）中的 1980 年第 664 号《工作环境法》第 3 条第 2 部分，修订载于 1996 年 2 月 21 日公报的 1996 年第 133 号《国家环境法》。

[14] 波玛（Popma）等人 2002 年对荷兰这项立法的详细分析，第 177 页 ~ 第 209 页。

[15] 载于 1999 年 3 月 18 日公报中的 1998 年第 184 号《工作条件法［Arbeidsomstandighedenwet（Working Conditions Act）］》（参见：http://www.bbzfnv.nl/arBowet1998.html，2005 年 11 月 20 日访问）。

[16]《关于保护劳动者和工作环境法》［Arbeidslivets lover（Act relating to workers' protection and the working environment）］第 12 节“工作安排”第 1 条“一般要求”（参阅：http://www.arbeidstilsynet.no/regelverk/lover/pdf/7529.pdf，2005 年 12 月 20 日访问）。

[17]《31 号工作环境法》［Svensk författningssamling（Work Environment Act 31）］，1977 年 12 月 19 日第 1160 号法令，1995 年 11 月 30 日第 1239 号法令《瑞典警察法》[LS 1977–Swe. 4]。

[18] 瑞典国家职业安全与健康委员会：1993 年 1 月 14 日关于工作场所暴力和威胁的法令（AFS 1993:2）和 1993 年 9 月 21 日关于工伤受害者的法令（AFS 1993:17）。

[19] 2002 年第 73 号法令，2002 年 1 月 17 日。

[20] 德布（Debout），1999 年。

[21] 刑事上诉，1992 年 6 月 12 日和 1996 年 4 月 30 日；里昂上诉法院社会庭，2000 年 2 月 22 日；凡尔赛上诉法院，

2000 年 3 月 20 日。

[22]社会上诉法庭 2000 年 3 月 15 日，第 97–45.91 期；社会上诉法庭，2001 年 5 月 10 日，第 99–400.59 期。

[23]第 122–49 条，第 1 款。

[24]第 122–51 条。

[25]同上。

[26]第 122–54 条。

[27]《劳动法典》第 152–1–1 条和《刑法》第 222–32–2 条。

[28] C–452，《工作场所心理预防法》（Workplace Psychological Prevention Act），2004 年 6 月 1 日（参阅：http://www.gouv.qc.ca/en/lois/normes/harcelement.asp，2005 年 10 月 24 日访问）。

[29]同上，第 81 节第 8 条。

[30]同上，第 81 节第 19 条。

[31]同上，第 81 节第 20 条。

[32]布宜诺斯艾利斯自治市第 1.225 号法律，2004 年 1 月 5 日。

[33]布宜诺斯艾利斯省第 13.168 号法律，2004 年 2 月 25 日载于政府公报（Boletín Oficial）。

[34]第 7232 号法律《公共就业中的劳工暴力》，阿根廷土库曼省（土库曼公共就业中的暴力行为），2002 年 9 月 23 日。

[35]引自布宜诺斯艾利斯自治市第 1.225 号法律。

[36]1974 年 6 月 26 日，2004 年 1 月 1 日《劳动法典》，2004 年 2 月 13 日至 15 日，法律公报（Gazeta Prawna）。

[37]正如本章前面所讨论的，"团伙欺凌（mobbing）"和"欺凌（bullying）"这两个词语是重叠的，在不同的文化中有一些不同的解释。在英语世界，"团伙欺凌（mobbing）"一词最常用于一群施暴者针对一名受害者。然而，特别是在斯堪的纳维亚半岛，"团伙欺凌（mobbing）"一词通常适用于只有一个犯罪者的情况。

[38]波兰《劳动法典》，第 94 条第 1、3、4 和 5 款。

[39]第 2002/73/EC 号指令关于落实男女待遇平等原则，涉及就业机会、职业培训和晋升以及工作条件，2002 年 9 月 23 日。

[40]同上，第 8 段和第 9 段。

[41]日本国土资源部、基础设施、交通运输部（Ministry of Land，Infrastructure and T ransport），2004 年。

[42]约翰斯顿，1997 年，第 305 页。

[43]1966 年《加拿大劳动法典》，修订 1993 年 6 月 23 日（修订后第二章）。

[44]西澳大利亚安全生产局（WorkSafe Western Australia），1999 年。

[45]维多利亚州安全生产局（WorkSafe Victoria），2003 年。

[46]西澳大利亚安全生产局，1999 年。

[47]欧洲商贸（Euro Commerce）和国际商业、职业、专业和技术人员工会欧洲分会（EUROFIET）关于打击商业行业暴力的声明，1995 年 3 月。

[48]挪威联合工会—丹麦工会联合会基本协议（LO–NHO Basic Agreement），1994 年，第 10.1 段。

[49]欧洲劳资关系观察站；欧洲改善生活和工作条件基金会，2005 年。

[50]公共服务业工会，1992 年，第 7 页。

[51]制造业、科学、金融工会，1993 年。

[52]五金工会（IG Metall）：法兰克福机场服务全球公司，2001 年。

[53]2003 年迪·马蒂诺和德桑蒂斯（De Santis）中包含了 ATM/Satti 协议的文本。

[54]辛克莱 – 贝纳迪诺（Sinclair–Bernadino），无日期。

[55]最近一些有些令人不安的未能核查劳动者背景的案例来自以下媒体报道：警方的例行调查披露，一家私人保安公司雇用了一个使用假名者。该人不仅越狱，而且还是一个被定罪的谋杀犯。该公司在尚未进行任何背景调查的情况下聘用了此男子。被调查一起盗窃案的警察怀疑的嫌疑犯是一名私人保安，警方对该保安所在公司的所有 26 名劳动者进行了全面检查，11 人被发现有 74 项犯罪前科，包括强奸、恐吓谋杀、非法持有枪支、入室盗窃和袭击。该公司的董事们并不知道劳动者的犯罪背景。有一家公司的董事总经理提供了一份推荐信，支持一名劳动者申请持有猎枪证书。

董事总经理说，他认识此人已一年了，他“善于交际，性情善良平和”，是“一个诚实、非常值得信赖的人”。警方调查显示，他曾因不诚实和暴力而被定罪 15 次，还有一次试图进行非法堕胎并误杀妻子。还有一名有盗窃罪、诈骗罪和盗窃汽车前科的男子在被取消驾驶资格后服刑，被释放后成立了自己的安保公司，业务包括安装入侵警报器、安全照明和监控系统。曾有一名在法庭工作的私人保安被发现在法官的办公室里偷走法官的手提包中的钱［《卫报》（*The Guardian*），1997 年 7 月 16 日］。

[56] 利特尔（Littler）等人，1994 年，第 11 页。

[57] 布拉津诉布莱克顿市安保有限责任公司，142 期美国法律报告（America Law Reports，ALR），第 144 页。

[58] 同上，142 期美国法律报告（America Law Reports，ALR），第 154 页。

[59] 拜伦（Barron），1998 年。

[60] 国家法律服务信息中心（National Clearinghouse for Legal Service），1994 年。

[61] 安德森（Anderson），1998 年，第 89 页～第 102 页。

[62] 新南威尔士州劳动保障局（WorkCover Authority of NSW）［巡查员安库西奇（Ankucic）诉中国香港德瑞克私人股份有限公司（Drake Personnel Ltd）］（1997）89IR374。

[63] 小川（Yamada），2003 年，第 402 页。

[64] 卷宗文件索引号：5 Sa403/2000。

[65] 卷宗文件索引号：5 Sa102/2000。

[66] 2000 年 5 月 2 日，第 5491 号。

[67] 马德里社会事务法院第 1803/2002 号判决书。

[68] 巴克利（Barkley）和塔瓦雷斯（Tavares），2002 年。

[69] 麦卡锡和梅休，2004 年，第 214 页～第 215 页。

（本章节第 139 页至第 157 页内容由骆倩倩翻译，第 158 页至第 166 页由吴菁翻译；审校：张敏）

第六章

解决工作场所暴力问题

绝大多数劳动者并不希望成为工作场所暴力的受害者，然而，正如我们在前几章所看到的，全球每年都有数以百万计的劳动者在工作时遭遇暴力事件。

国际劳工组织坚信，每位劳动者都理应在一个安全和有保障的环境中工作，该环境不容忍暴力，鼓励尊重、平等待遇和富有成效的工作关系。这一愿景并非遥不可及的梦想，研究和经验表明，能够并且应该逐步采取措施，以预防组织内部发生工作场所暴力。国际劳工组织在另一出版物中已经介绍了采取这些措施的步骤，并审查了世界许多地区的组织如何处理这一重要的职业安全与健康议题[1]。

本章聚焦于工作中暴力的控制周期，而第七章和第八章提供了更详细的在一系列机构中抗击暴力事件风险的方案。

预防工作场所暴力的指南和出版物

近年来，关于工作场所暴力的指南激增，方框 49 中提供的清单包含了一系列一般指南，以及一些直接针对特殊风险的职业或情况、特定类型的暴力和特定对象的指南。

根据这些指南，现在能够将一套极为有益的知识体系应用于制定应对工作场所暴力的策略，方框 49 中所列的指南尽管采用了不同的手段和方法，却揭示了共同的主题：

- 预防性行动是可能的，也是必要的。
- 工作组织和工作环境是此类问题的原因和解决方案的关键。

方框 49　已公布的关于暴力的指南：选集

特殊风险职业或情况的指南

美国劳工联合会—产业工会联合会（美国州、县、市雇员联合会）（American Federation of State, County and Municipal Employees, AFL-CIO）：预防工作场所暴力（华盛顿特区，1998 年）。（参阅：http://www.igc.org/afscme/health/violtc.htm，2005 年 11 月 30 日访问。）

美国加州职业安全与健康管理局（加州工业关系部）（California, Occupational Safety and Health Administration, CAL/OSHA, California, Department of Industrial Relations）：医疗和社区服务劳动者的安全保障指南（旧金山，1998 年）。（参阅：www.dir.ca.gov/DOSH/dosh_publications/hcworker.html，1999 年 9 月 30 日访问。）

丹麦食品和劳动者联合工会（Danish Food and Allied Workers' Union）：你今天与同事交谈过吗，关于欺凌（哥本哈根，2001 年）。

丹麦劳动监察局（Danish Labour Inspectorate）：与工作表现有关的暴力风险（哥本哈根，1997 年 10 月）。

丹麦商业和文职劳动者工会（Danish Union of Commercial and Clerical Employees）：对话可增进理解（关于欺凌）（哥本哈根，2002 年）。

英国交通部（Department of Transport, United Kingdom）：保护公交车乘务劳动者的实用指南（伦敦，1995 年）。

健康咨询委员会（Health Services Advisory Committee, HSAC）：对卫生服务者的暴力和攻击（伦敦，1997 年）。

安全与健康委员会（Health and Safety Commission, HSC）：教育领域中的暴力（伦敦，1997 年）。

英国卫生与安全执行局（Health and Safety Executive, HSE）：预防对银行和建筑业劳动者的暴力（伦敦，1993 年）。

—— 预防对零售业劳动者的暴力行为（伦敦，1995 年）。

国际航空运输协会（International Air Transport Association, IATA）：应对有破坏性及不守规矩的旅客的指南（日内瓦，1999 年）。

国际劳工局（International Labour Office, ILO）：服务业的工作场所暴力和应对措施，国际劳工组织业务准则（日内瓦，2003 年）。

—— 国际护士理事会（International Council of Nurses, ICN）/世界卫生组织（World Health Organization, WHO）/国际公共服务（Public Services International, PSI）：解决卫生行业暴力问题的框架指南，卫生行业关于工作场所暴力的联合计划（日内瓦，2002 年），第

19 页 ~ 第 20 页。

长岛工作场所暴力和预防意识联盟（Long Island Coalition for Workplace Violence Awareness and Prevention）：工作场所暴力认知和预防：供用人单位和劳动者使用的信息和指导（纽约，长岛，1996 年）。（参阅：www.osha-sle.gov/workplace_violence/wrkplaceViolence.intro.html,2001 年 3 月 1 日访问。）

制造业、科学、金融工会（Manufacturing, Science, Finance Union，MSF）：独自工作：制造业、科学、金融联盟组织成员和安全代表指南（伦敦，1994 年）。

英国国家医疗服务体系（National Health Service,NHS）：我们不必这样做：资源包，NHS 零容忍区（伦敦，2000 年）。

—— NHS 信托机构我们不必这样做：拒绝对暴力和虐待患者进行治疗 – 资源指南，NHS 零容忍区（伦敦，2001 年）。

新西兰职业安全与卫生部门（Occupational Safety and Health Service, New Zealand）：劳动者免受武装抢劫威胁的安全指南（惠灵顿，1995 年）。

美国劳工部职业安全与健康管理局（Occupational Safety and Health Authority，OSHA）：关于深夜零售场所预防工作场所暴力计划的建议（华盛顿特区，1998 年）。

—— 预防医疗保健和社会服务工作者工作场所暴力的准则（华盛顿特区，2004 年）。

皇家护理学院：挑战骚扰和欺凌行为：皇家护理学院代表、干事和官员指南（伦敦，2000 年）。

—— 在工作中应对骚扰和欺凌行为：皇家护理学院成员指南（伦敦，2000 年）。

—— 工作中的欺凌和骚扰：磋商者和卫生健康管理者的良好做法指南（伦敦，2002 年）。

—— 应对欺凌和骚扰：护理学生指南（伦敦，2002 年）。

苏西・兰普勒慈善信托：社会工作者的人身安全（伦敦，1994 年）。

—— 医务工作者的人身安全（伦敦，1995 年）。

—— 学校的人身安全（伦敦，1996 年）。

—— 在他人家中时的人身安全（伦敦，1998 年）。

斯旺顿（Swanton. B）；韦伯（Webber. D）：保护柜台和外访客户的劳动者免受客户攻击（堪培拉，澳大利亚犯罪学研究所（Canberra, Australian Institute of Criminology，1990 年）。

英国工会大会（Trades Union Congress,TUC）：保护我们免受伤害：预防工作中的暴力行为，朱莉娅・加拉赫（Julia Gallagher）的报告（伦敦，英国工会联盟健康与安全部门，1999 年）。

公共服务业工会：安全地独自工作—控制独自工作的风险（伦敦，1993 年）。

美国教育和司法部（United States, Departments of Education and Justice）：安全学校指南（华盛顿特区，1998 年）。

维多利亚州劳动保障局（Victorian WorkCover Authority，VWA）：预防工作中的欺凌和暴力：指导说明（墨尔本，2003 年）[①]。

新南威尔士州劳动保障局（WorkCover Authority of New South Wales）：应对武装抢劫和现金：保护人身和利益免受武装抢劫的指南（悉尼，1994 年）。

—— 工作场所暴力（悉尼，2002 年）。

南澳大利亚州劳动保障局（WorkCover Corporation of South Australia）：老年护理设施指南（阿德莱德，1996 年）。

昆士兰州工作场所健康与安全（Workplace Health and Safety Queensland）：零售业人身安全指南（布里斯班，劳资关系部，2004 年）。

西澳大利亚州工作安全（WorkSafe Western Australia）：关于工作场所暴力的业务准则（珀斯，1999 年）。

—— 消费者和就业保护部（Department of Consumer and Employment Protection）：关于独自工作的指南解读（珀斯，1999 年）。

特殊类型暴力的指南

欧洲共同体委员会（Commission of the European Communities）：如何抗击性骚扰：欧盟委员会业务准则实施指南（布鲁塞尔，1993 年）。

丹麦劳动监察局（Danish Labour Inspectorate）：欺凌和性骚扰（哥本哈根，2002 年）。

英国就业部（Department of Employment，United Kingdom）：工作场所的性骚扰：用人单位指南（伦敦，1992 年）。

英国平等机会委员会（Equal Opportunities Commission，United Kingdom）：工作中的性骚扰：衡量代价（伦敦，1994 年）。

欧洲理事会（European Council）：减轻对女性的影响和消除暴力侵害女性行为的良好做法指南（布鲁塞尔，2002 年）。

国际护士理事会（International Council of Nurses，ICN）：应对工作场所暴力的指南（日内瓦，1999 年）。（参阅：www.icn.ch，2000 年 11 月 15 日访问。）

爱尔兰商业、企业与就业部（Irish Department of Enterprise，Trade and Employment）：应对工作场所欺凌行为的程序（都柏林，2002 年）。

—— 爱尔兰平等局（Irish Equality Authority）：关于性骚扰和工作场所性骚扰的业务准则（都柏林，2002 年）。

—— 预防工作场所欺凌业务准则（都柏林，2002 年）。

—— 预防工作场所欺凌的指南（都柏林，2002 年）。

马来西亚人力资源部（Malaysia Ministry of Human Resources）：预防和消除工作场所性骚扰的业务准则（吉隆坡，1999 年）。

制造业、科学、金融工会（Manufacturing, Science, Finance Union，MSF）：工作中的欺凌：直面问题（伦敦，1994 年）。

南非劳工部（South Africa, Department of Labour）：应对性骚扰案件的良好做法准则（附于 1995 年第 66 号的《劳资关系法》）。

英国工会联盟（Trades Union Congress, TUC）：指南：工作场所性骚扰（伦敦，1992 年）。

公共服务业工会（UNISON）：工作中的欺凌：为安全代表和成员提供有关工作中的欺凌及如何预防的指南（伦敦，1996 年）。

—— 工作中的欺凌：为公共服务业工会分支机构、干事和安全代表提供的指南（伦敦，1996 年）。

职业女性中心（Working Women' s Centre）：停止工作中对女性的暴力行为（阿德莱德，1994 年）。

特殊类型劳动者的指南

加利福尼亚大学职业和环境健康中心（Center for Occupational and Environmental Health, University of California）：工作场所暴力：劳动和管理指南（伯克利，加利福尼亚，1997 年）。

英国卫生与安全执行局（Health and Safety Executive，HSE）：工作场所暴力：用人单位指南（伦敦，1997 年）。

国防人员安全研究中心（Defence Personnel Security Research Center，PERSEREC）：给用人单位的指南（华盛顿特区，1995 年）。

苏西·兰普勒慈善信托（Suzy Lamplugh Trust）：工作场所暴力和攻击：降低风险——给用人单位的指南（伦敦，1994 年）。

—— 工作场所人身安全：给所有劳动者的指南（伦敦，1994 年）。

公共服务业工会：工作场所暴力：公共服务业工会分支机构、干事和安全代表的风险防范指南（伦敦，1997 年）。

美国联邦人事管理办公室（United States Office of Personnel Management）：应对工作场所暴力：给机构规划者的指南（华盛顿特区，1997 年）。

加拿大不列颠哥伦比亚省劳动者赔偿委员会（Workers' Compensation Board of British Columbia，Canada）：小心——如何制订和实施针对工作场所暴力的计划——给小型企业的指南（温哥华，1995 年）。

[1] 维多利亚州劳动保障局的这本出版物和其他出版物都是以 1985 年《职业健康和安全法》为基础和参考的。妇女事务部目前正在更新这些出版物，以确保其时效性，并与新发布的《2004 年职业健康和安全法》保持一致。

- 劳动者及其代表的参与对于查明问题和实施解决方案都至关重要。

- 不能过低评价管理层和劳动者的人际交往能力。
- 无放之四海而皆准的行动方案，必须考虑各种工作场所具体情况的独特性。
- 需要不断审查政策和方案，适应不断变化的形势。

对预防及将风险降低到最小的组织承诺

工作组织和人力管理已越来越多地将正确和更实际地应对工作场所暴力风险作为其核心工作组成部分，显而易见的还有政府、工会、劳动者、职业安全和健康专业人员、精神健康和公共卫生专业人员以及安全专业人员，在制定、促进和实施预防工作场所暴力的策略以及妥善处理暴力不良后果方面发挥着重要作用。

必须根据工作场所暴力的类型和不同的施暴者群体采取适当的控制策略，方框 50 列出了预防和将工作场所各种**欺凌**暴力所致健康影响最小化的相关策略。

方框 50　管理工作场所欺凌的组织模型

- 阶段 1：评估个人、组织和社会的脆弱性，以告知风险管理。
- 阶段 2：促进有建设性的应对、零容忍政策和监管责任。
- 阶段 3：以减少缺勤和劳动者赔偿的方式解决非正式及正式投诉、申诉。
- 阶段 4：将风险或严重程度限制在发起法律索赔并迫使受害者离开工作场所的程度以下。
- 阶段 5：管理好劳动者从赔偿到康复和重返岗位的过渡，建立积极的关系，并持续关注受害劳动者创伤后应激障碍症状。
- 阶段 6：帮助劳动者从诉诸法律、有自杀意念和寻求报复，恢复到能学习、重建、肯定与和解，以及建设性地重新投入工作和生活。

资料来源：麦卡锡和梅休，2004 年，第 191 页。

当施暴者来自组织外部比如客户或顾客时，预防和最小化策略有所不同。在该领域制定的指南强调系统性预防工作场所暴力的重要性，涉及若干步骤和“控制周期”的应用，具体步骤已得到公认（见方框 51）。

方框 51　工作中的暴力控制周期

与其他职业安全健康的危害因素一样，消除风险的优先控制等级方法似乎也是减少职业暴力最有效的方法。事实证明，职业健康和安全的更高等级的战略已被证明在减少其他工业部门的职业暴力风险方面是有效的，以消除风险为重点的更高等级的控制措施在卫生保健中也至关重要，这些策略中最重要的是通过环境设计预防犯罪（Crime Prevention Through Environmental Design，CPTED）①，因此，风险管理的首要步骤是仔细检查建筑设计、设备及配件、家具和出入口限制。

任何综合性暴力预防策略都需要组织和行政要素帮助控制风险……因此，风险管理的第二个核心步骤是首席执行官明确承诺暴力零容忍政策，该政策在访客、劳动者和客户或患者中得到明确声明和执行。其他基本战略包括风险识别过程，定期审计暴力脆弱性；鼓励正式报告相关威胁和事件；标记高风险施暴者的档案；认定高风险的特定诊断（包括症状、诊断和行为）；并广泛开展实施针对特定工作地点风险因素的干预措施。

综上所述，综合性职业暴力预防策略是多方面的，各组织都要落实风险管理原则。

① 通过环境设计预防犯罪是一种在犯罪学干预中应用的常见策略，以预防零售业中的抢劫等犯罪行为。

资料来源：梅休，2005 年 a，第 121 页～第 153 页，尤其是第 147 页～第 148 页。

在遵循上述原则的基础上，认识到预防的根本作用和采取系统性方法处理工作场所暴力的必要性，还需要提出管理工作场所暴力的新模式。

组织层面的预防模型

迪・马蒂诺提出的一个新模型考虑到了其他作者既往的工作成果[2]，该模型确定了有效管理工作场所暴力风险所需的行动顺序，并将其分为三个主要干预领域：

- 初级预防：旨在预防暴力发生的方法，主要集中在组织议题上。
- 第二级预防：直接聚焦于应对暴力的做法，如应急服务、医疗救治和暴力事件后情况说明会。
- 第三级预防：注重暴力发生后对受害者的长期关照，如康复和重返社会，并试图减轻创伤或暴力事件造成的长期残疾[3]。

这一整体策略强调在组织结构层面的预防，该模型还强调，必须在事件发生后向受害者提供紧急援助、康复和重返社会的支持，并定期全面评估抗击工作场所暴力的政策和措施，图 23 列出了可进行这种评估的各种机制。

如图 23 所示，降低风险很复杂，需要关于各种形式的工作场所暴力的可靠数据，有人建议可以根据所涉及的“危险因素”的类型，精准应对工作中的暴力。

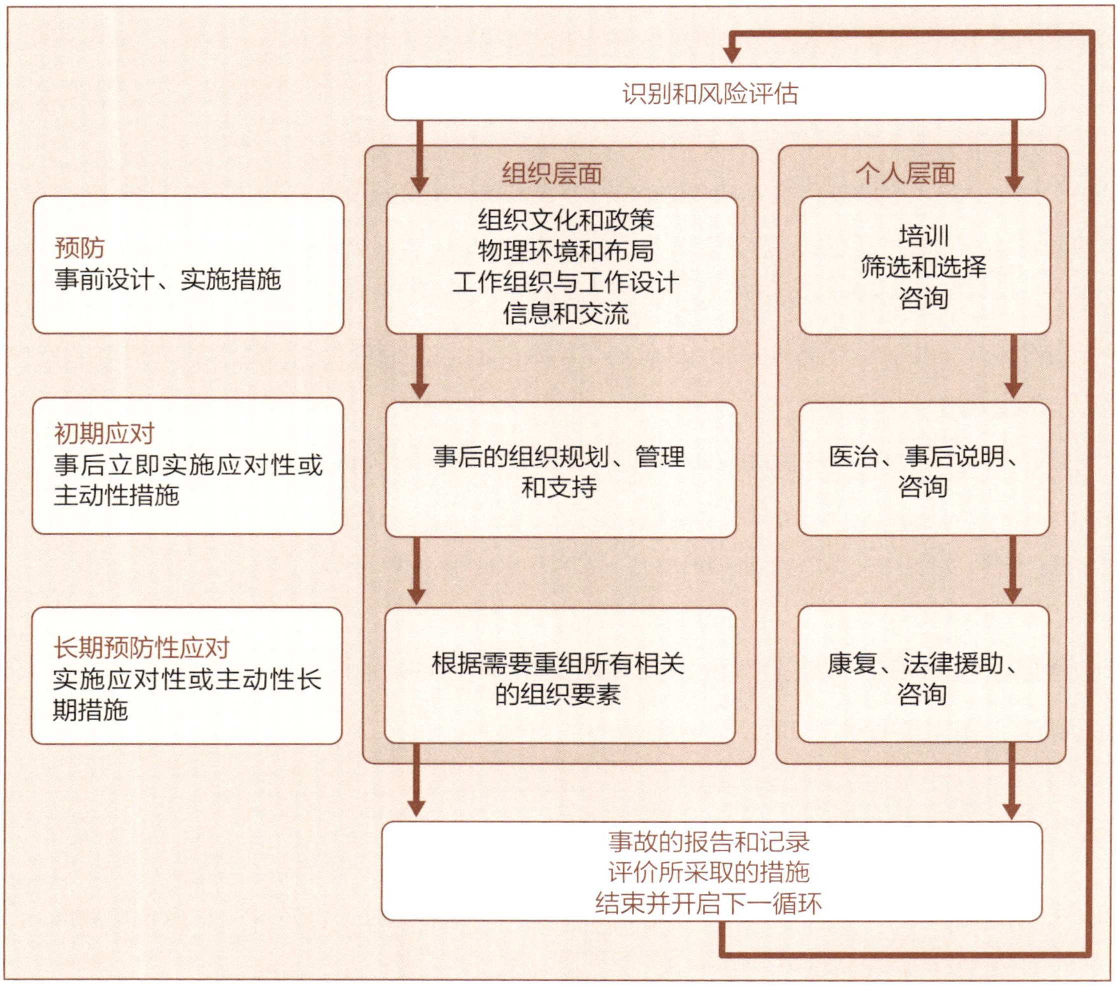

图 23　工作场所暴力管理的迪 · 马蒂诺模型

工作场所暴力施暴者的类型

加利福尼亚州已将以施暴者特征为重点的分类方法纳入官方指南[4]，并确定了 3 种主要类型的“施暴者”：

第一类：刑事犯罪者：在这种形式的工作场所暴力中，施暴者来自工作组织的“外部”，通常进入工作地点实施抢劫或其他刑事犯罪行为。

第二类：对服务不满意的客户：在这种形式的工作场所暴力中，施暴者是受影响的工作场所提供服务的客户。

第三类：被蔑视的劳动者：在这种形式的工作场所暴力中，施暴者受雇于该工作场所，他或她可能是现任或前任劳动者、主管或经理，通过欺凌、“加入仪式”（initiation rites）或身体暴力等方式伤害另一劳动者。

最重要的是，最合适的预防策略根据“施暴者”属于哪种类型而有所不同[5]，因此，“施暴者”为第四章图16中阐述的工作场所暴力互动模式增加了一个新维度，下文对这三种工作场所施暴者基本类型进行了更详细的分析。

工作场所暴力的外部侵入者（第一类施暴者）

对许多人而言，第一类工作场所施暴者所导致的工作场所暴力是社会“刑事犯罪”问题的一部分，而根本不是工作场所的安全和健康问题。根据这种观点，工作场所是一个“无辜的旁观者”，该问题的解决方案是社会的，而非职业的。第一类事件的最终解决方案可能确实涉及社会变革，但在这些变革发生之前，用人单位仍有法定职责根据职业安全和健康法律框架（如第五章所详述），为其劳动者提供安全的工作场所和安全的工作操作程序。

已知存在第一类事件风险且员工可能在深夜处理现金的用人单位（如在出租车、酒吧、便利店、杂货店、加油站、酒店或深夜营业的汽车旅馆和珠宝店工作的劳动者，或作为保安的劳动者）均须实施工作场所安保措施，减少劳动者遭受工作场所暴力的接触风险，满足法律要求，建立并维护一个有效的伤害和疾病预防计划。

建立和实施工作场所有效安保的首要步骤是管理层的坚定承诺。工作场所的有效安全计划之基石是尽量适当地降低所有劳动者、主管和经理的风险。方框52中详细说明了适合零售行业抗击工作场所暴力的步骤。

方框52 零售机构：管理控制和操作程序控制

- **将暴力预防活动整合到**日常工作程序之中，例如检查照明、锁和安全摄像头，有助于保持工作场所的准备就绪状态。
- **在每个收银机中保留最低数量的现金**（例如，50美元或更少），特别是在晚上和深夜营业期间。

在某些企业，可以禁止大额账单（超过 20 美元）的交易。如确需频繁交易超过 20 美元，应尽量减少保留的现金量。除非绝对必要，劳动者不应随身携带营业收入。

- **采取适当的应急程序，方便**劳动者在发生抢劫或出现安全漏洞的情况下使用。
- **建立应急情况下的通信系统。**劳动者应该可以使用每个工作区的工作电话，并在这些电话上张贴紧急电话号码。
- **采用正确使用物理屏障的程序，**如围栏和直通窗口。
- **提高**有抢劫、袭击历史以及位于犯罪率高的地区的商店的**夜间人员配备数量。**店员能清楚地看到顾客是很重要的。
- **运送和处理垃圾的门不用时上锁。**此外，在送货人表明身份之前，不要打开送货门。注意不要堵塞紧急出口，一旦发生火灾或其他紧急情况，必须不用钥匙就能从内部打开门，便于人离开。
- **制定规则确保**劳动者在不增加被袭击的风险下，可以步行到垃圾区和室外冰柜或冰箱。关键是让劳动者有良好的可视度，从而消除附近袭击者的潜在藏身之处。在一些地方，在白天把垃圾拿出去或去外面的冰柜会比在晚上更安全。
- **正式营业前和打烊后都要锁好门。**在劳动者配备数量可能较低的情况下，建立确保开门和关门的劳动者安全的流程。此外，当天的营业收入可能是打烊时的首要抢劫目标。
- **采用非现场工作的安全规程和政策，**如快递。

行政控制只有在得到正确遵守和使用的情况下才有效。定期监控有助于确保劳动者沿用正确的工作惯例，定期向劳动者提供有建设性的反馈有助于确保他们理解这些程序及其重要性。

资料来源：美国职业安全与健康管理局，1998 年，第 7 页～第 8 页，由罗杰斯（Rogers）和查普尔改编并出版，2003 年，第 59 页。

劳动者面临工作场所暴力风险的用人单位还必须教育其劳动者了解与工作场所暴力相关的风险因素，并提供反犯罪意识、预防袭击和强奸以及化解敌对局势方面的适当培训。此外，用人单位必须指导劳动者在紧急情况下应采取什么措施。在预防由本组织的客户或顾客造成的工作场所暴力方面，降低风险的步骤略有不同。

客户或顾客（第二类施暴者）

面临**第二类工作场所施暴者**风险的用人单位需要意识到，通过工作场所设计控制物理入口是一项重要的预防性措施。除在客户和服务提供者之间设置屏障的步骤外，这些措施可包括控制工作场所进出，限制工作场所内的行动自由，逃生路线也是工作场所设计的关键要素。

面临第二类施暴者风险的用人单位还必须注意沟通交流问题，并指导其劳动者如何有效化解涉及其客户、患者、顾客、乘客和他们必须提供服务的公众成员的敌对情况，在某些特定情况下，安装警报系统或“紧急按钮”可能是一种适宜的后备措施，建立一个在特定紧急情况下使用的伙伴系统（buddy system）也不失为可取的措施。在高风险情况下也应酌情考虑设置安保人员。

方框 53 显示了航空业一些抗击第二类施暴者的措施。

方框 53　航空业中的暴力预防

航空业的暴力破坏性或不遵守规则的行为是一个首要的安全问题，这也给相关乘客和劳动者带来了巨大的精神压力，因此，预防（逐步升级的）破坏性行为应是航空公司预防暴力的重点。坚决合法地处理破坏性行为可能会起到威慑作用，但航空公司不能依赖其效果，在许多破坏性事件中，那些乘客的行为都是不理性的、不计后果的。

对破坏性行为的研究表明，通常在破坏性行为的基础上会发生一系列事件，并且可以观察到潜在破坏性行为的早期迹象。

公司政策的重点应该首先是预防，根据这些早期迹象采取防控行动，而不是专门处理不断升级的事件。

研究进一步表明，许多事件（以及那些严重暴力的事件）与过量饮酒以及吸烟者的尼古丁戒断症状有关。机组人员在飞机上提供的服务必须对饮酒采取负责任的态度，并应为吸烟者提供替代品（如尼古丁口香糖）。

最大限度地预防事故发生的措施

在航空公司内部交流，通过以下方式实现：

- 向劳动者提供明确的书面政策文件，说明如何处理破坏性行为，特别是在其早期阶段。
- 确保平稳运行，化解等待时间过长、航班超额预订、信息不足以及技术缺陷等带来的挫败感。
- 为一线劳动者提供培训，包括指导地勤人员和机组人员（驾驶舱和客舱）学习如何识别潜在破坏性行为的早期迹象（例如严重酗酒）。确保与客户联系的劳动者已掌握了必要的语言表达能力，并理解向其他运营区域通报情况使他们能够有效地与乘客打交道的重要性（而不是简单地“越过”乘客，而未发现乘客显露出潜在问题行为的早期预警迹象）。
- 维护暴力事件的报告及统计数据的准确和更新，以便持续监测事故类型并确定潜在的培训需求等。

通过与乘客沟通进行外部交流：

- 登机前，尤其是团体一起旅行时。
- 将专用信息卡放入座椅口袋。
- 通过机票或电子收据上的信息。

资料来源：国际航空运输协会（International Air Transport Association，IATA），1999 年，第 9 页 ~ 第 10 页，由罗杰斯和查普尔改编并出版，2003 年，第 62 页。

“内部”施暴者（第三类施暴者）

第三类工作场所施暴者比第一类或第二类与用人单位及劳动者的关系更紧密，认真实施和执行有效设计的对抗工作场所暴力政策和程序，似乎能有效预防或最大限度减少第三类施暴者所致的暴力事件。

一些精神健康专业人士坚信，劳动者或主管的语言攻击行为，包括挑衅、恐吓和威胁行为，是身体袭击倾向的早期预警信号，对这种行为进行监测也是有效预防措施的组成部分（方框 54）。

面临第三类工作场所施暴者风险的用人单位需要建立和实施在发现工作场所安全隐患时做出反应的程序，并为其劳动者、主管和经理提供必要的培训，满足建立、实施和维持有效的暴力预防策略的监管要求。

方框 54　和同事、管理者之间的暴力行为

和同事、管理者之间的暴力可以有多种形式，例如，单个劳动者可能会威胁其他劳动者或主管，管理者可能会骚扰劳动者，或者一群劳动者可能会对他们的上司和彼此不尊重，或者表现出其他不当的、潜在的暴力行为。这类暴力事件的原因可能很多又很难确定，并非总能容易解决，进而使问题更加复杂。

与患者、客户实施的暴力行为相关的某些相同因素也可能导致同事和管理者的暴力行为，此类因素包括缺乏保障、将劳动者困在家具后面的工作场所布局、逃生路线不恰当以及缺乏培训。

其他因素可能会对劳动者或管理者之间发生的冲突起作用，这些问题可能是由工作场所本身造成的，也可能是工作场所以外的原因，比如劳动者将个人问题带到工作中。工作场所因素和非工作场所因素都应被视为暴力行为的潜在原因。

工作场所风险因素

劳动者和管理者之间的暴力行为可能与工作氛围和工作压力有关，可能导致劳动者之间发生暴力的危险工作环境包括：

- 长期的劳资纠纷。
- 劳动者频繁申诉（或者若劳动者不相信制度有效，申诉量就会明显减少）。
- 众多劳动者提出赔偿申诉（特别是因为心理疾病或精神压力）。
- 人手不足或加班要求过高。
- 大量“不堪重负”（stressed-out）的劳动者。
- 劳动者在工作方式上的灵活性有限。
- 悬而未决的或谣传所称的裁员。
- 工作职责或工作量的重大变化。
- 专制的管理风格。

如果工作场所可能造成暴力，工会应敦促管理层纠正已发现的问题。通过解决工作环境中的问题，工会和管理层可预防劳动者变得有威胁性或出现暴力行为。

资料来源：美国劳工联合会—产业工会联合会（美国州、县、市雇员联合会）（AFSCME），1998 年，第五章，由罗杰斯和查普尔改编并出版，2003 年，第 67 页。

为了有效预防第三类施暴者所致暴力事件的发生，用人单位需要建立明确的抗击暴力零容忍政策，其中涵盖所有形式的不当行为：包括“加入仪式”、欺凌、骚扰、威胁行为和袭击。这项政策需要始终如一，公平地适用于所有劳动者、主管和管理层。用人单位还需要在预防工作场所暴力方面提供适当的监督和劳动者培训。无论施暴者的等级、地位如何，都必须执行预期的行为准则。显而易见，尽可能有效预防工作场所暴力的风险是最佳办法，通过预防措施、有效的常规程序和对遭受暴力或威胁的劳动者予以适当照料，能够避免更多悲剧[6]。

预防性策略和预防性措施

正如第五章所述，政府、用人单位和劳动者现在越来越多地认为，工作场所的暴力事件是可以预防的，而不是刑事犯罪分子的随机行为，因此，需要关注的焦点是消除暴力的根源，积极探讨预防策略在成本效益和长期效果方面的积极影响，而不是处理暴力的不良影响。

如果用人单位想要保持全面提高生产率的趋势，预防工作场所的暴力至关重要。已故的质量管理专家戴明告诫管理人员要“驱除恐惧”。戴明未能预测到的一个恐惧是来自对工作场所暴力的恐惧，然而，暴力事件的后果似与生产率的大幅下降有关，劳动者们受到创伤，会被恐惧分散注意力，会花费时间寻求安慰和社会支持。因此，预防暴力符合生产力和盈利的最佳利益，这也符合管理层的最佳利益，因为正如人力资源管理学会首席执行官洛西（Losey）所指出的[8]，负责解雇的经理和人力资源经理是最有可能成为被解雇的劳动者报复的目标。高管们也一直是绑架者和恐怖分子的目标，因此，工作场所暴力预防的动机一目了然。

减少工作场所暴力风险的管理措施

抗击暴力的预防策略和计划通常包括所有相关人士的参与：解决暴力问题的最佳方式是用人单位和劳动者共同决定做什么[9]，发展以人为本的工作场所文化要求首席执行官明确声明工作场所将是无暴力的（方框 55）。

方框 55　以人为本的工作场所文化

应优先发展基于安全和尊严、不歧视、宽容、机会平等和合作、以人为本的工作场所文化，这需要积极推动社会化进程、新型参与式管理的发展及建立这样的新型组织：

- 广泛利用社会对话和沟通。
- 该组织和其劳动者拥有共同的愿景和目标。
- 管理者致力于抗击工作场所暴力。
- 下沉服务和责任，以便管理者、监管者和劳动者都能更好地了解当地的议题，并能更好地回应需求。
- 该组织鼓励分享问题和以小组模式解决问题。
- 该组织提供一个让劳动者的努力得到认可并给予反馈的环境，并为其个人和职业发展创造机会。
- 提供一个强有力的、支持性的社会环境。

资料来源：国际劳工组织 / 国际护士理事会 / 世界卫生组织 / 国际人口服务组织，2002 年，第 17 页。

首席执行官对无暴力工作场所的承诺通常会伴随着书面政策的制定，如加利福尼亚州索诺马州立大学的无暴力校园政策（参见第七章），零容忍政策也逐渐同工作场所暴力预防战略一起制定（方框 56）。

方框 56 “零容忍”政策

“零容忍运动”于 1999 年在英国发起，旨在向公众强调，对英国国家医疗服务体系（NHS）工作人员的暴力行为是不可接受的。政府决心杜绝这种行为并制作了画面尖锐深刻的海报，展示了用于袭击 NHS 工作人员的武器，包括瓶子、注射器和史丹利刀。

在零容忍政策之下，NHS 信托机构有望建立记录所有暴力侵害劳动者事件的系统，发布减少此类事件的策略，并制定了一个国家目标：到 2003 年将针对 NHS 劳动者的暴力事件减少 30%。

英国卫生部部长约翰·德纳姆（John Denham）强调，用人单位必须像对待其他领域的健康与安全问题一样，对暴力行为进行风险评估，他说：“这项新的零容忍运动将彰显 NHS 用人单位如何能够评估劳动者所面临的风险，并制定应对暴力的策略。”

自零容忍政策启动以来，英国卫生部已发布了指南，指南规定将停止对施暴患者进行治疗作为最后的、不得已的手段。鼓励 NHS 信托机构与警察和英国皇家检控署合作，起诉殴打劳动者的施暴者，并鼓励法院对那些暴力侵害劳动者的行为判处较重的刑罚。已有一些新资金用于在救护车安装中央锁定系统、购买个人警报器以及安装闭路监控系统和刷卡系统。

工会普遍欢迎该倡议。近期担任英国 GMB 总工会卫生和环境主管的奈杰尔·布赖森（Nigel Bryson）表示：“零容忍政策提高了国民健康服务系统对此问题的认识，并将直接责任交给管理者以解决暴力问题，并实现减少暴力的目标。”他说，“在处理暴力惯犯方面也很积极。我们希望看到在全部有风险的工作场所开展类似的全国性运动”。

卫生行业工会也对这场运动表示欢迎，但更为谨慎。卫生行业工会说，零容忍聚焦于 NHS 中的暴力问题，并引入了一些个人保护措施，如报警系统和闭路监控系统。但在一些信托机构中，管理者们过分专注于事后处理暴力行凶者，而不是从一开始就预防暴力行为。

资料来源：“零容忍能实现吗？”发表在《劳动研究杂志》（*Labour Research*）中，2003 年 5 月，第 13 页。

专家强调，应对措施必须包括尽可能多的不同的预防干预措施。由于不同职业遭受工作场所暴力危害的程度不同，需要根据具体情况的风险因素采取不同的预防措施。

就业前测试和潜在劳动者筛检

通常推荐笔试、面试、表现测试、心理档案和其他预测工具等筛检工具。选择和筛检可能对预防暴力起到重要影响，尽管如第四章所述，应谨慎使用和解释各种预测工具。然而，这些预测工具的使用可能有助于识别那些更适合特定工作、不太可能因为任务压力源而感到压力、沮丧或愤怒，因此不太容易在工作场所产生暴力反应者。筛检也可以用来筛掉“坏苹果”——个人资料显示他们有更大的暴力倾向，这些人可能会对工作场所构成暴力风险，方框 57 中有一些就业前筛检的建议。

就业前筛检的有效性受到了质疑，对这种做法应施加的限制也受到了质疑，尤其是心理、酒精、药检和基因检测这些争议性的问题，可能会受到包括工会在内的一系列利益团体的密切关注。

方框 57　筛检

使用一份工作申请表，其中包括适当的豁免和宽松（允许用人单位核实申请中报告的信息）。在用人单位选用任何应聘者之前，检查推荐信并询问任何以前的暴力事件。此外，在可行的情况下进行彻底的背景调查和药检。

还要评估筛检在机构工作的合同制劳动者的必要性。如果供应商和服务组织者经常造访企业或在企业长时间工作，则应证明这些劳动者达到或超过企业的安全和安保要求。相反，派遣劳动者到其他组织机构工作的承包商也应考虑派遣企业的安全、安保政策和惯例。

资料来源：国防人员安全研究中心（The Defense Personnel and Security Research Center，PERSEREC），1995 年。

心理测试有助于阐明申请人的个性以及是否适合将要承担的工作任务。虽然人们普遍接受使用这些可能的测试，但它们的信度和效度存在问题。在许多国家，涉及隐私和平等就业机会原则的法律法规往往对心理测试施加重大限制。这些法律限制常常一方面规定用人单位有义务收集仅与特定就业决定相关的信息，另一方面又规定用人单位有义务做到不获取不正当的、侵犯个人隐私的信息[10]。

筛检中最具争议的问题之一是**酒精和毒品检测**的使用。劳动者组织和用人单位组织在这方面往往存在分歧。美国制造商协会认为[11]，虽然毒品检测应以公平、公正的方式进行，充分考虑劳动者的隐私，但他们仍反对任何禁止用人单位对应聘者和劳动者进行毒品检测的立法，并认为公司的检测政策应由公司自己决定。

另外，已经着手解决此问题的工会普遍反对这一做法，如美国劳工联合会—产业工会联合会和加拿大劳工大会（Canadian Labour Congress）。他们辩称，公司用来筛检劳动者是否吸毒和酗酒的许多测试容易被用人单位严重滥用。这些测试不准确和不可靠，无法确定劳动者是否因吸毒而无法履行工作职责，不能独立证明该劳动者有虐待行为，会侵犯劳动者的权利和隐私[12]。

尽管存在争议，但在一些国家，酒精和毒品检测似乎在急剧增加，如英国和美国在方框 58 中的例子所示。

方框 58　工作中的毒品检测方兴未艾

按照目前的趋势，娱乐性毒品使用者在 2 年内几乎不可能在更大的公司得到一份工作。工作中的毒品检测可能是我们抗击成人毒品滥用的唯一最有效的武器，已被证明是一种行之有效的低成本策略，能识别需要帮助者，减少需求、事故和病假，提高出勤率和生产效率。

毒品检测也是（或曾经是）极具争议性的：它惩罚吸毒者，这些毒品检测与工作绩效很少或几乎无关联，反而助长面试时下意识地不予录取和歧视，耗费金钱，侵犯隐私，并有威权主义的味道。

尽管如此，几乎在一夜之间，对数百万劳动者进行酒精和毒品检测就成了风尚谈资。就在 6 个多月前，这一想法过于极端以至于英国政府将其完全从白皮书中删除——但对监狱和公路旁检测做出了小小的让步。

在剧烈的政策变迁中，禁毒协调员和政府部长已开始鼓励用人单位进行毒品测试，他们正在进行一场悄无声息的革命。公司因负面宣传已经害怕进行毒品检测，所以在很大程度上未被报道。

2003 年，仅政府司法鉴定科学机构就进行了 100 多万次工作场所毒品检测，引起了运输、建筑、制造业和金融服务业的广泛关注，伦敦国际石油交易所联合与伦敦交通局和其他机构一起进行了随机的毒品检测。

这次大规模的毒品检测是在美国毒品检测取得巨大成功之后发起的，当时许多人宣布这场打击毒品的巨型战争几乎失败。根据联合国的数据，毒品贸易占所有国际贸易的 8%。教育、海关、警察、原材料作物破坏和监禁判决都未能奏效，因此毒品检测变得非常有吸引力，即使是以公民自由为代价。

80% 的大公司每年花费超过 2 亿英镑用于工作场所的毒品检测，影响到 40% 的美国劳动力，到

2005 年，将有多达 80% 的劳动者接受毒品检测。

资料来源：P. 迪克森（Dixon），“工作中毒品检测方兴未艾”，发表于《未来—2004》（*Future-2004*），第 1 页。（参阅：http://www.globalchange.com/drugtest.htm，2005 年 6 月 23 日访问）。

人们对**基因筛检**也表达了类似担忧，并建议在劳动者甄选过程中限制这种做法。在瑞士，瑞士工会联盟认为，如果对劳动者进行基因测试，可能会给已在招聘过程中应用的医疗测试提供新的危险的方式：遗传特征可能被称为缺陷，被认为是一种疾病，有关人员被排除在工作和社会福利之外[13]。

瑞士工会联盟认为，这种测试将使用人单位有可能使用“非常有问题的遴选程序来识别和淘汰有风险的劳动者”。该工会的立场是，不应为就业或保险投保进行基因分析，并坚持认为“基因信息不属于用人单位、公司医生和社会保险机构。每个人都应该决定他是否认为其自主选择的医生进行基因分析是适当的”[14]。

德国一家调查委员会于 1988 年就基因技术的风险和机遇问题提出了建议，该委员会的建议包括如下：

- 限制用人单位询问基因特征的权利，并防止进行法律规定以外的基因检测的医生和医疗机构向用人单位提供此类信息。
- 排除基因筛检，除非立法明确容许，基因筛检不被容许诊断一个人是否易患某疾病。
- 在法律规定的体检框架内，明确基因诊断需要劳动者代表和用人单位共同认定。
- 确保只使用经科学认可的测试。
- 要求专业协会在其事故预防条例中说明此类测试中使用的方法和可得出的结论。
- 要求将这种检查的性质告知劳动者，同时征得劳动者和医生的书面知情同意[15]。

在此背景下，“欧洲委员会关于生物和医学应用之人权与人性尊严保护公约”（the Council of Europe Convention for the Protection of Human Rights and Dignity of the Human Being）（简称人权和生物医学公约）禁止以人的基因构成为理由的一切形式的歧视，只容许为医疗目的进行检测：

第 12 条预测性基因测试

对于预测基因疾病的测试或旨在确定某一疾病基因的携带者或旨在探查某一疾病基

因之基因倾向性或易感性的测试，只有在为了健康或为了与健康相关的科研目的并经适当的基因咨询的情况下方可进行[16]。

根据这项公约，几个国家已采取措施禁止在工作场所进行基因检测。澳大利亚、奥地利、丹麦、法国、荷兰和挪威已通过法律，严格限制或禁止将个人基因信息用于医疗或科研以外的任何用途。英国目前暂停在工作场所进行基因检测。在德国，一项有争议的法案正在审议中，该法案将允许对从事建筑或公共交通等工作的劳动者进行限制性基因检测，以检测色盲等症状。2003 年，美国参议院以压倒性多数投票通过了一项立法，禁止公司利用基因测试结果做出就业决定、拒绝医疗保险或提高保险费。然而，用人单位能够要求进行测试，以监测工作场所接触有害物质的潜在不良影响。

到目前为止，本章已详细介绍了基于个体特征的预防策略。接下来的讨论转向用人单位提供在职培训的作用，作为全面的工作场所暴力预防策略的一部分[17]。

培　训

定期和及时更新的培训是全面预防暴力策略的一个重要部分，培训可能涉及以下任何一项或全部：

- 灌输人际交往及沟通技巧，以化解潜在的威胁。
- 培养特定岗位的专业能力。
- 提高劳动者识别潜在暴力情况和施暴者的能力。
- 建立由成熟且特别有能力的劳动者组成的“核心小组”，他们可以负责更复杂的互动。
- 规划应急情境以及程序和设备的使用。

针对特定职业的指南也可能包括发展在不同情况下预防或应对暴力所需的特殊技能，例如，对于柜台工作人员和面试官而言，提高人际关系技巧是减少攻击行为的重要因素。劳动者还应该了解客户暴力攻击的性质、攻击者的动机、即将发生的攻击性的暗示、如何恰当地进行面试、遵守规定的程序，以及如何回应情绪激动的客户。为了保护劳动者免受暴力侵害，用人单位应就何时以及如何终止与客户的接触提供具体建议[18]。

对负责公共安全的劳动者进行专门培训至关重要，暴力是机场和其他公共交通机构常遇到的问题。

劳动者培训不足能够导致涉及公众群体的灾难，如方框 59 所示，公交车驾驶员就是这样一个处于风险中的劳动者群体。

方框 59　让公交车驾驶员成为社会参与者：来自法国蒙彼利埃的经验（节选）

最近发生的事件使城市交通中的暴力问题成为公众关注的焦点，不管他们喜欢与否，驾驶员都是社会问题的积极参与者，且新想法和新试验正在强调其新角色。

“如果人们能够认识到驾驶员工作的社会性和人文性，我们在预防公共交通冲突方面就会取得更好的效果。”（Y.B.）这促成了蒙彼利埃城市公交公司（Société Montpelliéraine de Transport Urbain，SMTU）的一个试验性项目，“我们未试图改变社会，只是试图教驾驶员成为优质的社会参与者，这使得在蒙彼利埃的公交网络上袭击发生量大幅下降：在 3 年内从 71 起降至 5 起。”L.G. 自 1978 年以来一直是蒙彼利埃城市公交公司的一名培训官，他也相信这种方法：“一名驾驶员每天大约遇见 700 到 1000 人，他（她）的主要工作是开车，但开车这项工作也有社交成分。社交可能是驾驶员工作职责中的最小部分，但总是存在的，因此需要一些培训。不是让驾驶员成为社会工作者，而是帮助驾驶员们直面日常遇到的问题。”

资料来源：《新社会风险观察》（*L' Observation des Nouveaux Risques Sociaux*），1998 年，第 6 页。

因此，培训能够帮助劳动者应对咄咄逼人的客户，也有助于劳动者增进对如何与客户就一系列问题进行清晰沟通的理解。

信息和沟通交流

信息流通、公开沟通和指导可以通过缓解劳动者之间的紧张和沮丧情绪，大大降低工作中的暴力风险，对良好沟通和信息提供的需要适用于预防各种形式的工作场所暴力，包括在工作地点劳动者之间的暴力：

温莱特工业（Wainwright Industries）的副总裁大卫·罗宾（David Robbin）表示，美国温莱特工业的 2 家工厂“根本不存在暴力事件”。他和他的 2 个姐夫是该公司的共同所有者。“幸运的是，暴力在这里从来就不是问题。我认为这在很大程度上归功于我们非常开放的交流。”他说，“劳动者有时可能仍会感到沮丧，但总有一个途径可倾诉。”[19]

信息流通对于消除性骚扰、团伙欺凌和欺凌尤为重要，在这方面，信息交流、人事会议、办公室会议、小组讨论和问题解决小组都是非常有效的（方框 60）[20]。

方框 60　信息和交流

全员劳动者和工作单位之间

信息流通和开放交流能够通过化解劳动者之间的紧张和沮丧，极大地降低工作场所暴力的风险。沟通和交流在打破“沉默的禁忌”方面尤为重要，而这种禁忌充斥着性骚扰、团伙欺凌和欺凌案件，应推动以下几个方面的工作：

- 信息沟通。
- 人事会议。
- 办公室会议。
- 小组讨论。
- 团队合作。
- 小组培训。

与患者和公众之间

及时向患者及其亲友提供信息，对于降低袭击和言语辱骂的风险至关重要，在涉及痛苦和长时间等待（常发生在事故和急诊部）的情况下尤其如此，特别是：

- 应编制、分发、展示和应用有关解释患者、亲友的义务和权利的协议或业务准则。
- 针对暴力侵害他人行为的制裁措施应广而告之。

对于处于特殊风险的劳动者

应向处于特殊风险的劳动者，如社区和家庭保健工作者或救护车工作者，提供有关具体情况中涉及的风险和有效沟通渠道的信息，这包括：

- 提供通知劳动者及其同事离开基地、去了哪里以及预计返回时间的协议。还应制定对协调失败做出反应的程序。
- 提供紧急代码，以便劳动者可以在无须解释的情况下请求帮助，并不会惊动袭击者。
- 提供有关未来接触中可能涉及的风险及其位置的信息。
- 与当地警方保持联系，以获取有关问题地点或已知暴力患者的最新信息。
- 按照“工作场所设计方案”的目标提供报警系统。

资料来源：国际劳工组织 / 国际护士理事会 / 世界卫生组织 / 国际人口服务组织，2002 年，第 19 页～第 20 页。

有效的沟通确实能够帮助预防与客户和公众接触时的暴力。例如，向患者及其朋友和亲属提供信息对于降低医院内发生袭击的风险至关重要，在涉及危重和长时间等待的情况下尤其如此，而这种情况经常发生在事故和急诊部。即使是神志健全者，也可能会对不熟悉的环境和流程感到担忧和焦虑，在此情况下，当人们有足够的信息，不确定性减少就不那么担心了。许多劳动者已经习惯了医院的环境，却未意识到这对于首次经历此环境的、痛苦或恐惧的患者而言，多么令人不安[21]。

同样建议通过提供专门针对工作暴力行为的指南和劳动者发展项目，以可能的最有效方式告知劳动者如何应对攻击行为。如果客户或公众成员有攻击性或身体暴力行为，主管和同事应提供协助。应强调劳动者之间的相互支持是一个必不可少的组成部分[22]。

迄今为止，已经讨论了降低工作场所暴力风险的个人和组织策略，在更基本的层面上，可以通过重新设计工作场所的物理环境来减少接触工作场所暴力危害。

通过物理结构和环境布局预防工作场所暴力

任何综合性工作场所暴力预防策略的核心要件都是通过设计来消除风险，在减少工作场所可能的暴力和攻击行为的内涵下，设计事宜包括物理结构、布局、设备、温度控制、出入限制和特定风险干预。

在设计阶段须考虑的一般因素，包括入口控制、防护栏、安全屏障、通风和高温控制以及噪声水平；等候室的舒适性和大小也很重要，包括座位（在等待时间较长的地方至关重要）、颜色、照明和厕所设施；其他因素包括在高风险环境中使用保安、监控摄像头和有效报警系统，以便在需要紧急帮助时预警同事[23]。

在高风险情况下需要采取额外措施，例如，在处理现金的业务中，建议将大宗现金处理区域设在离出入口尽可能远之处[24]。但是，在教育机构中，建议将接待区设在靠近工作场所主要入口处[25]。

独自工作者需要特殊保护，因为既往评估表明这些劳动者面临的风险通常会更高[26]。如果遇到特定的高风险情况，如劳动者经常与公众接触，以及在白天或晚上的特定时间，风险因素可能会因地理位置而异。其中一个风险较高的职业是从事运输服务，如公交车驾驶员（方框 61）。

然而，某些措施的可接受性和可感知的有效性有所不同。虽然在英国的研究中，公交车驾驶员周围的屏障减少了对他们的袭击，但在法国，以这种方式封闭座位并不总被认为是有效的，也未得到乘客的积极回应。在澳大利亚，新南威尔士州运输公司（New South Wales State Transit）曾尝试在夜间使用隔板，但后来改用紧急按钮和与公交调度连接的隐藏麦克风，这些装置被认为具有更大的威慑价值，无线电也能连接到警方或街道监督员。然而，使用无线电、无声警报器、闪光灯和摄像头预防袭击的可能性，取决于驾驶员获取特定设备的能力以及警方的响应速度。

方框 61　保护公交车驾驶员免受袭击

安装适当的设备能有助于保护劳动者和乘客免受袭击，同时也有助于改善服务和公众形象。

1. **双向无线电对讲机**。为车辆安装这种无线电装置，使劳动者能够与控制点迅速沟通，并借此与警方沟通。劳动者发现这种无线电对讲机很有帮助，给人更大信心，也可能对袭击起到威慑作用。无线电还能用来跟踪车辆前进，从而提高服务质量和可靠性。劳动者必须经过适当的培训才能使用安装的无线电对讲机。

2. **驾驶员的保护屏**。有些屏障是固定的，而另一些能够由驱动程序关闭。

3. **警报系统**。这些已被证明是有用的。主要有 2 种类型：一种是安装在车辆上的警报器，可以发出警报声或闪烁灯光。另一种是袖珍大小的个人警报器，由劳动者个人携带。

4. **摄像机、闭路监控系统等**。摄像机和闭路监控系统可以帮助识别袭击者和蓄意破坏者，它们还起到了威慑作用，也可以安装愚人摄像头[①]。要确保设备可视度，并安装警告告示，以增强威慑效果。

资料来源：英国交通部，1995 年，第 8 页，经英国环境交通与区域部官方授权许可转载。

事实已证明，公交车设计的特殊程序是有效的，例如，巴士中间的车门可减少乘客下车时发生袭击事件；驾驶员持有最少现金的车票系统降低了与盗窃相关的袭击风险；基于区域和通行证系统的车票系统减少了常见的暴力来源——车票纠纷；使公交车的数量与乘客数量相适应，能够减少因长时间等待产生的挫败感；培训驾驶员能够帮助他们化解

① 译者注：一种无监控功能或假装的摄像头，旨在愚弄入侵者，或任何据称被其监视的人。

（与乘客的）潜在相互攻击行为。工作流程设计中的其他特点也能够减少工作场所暴力的风险[27]。

工作组织与工作设计

工作组织和工作内容是制定工作场所暴力预防策略要考虑的关键因素，从源头上消除组织风险因素通常被证明比在个人层面采取干预措施以提高应对工作场所暴力能力，更为有效、成本更低："未解决的、持续存在的组织问题会给工作团队带来强大而消极的精神损伤。团队的压力承受能力下降，这会导致一种'替罪羊'精神心态，并触发对劳动者个人的排斥行为[28]。"

用人单位和主管能够确保人员配置水平适当，根据经验和能力分配任务，并明确分工，不超时工作，特殊情况安排轮班作业。这些和其他工作设计措施，是减少劳动者与公众接触时的紧张程度，并避免攻击的有效手段（方框 62）。

改进工作操作规程以限制客户的不满意度也是极其重要的。减少客户攻击的最有影响力的因素是快速、高效的服务，这能通过各种策略予以激励，例如要求特别高的工作采取轮班作业，在高峰期安排更多劳动者，设计好劳动者如何在不同的工作区之间流动，根据需求和资源采取量体裁衣的客户流动系统，并将等待时间保持最短。

改善组织的解决方案还能应用于降低遭受犯罪攻击的风险。此类解决方案可能包括改善工作或工作制度，减少与公众的面对面接触，从而减少暴力和威胁行为的机会。改进现金处理程序并引入自动售票机、收票机和自动取款机也会有所帮助。重要的是，这些措施不会加剧暴力风险，因为见到劳动者的机会更少。

方框 62　工作设计和工作时间

工作设计

工作设计是工作场所暴力的一个不可或缺的因素，高效的设计应确保：

- 所进行的任务是一个整体工作单位，而不是碎片化的。
- 承担此项任务的劳动者要能理解工作对组织的整体运营有重要贡献。
- 工作提供适当程度的自主性。

- 不要过分重复和单调的工作。
- 能提供关于任务绩效和劳动者技能发展机会的充分反馈。
- 用各种不同种类的任务丰富工作内容。
- 改善工作规划。
- 应当避免超负荷工作。
- 工作节奏不要过快。
- 方便联系支持人员或团队成员。
- 有时间进行对话、共享信息和解决问题。

工作时间

为预防或化解工作场所暴力，工作时间管理应避免过大的工作压力，可通过如下方式：

- 工作时间的安排尽可能与相关劳动者磋商。
- 避免长时间工作。
- 避免大范围加班。
- 提供充足的休息时间。
- 创建自主性或半自主性的团队，使他们能安排自己的工作时间。
- 保持工作时间安排的规律性和可预测性。
- 尽可能将连续上夜班的时间减到最少。

资料来源：国际劳工组织、国际护工理事会、世界卫生组织和国际公共服务组织（ILO/ICN/WHO/PSI），2002年，第21页。

最后，全面的暴力预防策略通常包括多个要素（方框63），全面的预防策略还涵盖所有劳动者，包括临时劳动者和现场之外的劳动者。

方框63　综合性措施通常效果最好

尽量平衡劳动者面临的风险和可能给公众带来的副作用。劳动者担心暴力的氛围有时会增加暴力发生的可能性。

以下是对一些组织有效的措施：

- 改变工作以减少与公众面对面接触，例如，引入自动售票机、收票机和自动取款机（应注意这些措施不会增加劳动者遭受公众暴力的风险，因为施暴者见不到劳动者）。
- 对于必须穿公司“制服”的劳动者，例如银行或房屋信贷互助会的劳动者，在上下班途中不要穿制服（或至少把制服遮盖起来）。

- 在住房部门，人们发现防护屏导致劳动者和公众很难相互交谈（例如，聋人会发现屏幕是一个真正的问题），这导致双方关系紧张。管理层和工会达成了一揽子措施，包括拆下屏幕，提供更舒适的等候区，以及更好的等候清单信息。这些措施减少了紧张关系和暴力事件。
- 用支票、信用卡或代币代替现金会降低抢劫的发生，例如，一些送奶人员现在运营的代币系统。
- 检查“客户”的证件，如可能，在办公室以外的会面要检查会议地点和安排，这是现在一些地产代理的标准做法。
- 确保劳动者能安全到家。暴力威胁不会在工作结束后停止。《工作健康与安全法》要求用人单位仅在劳动者工作时保护他们，但一些用人单位会在必要时采取进一步措施，例如，如果劳动者工作到很晚，可尝试安排他们开车去上班，并把车停在安全之处。许多酒馆老板（酒吧经理）安排交通工具把劳动者送回家。
- 培训劳动者，让他们在特定的工作中获得更多的知识和信心，使他们通过识别早期迹象避免或应对一般的攻击。
- 改变公众等候区的布局。更舒适的座位、装饰、照明，定期发布更多关于延误的信息，有助于阻止医院候诊室、住房部门和赔偿办公室的紧张关系加剧。
- 使用更宽的柜台，并提高柜台劳动者侧的地板高度，为劳动者提供更多保护。一些酒吧已经这样做了。
- 安装摄像头或报警按钮。在公交车上，摄像头保护了劳动者，并减少了故意破坏和涂鸦行为。
- 在劳动者区域周围设置防护屏，比如在一些银行、社保办公室和公交车驾驶员的驾驶室。
- 在门上使用“加密”安全锁，使公众远离劳动者的工作区域。

资料来源：苏西·兰普勒信托，1994 年，第 6 页～第 7 页。© 苏西·兰普勒信托，2005 年（参阅：http://www.suzylamplugh.org/home/index.shtml，2005 年 10 月 25 日访问）。

因此，通常建议采用不同措施的组合，由于每种工作情况都是独一无二的，因此最适合现场特定风险的综合性措施也是独一无二的，在工作场所暴力规划过程中考虑威胁事件的控制也很重要。

处理暴力事件

迄今为止，虽然预防是应对工作中暴力威胁最好的方法，但应该努力解决暴力发生的原因，而不是其影响。更为重要的是，劳动者要做好准备，并建立可以化解困难局势并避免暴力对抗的程序。

化解攻击

即使在最困难的情况下，在攻击性情绪升级为袭击之前，通常也有一定的回旋余地。控制局势可能并非易事，但许多指南提出了建议方法，将暴力事件的风险降至最低，个人态度和行为极其重要，如方框 64 所示。

方框 64　化解攻击的建议

恐惧是信息，告诉你有东西正在威胁你，因此，如果你觉得脖子后面的头发刺痛，要停下来并评估一下现况。这可能是对变化的自然反应，或者是对未知的恐惧，也可能不止于此，所以，当你害怕时，要自问：

- 此人的愤怒或敌意是针对我的，还是针对组织的，抑或是针对他自己的？这是一种痛苦的形式吗？
- 我处于危险之中吗？如果认为是，就要马上离开并寻求帮助。
- 我是处理该威胁的最佳者吗？如果发现某个特定的情况很难处理，也许其他人能够更有效处理。这是积极的一步，而不是借口（逃避方式）。

永远不要低估一个威胁，但不要做出攻击性反应，这将增加对抗机会：

- 保持冷静，轻柔、缓慢并清晰地说话。
- 不要被引诱到争论中。
- 不要躲藏在你的权威、地位或行话术语后面。
- 要告诉那人你是谁，问他或她的名字，并表达你想让他或她做什么。
- 作为理性的成年人，试着通过讨论来缓和局面，同时记住，你的首要责任是对自己负责。
- 避免攻击姿态。交叉双臂、双手放在臀部、摆动手指或抬起手臂都代表挑战和对抗。
- 要保持距离，并尽量避免俯视攻击者。
- 永远不要触碰愤怒者。

自身处于攻击边缘者有 3 个选择：攻击、撤退或妥协。你需要把他们引向第 2 个或第 3 个选择。鼓励他们活动、走路并去看同事。提供一个折中方案，比如通过讨论来解决问题，或者将其攻击转移到敲打桌子或撕纸之类的动作上。

如果暴力一触即发，要避免处于危险之处，如楼梯顶部、限制性空间或有可能被用作武器的设备存放地。密切关注潜在的逃生路线。要把你自己置于攻击者和门之间，如可能，在桌子这样的障碍物后面。

永远不要转身，做好必要时迅速行动的准备，永远不要和一个暴力活跃分子单独在一起。要离开，要逐步后退。

如果你成功让局势稳定，重新建立接触时要当心。

资料来源：苏西·兰普勒信托，1994 年，第 3 页。©“苏西·兰普勒信托”，2005 年。

针对这种类型的一般性建议已经进行了更精细的调整，以适应具有特殊风险的职业，例如，方框 65 提出了对教师的建议。

方框 65　教师们如何应对攻击

- 要避免在旁观者面前对抗，尤其是在一群小学生面前。一个暴力事件中所涉及的人越少，攻击者就越容易在不失颜面的情况下撤退。
- 请另一位劳动者（最好是资深劳动者）帮助，与来访者讨论问题。
- 保持冷静，说话缓慢，以免卷入激烈的争论。
- 避免使用攻击性肢体语言，比如将手放在臀部、摆动手指、俯视攻击者。

资料来源：英国卫生与安全委员会，1990 年，第 5 页，皇家版权。

暴力事件发生后立即采取行动

暴力事件发生后的行动也很重要，根据工作场所暴力的类型和事件的严重程度，暴力事件发生后流程会有所不同。

根据暴力的性质和严重程度，可能需要警方干预，特别是在发生重大事件的情况下，指南经常对这类事件提供特别建议，特别是涉及暴力或威胁的抢劫事件（方框 66）。

方框 66　向警方报告暴力事件

向警方报告

采取任何其他行动之前，必须在安全的情况下立即向警方报告，警方要求报告如下内容：

- 犯罪类型，如持械抢劫等。

- 打电话者的身份。
- 便于识别的准确犯罪地点，而不仅仅是街道号码。
- 是否有人受伤。
- 对事件的描述。
- 罪犯人数，是否仍在原地，如果罪犯已经离开，要报告逃跑方向。
- 简要描述罪犯和所使用的车辆。
- 是否看到其携带或使用过枪支或其他武器。

如果可能，在警察到达之前，与警方的电话线保持畅通，以便保持联系，并能够毫无延迟地传递指示和信息。

等待警察的到来

在等待警察到来的同时，需要遵循以下基本措施：

- 如果需要，应该对受害者援以急救，并确认专业的救助正在赶来。
- 关上并锁上大门，并在出事地派驻一名工作人员，以便在警察到达时紧急进行应急服务。
- 保留现场和证据，尽量避免接触劫匪可能留下的指纹、脚印或其他证据的地方。
- 不鼓励目击者在警察到达之前离开，并与目击者交谈，或者记录目击者的姓名和地址，并将其交给警方。
- 确保在场者在接受警方质询之前不要讨论这些事件。关于犯罪者的信息，诸如身高、身材、衣着、鞋子、言语、举止、所使用的姓名、所佩戴的首饰以及其他特征，如文身、所持武器、所使用的车辆和登记号码等，应由每位目击者分别进行笔录。

到达事发现场后

当警察到达时：

- 尽可能地帮助他们。
- 警方需要质询所有目击者，适当情况下可能包括全体劳动者。确保他们不会将劳动者的私人信息细节泄露给辩护律师、媒体。要求警方确保不会向媒体公布被盗金额。
- 清点被抢走的钱或财物清单，并尽快交给警方。
- 讨论并同意与媒体联络的安排。

应告知全员劳动者，为保留现场，警方可要求在警署或在抢劫处以外的地方进行质询。

资料来源：经劳动、职业安全和健康服务部许可，新西兰，1995 年，第 15 页。

虽然警方通常会在有明显罪行的情况下起诉攻击者，但这种情况并不经常发生。在这种情况下，受害者可能希望对攻击者提起个人诉讼。在刑事诉讼的案件中，劳动者需要特别的照顾和支持。许多人无任何刑事司法系统的经验，并担心与警方打交道和做证。建议在最初的反应阶段提供帮助和建议，并在警方调查和法庭听证过程中继续提供这种支持。需要考虑的议题包括对劳动者提供额外的支持，因为他们是证人或参与认证环节，这样的任务通常会重新唤醒对暴力事件本身的糟糕记忆。

暴力事件发生后的管理

许多组织的首要错误是没有为创伤性事件管理做好计划和准备，因为劳动者问题不明显或未觉察，另一个常见的错误是未采取适当的暴力事件发生后行动。

规　划

很多来源的资料强调，需要准备暴力事件发生后处理的规划，详细说明组织的事件响应以及如何管理这些事件的规划有助于迅速控制此类事件的混乱和不确定性，如方框 67 所示，对暴力事件发生后的规划能够将不同级别的响应纳入考虑。

方框 67　暴力事件发生后规划

在无法预防暴力事件的情况下，准备工作的重点是减少其影响——将任何事件的持续时间和严重程度降至最低，并提高劳动者的应对能力。

劳动者受到创伤的程度和持续时间在一定程度上取决于当时和之后对暴力事件和劳动者的管理情况，一份组织机构的有详细说明的事件响应规划（如何管理这些事件），有助于迅速控制此类事件的混乱和不确定性。

需要考虑的事项包括如下内容：

- 向受害者家属提供信息和支持。
- 向媒体提供信息。失实的媒体报道可能会增加创伤，确定谁在何时将向媒体通报情况。
- 管理层应与事件中涉及的每个受害者直接沟通，表达组织对个人所做努力的感激之情。管理者的角色是关注利益，而不是提供安慰。虽然一些管理者在与情绪化的人打交道时犹豫不决，但最好说点什么，特别是对那些最痛苦者，而不是忽视这些劳动者。
- 需要向涉案人充分解释事件发生后的必要调查程序，否则，人们通常害怕被用人单位“甩锅”及成为替罪羊。
- 提供直接支持，例如帮助填写必要的表格或将其护送回家。

政策制定

- 组织的政策应详细说明受害的劳动者可获得的权利和支持。一项明确的支持和行动政策可能有助于减轻创伤和减轻不满。
- 这项政策能够概述如何提供支援，包括提供带薪休假、处理医疗开支，补偿被用人单位调职或转职而遭受的其他损失，提供创伤专业性咨询服务，追究违法者所进行的法律代理、起诉或寻求赔偿。
- 应将政策和程序解读为劳动者的安全人员操作手册。需要定期审查政策和程序文件，因为暴力问题的类型和程度会依时而变。

资料来源：商业票据交换所（CCH），2004 年，第 65 章，第 52 页~436 页至第 52 页~462 页，第 62 页、第 423 页～第 426 页、第 444 页。

暴力受害者要经历一系列障碍反应，如焦虑、脆弱和无助感、睡眠障碍、注意力难以集中、恐惧增加、易怒、强迫性思想和图像、羞耻感、愤怒、挫败感、负罪感、信仰和价值观改变以及报复的欲望。专家强调，有必要为暴力受害者提供心理帮助，以消除暴力事件令人痛苦和伤残的后遗症，预防之后发展为严重的心理问题。该响应越快，其效果就越好，所耗费的成本也就越低。

管理支持

管理层应向所有在暴力后受到工作场所压力影响的劳动者提供直接和持续的支持，管理层尤其应该：

- 立即处理暴力事件的后果。
- 在休假方面提供便利或建议、协助处理费用及解决法律问题，最大限度地减少工作场所暴力的影响。
- 向受影响者的家属提供信息和支持。
- 及时启动内部调查。
- 只要笃定有必要，就对案件进行追踪调查。

医疗和心理治疗

应该向所有劳动者（包括不按社会时间工作的劳动者）提供适当的医疗和心理治疗，并且应该让所有受到工作场所暴力影响的劳动者都知道这种治疗的存在。对于可以获得医疗服务的用人单位，如果在受雇专业人员的能力范围内，用人单位应将受暴力影响或有压力相关问题的人转介绍到支持服务机构。当用人单位无该项服务或工作量超过了内部专业人员的能力时，应将劳动者转介绍到用人单位外进行适当的治疗。

事后情况说明会

“事后情况说明会”是指暴力事件发生后的服务，包括一对一的说明或小组会议和讨论。这些活动可由专业的劳动者主持，包括事件中所有或部分的相关人员，其目的是让暴力受害者有机会发泄他们的情绪，并与其他人分享创伤性经历，如方框 68 所述。

方框 68　关爱和支持政策链

“讨论正当时”英国铁路安全指令

制定该安全指令的目的是什么

确保每位涉及事故的劳动者都能得到适当的照顾，在发生这类事件后，正常的程序是由训练有素的事后情况说明员为劳动者提供服务，谈论所发生的事情。

谁是事后情况说明员

接受过支持受害者培训的劳动者。劳动者对事后情况说明员说的话都是保密的。除非劳动者需要进一步的帮助，否则事后情况说明员不会将报告递交给管理层。在此情况下，管理者将与职业健康服务部门作出必要的安排。

什么是令人痛苦的事件

很难给出一个完整的清单——有些人因一些不影响其他人的事件感到痛苦——但它将包括事故、自杀、险些遇难、故意破坏财物、抢劫、袭击。受影响的劳动者可能已经直接或间接牵涉其中。

为什么我们需要一个安全指令

铁路劳动者的职业要求很高。铁路上每天都会发生的事故可能是很多人一辈子都不会遇到的场景和体验。痛苦的反应是正常的，管理者们必须确保劳动者得到应有的支持，这样他们才能继续安全有效地工作。

谈论有什么好处

回顾令人痛苦的事故有助于正确看待它，例如，在发生入侵者死亡事故后，许多人都会问自己：“我能做些什么吗？为什么会发生在我身上？这种事还会再发生吗？”他们可能会开始考虑死亡和临终。事后情况说明员能理解，这些感觉是相当正常的，对大多数人而言，这种感觉会随时间的推移而衰退。

遗忘不是更好吗

如果一名劳动者因一件令人痛苦的事故心烦意乱，他不可能很容易忘记。每个人的反应都不同。有证据表明，直接将问题“公之于众”能够帮助预防以后出现问题。

我还在为前段时间发生的事故而心烦意乱，我能和事后情况说明员谈论这件事吗

可以。可以通过管理者或主管予以安排，也可以直接与事后情况说明员联系。

资料来源：英国铁路公司于1996年4月4日向国际劳工组织提供的资料。

广泛使用的严重危急事件集体减压会（CISD）流程包括7个阶段，如图24所示，严重危急事件集体减压会流程包括一般介绍，然后确定事件事实；讨论暴力事件如何进展和对劳动者的影响；他或她对事件的感受；劳动者的反应；为处理影响而采取的策略；以及评估劳动者重新进入工作场所并继续工作的最佳机制。

根据暴力的严重程度，建议负责该地区的管理者和受暴力影响者，以及在暴力方面有特殊信息或相关专业知识的人要悉数到场。外部顾问也可能要介入此次暴力事后情况说明会。

尽管严重危急事件集体减压会可能帮助暴力受害者，但令人担忧的是，在该领域从业者中可能对其效用产生不合理期望[29]。对危急事件情况说明会的批评和普遍支持仍然存在。类似的保留意见与进行暴力事件后咨询有关。

咨　询

一般还建议将创伤—危机咨询作为一种暴力事件发生后反应的选择。用人单位应按要求与劳动者代表磋商，向所有受工作场所暴力影响的劳动者提供咨询。适当和及时地提供暴力事件发生后咨询，可能会减少受害者和目击者的急性心理创伤和一般压力水平。此外，这种咨询对劳动者进行工作场所暴力的教育，并对工作场所和组织文化规范产生积极影响，从而减少与未来暴力事件相关的创伤。暴力事件发生后咨询包括：

- 当工作场所暴力或压力症状明显时，咨询帮助劳动者解决这些问题。
- 帮助个人识别他们目前行为或反应中的攻击性冲动，以及如何改变他们的行为和态度。
- 在适当的情况下，由同事提供同行咨询。

经认证的劳动者援助专业者、心理学家、精神病学家、临床护士或社会劳动者可提供这种咨询，或者用人单位能将其暴力受害者转诊给外部专业者。此外，可设立劳动者咨询服务、同行咨询或支持小组。在任何情况下，咨询员都必须训练有素，并且对袭击和其他攻击、暴力或欺凌行为相关内容和后果有深刻理解。

一般介绍 设置场景：介绍协调者、小组、目的和基本规则。
事实阶段 每个参与者依次讲述他们在事件中的角色，以及他们看到什么等事实性信息（不要太详细）。
思考阶段 每个参与者依次讲述他们对事件的第一思考。
感觉阶段 每个参与者讲述事件让他们产生了什么感觉。这可能需要时间，也不可能依次进行。
反应阶段 每个参与者都分享他们在事件发生后的反应。时间分别为即刻，一两天内，现在。
策略阶段 正确面对危急压力反应的教育，分享他们处理反应的策略，展示对未来有所帮助的经验。
再入事件阶段 事件总结、原因和策略。给参与者澄清误解，确认理解的机会。

资料来源：米歇尔（Mitchell），1983 年，第 36 页～第 39 页，以及米歇尔和小埃弗利（Everly Jr），2001 年，引自麦克纳利（McNally），2004 年。

图 24　重大事件压力管理汇报流程

一些受害者，特别是在发生重大暴力事件的情况下，可能需要**长期支持**。视具体情况而定，这类长期支持包括延长专业咨询，帮助此类受害人对该暴力事件的长远影响达成协议，并帮助他们重返工作岗位。

虽然保密对于所有形式的咨询都是至关重要的，但最重要的是组织整理关于所有形式的工作场所暴力的类型、模式和发生率的记录。记录保存完好非常重要，因为可以针对高风险场所和情景提供预防策略。

记录和报告

所有专家都强调记录和报告工作场所暴力的重要性（方框 69）。建议将记录和报告扩展到所有暴力事件，包括未造成实际人身伤害的轻微和潜在暴力事件。

方框 69　记录和报告暴力事件

使用报告系统协助危害识别

单位组织应将其报告要求与工作场所的特征和文化相匹配，这很重要。

与有心理问题的客户一起工作的劳动者可能会经常受到身体暴力和语言暴力。然而，如果这种行为与客户评估的情况一致，劳动者可能会认为这是“工作的一部分”，直到这种行为变得极端时才予以报告。在这些情况下，用人单位应该与健康和安全代表及劳动者磋商，使用已经建立的报告系统来识别所有职业性暴力有害因素。可以在相关的患者病例管理表上记录暴力事件，应定期监测劳动者关注的问题和当前预防措施的有效性。

对于暴力高频发生的情况，传统报告系统的改变包括：

- 暴力事件抽样（定期对暴力事件进行详细抽样）。
- 定期评估现有患者或客户的治疗文件。

为什么危害和事故报告很重要

用人单位能够：

- 准确识别职业暴力的性质和程度。
- 对报告的问题迅速采取行动，将其“扼杀在萌芽状态”。
- 评估措施是否有效。
- 确保暴力事件所涉及的劳动者通过劳动者援助或事后情况说明会等项目得到及时帮助。

资料来源：维多利亚州劳保机构，2003 年，第 20 页～第 21 页。有关所用参考资料的更多信息和未来更新，请咨询维多利亚州工作保护局网站（www.workcover.vic.gov.au）。

不应该忽略表面上看起来微不足道的事件，因为它们可能之后有相关性，能帮助检测行为的持续模式或识别攻击升级。

我们鼓励用人单位设计一个系统，让所有劳动者均可随时记录及报告暴力事件，某些暴力事件可能被错误地考虑为不值得记录：

> 用人单位可能不愿记录工作场所的凶杀案和一些非致死的袭击事件，因为它们通常代表着触犯了刑法。然而，用人单位对伤害或疾病的记录不一定能推断用人单位或劳动者有过错，或根据劳动者赔偿制度，发生了违反安全行政令的行为，或发生更重要的违法行为，触及刑法典的内容[30]，伤害或疾病是可以赔偿的。

建议所有劳动者都应该知道如何以及在哪里报告暴力行为或暴力威胁，而不害怕被报复或遭受批评，还应鼓励劳动者报告他们遭受过的极度或不必要的暴力风险，并对降低暴力风险或改善不良工作条件提出建议。

除了汇总工作场所暴力事件的记录，用人单位还有一系列其他数据来源，这些数据包括保险索赔、根据职业安全和健康法和普通法提出诉讼，如果劳动者或管理者在工作场所暴力事件后有法律案件悬而未决，有必要提供法律支持服务。

法律援助

暴力事件后支持可能还包括法律援助，为复杂和冗长的赔偿程序提供便利，在适当情况下，劳动者组织、专业组织、同事应作为代表，提供法律援助，该支持可包括：

- 协助和支持警方的程序。
- 就具体案件中可供选择的方案咨询法律意见。
- 出席会议、调查和听证。
- 工会和组织接受与工作场所暴力有关的法律问题的培训。
- 如果有要求，由来自少数民族或其他少数族裔社区群体的工会成员担任工会代表。

因此，暴力事件后的全面支持可能涉及组织的一系列功能领域，如果劳动者因工作场所暴力事件严重受伤或残疾，康复服务可能会持续一段时间，直到劳动者恢复。

康复

受害者或许要求长期的康复并要求帮助安排再就业。应该提供康复服务，并告知所有受到工作场所暴力及其压力后果影响的劳动者。用人单位应与劳动者代表合作，在整个康复期间为劳动者提供支持，并容许有必要的时间予以恢复。只要有可能及方便，就应该鼓励劳动者重返工作岗位，开始时要避免安排压力太大的硬任务。最初可能需要特别的工作安排，以便重返社会。最后，暴力威胁源随着时间的变化而变化，必须调整暴力事件发生后的支持规划和策略。

监测和评估

最后，在反暴力措施实施后，需要定期审查和检查其成效，这一审查和监测过程是必不可少的，并将在全面的政策和策略中大力强调，包括以下要素：

- 使用一个劳动者能够定期提供反馈的系统，监测已引入暴力预防措施所致的改善成果，检查这些措施是否运营良好，并在必要时采取更多的改善措施。

- 对暴力情况进行仔细监测不仅能够评估每项变化的影响，还能确保识别任何遗留问题，或问题性质的变化。
- 召开管理层和劳动者联合会议讨论，所采取的措施。
- 如果这些措施效果良好，就继续实施。如果暴力仍然是个问题，就试试别的办法。再回到第二条和第三条，确定其它有效的暴力预防措施。
- 定期审查工作场所暴力管理规划[31]。

各种指南通常为具体行业部门（如银行业）的监测和评估提供具体建议。原则上，工作场所发生暴力的风险越高，所采取的预防措施就应越严格，对这些措施的监测和评估也就越频繁和严格。因此，应启动“规划→行动→检查”的循环，而评估是反暴力措施循环的最后阶段（方框 70）。

方框 70 抗击暴力的措施的建模与评估

虽然承认某些劳动者群体（如女性、青年劳动者和无保障就业者）总体上比其他劳动者们更容易遭受暴力，但这并不等同于对暴力的简单化解读，对暴力的简单化解读往往侧重于违法者和受害者的人格特征和概况。相反，本文认为只有综合考虑个人、环境、组织、社会和经济因素的整体模型，才能反映本暴力现象调查的复杂性。这样的模型还必须捕捉所涉及的动态过程，此过程中，行动和反应通常紧密地交织在一起，并且无法总能预测结果。无论是身体还是生理，单一的模型或框架不可能完全解释所有类型的暴力，因此，为了充分解释针对性别、种族和性取向的骚扰行为，人们不得不借鉴更具意识形态的理论和模型。

严重的身体暴力似乎与特定的环境因素密切相关，其中许多因素与所从事的工作类型有关，因此不易将其消除。许多被确定为暴力和骚扰征兆的组织因素可能处于组织的控制之下，因此易受影响并作出改变……必须接受挑战，齐心协力进行干预。

资料来源：迪·马蒂诺，赫尔和库珀，2003 年，第 87 页。

在考虑了工作场所暴力控制循环的不同阶段后，以下的讨论为在一系列工作场所环境中应用此方法。

注释：

[1] 罗杰斯和查普尔，2003 年。

[2] 伊索尔德（Isolatus），2002 年，第 13 页～第 15 页；以及罗杰斯和查普尔，2003 年，第 15 页～第 17 页。

[3]罗杰斯和查普尔，2003年，第15页～第17页。
[4]加利福尼亚州职业安全与健康管理局，1995年，第2页～第3页。另见同上，1998年下面给出的引文是经加利福尼亚州职业安全和健康部劳资关系司许可复制的。
[5]另见商业票据交换所（Commercial Clearing House，CCH），2004年b，第65期，第52-000节～第52-090节，第61页、第501页～第561页、第622页。
[6]瑞典国家职业安全与健康委员会，国际文化交流组织（AFS Intercultural Programs），1993年1月14日，第9页。
[7]引于布什和奥谢，1996年，第295页。
[8]同上。
[9] 卫生与安全行政部门（Health and Safety Executive，HSE），1991年，第4页。
[10]国际劳工组织，1993年，第81页～第82页。
[11]同上，1987年，第5页。
[12]同上。
[13]同上，1993年，第62页。
[14]同上。
[15]同上，第63页。
[16]欧洲委员会：人权与生物医学公约，西班牙奥维耶多，1997年4月4日。中文译文：赵西巨（2005），欧洲人权与生物医学公约（节译）。《法律与医学杂志》（02），第155页～第157页。
[17]欧洲工会联合会（European Trade Union Confederation，ETUC），2004年。另见同上，2003年。
[18]斯旺顿和韦伯，1990年，第41页。
[19]《国家商务》（*Nation's Business*），1995年2月，第22页。
[20]比尔曼和梅施库塔，1995年，第31页和38页。
[21]卫生服务咨询委员会，1997年，第8页。
[22]斯旺顿和韦伯，1990年，第35页。
[23]同上，第11页～第38页。另见梅休和查普尔，2001年。
[24]新西兰政府劳工部，1995年，第9页。
[25]英国健康与安全委员会，1990年，第4页。
[26]英国健康与安全管理局，2003年。
[27]伊斯蒂尔（Easteal）和威尔逊（Wilson），1991年，第39页。
[28]瑞典国家职业安全和健康委员会，1993年AFS，1993年9月21日，第5页。
[29]希利·杨（Hiley Young）和格里蒂（Gerrity），1994年。
[30]美国加州职业安全与健康管理局（CAL/OSHA），1998年，第15页。
[31]新西兰劳工部，新西兰职业安全与卫生部，1995年，第15页。

（本章第167页至第189页内容由吴菁翻译，第190页至第204页内容由申文亚翻译；审校：张敏）

第七章 最佳实践

随着对必须解决工作场所暴力问题的意识日益提高，公共和私营部门已发起了许多协助预防计划。本章所描述的启动计划摘录于多个国家、企业和组织。从群体层面，它们代表了凭着开创性和努力，预防或减少工作场所暴力的破坏和成本高昂的影响能够实现。从个体层面，这些案例意味着，识别和设计反映特定工作场所的特殊需求和细微差别的方案是非常重要的。虽然无预防和应对工作场所暴力的范本，但通过研究该领域“最佳实践”的范例，所学甚多。

组织和跨国企业中的预防框架

为解决工作场所暴力而采取任何具体初级干预措施之前，最佳实践表明，必须在特定环境中为具体干预措施做好准备。用人单位和劳动者必须通过宣言阐明其意图和政策，表明他们会建立一个安全、有保障和无暴力的工作场所。以下宣言和相关行动方案摘自一家跨国企业、一家公共卫生局、一所大学、一个地方政府、一家工会组织、一个国家政府、一家私营机场公司和一家公共交通组织。

一家跨国企业

东芝（Toshiba）是一家跨国企业，东芝行为标准声明详细说明了所有劳动者要遵循的一系列行为标准，以维持预期绩效。

领导者和劳动者应：

接受和包容不同的价值观，尊重每个人的性格和个性，遵守每个人的隐私权和人权，避免任何根据种族、宗教、性别、国籍、身体残疾或年龄的歧视行为，避免身体虐待、性骚扰或侵犯他人的人权[1]。

一家公共卫生局

在澳大利亚一个州，一家公共卫生服务机构成立了一个特别工作组，负责检查政策选择的范围，评估不同形式暴力的发生率，确定风险因素，并制定干预措施。该工作组众多成果之一是出版了详细的政策文件[2]，包括《零容忍：应对暴力》（Zero Tolerance：Response to Violence），方框 71 提供了政策框架的一些摘录。

方框 71　新南威尔士州卫生健康部门对暴力的应对

新南威尔士州（New South Walses，NSW）医务工作者有权在无暴力的工作场所工作，患者和其他人有权在无人身安全风险的治疗环境中看病或接受医疗卫生服务。

所有卫生服务机构必须制订一项以消除暴力行为为重点的暴力预防计划。如果无法消除暴力风险，则必须采纳与劳动者磋商而制定的控制策略，尽可能将其降低到最低水平。

此外，根据新南威尔士州预防和管理卫生工作场所暴力问题特别工作组的一项重要建议，新南威尔士州卫生健康部门对卫生服务场所的任何人和在社区工作的新南威尔士州卫生劳动者的所有形式的暴力行为，采取了“零容忍应对”政策。

“零容忍应对”意味着在所有暴力事件中，都将采取适当行动，保护劳动者、患者和来访者免受此类暴力行为的影响。

卫生健康服务部门必须确保管理者和劳动者得到适当的培训和装备，使他们能够迅速、一致和适当地作出应对，以便在暴力事件发生时有效地管理，并尽可能预防其再次发生。

管理者必须了解并履行其在预防和管理暴力方面的责任，并鼓励和支持劳动者在面对暴力时根据该文件作出适当应对。

全体劳动者必须遵守当地预防暴力的政策和策略，报告所有暴力事件，知道他们在面对暴力时的选择，训练他们选择的一致性，并知晓他们这样做将会得到适当的支持。

卫生服务部门将致力于建立和维持对暴力行为“零容忍”的文化，以及能够促进和支持“零容忍应对”的工作系统和环境。

该文件对暴力风险管理和零容忍应对提供建议，应予以优先实施。

创造“零容忍”文化

为了使“零容忍应对”取得成功，每位首席执行官、管理者和劳动者都需要识别并承认暴力是不可接受的，新南威尔士州卫生部门致力于解决此议题。

“零容忍应对”的成功实施，不能孤立地传递信息，全体劳动者要基于以下原则：

- 知晓如何报告暴力事件，并鼓励和支持报告暴力事件。
- 在暴力处境下，能够获得培训、工作环境、设备和程序，以保证他们能够自信地应对暴力情况。
- 知晓他们的响应将得到管理层的支持。
- 知晓管理层会在暴力事件发生后作出适当响应。

管理层承诺，特别是首席执行官和高级管理层，成功创造“零容忍”文化至关重要。如果无首席执行官的鼎力支持，此方法可能只会取得有限的成功，因此，首席执行官和高级管理者应该在建立“零容忍”文化方面发挥可视的、积极的价值作用，最重要的是要发挥示范引领作用。

资料来源：《新南威尔士州健康》，2003 年，第 7 页～第 8 页

该特别工作组的一系列结果为澳大利亚不同州的其他公共卫生当局确立了行动基准，许多司法区现在正在使用新南威尔士州的原则和出版物作为类似“零容忍”和其他预防方案的基础。然而，不仅仅是公共卫生当局的劳动者面临来自客户和顾客不断攀升的暴力浪潮。

一所大学

教育部门中包括初中、技术培训学院和大学的劳动者也面临风险，施暴者可能是学生、其他劳动者或公众成员，方框 72 包含一份将大学建设为无暴力校园的承诺声明。

一家地方政府

一些地方政府正在详细制定所有劳动者应有的行为标准，除了管理者和劳动者之外，这些行为标准还能适用于所有承包商和服务提供者，方框 73 中展示了一家地方政府的“零容忍”政策。

“零容忍”政策引入后，研究人员还对埃尔森特罗市的工作场所暴力风险进行了评估。虽然正在实施这一原则，但并不总是进行支持性培训，因此，与大多数工作场所暴力政策

方框 72　降低大学的工作场所暴力风险

索诺马州立大学承诺为大学社区的所有成员创造和维持一个免受暴力的校园环境。

对大学社区所有成员的礼貌、理解和相互尊重，是卓越的教学、工作场所安全以及维护服务于所有成员需求的文化和环境的内在要素。

索诺马州立大学不容忍大学社区成员在校园或校园赞助的活动中针对他人或财产的暴力和威胁。

就本政策的目的而言，暴力和暴力威胁包括但不限于：

- 任何身体攻击的行为。
- 可以合理地解释为具有以下潜在可能性的任何威胁、行为或行动。
- 伤害或危害他人安全的可能。
- 导致攻击行为的可能。
- 毁坏或损坏他人财产的可能。

任何大学社区成员在校园内或在校园赞助活动中对他人或财产实施暴力行为或威胁实施暴力行为，应根据既定程序受到纪律处分，包括被大学开除或被用人单位解雇，以及可能采取的任何民事、刑事处罚（视情况而定）。

每位管理者、教职人员、劳动者和学生都有责任认真对待任何威胁或暴力行为，并向有关当局报告暴力行为或暴力威胁。

资料来源：索诺马州立大学，1998 年。

一样，定期审查和评估会导致调整：

> 针对工作场所暴力的“零容忍”政策在埃尔森特罗市仍然有效。自 1996 年至今，我知道在 3 起劳动者之间的工作场所暴力相关事件，有 2 起受到纪律处分，直至解雇，其中 1 起被推翻。此外，其中 2 起事件是在过去 1 年内发生的。由于最近发生的 2 起事件及人事部多年来未在此方面进行培训，我们的安全委员会建议对所有劳动者进行强制性培训，以做到遵守规定，并消除所有工作场所暴力[3]。

一家工会组织

1998 年，西班牙劳工工会委员会（CC.OO）发起了关于工作场所性骚扰的研究项目，该项目由“达芙妮方案”资助，该项目是欧盟打击针对女性、年轻人和儿童的暴力行为的

方框 73 一家地方政府的“零容忍”政策

（加利福尼亚州）埃尔森特罗市对工作场所暴力采取了“零容忍”政策，它承认工作场所暴力在全国范围内是一个日益严重的问题，需要所有用人单位努力解决。根据此政策，不得容忍涉及或影响埃尔森特罗市或发生在该市的身体暴力行为或威胁（包括恐吓、骚扰和胁迫）。

禁令的应用

埃尔森特罗市禁止暴力的行为和威胁适用于该市所有人，包括但不限于该市居民、合同制劳动者和临时劳动者以及涉及埃尔森特罗市的其他人。任何人在该市违反此政策，或其行为影响城市商业利益和公共利益时，将视情况对其采取法律行动。如果劳动者违反本政策的任何规定，可能会受到纪律处分（根据《城市人事规则和条例》或《谅解备忘录》的规定，直至并包括解雇）。本政策及与之相关的任何处罚应视为对《城市人事规则和条例》《谅解备忘录》相关条款以及适用的州和联邦法律的补充。

劳动者的义务

鼓励该市每位劳动者和埃尔森特罗市的每个人报告他或她知道的威胁或身体暴力行为事件。

如果报告者不是市政府劳动者，则应向埃尔森特罗市警察局报告。

如果报告者是市政府劳动者，则应向报告者的直属主管报告，如果无直属主管，则应向管理层的主管部门报告，或向市人事部报告。每位主管应立即将此类事件向合适的管理层主管报告，后者应根据《城市人事规则和条例》或适用的《谅解备忘录》采取正确行动。在启动任何导致纪律处分调查的同时，管理层主管应向埃尔森特罗警察局报告身体暴力行为或威胁事件，后者还应向市人事部提供追踪报告。

注意本政策不改变城市政策或州、联邦或其他适用法律规定的任何其他报告义务。

培训

该市将为劳动者提供培训机会，了解与工作场所暴力相关的风险因素，并妥善处理紧急情况，以将工作场所发生暴力事件的风险降至最低。

政策的传播

所有劳动者都将收到这份政策的复印件，人事部将向所有新入职的劳动者发放这部分政策的复印件，作为其入职培训的一部分。

资料来源：埃尔森特罗（El Centro），道格拉斯·G. 德特林的信，1996 年 5 月 8 日。

启动计划，该项目旨在更好地了解工作场所暴力的维度、模式和风险因素。

“潘多拉项目”，由西班牙劳工工会联合会妇女秘书处与西班牙女性研究所（Instituto De La Mujer）以及瑞典和爱尔兰的合作伙伴工会协调。该项目认识到根据女性的日常经历和问题得出结论的重要性。一项概念化的调查在西班牙、瑞典和爱尔兰 3 个国家同时进行，该调查组织了几次焦点小组讨论，检查女性和男性对其工作的看法、他们与同事的关系以及他们的性骚扰经历，参与者是代表了不同层级职位和专业群体中不同职能的劳动者的横截面样本。

西班牙的调查结果显示，18.4% 的女性劳动者遭受过性骚扰，而男性劳动者为 8.8%[4]。官方数字可能并不代表问题的真正规模，因为许多女性未报告性骚扰事件或选择回避及逃避来处理性骚扰。已经发现投诉的常见后果是指责受害者，“该项目发现，骚扰与女性从事的工作类型有关，而且与歧视和缺乏体谅有关”[5]。

该项目的结论说，性骚扰深深植根于工作场所文化，包括业务准则和晋升制度，单纯依靠立法不能解决此问题，推荐采取以下 2 种方法作为预防措施：

- 加强促进男女权利平等和重新分配工作时间。
- 通过宣传、会议和讨论，提高各级女性劳动者的意识。

该项目报告还疾呼：

- 工会和公司都应采取更多措施预防性骚扰，促进集体谈判，并采用内部程序报告暴力事件。
- 在同事和工会代表中为女性劳动者建立支持结构应是首要优先事项。
- 需要培训工作监察员，处理与性别有关的问题，特别是那些与小企业打交道者。
- 劳动法（而不是刑法）只应作为最后手段使用[6]。

由于提高意识和提供信息是优先需求，因此“潘多拉项目”发起了新闻发布会和宣传运动，在追踪行动中还出版了一份反性骚扰指南，供管理层、劳动者和工会使用。此外，方案还建立了一个全欧洲范围的网络以打击性骚扰，并与各国政府建立了必然的联系。

国家政府层面

工作中的暴力和压力是马来西亚社会和企业的主要威胁。据政府机构、工会、用人单位组织、非政府组织和媒体报道，越来越多的劳动者在工作中受到压力和暴力相关情况的影响。根据马来西亚皇家警察对工作场所暴力案件的研究，在 1997 年至 2001 年 5 月，工作场所发生了 11851 起强奸和猥亵案件（6082 起强奸案件和 5769 起猥亵事件）。以前只从犯罪的角度来看待这些问题，然而，越来越多的媒体关注并从其他国家的经验中吸取教训，使这一问题成为优先考虑的职业安全和健康问题。

马来西亚政府已通过职业安全与健康部（the Department of Occupational Safety and Health，DOSH）采取措施处理这些风险，特别值得一提的是工作中的压力和暴力议题是“职业安全和卫生机构能力建设”的联合合作项目的优先领域之一，该项目涉及马来西亚职业安全与健康部和联合国开发计划署（UNDP）。

该项目内容之一是提高马来西亚职业安全与健康部官员对工作压力和暴力的认识。在该项目的支持下，马来西亚的 1 名高级官员被派往欧洲参加一项奖学金项目。2001 年 10 月，国际劳工组织日内瓦总部的 1 名高级官员被派往 DOSH 担任顾问，为期 1 个月。该项目的成果之一是起草了《预防工作场所压力和暴力指南》[7] 的文件。

迪・马蒂诺和穆斯里还编写了一本关于在工作场所预防压力和暴力的培训手册[8]，2001 年 10 月，在马来西亚职业安全与健康部举办了一期基于该培训手册的试点课程。作为马来西亚职业安全与健康部、美国职业安全卫生研究所、马来西亚科学大学和国际劳工组织合作项目的一部分，2 个研讨会的重点是如何管理工作中出现的新风险，使用 1 种名为“SOLVE”的方法（压力、暴力、烟草、酒精和毒品、艾滋病和暴力，有关 SOLVE 的更多信息，请参见第八章）。这些研讨会旨在为参加者提供所需的知识和技能，使他们能够将上述问题整合到全面的公司政策之中，并随后制订一项行动计划，以减轻这些问题。

随着全球化和工业化程度的提高，预计未来马来西亚工作场所暴力事件的发生率将增加。为了减轻对企业的影响，已经制定了将工作中的压力和暴力整合到马来西亚职业安全与健康部工作方案的政策框架，目前正考虑在此领域采取进一步行动。

一家私营机场公司

位于德国美因河畔法兰克福的法兰克福机场公司制定了法兰克福机场服务全球公司协议，该协议于 2001 年 1 月生效[9]。该协议基于一种以合作为基础的企业文化特征，旨在打击工作中的仇恨和暴力的氛围，预防歧视，并促进所有劳动者的机会平等。不歧视原则适用于所有劳动者，涵盖针对肤色、国籍、种族、宗教、年龄和性别等形式的歧视，包括无意和故意的贬低、羞辱、骚扰和攻击。管理层和工会共同负责政策和相关规划的实施，并将书面政策传达给所有劳动者。

根据法兰克福机场服务全球公司的协议，受害者有权投诉。由联络人和办公室负责，包括上级、工会、青年代表、女性发展协调员或人事推荐人。这些人的角色是向涉案者提供建议和支持，调查和记录事件，通知机构和建议措施，且要求他们立即承担责任，或在事件发生后 1 周内承担责任。此外，必须确保提交投诉不对受害者造成不利影响，而且必须保密。

在发生歧视或其他不受欢迎的行为时采取的措施包括非正式和正式处罚。非正式处罚可包括口头警告、警示或训诫。根据工作法采取正式处罚，可包括重新分配岗位、书面警告或解雇。

通过考虑到劳动者的多样性的人员培训和组织措施促进机会平等，为外国劳动者开设的语言课程或为他们的德国同事开设课程，帮助他们更好地了解外国劳动者的需求和文化，还要注意主管的培训方案和主持人的选举。

法兰克福机场服务全球公司的协议是少数监测和评估整合到协议中而不受一个单独程序约束的政策文件之一，每年劳动者委员会都会收到一份基于合作伙伴关系的行为报告，其中包括女性发展协调员等。建议用人单位与劳动者委员会磋商后，根据情况采取改善措施。该报告的结果、建议和新措施随后通过大会或内部媒体传达给劳动者。

在几个国家较大的组织中，这种全面的政策文件正在变得司空见惯，无论是私营企业还是公共部门组织都在努力地寻找“最佳实践”的榜样予以效仿。

一家公共交通组织

已有一系列关于公共交通劳动者的工作场所暴力的报道[10]，虽然不同形式的公共交通工具的风险不尽相同，这些风险存在于大多数国家：

> 为了减少布鲁塞尔公共交通系统中不断增加的故意破坏财物和攻击行为，运营商决定采用一系列预防措施，包括：
>
> —— 立即加强监测服务的执法工作（一般监测、警犬大队），以及在每辆车上增加由两三个代理人组成的小组。

—— 引入攻击管理方案，包括预防、劳动者培训以及对受害者的护理和支持。

—— 安装摄像机和无声报警器。

—— 在车外或车上用信用卡购买车票。

—— 选择性采取预防行动。

—— 加强与警察机构的合作[11]。

也就是说，公共交通行业预防工作场所暴力的“最佳实践”是多因素的，并根据特定交通方式确定的具体风险因素进行微调。根据具体地点的风险，干预措施也有所不同，例如，可能需要在风险较高的时间实施额外措施，如周五或周六晚上。

预防骚扰和欺凌的指南

政策需要以集体协议和内部工作文化支持为基础，确保公平和知情的方法，包括诉讼报告和调查方面的困难，欧洲安全、健康和劳动局（European Agency For Safety And Health And Work）已经确定了一些基本步骤。

制定一项具有积极社会互动的明确的指导方针，包括：

- 用人单位和劳动者做出伦理承诺，营造一个无欺凌的环境。
- 概述哪些行动是能接受的，哪些是不能接受的。
- 声明违反本组织标准和价值观的后果以及所涉及的处罚。
- 指明受害者能够在哪里以及如何获得帮助。
- 承诺确保“无报复”的投诉。
- 解释投诉程序。
- 澄清管理者、主管、负责联络和支持的同事、工会代表的作用。
- 详细说明如何为受害者和施暴者提供咨询和支持服务。
- 维持保密性[12]。

重要的是，在劳动者及其代表的参与下，制定和采用一项明确而全面的政策，列出针对骚扰和欺凌等复杂问题要采取的程序和行动。一项政策只有在积极实施并监测、评估其有效性的情况下才会有效。

初级预防干预措施

上面提到的许多例子阐明了良好实践的政策声明。这些政策也需要在工作现场以实践的方式有效实施。可操作性预防措施重点关注减少或消除工作场所暴力的风险，可能包括环境措施、工作程序和整合到社区的干预措施。

工作环境

以下预防策略的例子来自荷兰阿姆斯特丹[13]。荷兰社会服务部门（the Social Services Departmeng）已采取措施，利用“通过环境设计预防犯罪”的技术处理客户施暴风险。众所周知的是，犯罪科学研究表明，一个设计良好、令人愉悦、维护良好的环境能减少攻击。与之相反，工作场所物理环境中设计不佳的特征可能会触发攻击或加剧环境压力。

在阿姆斯特丹的例子中所采取的预防措施，始于仔细设计办公室的位置，并通过提供足够的停车位，确保公众容易进入。大楼和办公室内部的氛围是基于改善对客户的友好性而创造的：指示方向的标识，清晰的等待号码系统，以及提供自动咖啡机和电话等设施。等候区还为孩子们提供了特殊的玩耍空间，并为客户提供娱乐设施，包括 1 台电视和书刊。所选用的颜色也增强了让人平静的氛围。为了劳动者的安全，特别注意固定设备，包括特殊的办公家具，提高了劳动者的安全，并在保持客户友好的氛围的同时融入了工效学原理。

该社会服务部门与一家设计顾问公司合作，增加了 2 项特别的办公室设施：柜台和谈话室。柜台设计得足够宽，客户不能触碰到劳动者，柜台也足够高，无人能跳过柜台。在柜台的客户端，每个面谈处都用吸音材料与相邻处隔开，因此，即使当 2 个客户并排站在该柜台时，也可保护其隐私。如果需要，可在劳动者和客户之间放置安全玻璃。

在谈话室里，办公桌的大小出于安全考虑，既宽又高，而且足够重，以防被投掷。在任何可能的情况下，都会安装第二个出口，以便劳动者在必要时可以通行无阻地逃离。

安装的安全措施包括柜台的警报器、监控摄像系统，以及可固定在柜台或墙壁上的监视器；通过海报告知客户监控摄像系统监测——这可能会起到威慑作用；雇用安保人员为劳动者提供支持（1 年中暂时处于高危时期或永久处于高危地区），这也具有威慑作用。

该策略的结果总体上是积极的，减轻了劳动者的工作压力，改善了劳动者的工作环境，并改善了对客户的服务。工作文化的改变也通过创建开放讨论暴力事件的沟通氛围以及不责备受害者的文化而实现。关键的成功因素之一是保持政策和策略的可视度和动态性。然而，一个确定的失败是，许多上级仍旧低估了该问题的严重性。成本效益分析表明，预防暴力策略的直接成本为每年 27.5 万欧元，而与暴力有关的间接成本（如病假）估计为每年 90 万欧元。

在同一工作地点，预防不同劳动者之间的攻击的适当策略是完全不同的，可能出现的一个特殊问题是根据民族或种族差异的攻击。

尊重多样性，预防歧视和骚扰

一家企业引入了一项策略，主要通过初级干预措施解决内部各种形式的暴力和骚扰，重点是性骚扰和歧视。捷安特是一家自行车制造商，1996 年将欧洲市场的生产从中国台湾迁至荷兰[14]，其暴力防控策略是整个人事管理政策的组成部分，由于捷安特的劳动者来自 22 个不同的国家，积极管理他们的多样性是必要的。

该政策的重点是预防一切形式的不当行为，并促进尊重所有人多样性的文化，关于暴力和骚扰的“零容忍”声明从一开始就明确传达给每位劳动者，大力保持良好的工作氛围，其主要预防措施有：

- 研讨会：每年都会组织几次研讨会，讨论工作满意度和工作质量等主题；参加研讨会是每位劳动者的义务，在工作时间内组织且每次持续几个小时；研讨会的结果是，在全体劳动者的参与下，制定了工作中与行为和沟通相关的规则和条例。
- 会议：每 2 周组织一次会议，总体而言，让劳动者有机会谈论他们的感受和问题。
- 沟通：每位新入职的劳动者都会收到一个文件夹，里面有介绍性信息，包括业务准则和“零容忍”声明；黑板和内部时事通讯是向劳动者传达信息的其他渠道。
- 领导力：所有主管都了解该策略，并接受暴力和骚扰相关内容的管理培训。

申诉程序也已就位，受害者能够向他们的直接主管、外部劳动者代表或内部社会劳动者报告，人事管理者负责采取所有措施，程序文件包括调解、官方调查、处罚和通过内部社会劳动者为受害者提供支持。

这项政策是通过中层管理者制定和实施的，由于他们在日常工作中必须处理一系列歧视、骚扰和其他形式的工作场所暴力，他们对此表示支持。劳动者参与了政策的制定，并通过持续的参与性沟通和研讨会上的年度评估讨论支持此政策；另一个积极的结果是良好的工作氛围。开展研讨会、会议和沟通策略的费用包括在人事预算中。然而，这些成本估计将从该组织的整体收益中得到全部回报。

加强尊重多样性，并促进积极行为标准的政策和策略也能在经常与公众打交道的组织中实施，例如，公共交通组织经常有来自不同社会经济和种族背景的乘客，其中一些人在与劳动者打交道时采取攻击性姿态。

以社区为基础的干预措施重点关注潜在的施暴者

不来梅电车公司（the Bremen Tram Compamy）是德国北部一个中等城市的公共交通组织，该公司实施了一系列综合策略，以解决其劳动者的“内部”攻击以及顾客的“外部”暴力问题，包括预防、干预和康复措施，在一项独一无二的举措中，公司协助开发针对年轻施暴者的休闲设施：

> 在该镇的一个被称为“热点（hot spot）”或有问题的社会环境的地区，年轻人和电车公司的劳动者之间出现了冲突。由于该地区缺乏年轻人的休闲设施，导致该公司的一个终点站被用作烦闷的年轻人的聚集点。随着故意破坏财物、对乘客的威胁和对劳动者的袭击不断恶化，暴力形势不断升级。警方的干预越来越有必要，如果破坏和威胁不停止，会进行重大干预。

在此阶段，一个自发的多元文化项目小组于 1996 年成立，劳动者在“沟通而不是对抗”的口号下解决与青年的冲突，开始与各有关方面进行合作解决问题。他们在终点站开展了一项以社区为基础的行动，面向该地区的年轻人和其他公民以及警察和社区服务。他们一起为年轻人建造了一个能遮阳挡雨、组织聚会、会议和讨论的聚集点。

该行动起到了非常积极的效果，增进了双方相互了解从而更好地互相理解各方日常面临的问题，并愿意在冲突情况下寻找解决办法。

该行动的效果包括：

- 改善终点站的工作环境，使劳动者感到更安全。
- 提高了客户满意度。
- 因破坏行为造成的损失减少了 30%，每年达 30 万欧元[15]。

此全面启动计划涉及该组织、攻击行为的施暴者和受害者以及当地社区成员之间的密切联系，其他工作场所暴力的预防策略涉及各组织、处于风险的劳动者、当地社区和警察服务之间的合作。

社区参与和与警方合作

众所周知，急诊科的劳动者面临暴力和骚扰的极端风险，英国 NHS 信托的一家医院发生的暴力与日俱增，已经成为日常工作的一部分，劳动者被严重影响，他们描述自己"被打得头昏眼花"[16]，只报告了最严重的暴力事件。

最初的措施包括为劳动者安装安全摄像头和防护屏，然而，这在减少暴力事件方面未显示出足够的效果，身体和语言暴力仍在持续。随后，医院启动了与当地警方的合作。

起初，在周五和周六晚上、圣诞节和新年的晚上，急诊科都会有警察在场。这些时间是高风险的时间段，警察在场不仅减少了暴力和骚扰事件，而且提高了劳动者的士气。

受到这些积极影响的鼓舞，下一步是在医院区域内重新安置警察基地，如设在急诊科旁边。住宿和停车设施由医院提供，其他费用由警察机构承担，这种干预以低成本实现了巨大的互惠互利。现在医院每天早上 8 点至下午 2 点都有警察在场，对防范对劳动者的暴力和骚扰起到了威慑作用。此外，医院劳动者感到放心并且非常感激警察在场，从而改善了医院和警察之间的关系，更好地了解彼此的程序。

到目前为止，本章已经描述了一系列可以预防或最大限度地减少工作场所暴力危害的干预措施。然而，无论工作场所暴力预防政策的制定和实施如何堪称典范，仍有可能发生暴力事件。因此，在制订计划过程中必须始终考虑的一个方面是暴力发生后要采取的行动和应提供的支持。

第二级干预措施

第二级干预措施包括在发生暴力事件时适当的应对计划和有效的报告程序，下面的例子为劳动者提供了在高风险情况下采取适当行动的指导，并描述了一种可用于报告暴力事件的工具。

荷兰一家医院的工作场所暴力事件

2001 年，荷兰霍恩的韦斯特·弗里斯（Westfries Gasthuis）医院记录了 300 起暴力事件，劳动者的不安全感与日俱增。

该医院制定了一项“安全护理”计划，并与项目负责人、警方代表、检察官和执行委员会举行了讨论会[17]。该医院成立了一个由高危部门的不同劳动者组成的工作组。一项调查显示，大多数事件发生在周末晚上，在接待处或总机处、急诊室和精神科发生的事故最多。

该工作小组草拟了一份风险清单，并用颜色在医院平面图上标出了风险较高的区域，这张带有颜色编码的风险图用于讨论如何改进：

- **红色**：攻击和暴力的高风险区域，该区域可能包含对犯罪分子有吸引力的贵重物品。
- **黄色**：有一定的攻击和暴力风险，区域内包含有吸引力但不值钱的物品。
- **绿色**：攻击风险低，现场无贵重物品。

每位劳动者携带一个警报器，如有任何形式的威胁，可以立即启动，安保人员在几分钟内赶到现场，评估情况的严重性，并试图控制局势，如果无法控制局势，马上呼叫警察。

暴力事件用“卡片系统”分类和记录，该系统将攻击类型分为三类：

- **语言攻击**：咒骂、威胁、非严重威胁、性恐吓。
- **严重威胁**：严重威胁、纠缠、跟踪、用物品威胁、企图伤害、企图殴打或踢人、歧视性言论。
- **身体暴力**：袭击，包括性侵犯、砸碎家具、投掷物品、阻止个人离开房间、推搡、拉扯、吐痰、咬伤或抓伤、殴打、踢打或用头部撞击、造成伤害。

在**语言攻击事件**中，医生及护士试图安抚患者及来访者，然后记录暴力事件。如果安抚不成功，则通过报警按钮寻求帮助，并随后记录暴力事件。

在**严重威胁事件**中，立即按下报警按钮。安保人员介入，记录暴力事件，向威胁者发出“黄牌”，随后向警方报告事件。

在**身体暴力事件**中，立即按下报警按钮。安保人员介入，记录暴力事件，向威胁者发出“红牌”。安保人员向警方报告暴力事件，施暴者被带到助理检察官面前，由助理检察官做出决定，要么和解，要么发出传票。由于与检察官办公室达成了一项协议，除非因为急救或精神治疗，施暴者可能会被禁止进入医院，而并用书面文件送达此决定。

自实施“安全护理”政策和策略以来，韦斯特·弗里斯医院发生的身体暴力事件减少了 30%，语言攻击事件减少了 27%。在这项方案试行数月后，当局决定将“安全护理”方案扩展至 24 所医院，政策和方案流程图如图 25 所示。

荷兰韦斯特·弗里斯医院实施的工作场所暴力第二级预防案例研究启动计划在医院或诊所的固定环境下明显运营良好，然而，对于那些在不易控制的环境中完成社区工作任务的医务人员风险因素略有不同。

不易控制的环境中的工作场所暴力事件

救护者面临额外的工作场所暴力风险，因为他们在不易控制的环境中工作，可能需要等待一段时间才能获得额外的紧急后援，而且经常在他人情绪激动的情况下执行任务，比如在车祸后。英国国家医疗服务体系“零容忍”（the British NHS Tolerance）运动重点关注救护人员遭受工作场所暴力风险的脆弱性，并制定了风险最小化的具体策略。

车辆标识——所有事故和急诊部（Accident and Emergency，A&E）车辆和患者运送服务（Patient Transport Service，PTS）的车辆均在醒目位置贴上以下警示标识，其由行政长官签署：“我们的劳动者为公众提供急救的服务，他们有权在履行职责时免于受到袭击或暴力。伦敦救护服务（London Ambulance Service）将全力支持皇家检察院（the Crown Prosecution Service）和警方起诉那些袭击其劳动者的施暴者。”

技术——强调与同事保持联系的重要性，无论是同车的工作人员还是控制组。当操作者离开其车辆时，劳动者必须随时携带和使用所分配的手提收音机。信托公司致力于持续审查技术系统和程序，以同时改善操作响应和劳动者安全。

个人防护服——信托公司和制造商正在进行大量的研究。在警官的指导下，继续支持在可控行动中提供和使用防护服，如防弹衣。

起诉袭击者并与警方合作——管理者通过任何法庭程序为劳动者提供支持。[18]

NHS 信托林肯郡救护和健康运输服务（Lincolnshire Ambulance and Health Transport

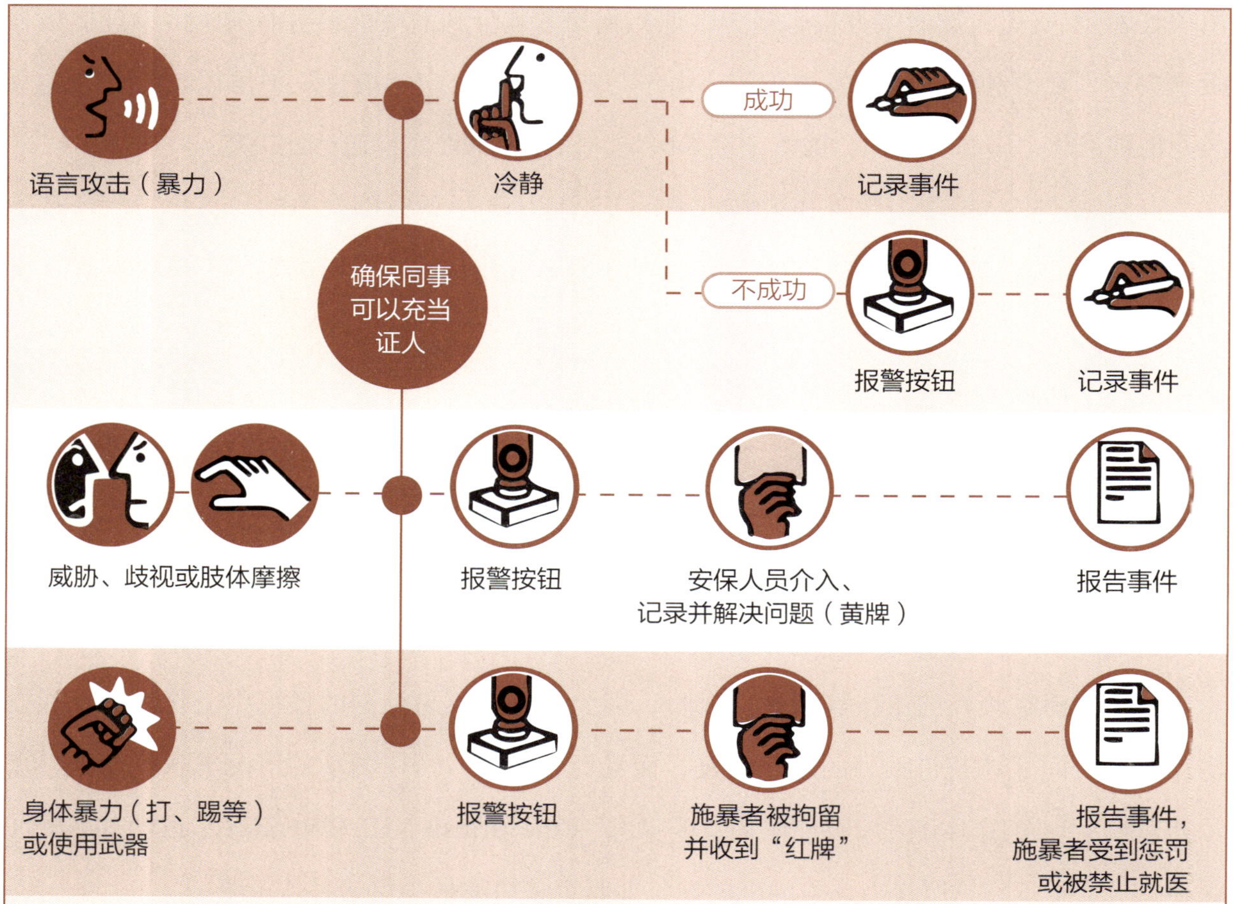

资料来源：欧洲工作安全和健康局，2004年b，第42页。

图 25　工作中的安全护理

Service NHS Trust）为分布在大约3400平方英里（约为2.59平方千米）的农村人口提供急诊和非紧急病人转运服务（PTS）。这是英国单一救护服务覆盖的最大区域。除了居民，该信托还为大量流动人口提供服务。其负责3个主要城区和几个海滨度假胜地，特别是在夏季，服务显著增加。为了履行职责，该信托目前运营着16个救护站和4个行动基地，此外还有一个总部，整合了一个中央控制综合体和一个单独的培训中心。

该信托机构制定了详细的程序和指南，在发生暴力事件时可供实施，这些程序涵盖了报告系统、对劳动者的支持以及对袭击者的起诉。

报告所有工作场所暴力事件

该暴力事件报告系统确保：调查所有暴力事件，能够评估和改善安全措施，来提高对劳动者未来的保护，为事件发生后的任何法律赔偿或起诉提供安全基础证据，为警方调查和逮捕施暴者提供机会。在英国 NHS，劳动者要求完成“对劳动者的暴力”报告和“不愉快事件”表格，这些报告和表格被转移到中央数据库。要求高级管理者须记录所采取的追踪行动和任何善后服务，例如住院治疗、劳动者暴力事件后情况说明会或咨询。NHS 强调了报告要求。

建立健全简单的报告系统，鼓励劳动者记录所有暴力事件的详细信息。这意味着系统要易于使用，且不会耗时，在发生暴力事件时，至少应记录以下信息：

- 涉及人员的详细情况。
- 该事件的起因、发生的时间及地点。
- 该受害者所遭受的任何伤害和由此造成的任何损失。
- 管理者为预防事件再次发生而采取的行动[19]。

信托机构还为劳动者和一线部门管理者制定了明确的正式程序，规定了所需的关键行动和沟通以及职责，流程图列出了报告暴力事件时要采取的步骤（操作者要遵循的程序如图 26 所示）。

2002 年，NHS 信托的健康和安全委员会首次编制了年度“不愉快”事件风险登记册[20]。该委员会负责分析数据，确定模式和趋势，并制定适当的应对策略，例如，用风险登记册识别风险最高的救护站，以便开展有针对性的风险评估，并与车站管理者保持联系，提高劳动者在环境中的安全水平。

当暴力事件发生时，高级管理者会向涉案者说明情况，调查所发生的事情，并评估是否需要暴力事件发生后支持，包括一线管理者的非正式追踪，或者是来自人事部管理者或职业健康服务部门的详细专家援助。参与暴力事件发生后服务的管理者应该定期提供这些服务，尽管相关人员也可以直接获得这些服务。在发生更严重的工作场所暴力事件后，值班官员向一名高级主管劳动者（主任级）提供关于此事件和个人善后服务的建议。

职业健康和安全部门是所有相关问题的“一站式服务点”，包括单独的压力咨询，帮助热线一直开通。个人可以自我推荐，也可以由他们的部门管理者推荐。从管理者到操作者，他们均应接受过处理重大创伤性事件的专门培训，在劳动者经历暴力或攻击性行为的情况

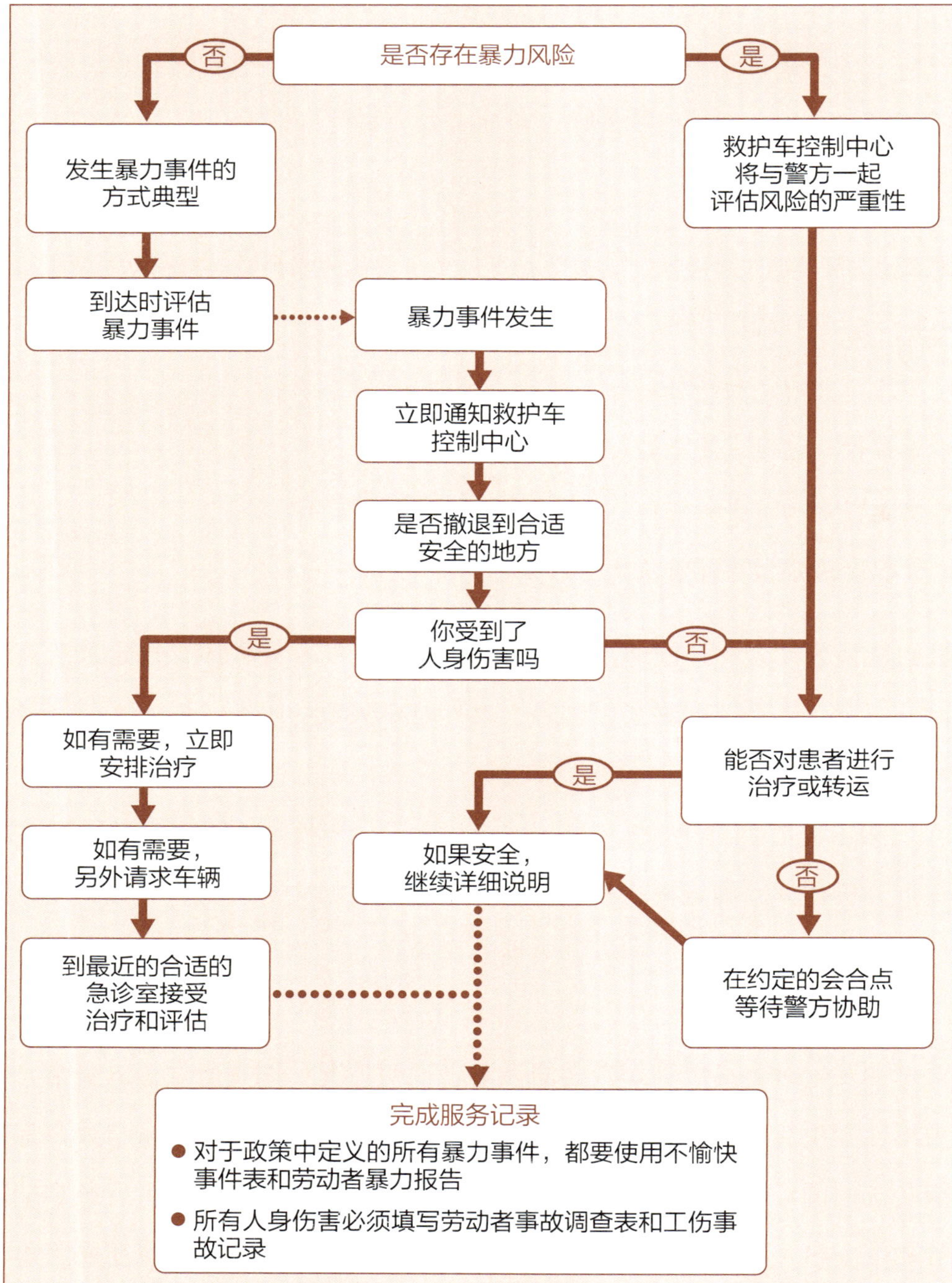

A&E= 事故和紧急情况

资料来源：节录自收入数据服务，2003 年。

图 26　NHS 信托林肯郡救护和健康运输服务的操作者暴力事件报告程序

下，也可以提供帮助。

最后，NHS 信托非常明确地表示，绝不容忍针对劳动者的暴力行为，并强调所有暴力行为都应该向警方报告，警方将在有足够证据的情况下起诉犯罪者，但如果不启动刑事诉讼程序，NHS 信托可能会探索与警方采取进一步行动，许多其他国家也在实施类似举措。

客观测量针对劳动者的暴力

为了应对越来越多的针对卫生人员的暴力事件，瑞典卡罗林斯卡学院的研究小组实施了一项研究和干预项目。该项目的一部分是制定暴力事件表（violent incident form，VIF），作为测量患者对劳动者的所有形式暴力的实用工具[21]。该工具使用了暴力的广义定义，包括语言暴力和威胁等轻微事件，启用该工具是为了加强和简化所有暴力事件的记录，其他目的是提高劳动者对触发攻击行为的认识，并提高所有劳动者的应对技能。

暴力事件表是由 20 项多项选择式的条目组成的检查表，概述暴力事件的信息，包括时间和地点、施暴者的详细情况、环境、活动和后果、即时响应、受害者的伤害或反应，以及受害者的详细情况。暴力事件表的评估包括一项为期一年的前瞻性对照研究，研究将该工具整合到斯德哥尔摩（Greater Stockholm）等 47 个卫生工作场所的日常工作中，参与者大多数是实习生和注册护士，他们被分配到干预组或对照组。

该项干预评估的主要结果表明：

- 干预组报告他们对工作场所暴力的高危情况有了更高的意识。
- 暴力事件表工具的效度和可靠性令人满意。
- 虽然干预组的劳动者报告的暴力事件比对照组多 50%，但可能是因为登记和记录暴力事件的能力提高了[22]。

然而，这项研究无法确定，在一年内提高意识和更好的暴力管理技能是否会导致暴力事件数量的减少。作为该项目的实践结果，几个工作地点继续使用暴力事件表，并将其纳入工作场所的日常工作中。在发生此类暴力事件后，呼吁采取一系列的支持性措施，帮助受害者处理善后工作。

第三级干预措施

一旦暴力事件发生，应优先考虑受害者的治疗，其他所需的暴力事件发生后支持可能包括追踪、投诉和申诉程序，咨询以及任何旨在为受害人和所有有关人员建立正常工作生活的康复程序。在无法获得支持服务之地，可以利用现代技术提供网络和电话接入。

电话咨询

2002 年 9 月 18 日至 21 日，日本全国团结网络（the Japanese National Network in Solidarity）赞助了一项为在日本遭受虐待的外国女性提供为期 3 天电话咨询的服务，大获成功[23]。这项以“家庭暴力热线（Domestic Violence Hotline）”闻名的咨询服务提供了多种语言，包括英语、韩语、汉语、菲律宾语、泰语、西班牙语、葡萄牙语和俄语。

人们坚信，语言障碍阻止了日本许多家庭暴力受害者挺身而出，其中包括持有过期工作签证的流动劳动者，他们受到伴侣的虐待，但他们担心报告虐待事件可能会导致他们被驱逐出境。一个问题是，虽然日本有一部反对家庭暴力的法律，但未有针对的惩罚性措施，该法律不承认家庭暴力是一种犯罪，只要求国家和地方当局实施措施，预防家庭暴力的发生，并为受害者提供保护。

该电话咨询项目在日本的 13 个地方进行，鼓励许多受虐待的女性挺身而出，并承诺匿名和保护隐私。该顾问说，一些虐待来源于种族歧视，特别是对那些在日本从事艺人或家庭帮手的劳动者的歧视。

迄今，本章提供的“最佳实践”例子重点关注特定组织采用的特定解决方案，包括私营企业、政府当局和国家层面的解决方案。在这些成功的政策和策略中，一个反复出现的主题是工作场所暴力是多因素的且综合性的。

综合施策

工作场所暴力风险的综合响应是以组织的方式处理复杂的暴力原因，包括广泛的协调一致的预防措施，这种多方面的响应是罕见的。以下“最佳实践”是例外，值得特别关注的是此领域未来急需采取的综合行动。

南非受害者赋权方案

在南非，社会和工作场所的暴力已是且仍是一个关键问题，解决这个国家普遍存在的暴力事件需要社区和政府的重要努力，南非采取的主要策略之一是设立一个英才中心，从根本上解决问题，详见方框 74。

方框 74　南非暴力与调解研究中心（CSVR）：受害者赋权项目

南非暴力与调解研究中心受害者赋权方案的主要目标是：

- 帮助南非人民更好地了解过去对现在的影响。
- 制定预防暴力、消除暴力影响和支持“零容忍”的方案。
- 创建南非人权文化。
- 通过重建社会结构和公民社会起源，促进人类发展进程。
- 管理和促进重建和发展启动计划，确保这些计划不会导致社会冲突加剧。
- 既往开来，实现国家转型和民主。
- 在南非发展转型所需技能，以建设可持续的调解和民主。

治疗

南非暴力与调解研究中心提供以下治疗：创伤咨询，事后情况说明会和长期治疗，创伤意识培训，对一线劳动者和社区的管理治疗，以及精神心理测量评估。

培训

培训活动的对象是护工、难民及寻求庇护者、前军事人员、卫生专业人员以及社会和教育服务者。

研究

对暴力、创伤后应激障碍、弱势群体（难民、妇女和儿童、前军事人员和侵犯人权行为受害者）的治疗方法和需求进行研究，受害者赋权方案有一名全职心理学家。

文件化

患者档案要记录患者的病历和疗程，2003 年实施了一个新的计算机化客户追踪系统，它是由“我们和我们的伙伴”在南非创伤网络——“民族的希望”（祖鲁语 Themba Lesizwe）开发的，此系统可满足所有客户详细的信息需求，然而，该系统不取代纸质系统。

预防

预防活动包括培训边防警察和初级医疗卫生劳动者（创伤和难民问题），与监狱中的少年犯合作，编写儿童创伤工作手册，以及与媒体合作的研讨会。

信息和宣传

信息和宣传活动包括媒体所有领域的工作，政府游说，参加国际论坛，为各种文章、会议和文化专题杂志投稿。

工作网络

南非暴力与和解研究中心受害者赋权方案属于南非洲创伤网络（the Southern African Trauma Network），诊所是威茨大学社区心理学实习场所。大学社会工作系的学生在诊所工作 3 至 12 个月，由劳动者监督。诊所与约翰内斯堡儿童福利机构有联系，在那里纪录一些虐待儿童的案例并进行评估。诊所还与东南部非洲儿童基金会服务台签订了一项合同，在面对创伤性暴露或事件时，为整个区域的劳动者提供服务。

资金

资金来自欧盟（通过“民族的希望”项目）和联合国酷刑受害者自愿基金（United Nations Voluntary Fund for the Victims of Torture，UNVFVT）。

工作人员

工作人员包括 4 名社会工作者、6 名心理学家、2 名精神科护士、1 名（出庭的）精神病学家和 1 名研究型心理学家。

未来计划

未来的计划包括制定受害者赋权方案和人力资源结构，使我们能将社会劳动者和心理学家的角色合并为一个专业角色，解决赔偿的不平等问题。

资料来源：暴力与调解研究中心：2005 年受害者赋权方案。

南非暴力与调解研究中心显然提供了一个值得称赞的基准，其他个别组织也对预防和管理工作中的暴力提供了全面建议。

减少公共交通工具上的社区暴力

公共汽车驾驶员和售票员每天都可能碰到“难缠的顾客”，许多暴力事件都由逃票、票价变动、行程安排以及处理酗酒的顾客所致[24]。一些公司正在采取更积极实用的方法，如通过改进车辆设计、提供培训和指南以及与警察合作，解决暴力问题。

近年来，犯罪情境预防技术（situational crime prevention techniques）已广泛用于解决犯罪问题，包括发生在公共交通工具上的暴力问题。该理论包括减少犯罪机会的措施（opportunity-reducing measures），这些措施涉及对即时环境（the immediate environment）的管理、设计或控制，以增加犯罪所需要的精力和风险，并减少各种犯罪者所感知的（犯罪能带来的）回报。现有大量证据支持各种犯罪情境预防技术在减少犯罪包括减少公共交通所发生袭击事件方面的有效性。这种预防犯罪的方法在预防公共交通工具上的暴力具有的优势是，不仅成功减少了暴力发生的机会，还提供了有效的情境技术，以打击恐吓、不文明行为、涂鸦和故意破坏行为。

各种社区预防犯罪策略，旨在改变那些被认为在社区中能支撑犯罪行为的社会条件，也致力于减少公共交通上的暴力行为，包括减少社区对犯罪、邻里不文明行为、涂鸦、故意破坏行为、社会混乱现象和违法犯罪行为的恐惧[25]。

伦敦巴士还实施了详细的降低工作场所暴力风险措施（方框 75），他们全面的政策和策略涉及很多方面。

方框 75　伦敦中央巴士和伦敦通用巴士

培训与指南

所有新入职的劳动者都要接受全面培训。最初的培训过程包括基础培训，如车库程序、健康和安全议题、处理公众问询以及事件和事故报告程序等。伦敦公交公司最近引入了一项公交车操作规范新标准，目前正在各签约公交公司中推广。该项标准是在广泛与许多公交车运营商、培训讲师和工会代表磋商后开发的，旨在提高所有伦敦交通运营商的培训质量和一致性。

这项新的资格认证是根据伦敦中央巴士和伦敦通用巴士已经发布的培训程序建立的。以前该培训虽然全面，但仅在劳动者入职时进行。商业与科技教育委员会（国家文凭）（Business & Technology Education Council，BTEC）能够通过复习训练和持续评估来促进持续学习，例如，在入职该工作 3 个月后，现有劳动者参加深入的客户关爱研讨，重点关注残疾人、应对精神疾病，而精神疾病本身就会引起冲突。公司积极鼓励全体劳动者分享和讨论其工作经验，并从中学习。

公司还为全体劳动者提供“应对困难情况”的传单，设计这些以卡通插图为特色的传单旨在为全体劳动者提供全面而快速的参考指南。

使用闭路监控系统

伦敦中央巴士和伦敦通用巴士是最早在问题最多的路线上配备闭路监控系统的 2 家公司，闭路监控系统不仅有助于保护乘客、驾驶员和售票员，在发生事件时也提供了关键证据，并可对潜在的违法者起到威慑作用。伦敦公共汽车行业很快就采纳了这个良好实践的范例，现在通过合同要求所有新的和现有的公共汽车都必须配备闭路监控系统。

防袭击屏（Assault screens）

双层红色巴士的驾驶员坐在与车厢隔开的驾驶室中。为了保护车队的驾驶员，巴士安装了防袭击屏，在驾驶员及其顾客之间建立了一个障碍。该措施并未全面推广，但对劳动者的照护义务战胜了那些顾虑。伦敦中央巴士和伦敦通用巴士持续对防袭击屏设计进行改进，将发生袭击和图谋抢劫的机会降到最小。

无现金的新型“舒适”巴士

伦敦通用巴士是伦敦最早签约推出新的“优惠”和无现金公交服务的运营公司之一。尽管伦敦巴士公司的举措并非专门针对减少暴力事件，但预计它将产生积极作用，有助于抗击抢劫和图谋抢劫。

宣传

伦敦巴士正积极开展预防活动，将对劳动者的挑衅或暴力事件的发生率减到最小。除了在所有公交车上安装闭路监控系统并让公众意识到该项持续举措之外，每辆公交车内都张贴着海报，声明对劳动者的袭击零容忍，犯罪者很可能要受到起诉。

处理实际事件

售票员会接受培训，使其在任何情况远离潜在的暴力或被侵犯的处境。如果公交车确实发生了暴力事件，驾驶员则快速发出警报。除非绝对必要，驾驶员会被指示不能离开驾驶室，因为驾驶员能够保护和控制公交车，且易于触及应急收音机和车辆报警按钮。发生道路交通事件后，建议驾驶员不要向驾驶室窗户外探出，因其可能会受到袭击或被拖出车外。所有驾驶室都装配收音机，在需要紧急服务的事件发生后，“红色代码”无线电程序被激活。呼叫将直接到达通信中心，该部门由伦敦巴士和 TOCD 共同负责，是专用的交通管制服务，然后负责联系适当的应急服务。

报告表格

在发生暴力或袭击事件后，公交公司劳动者必须填写各种报告表格。公交公司的暴力事件记录与闭路监视系统录像通常被交叉引用，以提高证据质量，从而提高成功起诉犯罪者的概率。

劳动者支持

公交公司的高级管理者（通常是总经理、运营经理或事故预防经理）都会听取每位经历并报告暴力袭击的劳动者的事件后情况说明会。要培训高级管理者，使其充分认识到此类事件的严重性，并给劳动者提供谈论此类事件的机会，包括发生了什么、感觉如何、触发事件的原因等。

资深劳动者在接受培训之后还会发现一些可能需要解决的、更深层问题的迹象。如果经理认为有必要，该劳动者会被带回培训中心，以给予进一步的帮助和指导。这将包括与有资格的培训师一起进行一整天的工作，详细了解事故细节、事故发生原因、采取了哪些预防措施，并讨论如何防止此事件再次发生。

如果受害劳动者觉得自己需要进一步的帮助和支持，他们或其直属主管能够通过人事团队要求由公交公司安排单独咨询提供支持。公交公司还制定了“暴力补偿金”协议，以确保暴力事件发生后劳动者的收入不受损失。根据受害劳动者脱离工作时间的长短和暴力事件的严重程度，公交公司经理可以斟酌决定是否继续支付这笔款项，或将劳动者转移到病假薪酬计划中。

法律支持

根据暴力事件的严重程度和可用证据的质量，警方可能会采取下一步的行动。但是，在警察声明不准备提起诉讼的情况下，受害劳动者能够决定请公交公司代表他们追踪此事。在此情况下，该案将移交给伦敦巴士的收益和保护服务部，该部将接手调查，并可能帮助受害劳动者个人通过法院起诉袭击者。

监测

每个车库都在日志表上记录所有袭击事件的概要，包括关键细节，例如被袭击的劳动者是驾驶员还是售票员、所涉及的公交路线以及事件发生的地点和时间，这样就能够分析常见的暴力模式或暴力类型、暴力事件的频率和发生的位置。

暴力事故的详细信息也将通过电子方式提供给伦敦巴士，伦敦巴士将整理首都所有巴士运营商的数据，此举措能够确定该类事件在整个伦敦发生的模式，并与大都会警察局就所开展的目标明确的行动和计划进行密切合作。

资料来源：收入数据服务有限公司，2003 年。

样例研究表明，在固定和移动的工作环境中，能够采取措施大大降低大型组织中的劳动者的暴力风险。但是，对于那些独自工作和在偏远地区工作的劳动者，还需采取额外的保护措施。

降低独自工作劳动者的风险

在英国，健康与安全实验室（Health and Safety Laboratory，HSL）（卫生与安全执行局的研究部门）接洽了英格兰、威尔士和苏格兰 400 多个不同规模和职业领域的组织，在 2002 年 10 月至 2003 年 2 月，健康与安全实验室工作人员送达详细的调查表，并访谈了选定组织的成员。

调查要求受访组织列出管理和预防组织内独自工作劳动者所遭受暴力行为的最成功方法，方框 76 总结了此次调查的发现。

该调查再次强调必须提高被确认易遭袭击的独自工作劳动者的工作场所暴力预防水平。随着时间的推移，可能出现的另一脆弱性是自满。

方框 76　英国降低独自工作劳动者的风险

培训与信息

主要是提供培训和信息。

- 风险评估。对独自工作劳动者的任务进行风险评估是必不可少的。用人单位要找出是否存在问题，决定要采取什么措施，落实措施并评估措施的实施效果。
- 培训。所有组织都提供了某种形式的人身安全防护或预防暴力的培训。培训可由内部或外部组织提供，可以是正式的或非正式的。培训传达的主要信息是：

—— 如果觉得有风险，请不要陷入该困境。

—— 使用解决冲突或缓解冲突的技术，包括对非语言交流提高警惕，如何以非对抗的方式行事，给予客户良好关爱的重要性，礼貌和聆听客户的倾诉。

—— 注意周围环境。始终对于自身安全保持警惕，处处注意自己的处境。注意自己的行为以及他人对自己可能的看法。

—— 如果感受到威胁，请找个借口离开。确保必要时可以迅速离开房屋。

交流和沟通

劳动者之间以及与外部组织和专业机构之间的良好沟通和信息共享是至关重要的，这包括：

- 与警察联络。警察已协助过部分机构的工作并就人身安全和相关问题提供建议，帮助特定的访问并提供该地区的知识。
- 让全员知道独自工作的劳动者的工作地点。一些参与的组织认为，使用工作日志和信息板显示白天独自工作劳动者的位置非常重要。
- 分享经验和顾虑。这发生在组织内的劳动者之间以及其他相关组织之间。组织发现以下做法很有帮助：

—— 使用预警或标记系统。这会警告同事有关潜在暴力客户或问题区域的信息。

—— 谈论具体的顾虑和事故。所访谈的组织认为，共享问题和想法时能够更轻松地找到相关且实用的解决方案。

—— 报告所有事故。这有助于管理层评估和监测暴力性质，以及虐待性事故的真实规模和性质，从而利于制定有效的政策来解决该问题。

—— 公司政策、指南、传单和海报。应使所有劳动者了解公司有关工作场所暴力的政策。

- 管理支持。在许多组织中，预防暴力的措施得到高级管理层的充分承诺和支持。经理们认为让所有劳动者都知道此点非常重要。

工作设备与环境

工作设备：

- 使用手机或其他通信设备。手机非常便于独自工作的劳动者在需要寻求帮助时使用，并让其他人知晓其位置和状态。
- 个人警报。该措施也很受欢迎，使劳动者对自己的安全更有信心。

工作环境：

开展独自工作的工作环境将决定如何以及是否能对其进行改良或设计，以有助于预防暴力事件的发生，以下是最常见的措施：

- 建筑物中的紧急警报，这会提醒在附近或保安室工作的其他同事。
- 闭路监控系统，一些组织在独自工作劳动者的活动区安装闭路监控系统。

工作设计

- 配对工作。如果认为工作存在暴力风险或劳动者有特殊顾虑，一些组织会派 2 个人一起完成该工作。
- 自我风险评估。鼓励独自工作的劳动者定期评估其所处状况以及所面临的风险。
- 招聘与挑选。一些组织采用严格的招聘标准，以确保选拔更适合独自工作的劳动者。
- 撤回服务、制裁、起诉。假如某组织独自工作的劳动者经历了暴力或虐待事件，将其作为最后手段，其组织能够撤销服务，（对服务对象）实施制裁或威胁起诉。

措施实施效果的负面影响因素

这些案例中描述的许多措施施行的主要难点在于依赖个体行为。有些措施依靠个人来实施，例如告诉某人他们在哪里工作或如何激活警报或系统等，这意味着人为错误或疏忽可能导致最好的系统失效。所调查公司的评论说，其他因素也能降低其防暴力措施的有效性，包括：

- 由于工作压力而缺席培训课程。
- 未将个人报警器放在易触及范围内或不知如何使用。
- 并非总是能够避免潜在的暴力局面，因为这违背了人的“自然本能”，例如，在抢劫发生时，劳动者可能会发现其很难在不抵抗的情况下交出昂贵的设备及金钱。

一些组织尝试过并放弃了被认为不太成功的措施，或者一开始就决定不采用某些特定措施，例如，教劳动者自卫技术、穿着正式的安保风格制服，以及向警察拨打“热线电话”。

资料来源：英国卫生与安全执行局（Health and Safety Executive，HSE），2003 年（摘录）。

也就是说，虽然可能已经实施了“最佳实践”预防步骤，并且很可能已取得优异成绩，但其有效性的水平可能会日益下降。因此，“最佳实践”干预措施的可持续性至关重要。

可持续性

任何项目的可持续性都是成功的关键因素，许多即使是在第一阶段看起来前景很好的计划，在发展的后期都会遇到困难，并且可能会终止。对于那些长期持续的项目来说，对该项目进行评估是罕见的事件。

2001 年 11 月在西班牙毕尔巴鄂举行的“欧洲工作安全与健康周”（European Week for Safety and Health at Work）上，展示了 20 个屡获殊荣的预防工作中暴力和压力的实践实例，这些代表了同时收集并根据共同标准进行分析的独特信息主体。

2004 年 1 月，给所有获奖的项目负责人发放了调查表，询问他们有关项目的所有后续行动，下面介绍其中 2 个项目（本章前面已提及其他项目）的回复。

爱尔兰预防工作场所欺凌特别工作组

1999 年，爱尔兰劳工、贸易和消费者事务部（Labour，Trade and Consumer Affairs in Ireland）部长成立了一个预防工作场所欺凌事件的专责工作组，它由卫生与安全局（Health and Safety Authority HAS）组织协调，机构和团体的参与代表来自不同政府部门，负责工作场所福利和平等议题。特别工作组的主要目标是确定工作场所欺凌问题的规模大小和最容易受到威胁的部门。根据这些信息，制定切实可行的预防计划，并由国家机构做出组织协调的响应。

第一步，委托开展一项全国性独立调查，通过公众参与式方法，获取尽可能多的信息。除该调查外，还开展了一次全国性的广告宣传活动，并邀请公众向特别工作组提交有关工作场所欺凌问题的材料。

总共收到各种来源提交的 256 份材料，代表了个人、团体和组织的广泛观点和信息。心理学家对这些材料进行了分析，其中，一半以上的答复是从欺凌受害者那里收到的。调查结果表明，大多数受害者遭受严重的健康影响，例如身体和情绪症状，导致常常请病假或提出辞职。公众对该调查表的回复还提供了有关欺凌行为形式和部门分享的信息。

此外，还包括如何解决该问题的建议，指出需要在工作场所采取适当的程序，以及劳动者培训和特殊的反欺凌政策。特别工作组认真考量了所收到的意见、调查结果和对现有研究的评估，在此基础上提出建议，专责工作组建议对工作场所欺凌行为的定义如下：

> 工作场所欺凌是一人或多人在工作场所或在工作过程中针对另一人或多人进行的直接或间接的重复性不当行为。无论是通过语言、身体还是其他方式，都被合理认为是损害个人在工作中的尊严与权利。
>
> 此定义中描述的个别事件可能是对他人工作中尊严的冒犯，但单次发生的暴力事件不被认为欺凌行为[26]。

现在，该定义已被广泛认为是“最佳实践”分类的基准，并且在世界范围内的正式法律法规中越来越多地使用此定义。

爱尔兰卫生与安全局和工作组还制定了《解决工作场所欺凌行为》的业务准则细则[27]，其中识别了构成欺凌行为的类型，并详细介绍了用人单位可以采取的一系列预防措施以实施有效的反欺凌政策、调查程序和培训需求。该业务准则还附有 1989 年《安全、健康和福利法》摘录。此外，在爱尔兰 1998 年《就业平等法》的影响下，爱尔兰政府还颁布了一项旨在消除工作时发生性骚扰和其他形式骚扰的业务准则[28]。

在毕尔巴鄂会议之后，爱尔兰卫生与安全局是 2004 年接受审核的组织之一，方框 77 中汇总了爱尔兰卫生与安全局 1 名代表对该调查表的答复。

方框 77 调查表：爱尔兰卫生与安全局

问：您在 2002 年毕尔巴鄂会议上提出的这个暴力防控启动计划是否仍然有效?

答：是的。

问：是否受到监测?

答：是的。

问：迄今发展如何?

答：该计划已促成预防欺凌业务准则的发布，成立了专门的部门处理所有相关方面的投诉，并提供帮助。但是，有些呼叫者将其视为咨询专线，有些人则认为这是一种应对欺凌的方式，事实并非如此。其他人将我们视为执法的角色，但我们不能对那些有欺凌“安全”问题的组织提起刑事诉讼，因为其本身不适合刑法案件中所要求的循证方法。我们一直希望启动召开一次座谈会，其他人将在工业关系领域与我们建立联盟，并提出解决此类工作场所关系问题的其他途径。

问：所获得的主要成果是什么？

答：（1）提高了我们的知名度，因为处理该问题使媒体对我们的关注度增加。

（2）许多劳动者与外部机构交谈后感觉更好了。

（3）在处理他们的案件中得到帮助，许多劳动者感受到了干预效果和很强的存在感。

（4）一些用人单位对我们的协助和建议更有信心。

问：是否可以及时地继续进行？

答：是的，但是在政策层面加以改善会更有希望，可能通过立法或改变负责的有关国家机构部门。

问：您对全球的评估是什么？

答：该系统在投入使用前未得到适当的检查，系统不强大，就执法而言该服务也不奏效，所以应有另一权限更大的国家机构介入，因为刑法不是解决此问题的正确方式。但是，因在我们启动该行动之前无任何其他措施，所以我们能做的只是改善，并且在某些情况下确实会有所帮助。在全球范围内，明确产生工作场所暴力的议题，它被认可是一个非常重要的工作场所关系问题，严重影响了爱尔兰劳动者的健康。

资料来源：都柏林卫生与安全局，P. 默里，2004 年 2 月 20 日。

法国亚眠市一家城市公共交通公司的暴力预防计划

该城市公共交通公司运营了 16 条线路，2001 年运送了 1450 万人，雇用了 335 名劳动者。与客户接触的劳动者所遭受的工作场所暴力中，主要是对劳动者的语言和身体攻击，也有一些实物的损害，诸如车窗破碎等。这种暴力行为造成工作条件恶化，相关劳动者长期处于紧张状态，导致罢工、生病、缺勤、一些人使用镇静剂。其暴力预防计划的实施[29]包括：

- 1999 年 3 月 4 日亚眠城市公共交通公司 SEMTA 劳动者和车辆安全协定中详述地介绍了人力和物力资源。
- 在发生涉及公司劳动者的攻击或严重事件后提供协助，包括法律支持和咨询。
- 公司与亚眠市郊区管理局的合作，公司加入了监督委员会，其中有不同的合作伙伴，包括亚眠市及其当地管理局、国家和市警察局、司法当局、社会启动计划赞助者、教育当局、一名心理治疗师等。

- 与当选的劳动者代表以及卫生、安全和工作环境委员会（the Committee for Health and Safety and Working Conditions）成员密切合作，每季度编制一次统计评估报告，详细说明针对劳动者的袭击和实物损坏，并公开介绍所有新的预防和安全干预措施。
- 通过广播、网络广播和布告栏上的信息，改善公司与全体劳动者的沟通，每起事件的报告也会被交到有关公共当局。

工作场所暴力其他预防措施包括：

- 通过向检票员指派助理来加强监督小组。
- 逐步在所有公共汽车上安装闭路监控系统。
- 严格控制容易抛石的区域，安全协调员和干预官员熟悉相关高风险地区，参加反暴力周活动并会见相关人员和协会。
- 在系统地提出申诉之后，司法当局更多地参与加快案件审理和简化所有阶段的司法程序。

成本和收益

费用包括：

- 人力资源：包括整个网络的 18 名干预官员、1 名负责外联工作的干预官员、负责压力管理的外部培训员以及 1 名负责心理监测的心理治疗师。
- 快速干预资源：无线电话，使用全球定位系统（GPS）位置跟踪技术定位车辆，在公共汽车上安装闭路监控系统摄像机，为驾驶员安装保护舱，将驾驶员与公众隔开，以及在公共汽车侧窗上为驾驶员及售票员涂上保护涂层。

所得到的益处包括：

- 自 2002 年以来，所采取的预防措施在观察到的袭击发生次数和窗户破碎的频率方面开始显示出积极的结果，其中包括：
  —— 因暴力而在工业行动中损失 18 个月的工作日。
  —— 加强与签署集体协议的社会伙伴之间的合作，包括在灵活安排和减少工作时间方面的合作。
  —— 劳动者可感知的担忧作为一个单独指标被考虑在内。

公共交通是减少工作场所暴力的优先领域，这一举措阐明了有效的伙伴关系如何有助于减少风险和开展创新的外部活动。值得注意的是，积极地将社会伙伴和劳动者纳入解决办法的过程之中，这一办法随后带来了更广泛的益处，不仅改善了安全，而且直接导致了劳资关系的改善。

在毕尔巴鄂会议之后，法国亚眠市的公共交通管理局也是2004年接受评估的组织之一，方框78总结了该城市公共交通系统主管部门的代表对调查表的答复。

现在，讨论转向了全球抗击工作场所暴力行动的潜在措施，第八章评估了一些全球启动计划。

方框78 调查表：亚眠市公共交通管理局

问：您在2002年毕尔巴鄂会议上的（工作场所暴力防控）启动计划是否仍在持续？

答：是的。

问：是否进行监测？

答：是的。

问：该计划自此发展如何？

答：发生暴力事故时，采取了以下措施：

—— 对受害者的个性化治疗，包括法律支持和心理咨询。

—— 对所有劳动者完全开放。

—— 在限定的时间内为受害驾驶员提供特别保护，包括临时更改公交线路。

—— 如果驾驶员由于暴力事故而不得不休病假，则其在重返工作岗位时会得到量身定做的支持，该支持和因生病或意外而长期缺席的情况所得到的支持一样。

在3年中，由接受过压力管理方面培训的1名精神科医生和1名心理学专家，为200多名驾驶员提供了如何应对与暴力行为相关的风险和行为方式的培训，这有助于驾驶员在发生冲突时做出专业反应，而不是感情用事。

问：该活动取得了什么成果？

答：—— 暴力行为和砸窗的数量急剧下降（从2001年的180多次下降到2003年的不到100次）。

—— 暴力行为造成的劳动者病假天数从2001年的1500多天减少至2003年的500天以下（2003年的数字包括由于2002年10月遭受袭击的1名劳动者所休的365天病假）。

问：这种进展可能会持续吗？

答：该计划要采取以下新举措：

—— 签署新的安全协议以加强安全措施。

—— 改善组织的预防及援助。

—— 继续进行预防和管理冲突的培训方案，将其扩展到与乘客接触的所有服务。

—— 引入新设计的培训课程，以提高公交服务质量和舒适度。

—— 采用新型公交车，以适应行动不便者。

问：您的总体评估是什么？

答：我们认为，上述措施获得的 2 个奖项——欧洲奖（在毕尔巴鄂授予）和“社会计划奖”（在里昂授予），反映了对我们不断努力的认可，我们立足于我们的企业文化继续努力。从一开始，目标是强烈关注不安全性，现在重点可以开始转移到为乘客服务的质量上了。

资料来源：由多米尼克·格拉西特（Dominique Glacet）——亚眠联合运输经济协会（Humaines SEMTA）的负责人提供资料，亚眠市城市运输公司（Smiété Transportes Ami é nois），2004 年 3 月 18 日。

注释：

[1]《东芝集团企业社会责任》，无日期，第 2 章。

[2]《新南威尔士州卫生》，2003 年。

[3] 风险经理泰瑞·布朗利（Teri Brownlee），2004 年 3 月 5 日。

[4] 欧洲委员会，司法和内务，1998 年。

[5] 同上，第 2 页。

[6] 同上。

[7] 人力资源部，马来西亚，2001 年。

[8] 穆斯里和达乌德（Daud），2002 年（摘录）。

[9] 五金工会（IG Metall）；法兰克福机场服务全球公司（FRAPORT AG），2001 年。

[10] 伊斯蒂尔和威尔逊，1991 年。博伊，2000 年，第 247 页～第 254 页。

[11] 埃森伯格（Essenberg），2003 年，第 32 页。

[12] 欧洲安全、健康和劳动局，2002 年 a，第 2 页。

[13] TNO Arbeid，2002 年。

[14] 同上，第 36 页～第 38 页。

[15] 诺瓦克（Nowak）等人，2002 年，未发表的材料在迪·马蒂诺、赫尔和库珀，2003 年，第 80 页～第 81 页中引用。

[16] 英国卫生部，2000 年。

[17] 欧洲工作安全与卫生局，2002 年 b，第 42 页。

[18] 英国国家医疗服务体系（NHS），2000 年 a。

[19] NHS，2000 年 b，第 6 页。

[20] 收入数据服务有限公司，2003 年。

[21] 阿内茨（Arnetz），1998 年 a，第 17 页～第 28 页。另参阅阿内茨，阿内茨和索德曼（Soderman），1998 年，第 107 页～第 114 页。

[22] 阿内茨和阿内茨，2002 年，第 668 页～第 676 页，尤其参阅第 674 页。

[23] 我们！（We！）[来自马尼拉 Isis 国际（Isis International Manila）的每周新闻]，2002 年。

[24]埃森伯格，2003 年。
[25]同上，第 30 页。
[26]爱尔兰卫生与安全局，2001 年，第 8 页。
[27]同上，2002。
[28]爱尔兰平等部，2002 年。
[29]欧洲工作安全与卫生局，2002b，第 54 页。

（本章第 205 页至第 229 页由申文亚翻译，第 230 页至第 237 页由米元齐翻译；审校：张敏）

第八章
国际机构抗击工作场所暴力的行动

在国际层面抗击工作场所暴力而采取的行动已将许多新的、重要的启动计划予以纳入，这些启动计划构成了本章的基本主题。本章从人权内涵下的工作场所暴力行为入手，将注意力转向包括联合国在内的各国际机构为应对工作场所的暴力所作出的努力。该分析的一部分是对一些国际机构就其自身关于工作中暴力的内部政策所开展的一次小型调查的结果，另一部分是对欧盟区域活动的考量。

在工作中保护人权和抗击暴力

联合国大会（the UN General Assembly）1949 年 12 月 10 日通过的《世界人权宣言》（Universal Declaration of Human Rights）禁止任何形式的歧视[1]，主张人人享有生命、自由和人身安全的权利[2]，任何人不得被加以酷刑，或施以残忍的、不人道的或侮辱性的待遇或刑罚[3]。这些基本权利已由 1966 年 12 月 16 日召开的联合国大会通过的《公民权利和政治权利国际公约》（International Covenant on Civil and Political Rights）和《经济、社会、文化权利国际公约》（International Covenant on Economic, Social and Cultural Rights）重申和进一步阐述，特别是后一公约，明确要求加入该公约的成员国承认“人人有权享有安全和健康的工作条件”[4]。

保护女性劳动者和反工作场所暴力

直到 1979 年 12 月 18 日联合国大会才通过了《消除对妇女一切形式歧视公约》，以具体方式解决工作场所暴力问题，该公约第 1 条规定：

> 依照本公约的目的，“对女性的歧视”一词指根据性别做出的任何区别对待、排斥或限制，其影响或其目的均足以妨碍或否认女性（不论已婚未婚）在男女平等的基础上认识、享有或行使在政治、经济、社会、文化、公民或任何其他方面的人权和基本自由。

该公约第 11 条要求“缔约各国应采取一切适当措施，消除在就业方面对女性的歧视，以保证她们在男女平等的基础上享有相同权利”。在此大背景下，1992 年 1 月，根据该公约成立的消除对妇女歧视委员会（Committee on the Elimination of Discrimination against Women，CEDAW）通过了关于对女性的暴力行为的第 19 号通则性建议书，该建议书特别解决了性骚扰的问题，首次为这种暴力行为提出了明确的定义，并列出了各国针对这种形式的暴力行为应采取的行动：

- 第 17 条 . 如果女性遭到根据性别的暴力（gender-specific violence），例如在工作单位遭受性骚扰时，就业平等权利也会受到严重损害。
- 第 18 条 . 性骚扰包括不想要的性导向行为，例如身体接触和性行为，带有性的言论、显示色情和性要求，无论是通过言语还是行为。这种行为会令人蒙羞，并可能导致健康和安全问题。当女性有合理理由相信自身的抵抗会使其就业（包括招聘或晋升方面）处于不利地位，或这会造成敌意的工作环境时，这就是歧视性的。
- 第 24 条 . 根据这些评论，该消除对妇女歧视委员会建议：

（j）缔约国应在其报告中提供有关性骚扰的信息，以及在工作场所保护女性免受性骚扰的措施的信息。

（t）缔约国应采取一切必要的法律和其他措施，为女性提供有效保护，使其免受根据性别的暴力，其中包括：

（i）有效的法律措施，包括刑事处罚、民事救济和补偿性条款规定，以保护女性免受各种暴力，包括工作场所的性骚扰。

（ii）预防措施，包括公共信息和教育方案，以改变人们对男女角色和地位的态度[5]。

1993 年 6 月，在奥地利维也纳举行的世界人权会议强调了在公共和私人生活中消除对女性的暴力行为的重要性，该会议的成果之一是任命了对女性的暴力行为的联合国特别报告员，该报告员审查了对女性的暴力行为的原因和后果，并提出了消除暴力的方法和手段的建议，现在每年都会向联合国人权委员会报告。

1993 年 12 月，该大会通过了一项关于性别暴力的里程碑式决议，即《消除对妇女暴力行为宣言》（Declaration on the Elimination of Violence against Women）。该宣言定义了对女性暴力行为的构成，并呼吁各国政府和国际社会采取具体措施预防此类行为的发生。对女性的暴力行为定义为“导致或可能导致女性身体、性或心理伤害的任何基于性别的暴力行为，包括对这种行为的威胁、对自由的强迫或任意剥夺，包括发生在公共场所以及私人生活中”[6]。

该宣言还列出了“对女性的暴力行为”一词所涵盖的虐待行为：

（1）在家庭中发生的身体、性和心理暴力，包括殴打，对女童的性虐待，与嫁妆有关的暴力，婚内强奸，切割女性生殖器官和其他对女性有害的传统习俗，非配偶暴力以及与剥削有关的暴力。

（2）在普通社区内发生的身体、性和心理暴力，包括强奸，性虐待，在工作场所或教育机构和其他地方的性骚扰和恐吓，贩卖女性和强迫卖淫。

（3）由国家实施或容忍的身体、性和心理暴力，无论发生在何处[7]。

1995 年 9 月，在北京举行的第四次世界妇女大会上，这一定义得到确认，方框 79 进一步说明了为打击对女性的暴力行为正在采取的行动。

《消除对妇女一切形式歧视公约》通过 20 年后，联合国的另一项国际法规使女性个人或女性群体有机会在案件中直接向消除对女性歧视委员会提出申诉，尤其是在工作场所的暴力行为。

1999 年 3 月 12 日，妇女地位委员会第四十三届会议根据其工作组的建议，通过了《消除对妇女一切形式歧视公约任择议定书》（Optional Protocol to the Convention on the

方框 79　1995 年北京第四次世界妇女大会：呼吁采取行动打击对工作中女性的暴力行为

各国政府应采取的行动：

“在国内立法中制定和 / 或加强刑事、民事、劳动和行政制裁，以惩罚和赔偿在家庭、工作场所、社区或社会中易遭受各种形式暴力侵害女性和女童的过失。”（第 124.c 段）

政府、非政府组织、教育机构、企业等采取的行动：

“认识到包括女性移民劳动者在内的女性移民容易遭受暴力和其他形式的虐待，可能剥削移民女性劳动者的用人单位决定了其在东道国的法律地位；”（第 125.c 段）

政府、用人单位、工会等采取的行动：

“制定计划和程序文件，以消除所有教育机构、工作场所和其他地方对女性的性骚扰和其他形式的暴力行为；”（第 126.a 段）

“采取特别措施消除对女性的暴力行为，特别是对处境脆弱的女性的暴力行为，例如年轻女性、难民、流离失所女性和在国内流离失所女性、残疾女性和女性流动劳动者，包括现行执法并酌情制定新的法律以适用于发送国和接收国的女性流动劳动者；”（第 126.d 段）。

各国政府、私营部门、非政府组织、工会和联合国采取的行动：

“在所有工作场所立法并执法，以抗击性骚扰和其他形式的骚扰。”（第 180.c 段）

资料来源：联合国，1995 年，第 54 页、第 56 页和第 82 页。

Elimination of All Forms of Discrimination against Women）[8]。

该议定书包含两个程序：一个沟通程序，容许女性个人或女性群体向消除对女性歧视委员会提交侵犯权利的申诉，以及一个质询程序，使委员会能够对严重或系统地侵犯女性权利的情况进行调查。无论哪种情况，各国都必须是该议定书的缔约国。在第 10 个缔约国批准该公约之后，该议定书于 1999 年 10 月 6 日在联合国大会上通过，并于 2000 年 12 月 22 日生效。

在此内涵下，针对女性的暴力行为的特别报告员向人权委员会提交的报告中强调了性骚扰问题，该特别报告员在 1997 年的报告中对此进行了详细分析（方框 80）。

该报告员向人权委员会提交的针对女性的暴力行为的报告中也特别关注对女性移民劳动者的暴力行为，该报告员在 1997 年的报告中也对此问题进行了详细分析（方框 81）。

该报告员在 1999 年的报告中谈到了一个密切相关的议题，即家庭中对女性的暴力行为。在工作中和家庭中的暴力行为及其对受害者的累积影响之间的联系正在逐渐成为理解

方框 80　工作中的性骚扰

仅禁止性骚扰不足以帮助暴力受害者。无论是公共机构还是私人机构，教育机构或工业机构，当务之急是制定内部程序，以确保受害者在性骚扰案件中得到赔偿。加拿大联邦劳工法典在此方面发挥了示范作用，该法典要求用人单位发布一项谴责性骚扰的政策，阐明将对违法者采取纪律措施，规定处理骚扰事件的程序，并告知劳动者其相关权利。

大多数私营公司对受害者的需求反应迟钝，因为此类公司的首要任务通常是寻求避免负面宣传。在一些公司中，用于解决劳动者投诉的非正式机制已经制度化。但是，如果不严格实施或执行内部机制，则可能有助于将违规行为私了化，并阻碍受害者索赔。通常，此类机制旨在通过调解解决冲突，而非满足受害者的需求并追究施暴者责任。这种做法增加了受害者决定是否向骚扰者提出索赔的压力。由于缺乏或几乎无对事故报告的制度性支持，受害人对自己的工作状况的担忧可能会鼓励其保持沉默。在此方面，一些管辖区规定，用人单位如不采取适当的预防措施，就要对性别歧视承担转承责任。

资料来源：联合国人权委员会，1999 年。另见《消除对妇女一切形式歧视公约任择议定书》(注 8)。

对女性遭受的全面暴力行为的严重程度的关键。各国和企业开始认识到此问题的重要性。

方框 81　女性流动劳动者

跨越国家边界移民到海外国家的女性数量惊人，她们从事的低报酬劳作使其处于被隔离的私人领域，她们面临遭受急性身体或心理暴力的风险，并被剥夺了经济所得①。

规模较大、不受管制的非正式部门是许多侵犯女性人权的场所。据记录，英国有 2000 多起不良对待和虐待移民家政劳动者的案件，这些虐待包括没收护照、强制更改合同、克扣工资、剥夺食物、禁止其获得医疗和保健服务、在雇主家中被监禁、禁止从事社会交往活动、截取家信以及身体和性暴力。

在拉丁美洲和加勒比地区，家政劳务流动的长久历史充斥着暴力和虐待的报道。在亚松森，大约有 15200 名 5 至 18 岁的家政劳动者从农村地区流动至城市并免费劳作，许多女孩接受以教育和住宿代替工资的形式。这种家政劳动安排增加了她们遭受剥削和暴力的脆弱性。

据报道，在哥伦比亚花卉出口行业的女性劳动者因其工作环境接触农药，也有类似情况和后果。在危地马拉，国内的女性流动劳动者要么是家政劳动者，要么是在工厂流水线（服装组装工厂）中劳作。为了鼓励外国投资者，组装厂（maquilas）使资方免予遵守保障劳动者权利的法规，女性易遭受性暴力和骚扰、强迫加班、恐吓和普遍恶劣的工作条件。

在摩洛哥，农村的年轻女孩被安置在富裕的城市家庭中作为家政劳动者。尽管承诺了接受教育和改善生活水平的机会，这些女孩经常遭受不人道的工作条件，被迫生活在契约奴役的状态。这种情况在“收养性奴役”案件中更为严重，在此情况下，富裕家庭收养孤儿女孩确实是为了让其提供劳动，并且据大量报道，这些女孩遭受身体虐待。在日本、马来西亚、柬埔寨、新加坡和中国香港等拥有流动家政劳动者人口的亚洲国家和地区的情况通常以这种虐待为特征。

在海湾国家中，估计有 120 万家政劳动者，大约占这些国家严重依赖的 600 万移民的 20％。斯里兰卡、印度尼西亚、印度和菲律宾是海湾地区的主要家政劳动者出口国。沙特阿拉伯和科威特等国家经常发生的暴力和不人道的状况已得到广泛记录②。

资料来源：

①菲茨帕特里克（Fitzpatrick），联合国特别报告员，1999 年，第 9 页。引同上。

②联合国，人权委员会，1997 年。

另见：联合国妇女发展基金（United Nations Development Fund for Women，UNIFEM），2003 年和国际劳工组织《最恶劣的童工形式公约》（第 182 号），1999 年；以及本书的第三章。

研究人员对 1994 年至 2003 年对女性的暴力行为的国际区域和国家发展情况进行了一次大型调查[9]，该调查结果证实了对女性的各种暴力行为广泛存在，从家庭暴力到社会暴力，从性暴力到对女性劳动者的暴力。

女性劳动者遭受暴力的风险有多种来源，由于流动者在劳动力市场的谈判能力差，他们都可能面临一定的风险。

保护流动劳动者和反工作场所暴力

保护流动劳动者是联合国另一项国际法规的具体目标，即 1990 年联合国大会通过的**《保护所有移徙劳动者及其家庭成员权利国际公约》**（International Convention on the Protection of the Rights of all Migrant Workers and Members of their Families）。该公约扩大了对所有移民劳动者及其家庭的基本人权的保护，不论他们是居住国的合法居民还是非法居民。此外，公约确保合法居留的移民与居住国国民在许多法律、政治、经济、社会和文化等领域享有平等待遇。第 7 条特别明确规定，不歧视应“不分性别、种族、肤色、语言、宗教或信念、政治见解或其他观点、民族、族裔或社会根源、国籍、年龄、经济地位、财产、婚姻状况、出身或其他身份地位”。

该公约第 16.2 条专门给予流动劳动者及其家庭成员“国家的有效保护，以免遭到无论公务人员或个人、团体或机构的**暴力、身体伤害、威胁和恐吓**”。

自该公约通过以来，已经得到 21 个国家的批准或加入，其中大多数主要是将移民送往国外的国家，公约于 2003 年 7 月生效。

种族歧视内涵下的工作场所暴力

与工作场所暴力有关的第三项联合国工具是《**消除一切形式种族歧视国际公约**》（International Convention on the Elimination of All Forms of Racial Discrimination）。该公约于 1965 年通过，呼吁各国谴责种族歧视，立即采取使用一切适当手段消除各种形式种族歧视的政策，并促进所有种族之间的理解。该公约特别禁止在“工作、自由就业选择、享有公正和有利的工作条件、预防失业、同工同酬、享有公正有利的薪酬”方面的一切形式的种族歧视[10]。

除了联合国理事会（UN bodies）在人权领域开展的活动外，许多联合国机构和其他国际理事会也越来越积极地参与工作场所暴力斗争。根据机构或理事会的性质，按照劳动、职业健康与安全或刑事司法议题处理工作场所暴力。

国际劳工组织和反工作场所暴力

从关注工作场所暴力，并要求政府当局、企业和劳动者采取行动，现在已转变为具体启动计划，政府、工会、特殊研究小组、工作场所暴力专家和用人单位团体已经发布了指南以解决该问题的多种方面。越来越多的企业也在引入预防暴力计划，计划包括劳动者及其代表在其发展和实施中的参与。法律法规越来越频繁地将工作场所暴力作为目标，社会伙伴也正在签署新的集体协议，寻求确保工作场所无暴力的方法已成为一个主要的政策议题，也是国际劳工组织关注的议题：“当今国际劳工组织的主要目标是在保证自由、平等、安全和人格尊严的条件下，促进男性和女性获得体面的、有成效的工作。”[11]

这种关注是国际劳工组织通过一系列基本公约表达对劳动者保护、工作中的尊严以及安全和有成效的工作环境的长期持续性承诺的组成部分，与工作场所暴力特别相关的国际劳工公约是《结社自由及保护组织权公约》（1948 年，第 87 号）（Freedom of Association and Protection of the Right to Organise Convention）《废除强迫劳动公约》（Abolition of Forced Labour Convention）（1956 年，第 105 号）、1958 年《就业与职业歧视公约》（第 111 号）［Discrimination（Employment and Occupation）Convention］和**《关于禁止和立即行动消除最有害的童工形式公约》**，即 1999 年《最有害的童工形式公约》（Worst Forms of Child Labour Convention）（第 182 号）。

第 111 号公约将歧视定义为“基于种族、肤色、性别、宗教、政治见解、民族血统或社会出身的任何区分、排斥或偏爱行为，并有破坏或损害就业或职业机会或待遇平等的影响”[12]。

抗击性骚扰的行动

多年来，在审查国际劳工组织成员国关于第 111 号公约的报告时，国际劳工组织推广应用公约和建议书委员会（ILO Committee of Experts on the Application of Conventions and Recommendations）[13] 表示，性骚扰是性别歧视的一种形式，应在该公约的要求范围内予以解决。该委员会强调，性骚扰引起人们对诚信、尊严和劳动者福祉的质疑，从而破坏了工作中的平等，性骚扰还通过削弱工作关系建立的基础以及损害生产力从而对企业造成损害[14]。

鉴于这种做法的严重性和严重间接后果，该委员会在其 2003 年对第 111 号公约的全面调查中“敦促各国政府采取适当措施，禁止在就业和职业中的性骚扰”[15]。多年来，该委员会有机会审查了关于这一主题的各种国家立法和政策途径、司法判例和集体协议，这些都揭示了类似的方法、定义和程序。该定义包含以下关键元素：

> （1）（有条件的）：任何性相关的身体、语言或非言语行为，以及根据性别影响男性和女性尊严的其他行为，且接受者表示不受欢迎的、不合理的和冒犯性的。并且一个人对这种行为的拒绝或服从被明确或隐含地作为该人工作决定的基础。（2）（制造敌意的工作环境）：为接受者制造恐吓、敌意或侮辱性工作环境的行为[16]。

抗击在工作场所对儿童的暴力行动

国际劳工组织通过促进其国际劳工标准和消除童工现象国际计划（International Programme on the Elimination of Child Labour，IPEC）正在全球范围内解决所有形式的童工问题。它关注最有可能影响儿童的暴力情况：有害工作、性剥削和贩运儿童。人们常常发现儿童在不应工作的时间、地点、在很小的年龄长期处于危害性的条件下工作。在那些工作环境中，他们容易遭受暴力侵害，并成为暴力受害者，对他们教育的剥夺就首先加剧了对他们的不公正待遇。

联合国秘书长已任命独立专家保罗·塞尔吉奥·皮涅罗（Paulo Sérgio Pinheiro）领导一项全球研究，即"对儿童的暴力行为"。该研究以保护儿童免受各种形式暴力侵害的人权为基础，旨在促进在国际、区域、国家和地方各级预防和消除针对儿童的暴力行为。这是联合国牵头的一项合作，由联合国大会授权[17]将有关影响儿童和年轻人（18 岁以下）的暴力的形式、原因和影响的现有研究和相关信息汇总在一起。主要报告将于 2006 年发表，并向联合国大会提出建议。

作为这项研究的关键伙伴，国际劳工组织正在提炼与侵害儿童的工作场所暴力有关的关键问题，在儿童工作之处，例如工厂、田野、矿山、私人住宅和其他场所，他们经常遭受主管、同事和外来者的身体、心理暴力或虐待。这种暴力对儿童有害，也加剧了对童工的剥削行为，这也是不应违反国际劳工标准使儿童工作的另一原因。由于儿童的脆弱性，他们更有可能遭受暴力侵害，并遭受严重甚至有时伴其终身的侵害的后果。达到最低工作年龄但工作经验不足或缺乏安全感的青少年比成年劳动者更容易遭受工作场所暴力。

该研究报告的一章专门介绍了 2.5 亿童工，其中大多数儿童受到不同类型的暴力行为的影响或威胁。该报告力求把注意力集中在此情况上，并呼吁广大网络采取行动预防儿童陷入这种情况，取而代之的是让儿童入学，预防暴力的发生，并动员所承诺者和通晓如何提供专业帮助者投入其中：政府、用人单位和工会以及社区领导者。

应对工作场所压力的措施

国际劳工组织已经长期致力于职业性压力领域，该压力可能与工作场所暴力行为密切相关。在 1995 年至 1997 年，5 本抗击压力手册系列丛书陆续出版，为如何将风险审计和压力预防的原理转化为特定行业的实践提供操作指南[18]。最近，2003 年~2005 年欧洲社会伙伴工作计划（Work Programme of the European Social Partners 2003–2005）发起了“工作压力”研讨会，旨在随后就自愿协议进行谈判[19]。

国际劳工组织在此领域的工作表明，从经济和健康角度出发，预防压力比对患病劳动者个体采取一系列应对性治疗更有意义，且一个周期的压力审计即确定压力风险因素，然后改进工作场所或工作流程以减少压力的来源，再次审核以确认这是正确的改变，循环往复，证实这是压力风险管理的最好方法。

卫生行业中压力与工作场所暴力之间的交互关系

2003 年，在国际劳工组织、国际护士理事会、世界卫生组织和国际公共服务（ILO/ICN/WHO/PSI）在卫生行业关于工作场作暴力的联合计划的内涵下，工作场所暴力与职业压力之间的相互关系是一项特别研究的对象。启动该计划是为了确定工作场所暴力风险，然后制定合理的政策和实践方法，将卫生行业的暴力行为减到最小。

几乎所有的工作场所暴力案例实践中，包括轻微行为，受害者均会遭受痛苦，并伴有对其健康产生的长期有害影响[20]。该研究确认了负面压力是暴力的原因之一，负面压力越大，其产生暴力行为的可能性越大，甚至到达最极端的暴力形式，如倦怠、自杀和谋杀；但是，该关联并不是自动产生的，遭受严重负面压力的绝大多数人（有时会发生在每个人身上）不会成为暴力的施行者。通常，压力与许多其他因素（例如酗酒）的结合会触发工作场所的暴力行为，也就是说，虽然压力导致暴力这一关系通常会被调解，但暴力和压力之间的关系是直截了当的。

作为 ILO/ICN/WHO/PSI 联合计划的结果，一系列有关卫生行业工作场所暴力的问题文件和国家案例研究在巴西、保加利亚、黎巴嫩、葡萄牙、南非、泰国和澳大利亚进行，并于 2002 年出版[21]；此外，一份综合报告《卫生行业的工作场所暴力》（*Workplace Violence in the Health Sector*）汇集了针对特定国家的案例研究的结果[22]；也产生了一些专题研究的成果[23]；该联合计划的另一项成果是《解决卫生行业暴力问题的框架指南》（framework guidelines for addressing violence in the health sector）[24]。

ILO/ICN/WHO/PSI 联合计划确定，虽然工作场所暴力实际上影响到所有行业和所有类别的劳动者，但卫生行业面临着主要风险，正如第三章中所述，卫生行业的暴力可能构成所有工作场所暴力事件的近 1/4。在改革的压力下，客户 / 患者的自信心和需求日益增长，工作效率压力、社会不稳定性和人际关系的恶化以及工作场所的暴力行为在该部门迅速蔓延。一些针对特定国家的案例研究表明，家庭暴力和街头暴力正越来越多地渗透到卫生机构中。这种普遍暴力的负面后果严重影响了健康服务的质量，有可能导致所提供的护理质量下降，并造成一些医务人员决定离开卫生行业；医务人员的广泛辞职可导致面向普通民众的卫生服务减少，并增加卫生费用；特别是发展中国家，如果已是稀缺资源的医务人员由于受到暴力威胁而放弃其职业，那么基本卫生保健的平等获得机会则会受到威胁。

为了回答这些问题，该框架指南[25]提供了工作场所暴力的定义、关于基本权利和责任的指南、管理工作场所暴力风险的最佳方法、风险评估和识别方法、工作场所干预措施、监测和评估方法。

一项国际劳工组织 / 国际护士理事会 / 世卫组织 / 国际公共服务《针对从业者的同伴教育和培训工具包》（companion education and training kit for practitioners）及《框架指南》也正在准备中。该培训工具包旨在成为一种实用且用户感觉友好的工具，以补充指南的政策方法并促进有关各方之间的社会对话，这两份文件将创建一揽子计划，以鼓励指南的适当传播和使用，因此，国际劳工组织的成员国以及卫生服务中的其他参与者将很容易接触这些概念，并获得随时可用的风险管理指南。

国际劳工组织工作场所暴力业务准则

2003 年 10 月在日内瓦举行的一次专家会议提供了进一步的指导，该会议制定并通过了 2004 年国际劳工组织的《服务部门的工作场所暴力及其抗击措施》（workplace violence in services sectors and measures to combat this phenomenon）[26]。在制定该业务准则之前，国际劳工组织的部门活动计划在 2003 年委托编写了一系列工作文件，其中审查了包括邮政行业[27]、表演艺术和新闻行业[28]、交通运输行业[29]、服务行业（有关教育行业）[30]、金融服务[31]以及酒店、餐饮和旅游业[32]等各个行业所遭受工作场所暴力的程度和严重性。

这些法律法规表明，工作场所暴力行为影响着全球服务行业中数百万的劳动者，并且已经威胁到各种行业的服务质量、生产效率和工作的体面性。工业化国家和发展中国家大范围的职业和工作环境中都感受到了工作场所暴力的有害影响，包括公共部门和私营部门。暴力会损害所提供服务的质量，破坏工作场所的高效性，破坏人际关系和同事之间的信任，并使工作场所环境变得黯淡、不受欢迎甚至很危险。据报道，在第三产业中，由于劳动者与其顾客或公众之间的直接接触，工作场所暴力问题可能比第一产业或第二产业更大。

国际劳工组织服务部门工作场所暴力业务准则的重点是预防工作场所暴力并减轻其直接不利后果，包括压力的间接后果。政府、用人单位、劳动者及其代表在处理工作场所暴力危害方面的重点是要采取一种主动的预防方法，同时要将其纳入职业安全与健康管理体系，该业务准则中详述的指导原则包括：

- 一个健康、安全的工作环境，符合1981年《职业安全与卫生公约》(Occupational Safety and Health Convention)(第155号)的条款，可促进与工作相关的最佳身心健康；并且有助于预防工作场所暴力。
- 用人单位、劳动者及其代表以及与政府之间适当的社会对话是成功实施抗击暴力政策和计划的关键要素。这类对话庄严地写入了国际劳工组织1998年《工作中的基本原则和权利宣言及其追踪行动》(ILO Declaration on Fundamental Principles and Rights at Work and its Follow-up)。
- 根据1958年《就业与职业歧视公约》[Discrimination (Employment and Occupation) Convention](第111号)，抗击工作场所暴力的政策或行动也应旨在促进体面劳动和相互尊重，并抗击工作场所的歧视。
- 促进性别平等能够有助于减少工作场所暴力[33]。

国际劳工组织该项业务准则确定了有效打击工作场所暴力行为所需的政策和策略，政府、用人单位和劳动者组织以及公众、顾客和客户的角色和责任；还提供了有关培训、交流和信息提供，暴力事件的记录和通知以及干预措施的计划和实施的指南。该业务准则通过风险识别、症状预警确认、评估、预防策略的实施、减少发生率以及管理和应对策略，解决这些问题，为风险评估奠定了基础；着重强调了监测和评估工作场所暴力预防政策以及有关暴力议题的组织学习。

该业务准则旨在作为基本参考工具，促进区域、国家、工业部门、企业、组织和工作场所级别的类似工具的开发，并专门针对并适应不同的文化、情况和需求。尽管它专门针对服务行业，但其中包含的许多建议在经过适当改良的情况下也能够应用于制造业和其他工业领域。

与工作场所暴力相关的多种职业性有害因素的启动计划

国际劳工组织还对暴力、压力、烟草、毒品和酒精滥用与艾滋病病毒及艾滋病之间的密切联系采取了强化行动，2002 年，国际劳工组织提供了一个新的培训包，即 SOLVE（压力、烟草、酒精和毒品、艾滋病病毒 / 艾滋病和暴力：解决工作中的心理问题）（Stress，Tobacco，Alcohol and drugs，HIV/AIDS and Violence: Addressing Psychological Problems at Work）[34]。SOLVE 旨在提供对工作场所这些相互联系的问题一个综合应对，这些问题通常在工作场所一起表现出来。

此项一揽子计划还引入了一种创新方法，使劳动者的健康、安全和福祉成为企业经济可持续发展和组织发展的组成部分。通过将健康安全问题与管理发展问题直接联系起来，该计划为在工作场所采取即时、自立的政策和行动提供了工具，以减少和消除上述问题。

在 SOLVE 的总体框架内，2002 年制作的三种实用工具旨在识别、处理和预防工作场所的性骚扰[35]。最后，2003 年，国际劳工组织工人活动局（ILO Bureau for Workers' Activities）《劳动教育》（*Labour Education*）期刊专门论述了工作场所暴力行为[36]，联合国其他机构也在积极将工作场所暴力减到最小。

世界卫生组织和预防工作场所暴力

1996 年，世界卫生组织在其第四十九届世界卫生大会上通过了一项决议，承认暴力会对个人、家庭、社区和国家的健康、心理和社会发展产生严重的直接和长期影响。该决议声明暴力行为是全球范围内的首要公共卫生问题[37]。根据该决议的要求，世界卫生组织执行委员会在 1997 年 1 月提出并通过了一项行动计划，以迈向以科学为基础的预防暴力的公共卫生方法，该计划强调了包括工作场所暴力在内的暴力行为的程度及其后果，并阐明了解决这一问题的优先事项和采取行动的方法（方框 82）。

方框 82　世界卫生组织打击暴力行动计划（节选）

介绍

1. 暴力造成的不良健康负担令人震惊。暴力破坏社区的社会和经济状况，频繁而严重的个人或有组织的暴力活动所产生的氛围阻碍了投资，破坏了国家劳动和产业的稳定，阻碍了旅游业，并促进了技术移民的发展。在家中、街头和教室中的暴力行为破坏了教育的秩序和基本服务的正常提供；抑制了治疗性和预防性卫生保健服务。作为一种权力的表达，暴力加剧了根据性别的歧视和社会不平等。出于各种原因，迄今为止，卫生行业对暴力的态度一直很矛盾，对预防暴力承诺不足并借助于临时解决方案。如果无公共卫生新愿景解决日益严重的暴力问题，只能加剧社会代价。

2. 虽然尚无普遍接受的暴力类型，但常用的暴力分组有：

- **自我冲突暴力**，自杀是致死的代表，其他自我冲突暴力类型包括企图下决心自杀和非致死性自残。
- **人际暴力的发生形式多种多样**，最好按受害者与罪犯的关系来分类：家庭暴力（家庭和亲密伴侣）或熟人暴力以及陌生人暴力；也可以根据受害人的年龄或性别（虐待儿童或强奸）来划分。社会机构可能是暴力的环境：在学校、工作场所、商业部门和军队都可能存在欺凌、骚扰或与犯罪相关的暴力。
- **组织的暴力行为**是受特定政治、经济或社会目标激励的社会或政治团体的暴力行为。种 / 民族或宗教冲突是群体之间发生的其他形式的暴力。武装冲突和战争是有组织暴力的极端形式。

……

5. 暴力的后果远远超出了身体伤害：暴力对其受害者、施暴者和目击者以及亲密的亲朋好友有着深远的心理影响。对于其他人，例如每天生活在伴侣或父母暴力威胁下的女性和儿童，则其生活质量受到严重影响。

6. 世界卫生组织关于暴力与健康的整合性（综合性）行动计划。

该计划是巩固世界卫生组织关于暴力的若干计划的活动，并针对暴力与健康建立连续一致的世界卫生组织公共卫生方法的第一步。在前三年中，首要目标和最优先事项将是更好地定义该问题。

目标 1，描述此问题（首要优先）……

目标 2，了解此问题，进行风险因素识别和研究：通过组织所有适当的技术项目促进研究，以增加有关暴力的决定因素和后果的信息……

目标 3，确定和评估干预措施：确定旨在预防暴力和减轻其影响的措施和方案，并评估其有效性……

目标 4，项目的执行和传播：在评估现有活动的基础上加强系统的能力，主要是卫生系统，同时也要增强所有相关方的能力，以执行协调一致的计划。

资料来源：世界卫生组织，执行委员会，1997 年，第 1 页～第 4 页。

2002 年，世界卫生组织发布了首份《世界暴力与健康报告》（*World Report on Violence and Health*）[38]，该报告直接提高人们对全球暴力问题的认识，并证明暴力是可以预防的。此报告发布后，发起了一场全球预防暴力运动，该运动的目标是提高人们对暴力问题的意识，强调公共卫生在解决其原因和后果方面可发挥的关键作用，并鼓励社会各阶层采取行动，该运动是贯彻该报告建议的主平台。

在此项全球运动的内涵下，开展了一系列其他活动，30 多个国家及地区的政府组织了此项报告的发布会或政策讨论，世界卫生大会、人权委员会、非洲联盟等许多政策论坛均签署了支持该报告并呼吁予以执行的决议[39]。

联合国其他机构针对工作场所暴力采取的行动

为了获得国际机构间有关工作场所暴力的现行内部政策、做法和行动的更直接和最新的信息，国际劳工组织对此主题进行了一次小型调查[40]。2003 年 12 月，国际劳工组织向联合国系统内的主要组织分发了一份简短的调查问卷，方框 83 中列出了 13 个主要组织对调查问卷进行的答复，包括几个雇用了大量国际公务员的机构。

图 27~图 29 汇总了在联合国系统内各组织之间进行的这项调查的结果，图 27 显示了“贵组织关注工作场所暴力问题吗？”这一问题的回答。

如图 27 所示，近一半（45%）的受访组织都关注工作场所暴力，尽管不同组织之间甚至同一组织内的暴力程度不同，这取决于暴力的类型和工作场所的地理位置。

在图 28 中，引起关注的工作场所暴力的特定类型被分为五个不同的类别：欺凌 / 团伙欺凌、性骚扰、语言暴力、威胁和身体攻击。读者应注意，不同形式的工作场所暴力之间

方框 83　工作场所暴力：组织对国际劳工组织调查的回应

拉丁美洲和加勒比经济委员会（Economic Commission for Latin America and the Caribbean，ECLAC）

西亚经济社会委员会（Economic and Social Commission for Western Asia，ESCWA）

联合国粮食及农业组织（Food and Agriculture Organization，FAO）

国际海事组织（International Maritime Organization，IMO）

国际货币基金组织（International Monetary Fund，IMF）

联合国教科文组织（联合国教育、科学及文化组织，United Nations Educational，Scientific and Cultural Organization，UNESCO）

联合国工业发展组织（United Nations Industrial Development Organization，UNIDO）

联合国维也纳办事处/联合国毒品和犯罪问题办公室（United Nations Office at Vienna/United Nations Office on Drug and Crime，UNOV/UNODC）

联合国大学（United Nations University，UNU）

世界粮食计划署（World Food Programme，WFP）

世界知识产权组织（World Intellectual Property Organization，WIPO）

世界气象组织（World Meteorological Organization，WMO）

世界贸易组织（World Trade Organization，WTO）

问卷包括以下问题：

问题 1：工作场所暴力是否在您的组织中引起关注？

问题 2：如果是，哪种形式？□身体攻击；□性骚扰；□欺凌/团伙欺凌；□语言侵犯；□威胁；□其他

问题 3：您是否有以下任何抗击暴力的启动计划？（计划或实施）□政策；□劳动者援助计划；□业务准则；□指导方针

问题 4：您是否掌握有关组织内工作中暴力程度的统计数据？

的分布是基于组织针对此问题的回答。

图 28 中显示的数据表明，性骚扰和欺凌/团伙欺凌引起了最广泛的关注（各占 25%），其次是语言暴力和威胁（各占 20%）以及身体攻击（10%）。由于对此问题有多种答复，因此这些类别可能会重叠。

图 29 显示了接受调查的组织采取的行动类型，同样，所采取行动的分布仅反映了回答

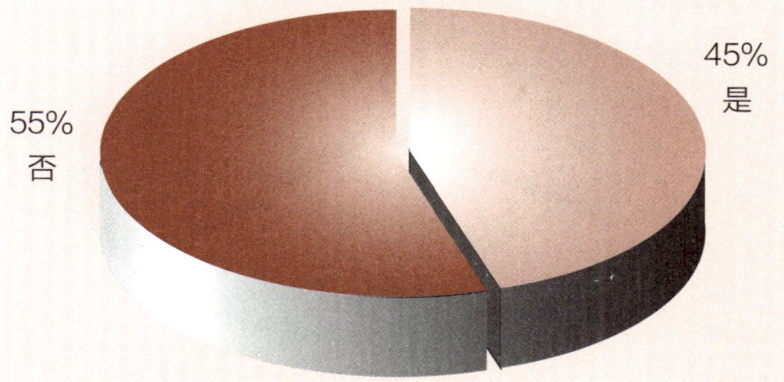

资料来源：国际劳工组织对联合国组织系统的调查和高级官员名录，纽约，2004 年。

图 27　国际劳工组织关于工作场所暴力的调查：对“贵组织关注工作场所暴力问题吗”的回答（百分比，%）

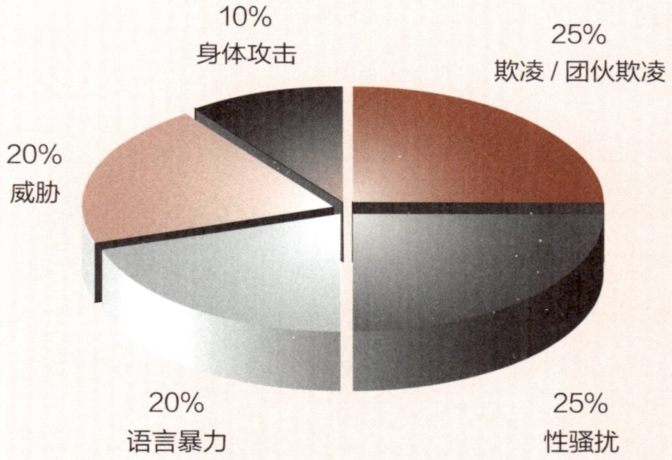

资料来源：同图 27。

图 28　国际劳工组织关于工作场所暴力的调查：对“担心的暴力类型”的回答（百分比，%）

该问题的组织的回应。

从图 29 可以看出，几乎所有接受调查的组织都表示他们已经计划或实施了某种形式的反暴力启动计划，包括政策（39%）、劳动者援助计划（26%）和业务准则 / 指南（35%），但是做出回答的组织都无工作场所暴力程度在其劳动者中的可用统计数据。

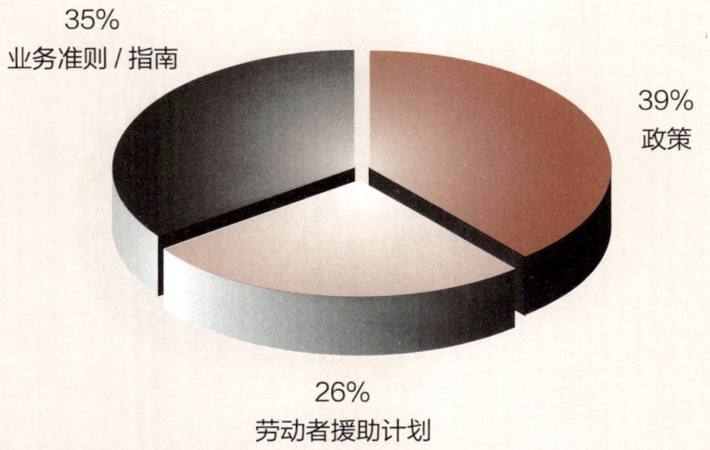

资料来源：同图 27。

图 29　国际劳工组织关于工作场所暴力的调查：对“采取的行动”的回答（百分比，%）

总体而言，证据表明，近年来在工作场所暴力领域采取的行动已大大增加。现在，大多数国际机构和组织都配备特别考虑到工作中的新形式的暴力行为的技术工具，方框 84 选取了其中的一些技术工具。

方框 84　国际组织打击内部暴力：新的具体行动

- 亚洲开发银行（Asian Development Bank，ADB）：《预防性骚扰——劳动者指南》（Prevention of sexual harassment，A guide to staff）。
- 欧洲委员会（European Commission）：《金诺克备忘录：致欧盟委员会心理骚扰政策委员会的备忘录》（2003 年 10 月）（Memorandum by Mr.Kinnock to the Commission on Psychological Harassment Policy at the European Commission）。
- 联合国粮食及农业组织（Food and Agriculture Organiztion of the United Nations，FAO）：《预防骚扰政策》（2003 年 6 月 26 日第 2003/17 号行政通函）（Policy on prevention of harssment，administrative circular No.2003/17）。
- 国际劳工组织（International Labour Organization，ILO）：《国际劳工局和国际劳工组织工会关于预防和解决冲突的集体协议》（2004 年，第 6/648 号和第 649 号通告）（Collective agreement on conflict prevention and resolution between the International Labour Office and the ILO Staff Union）。
- 国际海事组织（International Maritime Organisation，IMO）：《在无骚扰的环境中工作的权利》（部门间备忘录，2003 年 5 月 14 日）Right to work in a harassment free environment）。

- 国际货币基金组织（International Monetary Fund，IMF）。

——《行为法规》（Code of Conduct，1998），1998 年（修订）。

——《歧视政策》（Discrimination Policy），2003 年。

- 经济合作与发展组织（Organisation for Economic Co-operation and Development，OECD）：《在 OECD 中预防和处理骚扰——政策和指南》[C（2002）141]（Preventing and dealing with harassment at the OECD—Policy and guidelines）[141]。

- 联合国（United Nations，UN）。

——　监察专员办公室 – 监察专员任命和职权范围，秘书长的公报，2002 年 10 月 15 日。

——　保护免受性剥削和性虐待的具体措施，秘书处，2003 年 10 月 9 日。

- 联合国工业发展组织（United Nations Industrial Development Organization，UNIDO）：《反性骚扰指南》（Guidelines on sexual harassment）（已提供，审查中）。

- 联合国教育、科学及文化组织（教科文组织）（United Nations Educational，Scientific and Cultural Organization，UNESCO）：目前正在重新设计现有的抗击骚扰政策，以将团伙欺凌纳入其中。

- 世界粮食计划署（粮食计划署）（World Food Programme，WFP）。

——《预防骚扰政策》（HR99/002，1999 年 2 月 19 日）（Policy on the prevention of harassment，HR99/002）。

——《保护免受性剥削和性虐待的具体措施》（ED2004/001，2004 年 1 月 22 日）（Special measures for protection from sexual exploitation and sexual abuse，ED2004/001）。

- 世界知识产权组织（World Intellectual Property Organization，WIPO）：《工作时发生的骚扰》（调解员部门，部门指令第 20/2003 号）（Harassment at work. The Office of the Mediator，Office instruction No. 20/2003）。

- 世界气象组织（World Meteorological Organisation，WMO）：《预防和解决骚扰》（服务说明第 26/2003 号）（Prevention and resolution of harassment，Service Note No. 26/2003）。

- 世界贸易组织（World Trade Organization，WTO）：《劳动者投诉和申诉处理程序》（行政备忘录，2002 年，第 941 号）（Procedures for dealing with staff members' complaints and grievances，Administrative memorandum No. 941，2002）。

因此，近年来许多联合国机构已采取行动降低工作场所暴力的风险，现在，许多国家 / 地区发布了监管性法律法规（如前所述），欧盟颁布了一些最有影响力的法律法规以保护劳动者的健康和安全，其中就包括免受工作场所暴力的侵害。

欧盟抗击工作场所暴力的行动

工作场所暴力问题长期以来一直在欧盟的议程上，1957 年的《罗马条约》（Treaty of Rome）中就提到了职业健康与安全。

欧盟框架指令 89/391/EEC

1989 年 7 月 12 日，欧盟框架指令 89/391/EEC 出台了鼓励改善工作中劳动者的安全与健康的措施，全面表达了对职业安全与健康（Occupational Safety and Health，OSH）的承诺。该指令强调了用人单位改善职业安全与健康绩效的职责框架，规定了劳动者的参与权，并且为减少在变化多端的工作环境中的风险预留了灵活性[41]。方框 85 中转载的指令第 6 条通常被称为可直接适用于工作场所暴力案件的条款。

89/391/EEC 框架指令（关于采取措施鼓励改善劳动者安全和健康）的监管框架具有极其重要的意义，欧盟还委托了许多其他报告和启动计划。

欧盟抗击工作场所暴力的其他措施

1997 年，欧盟委员会于 1996 年首次发布了《预防工作暴力指南》（guidance on the prevention of violence at work）。该出版物纳入了对这一领域的科学文献的回顾，确定工作暴力的流行率和对现有指南的调查，以及在欧盟层面实施的指导计划草案，该调查结果总体有意义，汇总见方框 86。

该文件在提供进一步的指南以抗击工作场所暴力时，强调组织需要解决以下议题：

- 暴力和虐待的定义。
- 记录暴力事件的程序文件。
- 对暴力事件数据的分析。
- 采取包括预防、保护、治疗和安全措施在内的平衡方法的需求。
- 对暴力行为的受害者的敏感性和早期治疗的需求。
- 促进组织对暴力问题学习的需求[42]。

方框 85　欧洲 1989 年《关于工作中劳动者安全与健康指令：用人单位的一般义务》

1. 用人单位应在其职责范围内采取必要的措施保护劳动者的安全和健康，包括职业风险的预防、信息的提供和培训以及必要的组织和手段的提供。用人单位应对调整这些措施的需要保持警惕，以考虑到不断变化的情况并旨在改善现有情况。

2. 用人单位应根据以下一般预防原则，实施（上面）所述措施：

（1）避免风险。

（2）评估无法避免的风险。

（3）从源头上抗击风险。

（4）使工作适应劳动者，尤其是在工作场所的设计、工作设备的选择以及工作和生产方法的选择方面，尤其是要在工作场所减轻单调的工作以及按照预定工作速率完成工作，并减少其对健康的影响。

（5）适应技术进步。

（6）用无危险或危险较低的工艺、技术和材料替代危险的工艺、技术和材料。

（7）制定一项协调一致的全面预防政策，其中涵盖技术、工作组织、工作条件、社会关系以及影响工作环境的有关因素。

（8）将群体保护措施优先于个体保护措施。

（9）给劳动者适当的指导。

3. 用人单位应考虑到企业和 / 或机构的活动性质。

（1）评估对劳动者安全和健康的风险，尤其是在选择工作设备、准备使用的化学制剂以及装修工作场所方面。

在评估之后，必要时，用人单位实施的预防措施以及工作和生产方法必须：

——　确保改善劳动者的安全和健康保护水平。

——　整合到企业和 / 或机构的所有作业活动中，并在所有优先控制措施上加以预防控制。

（2）在将任务委托给劳动者时，要将劳动者在健康和安全方面的防护能力纳入考虑。

（3）规划和引进新技术的过程必须与劳动者和 / 或其代表磋商，确保在选择设备、工作条件和工作环境时考虑劳动者的安全和健康。

（4）采取适当步骤，确保只有获得充分指导的劳动者，才可能进入存在严重和特殊危险的区域工作。

资料来源：欧洲议会，1989 年。

方框 86　欧盟工作场所暴力调查

该问卷的调查结果表明以下情况：

- 各国之间在健康和安全内涵方面对暴力议题的认识差异很大。
- 除荷兰外，各国的立法立场是：健康和安全立法以及民法和刑法的框架类型中涵盖了抗击工作场所暴力行为。
- 研究暴力是较新议题，研究似集中在欧洲工业化国家。
- 一般都对法律实施情况进行报告，并且都在健康和安全法规一般要求的总体执法范围实施内，在一定程度上都使用了刑法典和民法典。
- 在许多国家，法律实施的重大障碍包括缺乏意识、在中小型企业中难以实施法律以及用于实施法律的资源有限。

受访者提供给调查的数据总体印象是在许多国家中，人们对工作场所暴力问题的意识有限，但是法律条文似笼统存在并得到普遍执行。然而，有理由质疑这种印象。

首先，从文献综述中得出的主要发现是通常低估了暴力问题的严重程度。由于缺乏对工作场所暴力的发生率和程度的具体而全面的研究，难以让人相信该问题已得到适当处理。

其次，在整个欧盟处理暴力的指南并不统一。在指南缺失的情况下，似不太可能对实际发生的问题进行统一和全面管理。

最后，必须质疑法律的执行情况。虽然调查的受访者普遍表示实施情况良好，但很多还不清楚实施法律的确切性质。毋庸置疑的是，负责健康与安全的适当机构在一系列健康与安全问题上履行职责，但它们仅在向其提供资源的内涵上这样做。实际上，这通常意味着可用于执法的资源有限，尤其是往往不受高级别执法约束的中小型企业。此外，在对此问题认识有限的情况下，必须质疑企业内部实际管理活动的范围。

由于这些原因，该地区的法律实施情况似乎不太理想。

最后一个令人关切的议题是，尽管许多国家的情况貌似积极，但一些国家报告称对工作场所暴力行为的关注和活动程度很低。在不希望排除任何特定国家的情况下，同时从所发表的评论和一些国家不回应看，很明显，在各个层面上对这一问题的管理都大有改进空间。

资料来源：温等人，1997 年，第 28 页 ~ 第 29 页。

该评估还强调了风险评估周期的需求，如表 24 所示。

近年来，欧盟在这一领域的行动进一步加强，并在该领域采取了重要的新的启动计划，工作场所暴力现在是一个热门话题并且是优先事项。

表 24　风险评估周期

周期阶段	行动
1. 评估该问题的范围	找出是否存在问题
	接受问题的存在
	定义暴力
2. 评估该问题	开发、实施和改进记录系统
	识别危害
	识别风险
	分析所有事件并分类
3. 设计干预措施	确定潜在干预措施（预防、保护、治疗、安全、培训）
	协作选择干预措施
	制定公司政策
4. 实施干预措施	以有可视度的方式实施干预措施
5. 监测干预措施	监测干预措施，包括过程、实施及结果
	根据评估数据改良干预措施
	公布监测行动的结果

资料来源：温等人，1997 年，第 44 页。

欧盟反骚扰和性骚扰的指令

1999 年根据《阿姆斯特丹条约》（Treaty of Amsterdam）修订的《1957 年罗马条约》（Treaty of Rome 1957）第 13 条使欧盟理事会能够采取适当行动，以抗击以性别、种族或族源、宗教或信仰、残疾缺陷、年龄或性取向为基础的歧视，分别于 2000 年和 2002 年正式通过了两项指令，分别针对骚扰和性骚扰：

- 2000 年 6 月理事会指令 2000/43/EC 实施不分种族或民族的平等待遇的原则[43]。
- 2002 年 9 月理事会指令 2002/73/EC 修订理事会指令 76/207/EEC，修订在就业、职业培训和晋升以及工作条件方面落实男女平等待遇原则[44]。

这些指令纳入了适用于整个欧洲的种族和性骚扰的新定义；提供关于有效执行法律和裁决的指令；并明确指出欧盟成员国有责任指定一个或多个机构来促进指令的工作。

虽然第一个指令适用于所有种族骚扰情况，但是第二个指令专门针对工作中的性骚扰。

指令 2002/73/EC 引入了与骚扰和性骚扰有关的概念，并指出这是违反平等待遇原则的歧视形式，这是欧盟机构多年来努力专注的领域，早在 1992 年，欧洲委员会就颁布了一项业务准则《欧洲委员会抗击性骚扰的措施》，2001 年欧洲议会强调解决工作场所骚扰的干预措施的必要性，特别是欺凌和性骚扰被作为优先事项：

> 呼吁成员国为抵制工作中的欺凌和性骚扰，评估并酌情补充其现有立法，并评估将欺凌的定义标准化……
>
> 敦促该委员会考虑澄清或扩大关于工作中健康与安全的框架指令的范围，或者起草新的框架指令作为抗击欺凌行为的法律手段，并作为确保劳动者的尊严、隐私和正直受到尊重的一种方式；在这方面强调关于健康与安全的系统性工作和预防行动的重要性[45]。

目前，欧盟内部只有少数几个国家制定了具体的性骚扰法律，大多数国家根据平等的就业机会法以及劳动、民事侵权行为和刑法采取保护措施。

广泛的法理学和集体协议的条款对此作了补充。

上述指令仅仅是加强立法干预的开始。欧盟的各个机构都重申需要在工作场所暴力方面采取进一步行动，包括监管行动。

该委员会在其来文"适应工作和社会的变化：2002 年~2006 年欧洲共同体关于工作中健康与安全的新战略（Adapting to change in work and society: A new Community strategy on health and safety 2002~2006）"中，强调需要调整法律框架以涵盖新出现的心理社会风险：

> 心理社会问题和疾病的增加使工作中的健康和安全面临新挑战，并且正在损害改善工作中福祉的措施。如今，工作中的各种形式的心理骚扰和暴力同样构成了一个特殊问题，这需要立法行动。任何此类行动都将能够建立在最近通过的以欧共体条约第 13 条为基础的指令的既有成果，该指令定义了骚扰的内涵，并规定了赔偿措施……委员会将审查有关工作场所心理骚扰和暴力行为的共同体文件的适当性和范围[46]。

与此类似，欧盟委员会工作安全、卫生与健康保护咨询委员会（Advisory Committee on Safety，Hygiene and Health Protection）呼吁欧盟委员会在以下方面发布指南：

> 因此，该委员会应根据各种形式的现象定义以及根据框架指令（Framework

Directive）的条款纳入用人单位必须评估的风险因素来制定指南，因此一个把特定风险评估作为整体评估的一部分的模型是有用的[47]。

该委员会的行动得到了主管该领域的欧盟专门机构的补充。

其他欧洲机构

2001 年，都柏林欧洲改善生活和工作条件基金会（the European Foundation for the Improvement of Living and Working Conditions，Dublin）发布了其第三次欧洲工作条件调查的结果，该调查结果证实了工作场所暴力问题的严重性和复杂性[48]，该基金会于 2003 年发布了一份关于工作场所暴力和骚扰的报告[49]，该报告指出了欧盟工作场所暴力和骚扰的不同形式和模式，描述了最近在法律领域内有关暴力和骚扰的活动和启动计划激增，并且针对这些问题，许多国家颁布了或正在制定新法律。欧盟基金会的报告还提供了对个人、组织和社会产生不利影响的证据，并评估了潜在的财务成本；最后，报告分析了可能导致身体和心理暴力的因素，并评估了各种预防和管理工作中暴力和骚扰的良好实践策略。

2005 年，欧盟基金会根据 2000 年《欧盟工作条件调查》（European Working Conditions Survey）发布了一份工作有关压力的证据的报告[50]，该研究表明，劳动者报告的工作有关压力正在上升，这是整个欧盟目前第二大常见的职业安全与健康问题，该报告指出了欧盟成员国之间的差异，提供了工作有关压力的可能原因的证据，描述了对预防性干预措施的评估，并提供了最佳实践的样例。

2002 年，欧洲安全与健康局在其“欧盟周”（European Week）① 上专门强调了压力和其他心理社会风险，包括工作场所暴力和欺凌行为，方框 87 概述了与工作场所暴力有关的欧盟启动计划。

本章提供的证据表明，在过去的十年中，国际机构已经发起了许多政策文件和战略来应对工作场所的暴力。然而，要减少劳动者受到这种日益普遍的工作场所威胁的影响，仍有许多工作要做。下一章汇集了本书提出的证据和讨论。

---

① 译者注：“欧盟周”是欧盟地区一年一度为期四天的活动，城市和地区展示其创造增长和就业的能力，实施欧盟凝聚力政策，并证明地方和区域层面对欧洲良好治理的重要性。

方框 87　欧盟针对工作场所暴力的行动，2000 年~2004 年

欧盟委员会来文："适应工作和社会的变化：2002 年~2006 年欧洲共同体关于工作中健康与安全的新战略"，布鲁塞尔，2002 年 3 月 11 日，COM（2002）118 终稿（请参阅：http//www.europa.eu.int/comm/employment_social/news2002/mar/new_strategy_en.pdf ，2005 年 12 月 6 日访问）。

"2000 年 6 月 29 日的第 2000/43/EC 号理事会指令，实行不分种族或民族的人之间平等待遇的原则"，载于《欧洲共同体公报》，第 L180 号，2000 年 7 月 19 日，第 22 页 ~ 第 26 页（请参阅：http：//www.europa.eu.int/infonet/library/m/200043ce/en.htm，2005 年 12 月 6 日访问）。

"2000 年 11 月 27 日的第 2000/78/EC 理事会指令，建立平等就业和职业待遇的总体框架"，载于《欧洲共同体官方杂志》，第 L303/16 号，2000 年 12 月 2 日，第 16 页 ~ 第 22 页（请参阅：http://www.europa.eu.int/comm/employment_social/news2001/jul/dir200078_en.html，2005 年 12 月 6 日访问）。

"2002 年 6 月 3 日理事会修订关于工作中健康与安全的新共同体战略的理事会决议（2002 年~2006 年）"，载于《欧洲共同体官方杂志》，第 C.161/1 号，2002 年 7 月 5 日，第 1 页 ~ 第 4 页（请参阅：http://europa.eu.int/eurlex/pri/en/oj/dat/2002/c_161/c_16120020705en00010004.pdf，2005 年 9 月 22 日访问）。

"欧洲议会和理事会于 2002 年 9 月 23 日对理事会指令第 76/207/EEC 号进行修正的第 2002/73/EC 号指令，关于在就业、职业培训和晋升以及工作条件方面实施男女平等待遇的原则"，《欧洲共同体官方杂志》，第 L269 号，2002 年 10 月 5 日，第 15 页 ~ 第 20 页（请参阅：http://www.ei-ie.org/payequity/EN/docs/EU%20Documents/2002%2073.pdf，2005 年 12 月 6 日访问）。

欧洲议会研究总局：工作中的欺凌行为，社会事务系列，SOCI 108 EN，工作文件，卢森堡，2001 年 8 月（请参阅：http：//www4.europarl.eu.int/workingpapers/soci/pdf/108_en.pdf，2005 年 9 月 22 日访问）。

欧洲议会："关于工作场所骚扰的决议"［2001/2339（INI）］，A5-0283/2001，会议文件（请参阅：http://www3.europarl.eu.int/omk/omnsapir.so/pv2 ? PRG=TITRE & APP=PV2 & LANGUE=EN & TYPEF=TITRE & YEAR=01 & Find=harassment & FILE=BIBLIO & PLAGE=1，2005 年 9 月 22 日访问）。

欧洲议会：《2003 年~2005 年欧洲社会伙伴的工作计划》，布鲁塞尔，包括"工作压力：为了谈判自愿协议而举行的研讨会"，2003 年 11 月 28 日，第 2 页（请参阅：http://europa.eu.int/comm/employment_social/news/2002/dec/prog_de_travail_ comm_en.pdf，2005 年 9 月 22 日访问）。

"关于工作场所骚扰的报告（2001/2339（INI））"，就业和社会事务委员会，报告员：扬·安德森（Jan Andersson），2001 年 7 月 16 日。A5-0283/2001 终版（请参阅：http://www.europa.eu.int/eur_lex/accessible/en/archive/2002/ce07720020328en.html，2005 年 12 月 6 日访问）。

西班牙总统任期时：《减轻暴力对妇女的影响以及消除暴力侵害妇女行为的良好实践指南》，德拉穆杰研究所和马德里康普顿斯（Complutense）大学，布鲁塞尔，2002 年。

注释：

[1]第 2 条。

[2]第 3 条。

[3]第 5 条。

[4]第 7（b）条。

[5]联合国，1992 年，第 1 页 ~ 第 6 页。

[6]联合国，1993 年 a，第 1 条。

[7]同上，第 2 条。

[8]联合国，提高妇女地位司，2000 年。

[9]联合国，人权委员会，2003 年。

[10]第 5（e）i 条。

[11]国际劳工组织，1999 年，第 3 页。

[12]第 1 条第 1 款第（a）项。

[13]国际劳工组织，2003 年 a，第 463 页。有关国际劳工组织在性骚扰方面的行动的最新信息，请参阅麦肯（McCann），2005 年。

[14]哈斯佩尔斯（Haspels）等，2001 年。另请参阅：国际劳工组织，2001 年 a，2001 年 b。莱因哈特（Reinhart），国际劳工组织，1999 年。

[15]国际劳工组织，2003 年 a，第 463 页。

[16]同上。

[17]联合国大会 2002 年 12 月通过的第 A/RES/57/190 号决议。

[18]国际劳工组织：《空中交通管制中的职业压力和压力预防》，CONDI/T/WP.6/1995；《海上油气勘探和生产行业的压力预防》，CONDI/T/WP.1/1996；《公交车驾驶员：职业压力和压力预防》，CONDI/T/WP.2/1996；《护理中与工作有关的压力：控制健康风险》，CONDI/T/WP.4/1996；《流水线生产中蓝领劳动者的压力预防》，CONDI/T/WP.1/1997（全部于 1995 年~1997 年在日内瓦出版）。

[19]ETUC/UNICE/UEAPME/CEEP，2002 年，第 2 页。

[20]迪・马蒂诺，2003 年 a。

[21]黎巴嫩：迪布（Deeb），2002 年；葡萄牙文：费里尼奥（Ferrinho）等，2002 年；巴西：帕拉西奥斯（Palácios）等，2002；泰国：斯利皮奇亚坎（Sripichyakan）等，2002 年；南非：斯坦曼（Steinman），2002 年；保加利亚：托梅夫（Tomev）等，2002 年；以及澳大利亚案例研究的摘录：梅休和查普尔，2002 年。

[22]迪・马蒂诺，2002 年 b。

[23]库珀和斯旺森，2002 年；理查兹（Richards），2002 年；威斯科（Wiskow），2002 年。

[24]ILO / ICN / WHO / PSI，2002 年。

[25]同上。

[26]国际劳工组织，2004 年 b。

[27]吉加，赫尔和库珀，2003 年 b。

[28]同上，2003 年 a。

[29]埃森伯格，2003 年。

[30]维杜戈和维尔，2003 年。

[31]吉加和赫尔，2003 年。

[32]赫尔和埃纳森，2001 年。

[33]国际劳工组织，2004年，第6页～第7页。
[34]迪·马蒂诺，戈尔德（Gold）和沙普，2002年b。
[35]同上，2002年a。
[36]国际劳工组织，劳动者活动局，2003年b。
[37]世界卫生组织，1996年。
[38]同上，2002年b。
[39]同上。
[40]联合国，2003年。
[41]有关框架指令89/391/EEC在不同欧洲成员国中的影响的详细评估，请参阅沃尔特斯（Walters），2002年。
[42]温等人，1997年，第43页。
[43]欧洲议会，2000年a，第2（3）条。
[44]同上，2002年a，第10条。
[45]同上，2001年b，第X条。
[46]欧盟委员会，2002年，第118页，最终版本3.3.1，第2段～第4段，第12页～第13页。
[47]欧盟委员会，工作安全、卫生与健康保护咨询委员会，2001年doc.1564/2/01。
[48]欧洲改善生活和工作条件基金会，2001年。
[49]迪·马蒂诺，赫尔和库珀，2003年（请参阅：www.eurofound.ie/publications/ef0330.htm上的摘要，2005年10月11日访问）。
[50]欧洲改善生活和工作条件基金会，2005年。

（本章节内容由米元齐翻译；审校：张敏）

第三部分

未来的行动

第九章
超越暴力：经验教训

传统上，工作场所一直被视作一个相当良性的环境，尽管存在一定程度上的对抗和对话，人们通常还是设法以和平与建设性的方式解决其困境。有远见卓识的用人单位认识到，其健康和福祉即使不取决于其劳动者的健康与福祉，二者也是一致的。此外，用人单位通常认为健康、快乐的劳动者更有生产效率，因此，在识别和控制工作场所暴力的危险因素的投入是有收益的[1]。

从隐藏到公开的议题

尽管用人单位认识到工作场所暴力事件的负面影响，并且越来越多的单位签署了对暴力采取“零容忍”的协议，但在工作场所中确实存在不合理的冒犯行为，并且可能使工作场所变成充满敌意和危险的环境。如本书第一章所述，在针对工作地点的恐怖主义案件中，严重暴力行为入侵工作场所最为明显。然而，大多数暴力事件并不涉及多个受害者或被媒体关注。尽管如此，工作场所暴力仍是世界范围内的议题。

这本书已列举了来自全球的证据，这些越来越多的证据表明，工作场所暴力现在已成为超越特定国家、工作环境或职业群体界限的议题。尽管一些国家、工作场所和职业毋庸置疑地面临更高风险，但任何国家、工作场所或职业都不能声称其真正完全消除了工作场所暴力[2]。

在所有工作中，遭受工作场所暴力危害的程度并不一致，需要经常与客户、顾客和公众接触的工作任务面临的风险较高：如保护性服务（警察等），以及从事卫生保健和教育的劳动者。工作场所暴力的另一风险因素是现场存在现金或贵重物品。这些物品的易获取性可能会增加铤而走险的施暴者、“外部”或工具性的工作场所暴力的风险。因为劳动力的市场条件和风险因素不同，例如枪支的可获得性有所不同，工作场所暴力的发生率和严重程度在各个国家也不尽相同。

人们越来越认识到，工作场所暴力不限于特定的工作场所，例如某间办公室、工厂或零售店。由于信息技术传播和工作组织形式的革新，在通勤期间以及非传统的工作场所暴力的使用逐渐增加，例如在家庭办公室、卫星中心①和移动场所，也可能发生工作场所暴力。家庭暴力和工作场所暴力之间的重叠也正变得越来越明显。

反复性心理攻击行为的破坏性影响

证据还表明，正出现一种与身体和心理攻击影响同等重要的新的工作场所暴力形式。现有数据表明，反复性的负面、不适当的人际交往的累积能够对受害者产生非常严重的影响。因此，在“一次性”的基础上看似相对轻微的攻击性行为可能产生非常严重的累积效应[3]，这些行为可能包括持续的语言暴力、性骚扰、欺凌和团伙欺凌。

人们越来越多地认识到心理暴力的重要影响，对身体攻击的关注度也在下降，关注重点的变化可能反映了近年来一些国家不同类型暴力事件发生模式的变化。

本书第二章提供的统计数据表明，在发展中国家和工业化国家中，身体暴力持续存在。因此，减少对身体暴力的关注似乎为时过早，仍需充分认识到所有形式的工作场所暴力。

工作场所暴力的性别维度

男性和女性劳动者都是工作场所暴力的受害者，但是，以性别为基础的工作场所暴力危害暴露模式会受到性别分工的显著影响：男性集中于从事某些类型的工作，而女性则集中从事其他类型的工作，例如，男性劳动者可能会更多地集中在小型零售店的夜班作业中，因此更可能遭受与绑架有关的暴力。相反，女性医务工作者可能会更多集中在遭受顾客及

① 译者注：一种远程办公场所。

患者的施暴行为中[4]。

由于劳动市场遭受工作场所暴力危害存在性别差异，男性、女性劳动者遭受的暴力事件发生率之间确实存在差异[5]。尽管男性遭受的身体暴力程度略高，而女性遭受语言暴力和性骚扰的概率更高，男性、女性劳动者在相似条件下完成相同工作时，这种差异最小。各国在这种接触的风险水平上的性别差异也很明显。对于性别的差异的其他解释包括：男性遇到攻击行为时更易用攻击应对，而女性则可能更善于化解、应对和避免攻击性事件。

全球范围内无论是工作场所内还是工作场所外，暴力对女性的影响都是巨大的。女性集中在许多工作场所暴力风险较高的职业中，特别是作为教师、社会工作者、护士、医务工作者以及银行和商店劳动者[6]。由于女性在劳动力市场中处于劣势，同时谈判能力不强，她们还更易遭受同事的暴力。女性继续被隔离在低薪和低地位的工作中，而男性在高薪、高地位的工作和主管职位中占主导地位，这导致了遭受特定形式的工作场所暴力（例如欺凌）方面的性别差异[7]。重要的是要考虑到尽管女性可能遭受的暴力水平有所增加，但这并不能证明“所有男性都是施暴者，所有女性都是受害者”这样的笼统说法是对的。实际上，尽管通常发生的程度较小，但也有女性施暴者。

暴力对弱势劳动者的特殊影响

另一结果显示，年轻劳动者比经验丰富的劳动者更易遭受暴力侵害。造成这种情况的因素很多，包括在处理潜在暴力情况方面经验相对不足，承担与公众接触较多的工作任务，更容易受到年长劳动者的欺凌和“加入仪式”的伤害，缺乏劳动者权利的知识和权利意识的降低，以及说出遭受不当行为的意愿度降低[8]。例如，与缺乏经验的劳动者相比，曾与攻击性的客户打交道的经验，可使劳动者做出更为适当的反应，并表现出更多的自信心，这反过来可减少攻击和公开暴力的可能性。

本书呈现的证据表明，脆弱性是大量工作中的暴力行为的根源。在技术变革、全球化和激烈改革的压力下，越来越多的劳动者处于无保障就业状态中。无保障就业包括以临时合同、短期合同，分包合同或日租方式就业的劳动者。越来越多的证据表明，无保障就业的劳动者集中在更易遭受工作场所暴力危害的工作场所[9]。女性、儿童、流动劳动者、经验不足的劳动者和残疾人等遭受更多的工作场所暴力。当多种脆弱性集中在同一个人时，一系列不利条件（包括工作场所内部和外部的暴力）的影响通常会是毁灭性的。

工作中暴力的全球维度

正如本书各章所指出的，在发展中国家和工业化国家都会发现工作场所的暴力，来自发展中国家关于暴力事件的信息通常是有限的、偶发的和定义不明确的。发展中国家的工作场所暴力是一个长期“被遗忘”的议题，日益成为人们优先关注的领域[10]。尽管证据仍然有限且分散（通常是传闻），但事实表明，这种现象在发展中国家和工业化国家都非常重要。

尤其是在发展中国家，我们所看到的工作场所暴力很可能只是冰山一角。工作场所暴力的情况经常被其他关键问题掩盖，这可能转移人们对此类特定问题的注意力，而显著的报告不足似乎是常态而非例外。

不同的观念和文化内涵也有助于对各种情况做不同的理解和评估。在一个国家不能被容忍的行为可能在另一个国家会被接受或被容忍。这种文化上的差异最终可能导致对现实的歪曲，对工作场所暴力现象有更好认识的国家相对于对其关注较少的国家在统计上更容易受到“惩罚”（处于不利地位）。

在不同的内涵和文化中，敏感度不同也导致工作场所暴力的报告不同，因此使用和解释比较数据时必须特别谨慎。尽管事实和概念承载有显著的文化内涵，并且与工业化国家相比，发展中国家对暴力事件的理解可能有所不同，但似乎已出现了对工作场所暴力的普遍共识。

鼓励报告的必要性

本书已经强调，直到现在工作场所暴力的真正严重程度才被广泛披露，它对个人、工作场所和社区的潜在危害也是如此，然而仍有大量暴力事件未得到报告。许多劳动者，特别是女性和无保障的劳动者，可能会因为担心失业和其他报复行为而对受害遭遇保持沉默。报告行为也可能受到不同文化对暴力的敏感性以及暴力事件发生的内涵的影响，例如，近年来人们的意识提高，认识到性骚扰、欺凌和团伙欺凌是完全不可接受的行为，导致受害者对此类事件的报告率上升[11]。

尽管本书概述了广泛的风险模式，但工作场所暴力仍是一个相对来说未被探索的领域，其基础知识通常不完整、不精准甚至自相矛盾。采矿业和农业等整个行业受到的关注最少，而某些职业则持续受到关注。整个国家普遍存在的情况实际上仍然未知，比较分析的范围和结果往往非常有限。对不同形式的工作场所暴力行为的精确定义和描述仍然处于不断变化的状态，导致许多工作场所暴力的原因仍然停留在猜想层面。

在有关工作场所暴力的信息中已经明确的不足之处表明，目前迫切需要一个更好的数据收集和分析系统，要求特别注意的议题包括：

- 强化大多数数据收集系统的能力，获取有关工作中一切形式暴力的信息。
- 将数据收集扩大到尚未对数据引起足够重视的国家、行业、职业和暴力类型。
- 促进对工作场所暴力的性质和程度进行比较分析，包括国际层面。
- 为各种形式的暴力，特别是针对新兴的工作场所暴力（例如欺凌或团伙欺凌），制定普遍接受的定义。
- 在特别关注的领域开展有针对性的研究，例如具有特殊风险的职业、脆弱的劳动者类别、对女性、青年劳动者和儿童的暴力以及暴力的代价。
- 对工业、服务或贸易等特定部门工作场所暴力进行全面分析，包括这种暴力的原因和试验补救方法。
- 扩大研究者和研究中心之间有关工作场所暴力的工作网络（组织）。

从保密到公众的议题

正如这本书所强调的，媒体对重大事件的报道提高了公众对工作场所暴力问题的认识和关注水平，关于重大工作场所暴力事件的已知信息几乎总是通过“媒体镜头”获得。因此，尽管有时这些信息具有不准确性及误导性，但媒体的关注在促进社区和政府都意识到工作场所暴力的破坏性后果方面起了很大作用。

人们也逐渐意识到，工作场所暴力不仅是一个偶发性的个人问题，还是一个根植于更广泛的社会、经济、组织和文化因素的结构性战略问题。工作场所暴力会破坏工作场所的功能，并且针对这种暴力采取的任何行动都是健全企业组织发展不可或缺的内在组成部分。工作场所暴力日益被视为一个必须解决且要立刻解决的重大问题。

对解决工作场所暴力的必要性的认知正在提高

现在，来自广泛的国际层面的劳动者、工会、用人单位、公共机构和专家都对工作场所暴力问题表示关注。与此同时，人们呼吁采取行动预防此类暴力，并在发生暴力情况时主动采取措施，减轻受害者及其家人、用人单位和整个社区的巨大社会、经济和其他成本。

现在人们在应对工作场所暴力问题时逐渐认识到，即使它似乎是一种职业危害，例如在执法部门，暴力也不再被视为任何工作的正常部分。与采用风险管理策略以减少制造业中其他职业性有害因素的方式相似，需要制定策略，将对所有其他行业部门劳动者的攻击、骚扰和虐待的概率降至最低。

人们也逐渐认识到，在面对暴力时进行全面考量很重要。这意味着应该分析产生暴力的各种原因，并采用各种干预策略，而不是寻找适用于所有问题和状况的单一解决方案。对造成暴力的各种因素的多样性和复杂性的认识和理解，必须是任何有效的预防或控制工作场所暴力方案的重要先决条件。

工作场所暴力是一个多变的、复杂的问题

在任何社会中，对解决普遍暴力问题的长期战略而言，最重要的积极成果可能是通过关注与家庭有关的儿童发展方案而取得的，因为攻击行为首先是在家庭中所习得的。在一定程度上，家庭能够向孩子灌输非暴力价值观，让孩子更有可能在不诉诸暴力行为的前提下在社会中生活。同时，在特定社会以及该社会的工作场所中，通过采取有针对性的方案和行动，能实现积极的微观层面的变化。

研究人员对于预测某人何时可能以攻击性方式行事已做出了巨大努力。毫无疑问，某些可识别的因素确实增加了某个个体或某个群体遭受暴力的可能性。这些因素既存在于有关人员的长期生活经验，也存在于即时的情景因素中。

尽管如此，当试图预测攻击行为是否会发生时，必须在一般人群或个人水平之间进行区分。现有证据确实使人们能够对不同群体遭受暴力的风险增加做出某种程度上准确和可

靠的陈述。然而，困难仍是难以以足够的准确性和可靠性来预测该组中的某个特定个体发生暴力的可能性。在当前的知识状态下，不可能完全确定地预测某个特定个体是否会以攻击性方式行事。

个人、工作环境和外部环境的相互作用是暴力的关键发动机

通过对个人、社区和环境风险因素的相互作用分析，可以找到了解工作场所暴力的一种更积极的方法，尤其要注意执行某些类型的工作任务的情境。由于犯罪者和受害者在工作场所进行互动，因此工作环境因素会影响这种互动所导致的暴力风险。

工作场所的物理设计特征可能成为化解暴力的重要因素或引发暴力的潜在因素[12]。本书第六章的讨论明确“通过环境设计预防犯罪”原则能够显著降低暴力风险。通过环境设计预防犯罪的重点是工作场所的设计、门窗的布置、特定家具和设备的选择、适当的颜色和氛围，以及注意对进出工作区域特定部分的限制[13]。

在预测暴力方面，外部环境与工作环境之间的相互关系也很重要，尽管工作环境对外部环境的“渗透性”远非自动产生的，但很明显外部环境或社区中的暴力可以进入工作环境，反之亦然。因此，如本书第八章所述，南非国家卫生部门的暴力案例研究明确指出，在社区暴力程度较高的地理区域中，增加的风险可能会“渗透”到工作环境中[14]。

在更广泛的内涵下，还必须考虑人际关系类型、管理风格、职责下放的级别以及工作场所的总体文化，因此，组织环境似乎与个人和工作环境特征同等重要。

暴力发生的地点和时间具有难预测性

对工作场所发生暴力事件的可能性的任何预测都将取决于对工作环境、外部环境以及在特定情况下的施暴者和受害者的特征的深入分析。每种情况都是独特的，因此要求进行专门分析，这就是为什么预测特定暴力行为的发生极其困难。然而，识别一些风险较高的工作情况是可行且有用的，并与制定预防或控制工作场所暴力的策略有关。

这些“风险情景”包括独自工作、与公众一起工作、处理贵重物品、与处境艰难者打交道、教育和卫生行业的工作以及在特别脆弱的条件下工作[15]，这些风险较高的工作在本书前几章有深入描述。

识别处于特殊风险的情况并认识每种情况的独特性

大量证据表明在以下工作场所中暴力发生更为普遍：小商店、药店、酒类商店和加油站[16]，在正常工作时间以外独自工作；新闻工作者，尤其是作为调查记者或在不稳定条件下工作[17]，出租车驾驶员或性工作者。在与公众合作的人员中，公共汽车、火车和地铁的劳动者面临特别的风险[18]，空中乘务员、零售业的商店劳动者和提供社会服务的劳动者也是如此。旅馆、餐饮和饭店劳动者是另一类处于风险中的群体。

处理包括现金在内的贵重物品是一个主要风险领域。据报道，与此类活动有关的暴力行为是邮政服务、金融机构以及私营保安行业从业人员的一个特殊问题。在急诊室、精神病院、养老院和药物滥用康复中心工作的医护人员也处于最高风险[19]。

据报道，在许多国家，包括少年拘留所和技术学院，学校的暴力升级令人担忧[20]，然而，关于教育行业的暴力仍有许多研究要做。

证据还表明，弱势群体（如流动劳动者、自由贸易区的劳动者、无保障就业的劳动者以及某些类型的农村劳动者）经历的暴力事件所占比例非常高，这些暴力事件给受害者、用人单位和整个社会造成巨大的损失。

工作场所暴力的社会经济后果

工作中暴力的成本常常被低估了，直到最近，专家才开始对这种暴力的多重和巨大成本进行定性和量化[21]，人们日益认识到，这些成本包括：

- 个人承担的成本，包括个人的痛苦、疼痛、伤害、疾病、永久性或短期的残疾，工作中人权和尊严的丧失甚至死亡。
- 用人单位承担的成本，包括缺勤、离职、对公司形象产生负面影响、创造力下降、负面的工作氛围、对创新的开放度降低以及知识建设和持续学习的减少。这些无形资产对于以人为本的新型企业的竞争力至关重要，在这些企业中，创造力与工作场所暴力行为完全不相容。此外，欺凌行为可能会掩盖即将发生问题的明显迹象，并使早期的干预发生偏差。例如，在一个容忍欺凌或团伙欺凌的组织中，个人在意识到缺陷和不足的情况下可能会因害怕报复和惩罚而不向上级报告[22]。容许这种文化盛行的后果对企业的长期健康发展可能是致命的，近年来许多大型跨国公司的倒闭对此做了证明。

- 整个社会所承担的成本包括：社会支持系统的枯竭，卫生保健治疗，刑事司法系统调查、起诉和监禁，更广泛的民众安全感下降。

因此，抗击工作场所暴力成为企业经济成功以及社区和国家经济健康发展的基本要素，人们对工作场所暴力的负面影响的意识正在提高。本书建议，工作场所暴力造成的负面后果应包括工作场所暴力造成的整个社会经济后果：个人、企业和社会。

让所有利益相关方理解暴力并塑造对暴力的响应

尽管在了解工作中暴力的原因以及最有可能发生此类暴力的情况方面取得了重大进展，但本书显示在这一领域中的分析和讨论很大程度上仅限于专家之间，其他利益相关方，特别是用人单位和劳动者，已经开始意识到并表达了他们的顾虑，但仍未全面广泛平等参与。这些利益相关方对于评估和应对工作场所暴力问题的参与是制定现实中的优先事项、战略和政策的必要先决条件，有关利益方进行公开讨论和扩大参与似乎是需要优先行动的事项，方框 88 列出了实现这一目标的前提条件。

方框 88　从坐而论道到采取行动

- 向所有利益相关方广泛传播有关工作中暴力的信息。
- 向利益相关方提供具体的机会，以便他们能通过讲习班、研讨会、会议等方式了解工作场所的暴力行为。
- 开展宣传活动，提高涉及相关责任的机构、企业、劳动者和公众对工作场对所暴力风险的意识。
- 向公职人员、用人单位和劳动者代表提供有关工作场所暴力的专门数据库以便访问，然后鼓励他们对此问题建立整合网络（包括电子网络）。
- 个体劳动者积极参与识别工作场所暴力风险因素。
- 为利益相关方接触媒体提供便利，包括暴力受害者。
- 鼓励利益相关方提供联合声明、政策和战略文件。

对工作场所暴力采取预防性、系统性和针对性的措施

处理工作场所暴力问题的方法选择至关重要，现在大多数注意力都集中在主动方法上，这些方法利用工作场所内部人员的潜力来控制工作场所暴力的风险因素，其重点是预防性策略而不是应对性策略。

对工作场所暴力采取系统化方法也非常重要，通常涉及基于以下顺序的“控制周期”的应用：危害识别、风险评估、控制策略的设计和实施、评估干预措施并重新评估风险等，循环往复。还建议根据所涉及的“有害物质”的类型、职业和情况以及预期的暴力形式提供有针对性的应对措施。法律框架是主要的支撑。

关于工作场所暴力的专门立法涌现

政府正在制定和引入新的立法、指南、政策和实践，以应对工作场所暴力，本书第五章详细讨论了法律责任和权利，现行的刑法、民法和普通法、社会保障、职业安全与卫生、劳动和环境法规的范围正在逐步扩大和调整，以应对工作场所暴力问题。

随着人们对应对工作场所暴力风险的重要性的认识日益提高，加强现有控制和处罚的立法正被针对特定行为的法律逐渐补充。工作场所暴力正作为一个单独的法律问题出现在各国的国家立法、法规和立法干预措施中。加强监管框架似乎可以更有效地、有针对性地解决工作场所暴力问题，并更有效地应对新形式的暴力，特别是心理攻击。国际法也在逐步解决工作场所暴力问题。

伴随此趋势的是，有关暴力的具体风险因素、处于特殊风险的职业和特定形式暴力约相关法律和条例，越来越多的集体和“示范”协议推动了此进程，为实现或补充立法和监管条款铺平了道路。

指南在有效应对工作场所暴力中的关键作用

政府、工会、特殊研究小组、工作场所暴力专家和用人单位团体正在制定有关暴力的重要指导原则，其中许多内容在本书的第六章和第七章中进行了详细介绍。尽管使用的途径和方法各不相同，但这类指南还是揭示了共同的主题：预防行动是可行且必要的；工作

组织和工作环境是导致此问题的原因和解决方案的关键；劳动者及其代表的参与对于发现问题和实施解决方案均至关重要；管理层和劳动者的人际交往能力不可低估；行动蓝图不可能只有一个，而是必须考虑到每种工作场所情况的独特性；并且需要对政策和方案进行持续审查，以适应不断变化的情况。

人们越来越关注预防战略的积极影响。专家们强调了全面预防性计划的重要性，包括：工作场所和适应性设计、劳动者的选拔和培训、信息和沟通、工作环境的质量、工作组织和工作设计以及首席执行官对工作场所暴力零容忍的书面承诺所形成的有效预防措施[23]。

对暴力受害者提供立即干预和长期援助

虽然预防是迄今为止处理工作场所暴力的最好方法，应该尽一切努力解决产生暴力的原因，而不是究其后果，但劳动者应做好准备，建立程序以化解困难局面，并且，避免暴力对抗也非常重要。即使在最艰难的情况下，在暴力发生之前通常也有一定的回旋余地。控制这些情况并非易事，但通常是可能的，现有一些指南建议在攻击性互动的早期阶段尽量降低暴力事件的风险。

暴力行为的受害者会经历各种令人烦恼的反应，例如焦虑、脆弱和无助感、睡眠障碍、难以集中注意力、恐惧、易怒、强迫回忆、羞耻感、愤怒、沮丧、内疚、信念和价值观的改变以及报复欲。专家们强调，必须为暴力受害者提供支持和帮助，以应对暴力事件造成的令人痛苦且常常使之丧失能力的后果，并预防其后续产生严重的心理问题。响应越快，效果越好，成本也就越低。

采取早期干预和预防措施，回报超值

通过预防策略和早期干预来应对工作场所暴力已被公认为是遏制和化解此类行为的最有效方法，这些原则已逐步被纳入应对工作场所暴力的战略中；但是，尽管可以从前瞻性立法、创新指南引入的基于这些原则的成功抗击暴力方案的领先企业中吸取教训，但其应用远未普及，被动型应对暴力仍普遍。

被动型应对集中在暴力的影响上，而不是暴力的原因上，因此就采取行动的成本效益而言是一种浪费。在多数情况下，工作场所本身化解暴力的潜力未得到充分利用。在许多情况下，工作场所暴力的风险是一个被遗忘的问题，很少或根本无任何措施来预防这种情况，本书中阐述的关于预防的经验需要转化为广泛的实践。

为了实现针对工作场所暴力的广泛预防行动的目标，可以考虑采取以下行动：

- 传播有关该领域的创新立法、指南和主动实践范例的信息，作为其他抗击暴力启动计划的综合利器。
- 鼓励抗击暴力方案，特别是企业层面的抗击暴力计划，有针对性地打击工作场所暴力行为。
- 帮助政府部门以及用人单位组织和劳动者组织制定有效的政策，预防工作场所暴力行为。
- 帮助制定详细的有关管理者、劳动者和政府官员的培训方案，针对如何处理工作场所暴力行为和预防暴力行为的发生进行培训。
- 制定详细的程序文件，强化对暴力事件的报告。
- 帮助将一系列抗击暴力启动计划纳入组织的战略和计划。

聚焦于国际行动

拒绝采用暴力作为解决国家间或国家内部冲突或个别团体之间的争端的手段一直是国际运动持续的中心。越来越多机构的公约、建议书、决议和指南针对不同形式的暴力（包括家庭、社区、国家或工作场所暴力）解决此问题。根据所涉国际主体或机构（包括联合国）的性质，工作场所暴力已被作为人权、劳动、职业健康与安全或刑事司法议题处理。

多年来，国际劳工组织在与工作场所暴力密切相关的领域中的关注和行动产出了一系列研究和出版物，特别是关于职业性压力以及工作场所吸毒、酗酒的议题。长期以来，一种特殊形式的暴力行为（性骚扰）一直是国际劳工组织行动议程中的优先事项。

国际劳工组织是抗击工作中暴力的独一无二的平台

国际劳工组织是第一个通过一项载有明确保护免受性骚扰的公约的国际机构。1989 年《土著和部落人民公约》（Indigenous and Tribal Peoples Convention）（第 169 号）规定，政府应采取特殊措施，确保“男女在就业中享有平等机会和平等待遇，并免受性骚扰”[24]。

在此行动的基础上，自1998年以来，国际劳工组织的几项工作方案将抗击工作场所暴力行为作为维护劳动者尊严和平等的基本范围内的一个关键问题。2002年国际劳工组织首先响应，制定了一个新培训包——SOLVE。该培训包旨在为工作场所中的毒品和酒精、暴力、压力、烟草和艾滋病问题提供综合性的应对措施，这些问题通常在工作场所中同时发生。2002年，国际劳工组织与世界卫生组织、国际护士会和国际人口服务组织合作制定了解决卫生行业暴力问题的框架指南[25]。2003年10月，在日内瓦召开了一次专家会议，此次会议通过了服务业工作场所暴力与打击该现象的措施业务准则[26]。

所采取的这些行动以及国际劳工组织在这一领域新的启动计划，根据《国际劳工组织宪章》和《费城宣言》的精神和使命为这些国际组织奠定了牢固基础。虽然《国际劳工组织宪章》的序言呼吁所有国家“采用人道的劳动条件”，但《费城宣言》申明了该组织所遵循的基本原则，尤其是“劳动不是商品”，而且“所有人，无论种族、信仰或性别如何，都有权在自由和有尊严、有经济保障和机会均等的条件下追求物质福祉和精神发展”。此外，正如国际劳工组织总干事在1997年提交的国际劳工大会第八十五届会议的报告中所述，国际劳工组织在这一领域的作用超越对基本权利的简单保护：“还有许多其他权利，甚至可能说对劳动者是至关重要的，但并未被称为‘基本的’（意味着将其实施视为优先事项）。举个例子，无须舍近求远，就看看职业安全和卫生标准，如无这些标准，就会产生严重伤亡。”[27]

享有无暴力工作环境的权利似乎属于上述“重要”权利之列，因此，国际劳工组织是有效应对工作中暴力行为的独一无二的平台，其三方组织必须大大增加其在这一领域的效力，因为国际劳工组织三方对话和互动是制定政策和发起工作中暴力启动计划不可或缺的先决条件。

毫无疑问，国际劳工组织的行动对于塑造有效应对工作场所暴力挑战至关重要，正如本书所表述，国际劳工组织已经充分参与这项挑战，这是一项需要国际劳工组织与世界卫生组织等其他国际机构并肩作战的挑战，这些国际机构已表达了对解决日益严重的暴力问题的长期承诺。

指导未来行动的广泛经验教训已得到记录，如今将这些经验、教训广泛应用，最大限度地减少或者消除对世界上许多工作场所造成严重伤亡的暴力，未来任重道远，口号清晰明确：立即行动，抵制暴力，并将其从工作场所中去除！

注释：

[1]预防策略罗杰斯和查普尔有详细介绍，2003 年。
[2]奥尼尔，2001 年，博士学位论文，由美国司法部资助。
[3]梅休等人，2004 年，第 117 页 ~ 第 134 页。
[4]桑塔纳和费舍尔，2002 年，第 90 页 ~ 第 113 页。
[5]梅休，2002 年，第 21 页 ~ 第 40 页。
[6]厄普森，2004 年。
[7]卫生和安全局，爱尔兰，2001 年，第 26 页。
[8]梅休，2004 年，第 75 页 ~ 第 94 页。
[9]梅休和昆兰，1999 年，第 183 页 ~ 第 205 页。
[10]参阅，例如，《人权观察》，2004 页 a。另请参阅同上，2004 年 b。
[11]国家暴力问题委员会（Avstralian National Committee on Violence，NCV），1990 年。
[12]斯旺顿和韦伯，1990 年。
[13]吉尔（Gill），1998 年。另请参阅梅休，2000 年 b。
[14]斯坦曼，2002 年。
[15]厄普森，2004 年。
[16]泰勒，2002 年。
[17]国际新闻工作者联合会，2003 年 a，2003 年 b。
[18]伊斯蒂尔和威尔逊，1991 年。
[19]迪・马蒂诺，2002 年 b。
[20]梅休和麦卡锡，2004 年，第 511 页 ~ 第 521 页。
[21]赫尔，斯帕克斯（Sparks）和库珀，2000 年。
[22]麦卡锡和梅休，2004 年，尤其是第 38 页 ~ 第 58 页。
[23]罗杰斯和查普尔，国际劳工组织，2003 年。另请参阅梅休和查普尔，2003 年，第 3 页 ~ 第 43 页。
[24]第 20 条第 3 段（d）。
[25]ILO/ICN/WHO/PSI，2002 年。
[26]国际劳工组织，2004 年 b。
[27]国际劳工组织，1997 年 a，第 20 页。

（本章内容由米元齐翻译；审校：张敏）

词汇索引

续表

英文词汇	中文词汇	页码
American Federation of State County & Municipal Employees, AFSCME	美国州、县、市政劳动者联合会（AFSCME）	168
American Postal Workers Union	美国邮政劳动者工会 *	78
American Psychological Association	美国心理学会	110
Americans Disabilities Act, US	《美国残疾人法》	160
Amiens public transport system	亚眠市公共交通系统	235
anthrax scares	炭疽恐慌	79
Anti-Sexual Harassment Act, Philippines	《菲律宾反性骚扰法》	152
anti-violence legislation	抗击暴力法律	145
anti-violence measures	抗击暴力措施	202
armed forces	武装力量	97
Asia/Pacific	亚太	57
Asian Development Bank	亚洲开发银行	256
Asian Migrant Centre	亚洲移民中心	57
assault	袭击	3
attributes	特性	168
Australian Institute of Criminology	澳大利亚犯罪学研究所	80
Australian National Committee on Violence	澳大利亚国家暴力问题委员会 *	109
Aviation Law , Japan	日本航空法	151
Bali terrorist attacks	巴厘岛恐怖袭击	5
bank robberies	银行抢劫	79
battered women	被殴打的女性	126
BBC News	英国广播公司新闻	73
Beijing World Conference on Women	北京世界妇女大会	241
Belize	伯利兹	151
biological factors	生物因素	109
bio-terrorism	生物恐怖主义	78
breach of confidence	失信	159
British Airways	英国航空公司	74
British Columbia Workers'Compensation Board	不列颠哥伦比亚省劳动者赔偿委员会 *	171
British Crime Survey, BCS	英国犯罪调查（BCS）	14
British Health and Safety Executive	英国健康与安全执行局	68

续表

续表

续表

续表

英文词汇	中文词汇	页码
Council of Europe	欧洲委员会	61
Council of Europe Convention for the Protection of Human Rights and Dignity of the Human Being with Regard to the Application of Biology and Medicine	欧洲委员会《关于生物和医学应用之人权与人性尊严保护公约》	184
counselling	咨询	12
counter staff	柜台劳动者	185
court decisions	法院判决	158
co-worker violence	来自同事的暴力	96
CPTED（Crime Prevention Through Environmental Design）	通过环境设计预防犯罪（CPTED）	173
crime	犯罪	28
criminal law	刑法	139
critical incident stress management debriefing（CISD）	严重危急事件集体减压（CISD）	200
cross-country comparisons	跨国比较	27
Cullen Report	卡伦报告	6
cultural differences	文化差异	115
cultural factors	文化因素	107
cumulative impact	累积效应	16
customer relationships	客户关系	75
Danish Federation of Unions（LO）	丹麦工会联合会 *	155
Danish Food and Allied Workers' Union	丹麦食品和劳动者联合工会 *	168
Danish Labour Inspectorate	丹麦劳动监察局	168
Danish Union of Commercial and Clerical Employees	丹麦商业和文职劳动者工会 *	168
Danish Working Environment Authority	丹麦工作环境管理局	155
Daphne Programme	达芙妮计划	210
data gathering	资料收集	273
data review	数据审查	27
dealing with children	与儿童打交道	117
debriefing	事后情况说明会	197
decentralized work setting	去中心化的工作机构	119

续表

续表

英文词汇	中文词汇	页码
duty of care	照护义务	139
Eastern Europe	东欧	60
economic dependence	经济依赖	60
economic inequality	经济不平等	108
El Centro, California	加利福尼亚州埃尔森特罗市	209
embedded in society	根植于社会	123
embedded violence	嵌入式暴力	123
emergencies	紧急事件	175
emergency buttons	紧急按钮	189
emergency care units	急诊监护病房	82
emergency departments	急诊部	82
emergency service providers	应急服务提供者	118
employee assistance professionals	劳动者援助专业人员	199
employers' responsibilities	用人单位的责任	159
employment characteristics	就业特征	42
Employment Equality Act, Ireland	爱尔兰《就业平等法》	151
employment injury legislation	工伤立法	141
employment practice	就业实习	50
Employment Rights Act, UK	《英国就业权利法》	161
environmental factors	环境因素	122
environmental laws	环境法	146
Equal Employment Opportunity Commission	平等就业机会委员会 *	50
Equal Opportunities Commission	英国平等机会委员会	170
equal opportunity initiatives	机会平等启动计划	58
equal opportunity law	机会平等法律	149
escape routes	逃生路线	176
ethnicity	种族	93
EU Directives	欧盟指令	150
EuroCommerce	欧洲商务协会	154
EUROFIET	国际商业、文职、专业和技术人员工会欧洲分会 *	154
European Agency for Safety and Health and Work	欧洲安全、健康和劳动局	213

续表

续表

英文词汇	中文词汇	页码
football	足球	90
forced labour	被强迫的劳动	52
forced sex	被强迫的性行为	57
foreign workers	外籍劳动者	5
Framework Directive 89/391/EEC	89/391/EEC 框架指令（关于采取措施鼓励改善劳动者安全和健康）	146
Framework guidelines for addressing violence in the health sector（ILO/ICN/WHO/PSI）	《解决卫生行业暴力问题的框架指南》	168
France	法国	7
Frankfurt Airport	法兰克福机场	158
FRAPORT AG	法兰克福机场服务全球公司	158
Freedom of Association and Protection of the Right to Organize Convention, 1948（No. 87）, ILO	国际劳工组织《结社自由及保护组织权利公约》, 1948 年第 87 号	246
frequency of occurrence	发生频率	10
fundamental rights	基本权利	281
gender differences	性别差异	40
gender equality	性别平等	110
gender roles	社会性别角色	55
gendered	社会性别	58
gendered labour divisions,	按性别划分的劳动分工	46
gendered violence	基于社会性别的暴力	60
gene technology	基因技术	184
general public	公众	71
genetic screening	基因筛检	184
genetic tests	基因检测	184
GIANT	捷安特	215
Global Alliance for Workers and Communities	全球劳动者和社区联盟 *	94
GPS（global positioning system）	全球定位系统（GPS）	236
Group ENEL	意大利国家电力公司（ENEL）	119
Guidance on the prevention of violence at work	《预防工作暴力指南》	259
guidelines	指南	7

续表

续表

英文词汇	中文词汇	页码
Income Data Services	收入数据服务有限公司	222
Indigenous and Tribal Peoples Convention,1989（No. 169）, ILO	国际劳工组织《土著和部落人民公约》,1989年第 169 号	280
indigenous people	土著人民	110
individual behaviour approach	个人行为方式	110
individual's aggressive	个人攻击性	110
industry sector	工业部门	10
industry sector agreements	行业协议	156
initiation rites	加入仪式	175
Institute for Security Studies	南非安全研究所	79
Institute of Future Studies for Development in Thailand	泰国未来发展研究所 *	124
Instituto de la Mujer	女性研究所	210
Instituto de la Mujer, Spain	西班牙女性研究所	210
insurance protection	保险保障	163
interactive model	交互模型	114
internal/external	内部 / 外部	28
International Air Transport Association,IATA	国际航空运输协会（IATA）	168
International Confederation of Free Trade Unions, ICFTU）	国际自由工会联合会（自由工联）(ICFTU)	51
International Convention on the Elimination of All Forms of Racial Discrimination, UN	联合国《消除一切形式种族歧视国际公约》	245
International Convention on the Protection of the Rights of all Migrant Workers and Members of their Families, UN	联合国《保护所有移徙劳动者及其家庭成员权利国际公约》	244
International Council of Nurses（ICN）	国际护士理事会 *	13
International Covenant on Civil and Political Rights, UN	联合国《公民权利和政治权利国际公约》	239
International Covenant on Economic, Social and Cultural Rights, UN	联合国《经济、社会、文化权利国际公约》	239
International Crime Victimisation Survey,ICVS	国际犯罪受害情况调查（ICVS）	65
international database	国际数据库	163
International Labour Conference	国际劳工大会	26
International Labour Organization,ILO	国际劳工组织（ILO）	9

续表

续表

英文词汇	中文词汇	页码
legislation	法律	18
librarians	图书管理员	77
licensed premises	特许经营烟酒店	118
Lincolnshire Ambulance and Health Transport Service NHS Trust	NHS 信托林肯郡救护和健康运输服务 *	221
liquor shops	酒类商店	206
Liz Claiborne, Inc.	丽诗加邦股份有限公司	126
local government authority	地方政府当局	207
location-tracking technology	位置跟踪技术	236
London bombings	伦敦炸弹袭击案	5
London buses	伦敦公交车	73
London Underground Ltd	伦敦地铁有限公司	64
Long Island Coalition for Workplace Violence Awareness and Prevention	长岛工作场所暴力和预防意识防联盟 *	169
long-term support	长期支持	200
Madrid bombings	马德里爆炸案	5
male victims	男性受害者	60
Management of Health and Safety at Work Regulations, UK	英国工作健康与安全管理条例	143
Manufacturing Science Finance union（MSF）	制造业、科技、金融工会（MSF）	156
marital rape	婚内强奸	60
mass murders	大屠杀	9
Measures to combat sexual harassment（European Commission）	欧盟委员会抗击性骚扰的措施	262
medical and psychological treatment	医学和心理治疗	197
medical practitioners	医生	69
Memo by Mr Kinnock	金诺克备忘录（金诺克为时任欧盟委员会副主席）：致欧盟委员会心理骚扰政策委员会的备忘录	256
men/women	男性 / 女性	62
mental illness	精神疾病	109
Merit Systems Protection Board, US	美国功绩制保护委员会	48
Metropolitan Police Force	首都警察部队	99
migrant workers	流动劳动者	23

续表

续表

续表

续表

英文词汇	中文词汇	页码
Protection from Harassment Act, UK	《英国保护免受骚扰法》	161
protection measures	保护措施	69
protective screens	保护屏	189
protective service occupations	保护性服务职业	69
psychiatric disorders	精神障碍	81
psychiatric hospitals	精神病院	83
psychiatric nurses	精神科护士	83
psychological	精神的	20
psychological disturbances	心理障碍	142
psychological testing	心理测试	182
psychological violence	心理暴力	55
psychological well-being	心理健康	124
psychological working environment	心理工作环境	156
psychosomatic problems	心身问题	20
public health authority	公共卫生局	206
public opinion polls	民意调查	107
Public Prosecutors Department, Netherlands	荷兰检察署	218
public sector	公共部门	13
public sector employees	公共部门劳动者	69
Public Services International	国际公共服务	85
public transport	公共交通	11
racial	种 / 民族的	157
racial harassment	种族骚扰	261
railway workers	铁路劳动者	72
rape	强奸	99
reactions	反应	197
record keeping	记录保存	200
Redfern Riots	红番区暴乱	68
redress	赔偿	54
rehabilitation	康复	22
Rehabilitation Act, US	美国康复法	160
repetitive	重复性的	3

续表

续表

英文词汇	中文词汇	页码
screening, pre-employment	就业前筛检	159
secondary intervention	第二级干预	239
Sectoral Activities Programme	行业活动规划	249
security guards	保安	80
security measures	安保措施	175
self-contained	自我“消化”	128
self-determination	自主权	146
self-inflicted	自我冲突	252
service sector	服务行业	61
sex workers	性工作者	276
Sexual Experiences Questionnaire	性经历问卷	48
sexual favours	性恩惠	48
sexual harassment	性骚扰	40
sexual violence	性暴力	40
shootings	枪击事件	6
shop workers	商店劳动者	75
short-term contracts	短期合同	91
situational factors	情景因素	111
SMEs（small and medium-sized enterprises）	中小型企业	18
social services	社会服务	61
Social Services Department	社会服务部门	214
Social Services Department, Netherlands	荷兰社会服务部	214
Society of Human Resources Management	人力资源管理学会	180
socio-economic consequences	社会经济后果	276
sole operators	独立经营者	42
SOLVE（stress, violence, tobacco, alcohol, drugs, HIV/AIDS）	《压力、烟草、酒精和毒品、艾滋病毒/艾滋病和暴力：解决工作中的心理问题》（SOLVE）	211
Sonoma State University	索诺马州立大学	181
South Asia	南亚	96
South Lebanon Army	南黎巴嫩军	98
Spain	西班牙	13
special protection	特殊保护	188

续表

续表

英文词汇	中文词汇	页码
Toshiba	东芝	205
trade unions	工会	229
Trades Union Congress, TUC	英国工会大会（TUC）	172
trafficking of children	贩卖儿童	25
Transport and General Workers' Union, UK	英国运输总工会	73
transport workers	交通运输劳动者	5
Treaty of Amsterdam	阿姆斯特丹条约	261
Treaty of Rome	《罗马条约》	258
triggers	触发	118
two-way radios	双向无线电对讲	189
typologies	类型学	134
UN action against terrorism	联合国反恐行动	180
UNESCO（United Nations Educational, Scientific and Cultural Organization）	联合国教科文组织（联合国教育、科学及文化组织）（UNESCO）	257
UNICEF（United Nations Children's Fund）	联合国儿童基金会	96
UNIDO（United Nations Industrial Development Organization）	联合国工业发展组织（UNIDO）	254
UNIFEM（United Nations Development Fund for W omen）	联合国妇女发展基金（UNIFEM）	134
uniforms	制服；工装	117
Union des Transports Publics, France	法国公共交通工会	12
Union of Industrial and Employers' Confederation of Europe/European Association of Craft, Small and Medium- sized Enterprises	欧洲工业和雇主联合工会 / 欧洲手工艺、中小型企业协会 *	154
Union of Swiss Trade Unions（USS）	瑞士工会联盟 *（USS）	183
UNISON	公共服务业工会 *（UNISON）	156
United Airlines	联合航空公司	3
United Nations agencies survey	联合国机构调查	255
United Republic of Tanzania	坦桑尼亚联合共和国	151
unsocial working hours	非社会工作时间（英语口语中指一般人不工作的时间段，如深夜、节假日）	71
verbal abuse	语言暴力	55
verbal harassment	语言骚扰	76

续表

续表

续表

注：标注★符号的为中国无官方翻译，根据习惯称呼及字面意思翻译。

（翻译：吴菁；审校：张敏）

参考文献

ABC Radio Australia. 2002. "Japan executes man who killed eight schoolchildren", 14 Sep.; online news service downloaded 15 June 2005 (see also: People's Daily Online: english.people.com.cn/, accessed 16 June 2005).

Afford, C. 2001. Privatization of health care in Central and Eastern Europe. Geneva, ILO.

Air Conditioning, Heating and Refrigeration News (Troy, Michigan), 1999.

Allan, A.; Dawson, D. 2004. "Assessment of the risk of reoffending by indigenous male violent and sexual offenders", in Trends and Issues in Crime and Criminal Justice (Canberra, Australian Institute of Criminology), No. 280, July.

American Federation of State, County and Municipal Employees (AFSCME); American Federation of Labor and Congress of Industrial Organizations (AFL-CIO). 1998. Preventing workplace violence. Washington, DC (see: afscme.org/health/violtc.htm, accessed 2 Jan. 2006).

Anderson, T. 1998. "Judicial decisions", in Security Management, Vol. 42, pp. 89–102.

Anti-Slavery. 2002. "The relationship between child domestic servitude and the exploitation of children", Submission to the United Nations Commission on Human Rights, Sub-Commission on the Promotion and Protection of Human Rights, Working Group on Contemporary Forms of Slavery, 27th Session, 27–31 May (see: antislavery.org/archive/submission/submission2002-childlabour.htm, accessed 7 Nov. 2005).

Argrusa, J.; Coats, W.; Tanner, J.; Leong, J. 2002. "Hong Kong and New Orleans: A comparative study of perceptions of restaurant employees on sexual harassment", in International Journal of Hospitality and Tourism Administration, Vol. 3, No. 3, pp. 19–31.

Arnette, J.; Wasleben, M. 1998. Combating fear and restoring safety in school. Washington, DC, US Department of Justice; bulletin cited in Verdugo and Vere, 2003, p. 15.

Arnetz, J. 1998a. "The violent incident form (VIF): A practical instrument for the registration of violence incidents in the health care workplace", in Work and Stress, Vol. 12, No. 1, pp. 17–28.

—. 1998b. Violence towards health care personnel: Prevalence, risk factors, prevention and relation to quality of care. Stockholm, Department of Public Health Science, Division of Psychosocial Factors and Health, Karolinska Institutet.

—; Arnetz, B. 2002. "Implementation and evaluation of a practical intervention programme for dealing with violence towards health care workers", in Journal of Advanced Nursing, Vol. 313, No. 3, Mar., pp. 668–676.

—; —; Petterson, I. 1994. Violence, sexual and psychological harassment toward nurses: Occupational and lifestyle factors. Stockhoim, National Institute for Psychosocial Factors and Health.

—; —; —. 1996. "Violence in the nursing profession: Occupational and lifestyle risk factors in Swedish nurses", in Work and Stress, Vol. 10, No. 2, pp. 119–127.

—; —; Soderman, E. 1998. "Violence toward health care workers: Prevalence and incidence of a large regional hospital in Sweden", in AAOHN Journal, Vol. 48, No. 3, Mar., pp. 107–114.

Aromaa, K. 1993. "Survey results in victimization to violence at work", in OECD Panel Group on Women, Work and Health: National report. Helsinki, Institute of Occupational Health, Ministry of Social Affairs and Health.

Arway, A.G. 2002. "Causal factors of violence in the workplace: A human resource professional's perspective", in M. Grill, B. Fisher and V. Bowie（eds.）: Violence at work

– Causes, patterns and prevention. Cullompton, Devon, Willan Publishing, pp. 41–58.

Asian Development Bank. 2005. Prevention of sexual harassment: A guide for staff. Manila.

Asian Migrant Centre（AMC）. 2000. Baseline study on racial and gender discrimination towards Filipino, Indonesian and Thai domestic helpers in Hong Kong. Hong Kong, China. Cited in Haspels et al., 2001, p. 59.

Australian Federal Police. No date. When the roof became stars: The Australian Federal Police investigation into the Bali bombings. Canberra, Australian Federal Police Museum.

Australian Institute of Criminology. No date. Occupational violence: Annotated bibliography of prevention policies, strategies and guidance materials, 1989–2003（see: aic.gov.au/research/cvp/occupational/bib.html, accessed 22 June 2005）.

Australian Sports Commission（ASC）. 2002. Harassment of Officials Survey. Canberra（see: ais.org.au/info/topics/violence.asp, accessed 8 Nov. 2005）.

Ball, J.; Pike G. 2000. Bullying, harassment and assault: Preliminary findings from the Royal College of Nursing Working Well 2000 Survey. London.

Barkley, G.; Tavares, C. 2002. United Nations Surveys on Crime Trends and Operations of the Criminal Victimisation Survey. Geneva, United Nations.

—; —. 2003. International Comparisons of Criminal Justice Statistics, Issue 12/03, 24 Oct.

Barron, O. 1998. Bullies, media and the law, Paper presented at the Bullying at Work 1998 Research Update Conference, Staffordshire University, United Kingdom, 1 July. Carlton, Victoria, Australia, Job Watch Inc., Oct.

Bast-Petterson, E.; Bach, E.; Lindstrom, K.; Toomings, A.; Kiviranta, J.（eds）. 1995. Research on violence, threats and bullying as health risks among health care personnel, Proceedings of the workshop for Nordic Researchers, Reykjavik, 14–16 Aug.

BBC News. 2001. "Record violence among Japan's teachers", by S. Moushavi, 27 Dec.（see: news.bbc.co.uk/1/hi/world/asia-pacific/1730161.stm, accessed 5 Jan. 2006）.

—. 2003a. "Attacks spark bus driver crisis", Sep.（see: newsvote.bbc.co.uk/mpapps/pagetools/print/news.bbc.co.uk/1/hi/england/3147870.stm, accessed 18 Jan. 2005）.

—. 2003b. "Death rate in Russian Army", by S. Dalziel, 13 Sep. (see: news.bbc.co.uk/2/hi/europe/3106368.stm, accessed 28 Sep. 2005).

—. 2004. "Patient jailed for NHS violence", Aug. (see: news.bbc.co.uk/1/hi/Scotland/ 3535606.stm, accessed 16 Aug. 2005).

BBC Sport, World Cup 2002. "Can football violence be stopped?", 10 June (see: news.bbc.co.uk/sport3/worldcup2002/hi/sports_talk/newsid_2035000/2035888.stm).

Beck, C.; Robinson, C.; Baldwin, B. 1992. "Improving documentation of aggressive behaviour in nursing home residents", in Journal of Gerontological Nursing (Thorofare, New Jersey), Vol. 18, No. 2, pp. 21–23.

Beermann, B.; Meschkutat B., 1995. Psychosocial factors at the workplace: Taking account of stress and harassment. Dortmund, Federal Institute for Occupational Safety and Health.

Benavides, F.; Benach, J. 1999. Precarious employment and health-related outcomes in the European Union. Barcelona, University Pompeu Fabra, Jan.

Bergström, A.-M. 1995. "Threats and violence against health-care personnel", in Bast-Petterson et al., 1995.

Biddle, E.; Hartley, D. 2002. "The cost of workplace homicides in the USA, 1990–1997", in Injury Prevention and Control, Sixth World Conference, pp. 421–422. Montreal, Les Presses de l' Université de Montreal.

Black, M. 1993. Report on the Innocenti Global Seminar on Street and Working Children. Florence, UNICEF/ICDC, pp. 7–22.

Bokhorst, H. 2004. Le Soir (Belgium), Oct.

Bonnesen, B. 1995. "Violence and threats in psychiatric hospitals", in Bast-Pettersen et al. (eds.), 1995.

Boonpala, P.; Kane, J. 2001. Trafficking of children: The problem and responses worldwide.ILO/IPEC.

Bor, R.; Russell, M.; Parker, J.; Papadopoulos, L. 2000. "Managing disruptive passengers: A survey of the world airlines" (London, Guildhall University); see also International Civil Aviation Journal, Mar./Apr. (see: www.aic.gov.au/research, accessed 2 Jan. 2006).

Borge, J., 2004. The Guardian (Manchester), 27 Feb.

Borzycki, M. 2003. "Bank robbery in Australia", in Trends and Issues in Crime and Criminal Justice, No. 253. Canberra, Australian Institute of Criminology (see: aic.gov.au/publications/tandi2/tandi253.pdf, accessed 4 Nov. 2005).

Bowie, V. 2000. "Planes, trains and prostitutes: Dealing with potential workplace violence encountered by Olympic support services", in Journal of Occupational Health and Safety – Australia and New Zealand, Vol. 16, No. 3, pp. 247–254.

—. 2002. "Defining violence at work: A new typology", in M. Gill, B. Fisher and V. Bowie (eds.): Violence at work – Causes, patterns and prevention. Cullompton, Devon, Willan Publishing, pp. 1–20.

—; Fisher, B.; Cooper, C. Forthcoming. Workplace violence: An international perspective. Cullompton, Devon, Willan Publishing.

Brett, R.; Specht, I. 2004. Young soldiers: Why they choose to fight. Geneva and New York, ILO/Lynne Rienner.

British Crime Survey (BCS); British Health and Safety Executive (HSE). 2005. Violence at work: Reporting of

Injuries, Disease and Dangerous Occurrences Regulations（RIDDOR）. London, HSE Statistics（see: hse.gov.uk/statistics/index.htm, accessed 2 Jan. 2006）.

British Retail Consortium（BRC）. 2002. 10th Annual Retail Crime Survey, London.

—. 2003. 11th Annual Retail Crime Survey. London.

—. 2004. 12th Annual Retail Crime Survey. London（see: brc.org.uk/publications. reports.htm, accessed 2 Jan. 2006）.

Budd, T. 2001. Violence at work: New findings from the 2000 British Crime Survey. London, HSE and Home Office, July.

Bukowska, S.; Schnepf, E. 2001. Mentoring Project: Centre for Counselling on Sexual Harassment and Mobbing. Vienna, University of Vienna（see: univie.ac.at/women/ engl/index.htm, accessed 2 Jan. 2006）.

Bush, D.F.; O' Shea, P.G. 1996. "Workplace violence: Comparative use of prevention practices and policies", in VandenBos and Bulatao（eds.）, 1996, pp. 283–298.

Buvinic, M.; Morrison, A.; Shifter, M. 1999. Violence in Latin America and the Caribbean: A framework for action, Technical Study. Washington, DC, Inter-American Development Bank, Sustainable Development Department（see: iadb.org/sds/doc/1073eng.pdf, accessed 22 June 2005）.

Cahill, J.; Landsbergis, P. 1996. "Job strain among Post Office mailhandlers", in International Journal of Health Services, Vol. 26, No. 4, pp. 731–750.

Calabresi, G. 1982. A common law for the age of Statutes. Cambridge, Mass., Harvard University Press.

California, Department of Industrial Relations, Division of Occupational Safety and Health（DOSH）, CAL/OSHA. 1994. Guidelines for workplace security. San Francisco.

—. 1995. Injury and Illness Prevention Model Program for Workplace Security. State of California, Aug.（see: dir.ca.gov/DOSH/dosh_publications/iipsecurity.html, accessed 30 Sep. 1999）.

—. 1998. Guidelines for security and safety of health care and community service workers. San Francisco（see: dir.ca.gov/DOSH/dosh_publications/hcworker.html, accessed 30 Sep. 1999）.

Canadian Centre for Justice Statistics. 1999. Youth violent crime. Ottawa, Juristat, Vol. 19, No. 13, cited in Verdugo and Vere, 2003, p. 14.

Canadian Centre for Occupational Health and Safety（CCOHS）. 2005a. "What is workplace bullying?"（see: ccohs.ca/oshanswers/psychosocial/bullying.htm, accessed 8 Sep. 2005）.

—. 2005b. "What is workplace violence?"（see: ccohs.ca/oshanswers/psychosocial/ violence.htm, accessed 9 Sep. 2005）.

Carroll, R.; Bowcroft, O. 2005. "Hassan killer suspect held in Iraq raid", in Guardian Weekly, Vol. 172, No. 20, 6–12 May, p. 1.

CBS News Online. 2005. "Indepth: Iraq: Foreign hostages in Iraq", 15 May（see: cbc.ca/news/background/iraq/hostages.html, accessed 27 Sep. 2005）.

Center for Occupational and Environmental Health, University of California. 1997.Violence on the job: A guidebook for labor and management. Berkeley, California.

Centre for the Study of Violence and Reconciliation. 2005. A world without torture. Victim Empowerment Programme （CSVR）. Johannesburg（see: irct.org/usr/irct/home.nsf/unid/JREW-5MSCSM, accessed 16 Sep. 2005）.

Chaiken, J., et al. 1993. "Predicting violent behaviour and classifying violent offenders", in A. Reiss and J. Roth （eds.）: Understanding and preventing violence, Vol. 4, pp. 279–280. Washington, DC, National Academy Press.

Chappell, D.; Di Martino, V. 2000. Violence at work, 2nd edition. Geneva, ILO.

China Daily. 2004. "Drownings lead to probe into people smuggling", by Wang Zin. 10 Feb.（see: china.org.en/english/doc/2004-02/09/content, accessed 19 Jan. 2005）.

Clark, J. 1994. "The prediction and prevention of violence in pubs and clubs", in Crime Prevention Studies（New York）, Vol. 3, pp. 1–46.

CNN.com/US. 2003. "Seven die in Chicago Warehouse Shooting", 28 Aug.（see: cnn.com/2003/US/Midwest/08/27/chicago.shooting/, accessed 27 Sep. 2005）.

Commercial Clearing House（CCH）. 1991. Managing violence and traumatic incidences at work. North Ryde, New South Wales.

—. 2004a. Managing trauma at work, 17 Feb., Ch. 65. North Ryde, New South Wales.

—. 2004b. Managing workplace bullying, 17 Feb., Ch. 65, sections 50-000 to 52-090, pp. 61, 501–61, 622. North Ryde, New South Wales.

Communication Workers' Union（CWU）. 2001. Stress survey. London, May（see: www.tuc.org.uk, accessed 2 Jan. 2006）.

Confederación Sindical de Comisiones Obreras（CO.OO）, Spain. 2000. El alcance del acoso sexual en el trabajo en España. Madrid, Instituto Valencia de la Dona.

Cooper, C.; Swanson, N. 2002. Workplace violence in the health sector: State of the art, ILO/ICN/WHO/PSI Joint Programme on Workplace Violence in the Health Sector. Geneva.

Council of Europe. 1997. "Convention for the Protection of Human Rights and Dignity of the Human Being with Regard to the Application of Biology and Medicine（Convention on Human Rights and Biomedicine）". Oviedo, Spain, 4 Apr.

Cullen, W. D. 1996. The Public Inquiry into the Shootings at Dunblane Primary School on 13 March 1996. CM. 3386. Edinburgh, Scottish Office.

Cunneen, C.; Stubbs, J. 1997. Gender, "race" and international relational violence against Filipino women in Australia. Sydney, Institute of Criminology, Monograph Series No. 9.

Danish Food and Allied Workers' Union. 2001. Have you talked to your colleague today?（on bullying）. Copenhagen.

Danish Labour Inspectorate. 1997. Risk of violence in connection with work performance. Copenhagen, Oct.

—. 2002. Bullying and sexual harassment. Copenhagen.

Danish Union of Commercial and Clerical Employees. 2002. Dialogue creates understanding. Copenhagen.

Debout, M. 1999. Travail, violences et l' environnement, rapport au Conseil économique et sociale. Paris.

Deeb, M. 2002. Workplace violence in the health sector – Lebanon country case study, ILO/ICN/WHO/PSI Joint

Programme on Workplace Violence in the Health Sector. Geneva.

Delawareonline. No date. “The News Journal”（see: delawareonline.com/newsjournal/ local（2001/09/11terrortimeline400.html, accessed 27 Sep. 2005）.

Denton, M.; Zeytinoglu, I.; Webb, S. 2000. “Work related violence and the OHS of some health care workers”, in Journal of Occupational Health and Safety – Australia and New Zealand, Vol. 16, No. 5, pp. 419–427.

Department of Employment, United Kingdom. 1992. Sexual harassment in the workplace: A guide for employers. London.

Department of Health, United Kingdom. 2000. NHS Zero Tolerance Zone, Resource Sheet 4. London.

Department of Labour, Occupational Safety and Health Service, Government of New Zealand. 1995. Guidelines for employers and employees on dealing with violence at work. Wellington.

Department of Occupational Health and Safety（DOSH）, Ministry of Human Resources of Malaysia. No date. Guidance for the prevention of stress and violence at the workplace. Kuala Lumpur, Government of Malaysia（see: ilo.org/public/english/protection/safework/papers/Malaysia/guide.pdf, accessed 1 Dec. 2005）.

Department of Transport, United Kingdom. 1995. Protecting bus crews: A practical guide. London. Reproduced with the permission of the Department of the Environment, Transport and the Regions.

Detling, D. El Centro. 1996.

Développement Ressources Humaines Canada（DHRC）. 2000. Travailler en sécurité pour un avenir en santé. Analyse des statistiques: Accidents et mortalités survenus au Canada.

Di Martino, V. 2001. “The high road to teleworking”. Geneva, ILO; unpublished（see: ilo.org/safework/telework/index.htm, accessed 27 Sep. 2005）.

—. 2002a. “Workplace violence, definitions and understanding”, unpublished working paper for the ILO Ombudsperson’s Office. Geneva, ILO.

—. 2002b. Workplace violence in the health sector. Country case studies: Brazil, Bulgaria, Lebanon, Portugal, South Africa, Thailand and an additional Australian study, ILO/ICN/WHO/PSI Joint Programme on Workplace Violence in the Health Sector, synthesis report. Geneva（see: ilo.org/public/english/dialogue/ sector/papers/health/violence-ccs.pdf, accessed 22 June 2005）.

—. 2003a. Workplace violence in the health sector: Relationship between work stress and workplace violence in the health sector. Geneva, ILO（see: ilo.org/public/english/ dialogue/sector/papers/health/stress-violence.pdf, accessed 5 Dec. 2005）.

—. 2003b. “Work related violence”, in Heitmeyer and Hagans（eds.）, 2003, pp. 885–902.

—. 2005. Telework in Latin America and the Caribbean. Montevideo, International Development Research Centre, ILO Regional Office for Latin America and the Caribbean.

—; De Santis, R. 2003. Mobbing. Troina, Sicily, Città Aperta ed.

—; Di Cola, G.; Schenk, R. 2003. YSP – An action-oriented training package to address addiction, violence, HIV/AIDS, child labour and social exclusion among young people through sport and labour opportunities. Geneva, ILO/International

Olympic Committee (IOC) .

—; Gold, D.; Schaap, A. 2002a. Micro Solve on sexual harassment. Geneva, ILO.

—; —; —. 2002b. SOLVE Training Package – Managing emerging health problems at work – Stress, violence, tobacco, alcohol, drugs, HIV/AIDS. Geneva, ILO.

—; Hoel, H.; Cooper, C. 2002. Violence and harassment in the workplace. Dublin, European Foundation for the Improvement of Working and Living Conditions.

—; —; —. 2003. Preventing violence and harassment in the workplace. Dublin, European Foundation for the Improvement of Living and Working Conditions (see summary at: eurofound.eu.int.publications/htmlfiles/ef0330.htm, accessed 11 Oct. 2005) .

—; Musri, M. 2001. Guidance for the prevention of stress and violence at the workplace. Kuala Lumpur, Malaysia Ministry of Human Resources, Department of Occupational Safety and Health (see: ilo.org/public/english/protection/safework/papers/malaysia/guide.pdf, accessed 14 Nov. 2005) .

Dixon, P. No date. "Drug testing boom at work" , in Future-2004, p. 1 (see: globalchange. com/drugtest.htm, accessed 23 June 2005) .

Donne & Qualità della Vita. No date. "In ufficio. Quando esplode l' atra metà del mobbing" , by C. Dino (see: dweb. repubblica.it/archivio_d/2002/09/21/ attualita/attualita/135mob318135.html, accessed 2 Dec. 2005) .

Duhart, D. 2001. Violence in the workplace, 1993–99, National Crime Victimization Survey. US Department of Justice, Bureau of Justice Statistics Special Report, NCJ 190076, 8 Dec. (see: ojp.usdoj.gov/bjs/pub/pdf/vw99.pdf, accessed 17 Oct. 2005) .

Easteal, W.; Wilson, P. 1991. Preventing crime on transport: Rail, buses, taxis, planes.

Canberra, Australian Institute of Criminology.

Effah-Chukwuma, J.; Osarenren, N. 2001. Beyond boundaries: Violence against women in Nigeria. Lagos, Project Alert on Violence Against Women.

Einarsen, S.; Hoel, H.; Zapf, D.; Cooper, C. (eds.) . 2003a. Bullying and emotional abuse in the workplace: International perspectives in research and practice. London/New York, Taylor and Francis.

—; —; —; —. 2003b. "The concept of bullying at work: The European tradition" , in Einarsen et al. (eds.) , 2003a, pp. 3–30.

—; Mikkelsen, E. 2003. "Individual effects of exposure to bullying at work" , in Einarsen et al., 2003a, pp. 127–144.

Equal Employment Opportunity Commission (EEOC) , State Fair Employment Practices Agencies (FEPA) , United States. No date. "Sexual harassment charges EEOC and FEPAs combined: FY 1992-FY 2002" (see: eeoc.gov/stats/harass. html, accessed 2 Jan. 2006) .

Equal Opportunities Commission, United Kingdom. 1994. Consider the cost. London.

Essenberg, B. 2003. Violence and stress at work in the transport sector, ILO Sectoral Activities Programme, Working Paper No. 205. Geneva, ILO.

Etzioni, A. 1971. “Violence” , in R. Merton and R. Nisber (eds.) : Contemporary social problems. New York, Harcourt Brace Jovanich, pp. 704–741.

European Agency for Safety and Health at Work. 2002a. Facts: Bullying at work, No. 23. Bilbao (see: agency.osha.eu.int, accessed 1 Dec. 2005) .

—. 2002b. Prevention of psychosocial risks and stress at work in practice. Bilbao, European Week for Safety and Health at Work, Nov.

European Centre of Enterprises with Public Participation and of Enterprises of General Economic Interest (CEEP) ; Weber, T. 2004. European Framework Agreement on Work Related Stress. Brussels.

European Commission. 1992. “Measures to combat sexual harassment” , in Official Journal of the European Communities (Luxembourg) , 24 Feb.

—. 1993. How to combat sexual harassment: A guide to implementing the European Commission code of practice. Brussels.

—. 1998. Sexual harassment at the workplace in the European Union. Luxembourg, Office for Official Publications of the European Communities.

—. 2001. Report on harassment in the workplace (2001/2339 (INI)) . Luxembourg, Office for Official Publications of the European Communities, 16 July.

—. 2002. “Adapting to change in work and society: A new Community strategy on health and safety at work 2002–2006” , Communication from the Commission, 11 Mar. Brussels.

—. 2003. “Memorandum by Mr. Kinnock to the Commission on Psychological Harassment Policy at the European Commission” , Oct.

—, Advisory Committee on Safety, Hygiene and Health Protection at Work. 2001. “Opinion on Violence at the Workplace” , adopted on 29 Nov., doc. 1564/2/01. Brussels.

—, Justice and Home Affairs. 1998. The Daphne Programme: An end to sexual harassment at work (see: europa.eu.int/comm/justice_home/project/daphne/ilustratives_cases_en/case_6_en.htm1998-2000, accessed 30 June 2005) .

European Council. 2002. Good practice guide to mitigate the effects and eradicate violence against women. Brussels.

European Foundation for the Improvement of Living and Working Conditions. 1997. Second European Survey on the Work Environment, 1995–96. Luxembourg, Office for Official Publications of the European Communities.

—. 2000. Working conditions in atypical work, TJ-39-01-619-EN-C. Dublin.

—. 2001. Third Survey on Working Conditions in Europe. Dublin (see: fr.eurofound.eu.int/publications/files/EF02109EN.pdf, accessed 17 Oct. 2005) .

—. 2003. Violence, bullying and harassment in the workplace. Dublin (see: eurofound.eu.int/ewco/reports/F10406TR01/F10406TR01.pdf, accessed 10 Jan. 2006) .

—. 2005. Work-related stress. Dublin (see summary at eurofound.ie.ewco/reports/ NL0502TR01/NL0502TR01.htm, accessed 10 Jan. 2006) .

European Industrial Relations Observatory; European Foundation for the Improvement of Living and Working Conditions. 2005. "Industry sector social partners reach agreement on psychological working environment", Dublin, EIRO on-line (see: www.eiro.euro-found.eu.int/print/2001/06/feature/dk0106124f.html, accessed 2 Jan. 2006).

European Parliament. 1989. "Council Directive 89/391/EEC of 12 June 1989 on the introduction of measures to encourage improvements in the safety and health of workers at work", in Official Journal of the European Communities (Brussels), Vol. 32, Art. 6, pp. L183/3 to L183/14, 29 June.

—. 2000a. "Council Directive 2000/43/EC of 29 June 2000 implementing the principle of equal treatment between persons irrespective of racial or ethnic origin", in Official Journal of the European Communities (Brussels), L.180/22, 19 July 2000.

—. 2000b. "Council Directive 2000/78/EC of 27 November 2000 establishing a general framework for equal treatment in employment and occupation", in Official Journal of the European Communities (Brussels), L.303, 2 Dec. 2000, pp. 0016-0022 (see: europa.eu.int/eur-lex/pri/en/oj/dat/2000/1_303/1_30320001202en00160022.pdf, accessed 27 Nov. 2000).

—. 2001a. Bullying at work, Working paper, Social Affairs Series, SOCI 108 EN. Brussels.

—. 2001b. "Resolution on harassment at the workplace" (2001/2339 (INI)), session doc. A5-0283/2001. Brussels.

—. 2002a. "Council Directive 2002/73/EC of September 2002, amending Council Directive 76/207/EEC, implementing the principle of equal treatment for men and women as regards access to employment, vocational training and promotion, and working condi- tions", in Official Journal of the European Communities (Brussels), L.269/15, 5 Oct. 2002.

—. 2002b. "Council resolution of 3 June 2002 on a new Community Strategy on health and safety at work", in Official Journal of the European Communities (Brussels), C161, 5 July 2002, pp. 001–004 (see: europa.eu.int/eur-lex/pri/en/oj/dat/2002/c_161/c_16120020705en00010004.pdf, accessed 6 Jan. 2006).

—, Committee on Employment and Social Affairs. 2001. Report on harassment at the workplace (2001/2339 (INI)). FINAL A5-0283/2001. Brussels.

European Trade Union Confederation (ETUC). 1993. Tackling violence at work, background report for the ETUC Health and Safety Forum. London, Feb.

—. 2003. Risks 128, 18 Oct. (see: tuc.org.uk/h_and_s/tuc-7217.f0.pdf)

—. 2004. Risks 180, 30 Oct. (see: tuc.org.uk/h_and_s/tuc-8894.f0.pdf)

—; Union of Industrial and Employers' Confederations of Europe (UNICE); European Association of Craft Small and Medium-sized Enterprises (UEAPME); European Centre of Enterprises with Public Participation and Enterprises of General Economic Interest (CEEP). 2002. Work programme of the European social partners 2003–2005. Brussels, Nov. (In view of a European agreement on stress, including "Stress at Work: Seminar in view to negotiate a voluntary agreement", p. 2 (see: europa.eu.int/ comm/employment_social_news/2002/dec/prog_de_travail_comm_en.pdf, accessed 22 Sep. 2005).

Family Violence Prevention Fund. 2002. "Corporate awareness of domestic violence", in NewsFlash (San Francisco), 12 Nov. (see: endabuse.org/newsflash/index. php3?Search=Article&NewsFlashID=389, accessed 23 June 2005).

Farrugia, S. 2002. "A dangerous occupation? Violence in public libraries", in New Library World, Vol. 103, No. 9, Sep., pp. 309–319.

Federal Aviation Administration. 2003. "Incidents of passenger misconduct, 1995–2002", in H. Kern: The faces of air rage, FBI Law Enforcement Bulletin, Vol. 72, Issue 8. Washington, DC（see: fbi.gov/publications/leb/2003/august2003/aug03leb.htm#page_7, accessed 18 Nov. 2005）.

Federal Bureau of Investigation（FBI）, United States. 2005. Bank robbery in the US. Uniform Crime Reporting（UCR）Program, Special Report, data collections for years 1990 and 2001（see: fbi.gov/ucr/cius_02/pdf/5sectionfive.pdf, accessed 18 Nov. 2005）.

Ferrinho, P.; Antunes, A.; Biscaia, A.; Conceição, C.; Fronteira, I.; Craveiro, I.; Flores, I.; Santos, O. 2002. Workplace violence in the health sector: Portuguese case studies, ILO/ICN/WHO/PSI Joint Programme on Workplace Violence in the Health Sector（see: icn.ch/SewWorkplace/WPV_HS_Portugal.pdf, accessed 18 Oct. 2005）.

Le Figaro. 1996. "Les dix-neuf mesures arrêtés. Le plan de prévention de la violence à l' école se présente en trois grands axes et dix-neuf mesures", 21 Mar., Paris, p. 9.

Fisher, B.; Jenkins, E.; Williams, N. 1998. "The extent and nature of homicide and non- fatal workplace violence in the United States: Implications for prevention and security", in M. Gill: Crime at work: Increasing the risk for offenders, Vol. 2, pp. 65–82. Leicester, Perpetuity Press.

Fitzgerald, L.; Shulman, S. 1993. "Sexual harassment: A research analysis and agenda for the 1990s", in 42 Journal of Vocational Behavior, Vol. 5, No. 7, cited in Murray, 1998. "Psychology' s voice in sexual Harassment law", in APA Monitor（American Psychological Association）, Vol. 29, No. 8, Aug. 1998, p. 1（see:www.apa.org/monitor/aug98/law.html, accessed 17 June 2005）.

Fitzpatrick, J. 1999. "Challenging boundaries: Gendered aspects of migration". Unpublished document submitted to the Special Rapporteur, United Nations, Economic and Social Council, 1999, p. 9.

Flores-Oebanda, M., et al. 2001. The Kasambahay – child domestic work in the Philippines: A living experience, Visayan Forum Foundation/ILO. Makati City, Philippine Institute of Development Studies.

Food and Agriculture Organization of the United Nations（FAO）. 2003. "Policy on prevention of harassment", administrative circular No. 2003/17, 26 June.

Forastieri, V. 2002. Child labour: Health and safety risks. ILO, Geneva, 2nd edition. Frascheri, C. 2003. Mobbing: Guida alla tutela, pp. 69–72. Rome, Edizioni lavoro.

Galli, R. 2001. The economic impact of child labour, discussion paper for the International Institute for Labour Studies at the ILO, University of Lugano. Geneva, ILO, Decent Work Research Programme.

German Foundation for International Development. 2000. Public service reforms and their impact on health sector personnel. Round Table, Berlin, 13–15 Oct. 1999.

Giga, S.; Hoel, H. 2003. Violence and stress at work in financial services, ILO Sectoral Activities Programme, Working Paper No. 210. Geneva, ILO.

—; —; Cooper, C. 2003a. Violence and stress at work in the performing arts and journalism, ILO Sectoral Activities

Programme, Working Paper No. 201. Geneva, ILO.

—; —; —. 2003b Violence and stress at work in the postal sector, ILO Sectoral Activities Programme, Working Paper No. 200. Geneva, ILO.

Gill, M.（ed.）1998. Crime at work: Increasing the risk for offenders, Vol. 2. Leicester, Perpetuity Press.

Global Alliance for Workers and Communities（GAWC）. 2001. Workers' voices: An interim report of workers' needs and aspirations in nine Nike contract factories in Indonesia, prepared for the GAWC by the Center for Societal Development Studies, Atma Jaya Catholic University, Jakarta（see: theglobalalliance.org/pdf/indonesia- needs-assessment-full.pdf, accessed 7 Nov. 2005）.

—. 2003. Improving working conditions and future perspectives for factory workers in Indonesia: A report on workers' views on the improvement in the workplace, prepared for the GAWC by the Center for Societal Development Studies, Jakarta. Final report, 15 May（see: theglobalalliance.org/pdf/indonesia-needs-reassessment- 2003.pdf, accessed 7 Nov. 2005）.

Globe and Mail. 1993. "Statistics Canada Survey（Canada First National Survey on Violence Against Women）", based on telephone interviews with 12，300 women（Montreal）, 19 Nov.

Goldberg, R. 1997. "Victims of criminal violence in the workplace: An assessment of remedies in the United States and Great Britain", in Comparative Labor Law Journal, Vol. 18, No. 3, Spring.

Grainger, C. 1996. "How controllable is occupational violence?", in International Journal of Stress Management（New York）, Vol. 3, No. 1, p. 17.

Hadland, A. 2002. In terror and in silence, an investigation into crime and safety at petrol stations. Petrol Station 5 Safety Project, Social Cohesion and Integration Research Programme. Cape Town, HSRC Press, Dec., p. 26.

Haspels, N.; Kasim, Z.; Thomas, C.; McCann, D. 2001. Action against sexual harassment at work in Asia and the Pacific. Bangkok, ILO.

Health and Safety Authority, Ireland. 2001. Dignity at work: The challenge of workplace bullying, Report of the Task Force on the Prevention of Workplace Bullying. Dublin, Stationery Office, Mar.

—. 2002. Code of practice detailing procedures for addressing bullying in the workplace. Dublin（see: entemp.ie/publications/employment/workplacebullying.pdf, accessed 6 Dec. 2005）.

Health and Safety Commission（HSC）, United Kingdom. 1990. Violence to staff in the education sector. London.

Health and Safety Executive（HSE）, United Kingdom. 1991. Violence to staff. London, HMSO.

—. 1993. Prevention of violence to staff in banks and building societies. London, HMSO.

—. 1995. Preventing violence to retail staff. London, HMSO.

—. 1997a. "Review of workplace-related violence", in Contract Research Report（London）, No. 143.

—. 1997b. Violence at work: A guide for employers. London, HMSO.

—. 1997c. Violence in the education sector. London, HMSO.

—. 2003. Work-related violence – lone workers case study: Summary of key points. London, 15 Oct.（see: hse.gov.uk/violence/conclusion.htm, accessed 30 June 2005）.

—. 2005. Statistics: Violence at work（see: hse.gov.uk/statistics/causdis/violence.htm, accessed 11 Jan. 2006）.

—, Health and Safety Laboratory. 2005. Work-related violence – Lone workers' case study: Summary of key points, HSE Infoline（see: hse.gov.uk/violence/conclusions.htm#4, accessed 4 Jan. 2006）.

Health Services Advisory Committee. 1997. Violence and aggression to staff in health services. London.

Heitmeyer, W.; Hagan, J.（eds）. 2003. International handbook of violence research. Dordrecht, Kluwer Academic Publishers.

Henk Schrama, C.; van der Sluys, R. 2004. Monitoring the impact of anti-violence legislation in the Netherlands. The three waves. The Hague, Ministry of Social Affairs and Employment.

Hiley-Young, B.; Gerrity, E. 1994. "Critical Incident Stress Debriefing（CISD）: Value and limitations in disaster response", in NCP Clinical Quarterly, Vol. 4, No. 2, Spring（see: ncptsd.va.gov/publications/cq/v4/n2/hiley-yo.html, accessed 30 Nov. 2005）.

Hoad, C. 1996. "Violence at work: Perspectives from research among 20 British employers", in Security Journal（London）, Vol. 4, pp. 64–86.

Hoel, H.; Cooper, C. 2000. "Destructive conflict and bullying at work", Manchester, University of Manchester Institute of Science and Technology; unpublished report, Apr., cited in Rayner et al., 2002.

—; Einarsen, S. 2001. Violence at work in hotels, catering and tourism, ILO Sectoral Activities Programme. Working Paper No. 211. Geneva, ILO.

—; Rayner, C.; Cooper, C. 1999. "Workplace bullying", in C. Cooper and I. Robertson（eds.）: International Review of Industrial and Organisational Psychology, Vol. 14. Chichester, Wiley.

—; Sparks, K.; Cooper, C. 2000. The cost of violence and stress at work and the benefits of a violence- and stress-free working environment. Manchester, UMIST. Report commissioned by the ILO（see: ilo.org/public/English/protection/safework/whpwb/econo/costs, accessed 1 Nov. 2002）.

Homel, R.; Clark, J. 1994. "The prediction and prevention of violence in pubs and clubs", in Crime Prevention Studies（New York）, Vol. 3, pp. 1–46.

—; Tomsen, S.; Thommeny, J. 1992. "Public drinking and violence: Not just an alcohol problem", in Journal of Drug Issues（Florida, Tallahassee）, Vol. 22, pp. 679–697.

House of Representatives Standing Committee on Employment, Education and Training. 1994. Sticks and stones: Report on violence in Australian schools. Canberra, Australian Government Publishing Service.

Hudson, M. 1998. "Domestic violence isn't just domestic: sometimes it spills over into the workplace", in Roanoke Times and World News, Metro Edition, 19 Mar. p. C1, cited in Johnson and Gardner, 2000, pp.197–202.

Human Rights Watch, 2001. Scared at school: Sexual violence against girls in South African schools. New York（see: hrw.org/reports/2001/safrica/index.htm#TopOfPage, accessed 4 Jan. 2006）.

—. 2004a. "Bad dreams: Exploitation and abuse of migrant workers in Saudi Arabia", in Human Rights Watch（New York）, Vol. 16, No. 5, July（see: hrw.org/reports/2004/ saudi0704/7/index.htm, accessed 4 Jan. 2006）.

—. 2004b. "Help wanted: Abuses against female migrant domestic workers in Indonesia and Malaysia", in Human Rights Watch (New York), Vol. 16, No. 9 (c), July (see: hrw.org/reports/ 2004/indonesia0704/index.htm, accessed 4 Jan. 2006).

—. 2004c. Stop the use of child soldiers. New York (see: hrw.org/campaigns/crp/index.htm, accessed 28 Sep. 2005).

Hurrell, J.; Worthington, K.A.; Driscoll, R.J. 1996. "Job stress, gender, and workplace violence: Analysis of assault experiences of state employees", in G. VandenBos and E. Bulatao (eds.), 1996.

Iannacone, N. 2003. Azienda sanitaria e della regione (see: digitaleterrestre.rai.it/news/ articolonews/0, 9217, 73988, 00.html, accessed 9 Nov. 2005).

IG Metall; FRAPORT AG. 2001. Regelungsabrede über Parnterschaftliches Verhalten am Arbeitsplatz. Frankfurt/Main (see: igmetall.de/betriebsraete/betriebsvereinbarungen/ fraport.html, accessed 12 Dec. 2005).

Imbusch, P. 2003. "The concept of violence", in Heitmeyer and Hagan (eds.), 2003, pp. 13–14.

Incomes Data Services Ltd. 1997. Violence at work, IDS Study 628, June. London.

—. 2003. Violence against staff, IDS Study 749, May. London. (see: incomesdata.co.uk/ studies/violence.htm, accessed 30 June 2005).

Infoplease. No date. "Terrorist attacks (within the United States or against Americans abroad): September 11, 2001 victims" (see: infoplease.com/ipa/A0001454.html; and also september11victims.com/september11victims/STATISTIC.asp, both accessed 27 Sep. 2005).

Institute for Security Studies, South Africa. 2003. "Bank robbery in the RSA for the financial years 1994/1995 to 2002/2003" (see: iss.co.za/CJM/stats0903/ bankrob2.htm, accessed 4 Jan. 2005).

Instituto de la Mujer and Complutense, U.o.M. 2002. Spanish Presidency: Good practice guide to mitigate the effects and eradicate violence against women. Brussels.

International Air Transport Association (IATA). 1999. Guidelines for handling disruptive/unruly passengers. Geneva.

International Confederation of Free Trade Unions (ICFTU). 1995. Trade Union Action Programme on Violence against Women. Brussels.

—. 2004. Annual Survey of Violations of Trade Union Rights: Americas, p. 2 (see: icftu.org/ displaydocument.asp?Index =9912194158language=EN, accessed 18 Oct. 2005).

International Council of Nurses (ICN). 1999. Guidelines on coping with violence in the workplace. Geneva (see: icn.ch, accessed 15 Nov. 2000).

International Federation of Journalists. 2003a. "A survival guide for journalists: Live news", Mar. (see: ifj.org/hrights/ safecontexts.html, accessed 10 Jan 2006).

—. 2003b. "Journalists and media staff killed in 2003: an IFJ report on media casualties in the field of journalism and newsgathering" (see: ifj.org/pdfs/ killreport2003.pdf, accessed 27 Sep. 2005).

—. 2004. "Global journalists call for government to act as media killings cast shadow over human rights day" (see: ifj. org/default.asp?index=2843&Language =EN, accessed Dec. 2004).

International Labour Organization（ILO）. 1987. “Alcohol and drugs”, Conditions of Work Digest, Vol. 6, No. 1. Geneva.

—. 1992. “Preventing stress at work”, Conditions of Work Digest, Vol. 11, No. 2.Geneva.

—. 1993a. “Workers’ privacy, Part II: Monitoring and surveillance in the workplace”, Conditions of Work Digest. Vol 12, No. 1. Geneva.

—. 1993b. “Workers’ privacy, Part III: Testing in the workplace”, Conditions of Work Digest, Vol. 12, No. 2. Geneva.

—. 1995. Occupational stress and stress prevention in air traffic control, CONDI/T/ WP.6/1995. Geneva.

—. 1996a. Bus drivers: Occupational stress and stress prevention, CONDI/T/ WP.2/1996. Geneva.

—. 1996b. Child labour: Targeting the intolerable. Geneva.

—. 1996c. Stress prevention in the offshore oil and gas exploration and production industry, CONDI/T/WP.1/1996. Geneva.

—. 1996d. Work-related stress in nursing: Controlling the risk to health, CONDI/ T/WP.4/1996. Geneva.

—. 1997a. The ILO, standard setting and globalization, Report of the Director- General, International Labour Conference, 85th Session. Geneva.

—. 1997b. Stress prevention for blue-collar workers in assembly-line production, CONDI/T/WP.1/1997. Geneva.

—. 1999a. Annotated bibliography on sexual harassment at work. Geneva.

—. 1999b. Decent work, Report of the Director-General, International Labour Conference, 87th Session. Geneva.

—. 1999c. Sexual harassment – An ILO survey of company practices. Geneva.

—. 2001a. Action against sexual harassment at work in Asia and the Pacific, technical report for discussion at the ILO/Japan Regional Tripartite Seminar on Action against Sexual Harassment at Work in Asia and the Pacific, Penang, Malaysia, 2–4 Oct.（see: ilo.org/public/english/protection/condtrav/publ/hvs-sh-tr- 01.htm, accessed 30 Nov. 2005）.

—. 2001b. Report on the ILO/Japan Regional Tripartite Seminar on action against sexual harassment at work in Asia and the Pacific, Penang, Malaysia, 2–4 Oct.

—. 2002a. A future without child labour, Global Report under the Follow-up to the ILO Declaration of Fundamental Principles and Rights at Work, International Labour Conference, 90th Session, Report IB. Geneva.

—. 2002b. Combating child labour: A handbook for labour inspectors. Geneva.

—. 2003a. Equality in employment and occupation, General Survey of the Committee of Experts on the Application of Conventions and Recommendations, International Labour Conference, 91st Session, Report III（Part 1A）. Geneva.

—. 2003b. “Violence at work”, in Labour Education（ILO Bureau for Workers’ Activities）, 2003/4, No. 133.

—. 2004a. “Collective agreement on conflict prevention and resolution between the International Labour Office and the ILO Staff Union”, Circulars 6/648 and 649. Geneva.

—. 2004b. Workplace violence in services sectors and measures to combat this phenomenon, ILO code of practice. Geneva.（see: ilo.org/public/english/dialogue/sector/ techmeet/ mevsws03/mevsws-cp.pdf, accessed 14 Oct. 2005）.

—. 2005. 336th Report of the Committee on Freedom of Association, Governing Body GB.292/8, 292nd Session, Geneva,

Mar. (see: www-ilo-mirror.cornell.edu/public/ english/standards/relm/gb/docs/gb292/pdf/gb-b.pdf, accessed 10 Nov. 2005) .

—; International Council of Nurses (ICN) ; World Health Organization (WHO) ; Public Service International (PSI) . 2002. Framework Guidelines for Addressing Workplace Violence in the Health Sector, ILO/ICN/WHO/PSI Joint Programme on Workplace Violence in the Health Sector, Geneva (see: ilo.org/public/english/dialogue/ sector/papers/health/guidelines.pdf, accessed 24 Nov. 2005. See also: icn.org.) .

International Maritime Organisation. 2003. "Right to work in a harassment free environment" , Interoffice memorandum, 14 May. London.

International Monetary Fund (IMF) . 1998. "Code of conduct" . Washington, DC.

—. 2003. "Discrimination Policy" . Washington, DC.

Iraq Body Count. No date. "A dossier of civilian casualties, 2003–2005" (see: reports.iraqbodycount.org/a_dossier_of_civilian_casualties_2003–2005.pdf, accessed 27 Sep. 2005) .

Ireland, Department of Enterprise, Trade and Development. 2002. Procedures for addressing bullying in the workplace. Dublin.

Irish Equality Authority. 2002a. Code of practice on sexual harassment and harassment at work. Dublin.

—. 2002b. Code of practice: Prevention of workplace bullying. Dublin.

—. 2002c. Guidelines on the prevention of workplace bullying. Dublin.

Isaksson, K.; Hogstedt, K.; Eriksson, C.; Theorell, T. 2000. Health effects of the New Labour Market. New York, Kluwer Academic/Plenum Publishers, pp. 183–506.

Isolatus, N. 2002. "Prevention of physical violence at work" , in African Newsletter on Occupational Safety and Health, Vol. 12, No. 1, Apr., pp. 13–15.

Italian Institute of Statistics (ISTAT) . 2004. "Molestie e violenze sessuali, Italia" (see: eurofound.eu.int/ewco/2005/03/IT0503NU03.htm, accessed 17 Oct. 2005) .

Japan Labor Flash. 2003. No. 5, 1 Dec. (see: jil.go.jp/foreign/emm/bi/5.htm, accessed 27 Sep. 2005) .

Johns, M. 2003. "Wanted: Freedom from workplace bullying" , 18–24 Oct. (see: RedBankLocal, American Postal Workers Union, AFL-CIO, redbanklocal.com/ zero.htm, accessed 18 Nov. 2005) .

Johnson, H. 1996. Dangerous domains – Violence against women in Canada. Scarborough, Ontario, Nelson Canada.

Johnson, P.; Gardner, S. 2000. "Domestic violence invades the workplace: Strategies for the global business community" , in Women in Management Review, Vol. 15, No. 4, pp. 197–203.

Johnstone, R. 1997. Occupational health and safety law and policy: Text and materials. Sydney, LBC Information Services.

Kern, H. 2003. "Federal Aviation Administration: Unruly passengers, calendar years 1995–2002 (The faces of air rage)" , in FBI Law Enforcement Bulletin, Vol. 72, No. 8 (see: fbi.gov/publications/leb/2003/august2003/aug03leb.htm#page_7, accessed 5 Jan. 2006) .

Kershaw, C., et al. 2000. British Crime Survey, Home Office Statistical Bulletin 18/00. London, Research, Development and Statistics Directorate.

King, A.; Peart, M. 1992. Teachers in Canada: Their work and quality of life. Kingston, Ontario, Queen’s University.

Kivimaki, K.; Elovainio, M.; Vathera, J. 2000. “Workplace bullying and sickness absence in hospital staff”, in Occupational and Environmental Medicine（BMJ Journals）, Vol. 57, No. 10, pp. 656–660.

Kuzmits, F. 1990. “When employees kill other employees”, in Journal of Occupational Medicine（Arlington Heights, Illinois）, Vol. 32, No. 10, pp. 1014–1020. With permission.

L’observation des nouveaux risques sociaux. 1998. “Transports urbains – Un terrain possible par les travailleurs et les intervenants sociaux”, No. 13, Nov.

Labour Research. 1994. Bargaining report. London.

—. 2003. “Can zero tolerance deliver?”. London, May.

Lamnek, S. 2003. “Individual violence justification strategies”, in Heitmeyer and Hagan（eds.）, 2003, pp. 1113–1127.

Lanza, M. 1996. “Violence against nurses in hospitals”, in VandenBos and Bulatao（eds.）, 1996, pp. 189–198.

Levin, L. 1995. “When domestic violence shows up at work”, in National Business Woman, Vol. 76, No. 1, pp. 11–13, cited in Johnson and Gardner, 2000, pp. 197–203.

Leymann, H. 1990. “Mobbing and psychological terror at workplaces”, in H. Leymann（ed.）: Violence and victims, Vol. 5. New York, Springer Publishing Company, p. 119. Used by permission from Springer Publishing Co., Inc., New York, 10012.

Liberty Internet Magazine. 1999. “Courage at Columbine High School”, 7 July. Lim, L. 1996. More and better jobs for women: An action guide. Geneva. ILO.

Lim, V.K. 1996. “Job insecurity and its outcomes: Moderating effects of work-based and nonwork-based social support”, in Human Relations（New York, Sage）, Vol. 49, No. 2, pp. 171–194.

Littler, Mendelson, Fastiff, Tichy, & Mathiason, Inc. 1994. Combating workplace violence: The New California Requirements Task Force Report. San Francisco, California.

Lösel, F.; Bliesener, T. 1999. “Germany”, in Smith, P.K., et al. The nature of school bullying: A cross-national perspective. New York, Routledge.

Long Island Coalition for Workplace Violence Awareness and Prevention. 1996. Workplace violence awareness and prevention: An information and instructional package for use by employers and employees. New York, Long Island（see: osha-sle.gov/workplace-violence/wrkplaceViolence.intro.html, accessed 1 Mar. 2001）.

London Transport Occupational Health. 1997. Report to Staff Assaults Working Group: Quantitative analysis of staff assaults. London, Trident Consultants Ltd., J2909 Mar. Reproduced by courtesy of Mr. C. Lipscomb, Business Manager, London Transport Occupational Health, and Mr. S. Harris, Business Manager, London Transport Working Group, London Underground, 1997. Information provided 2 Apr. 1997.

London Underground. 2004. Press release, 6 Dec. 2004.

Loomis, D.; Wolf, S.; Runyan, C.; Marshall, S.; Butts, J. 2001. “Homicide on the job: Workplace and community determinants", in American Journal of Epidemiology, Vol. 154, No. 5, pp. 410–417.

Mantell, M.; Albrecht, S. 1994. Ticking bomb: Defusing violence in the workplace. Illinois, Burr Ridge, Irwin Professional Publishing. Reproduced with permission from The McGraw-Hill Companies, from M. Mantell and S. Albrecht.

Manufacturing, Science, Finance Union（MSF）. 1993. "Prevention of violence at Work: An MSF guide with model agreement and violence at work questionnaire", in MSF Health and Safety Information Sheet No. 37. Hertfordshire, Bishop's Stortford.

—. 1994. Working alone: Guidance for MSF members and safety representatives. London.

Martine, M. 1994. La situación de las mujeres, docentes en centroamerica: Hacia la igualdad de oportunidades y de trato. Geneva, ILO.

Maticka-Tyndale, E.; Lewis, J.; Clark, J.; Zubick, J.; Young, S. 2000. "Exotic dancing and health", in Women and Health, Vol. 31, No. 1, pp. 87–108, cited in Giga, Hoel and Cooper, 2003b.

Mayhew, C. 1999. "Occupational violence: A case study of the taxi industry", in Occupational Health and Safety in Australia: Industry, Public Sector and Small Business. Sydney, Allen and Unwin, pp. 127–139.

—. 2000a. Preventing client-initiated violence: A practical handbook, Research and Public Policy Series, No. 30. Canberra, Australian Institute of Criminology.

—. 2000b. Preventing violence within organisations: A practical handbook, Research and Public Policy Series No. 29. Canberra, Australian Institute of Criminology.

—. 2000c. "Violent assaults on taxi drivers: Incidence, patterns and risk factors", in Trends and Issues in Crime and Criminal Justice（Canberra, Australian Institute of Criminology）, Vol. 6, No. 178, p. 178.

—. 2002a. "Occupational violence in industrialized countries, types, incidence patterns and 'at risk' groups of workers", in M. Gill, B. Fisher and V. Bowie（eds.）: Violence at work: Causes, patterns and prevention. Cullompton, Devon, Willan Publishing, pp. 21–40.

—. 2002b. Violence in the workplace – Preventing commercial armed robbery: A practical handbook, Research and Public Policy Series No. 33. Canberra, Australian Institute of Criminology.

—. 2003. "An exploration of the links between workplace stress and precarious employment", in C. Petersen（ed.）: Stress: Content and context. Amityville, Baywood, pp. 203–219.

—. 2004. "Occupational violence risk for precariously employed adolescences: Multiple vulnerabilities to multiple risk factors", in Policy and Practice in Health and Safety, Vol. 2, No. 2, pp. 75–94.

—. 2005a. "Occupational violence in the health care industry", in C. Mayhew and C. Peterson（eds.）: Guide to managing OHS risks in the health care industry. Sydney, CCH, pp. 121–153.

—. 2005b. "Violence in the workplace", in D. Chappell and P. Wilson（eds.）: Issues in Australian crime and criminal justice. Sydney, Lexis Nexis Butterworths, pp. 392–408.

—; Chappell, D. 2001. Prevention of occupational violence in the health workplace, Working Paper Series, No. 140. School of Industrial Relations and Organisational Behaviour and Industrial Relations Research Centre, discussion paper No.

2 for the Taskforce on the Prevention and Management of Violence in the Health Workplace（NSW Health Department）. Sydney, University of New South Wales（see: unsw.edu.au, accessed 14 Nov. 2005）.

—; —. 2002. Occupational violence in the NSW health workforce: Establishment of baseline data, final research report to the Taskforce on the Prevention and Management of Violence in the Health Workplace. Sydney, Department of Health.

—; —. 2003. "The occupational violence experiences of some Australian health workers: An explained study", published as a monograph in a special issue of Journal of Occupational Health and Safety: Australia and New Zealand, Vol. 19, No. 6, pp. 3–43.

—; McCarthy, P. 2004. "Occupational violence: A pilot study of workers in a juvenile detention centre", in Journal of Occupational Health and Safety: Australia and New Zealand, Vol. 20, No. 6, pp. 511–521.

—; —; Chappell, D.; Quinlan, M.; Barker, M.; Sheehan, M. 2004. "Measuring the extent of impact from occupational violence and bullying on traumatized workers", in Employee Responsibilities and Rights Journal, special issue focused on "The traumatized worker", Vol. 16, No. 3, pp. 117–134.

—; Quinlan, M. 1999. "The relationship between precarious employment and patterns of occupational violence: Survey evidence from thirteen occupations", in Isakssen, Hogstedt, Eriksson and Theorell, 1999, pp. 183–205.

McCann, D. 2005. Sexual harassment at work: A review of preventive measures, Conditions of Work and Employment Series No. 2. Geneva, ILO.

McCarthy, P.; Mayhew, C. 2004. Safeguarding the organisation against violence and bullying: An international perspective. Basingstoke, Hampshire, Palgrave- MacMillan.

McDonald, D.; Brown, M. 1997. Indicators of aggressive behaviour: Report to the Minister for Health and Family Services from an Expert Working Group, Research and Public Policy Series, No. 8. Canberra, Australian Institute of Criminology. Reproduced with permission.

McNally, R. 2004. "Psychological debriefing does not prevent posttraumatic stress disorder", in Psychiatric Times, Vol. XXI, No. 4, Apr.（see: psychiatrictimes.com/ p040471.html, and also i.cmpnet.com/cme/pt/content/p040471.jpg, accessed 11 Oct. 2005）.

McSherry, B. 2004. "Risk assessment by mental health professionals and the prevention of future violent behaviour", in Trends and Issues in Crime and Criminal Justice（Canberra, Australian Institute of Criminology）, Vol. 281, July.

Menckel, E.; Viitasara, E. 2002. "Threats and violence in Swedish care and welfare – Magnitude of the problem and impact on municipal personnel", in Scandinavian Journal of Caring Sciences, Vol. 16, pp. 376–385.

Meschkutat, B.; Stackelbeck, M.; Langenhoff, G. 2002. Der Mobbing – Report, Eine Repräsentativstudie für die Bundesrepublik Deutschland. Dortmund/Berlin, Bundesanstalt für Arbeitsschutz und Arbeitsmedizin.

Ministère de la Jeunesse, Education et Recherche, France. 2004. "Les actes de violence à L' école recensés dans SIGNA en 2002–2003", Information note, Feb.（see: trf.education.gouv.fr/pub/edutel/dpd/ni0404.pdf）.

Ministry of Education, Culture, Sports, Science and Technology, Japan. No date（see: mext.go.jp/b_menu/houdou/15/12/03121902/002.pdf, accessed 10 Jan. 2006; in Japanese）.

Ministry of Health, Labor and Welfare, Japan. 2003. Japan Labor Bulletin，Vol. 42, No. 7, July.

Ministry of Human Resources, Malaysia. 1999. Code of practice on the prevention and eradication of sexual harassment at the workplace. Kuala Lumpur.

—. 2001. Guidance for the prevention of stress and violence at the workplace, by V. Di Martino and M. Musri. Kuala Lumpur（see: ilo.org/public/english/protection/ safework/papers/malaysia/guide.pdf, accessed 1 Dec. 2005）.

Ministry of Land, Infrastructure and Transport, Japan. 2004. "Enforcement of the revised Aviation Law to prevent acts causing a public nuisance aboard aircraft"（see: mlit.go.jp/koku/kinaimeiwaku.htm, accessed 2 Dec. 2005）.

Mitchell, J.T. 1983. "When disaster strikes: The critical incidence stress debriefing process", in Journal of Emergency Medical Services, Vol. 8, No. 1, pp. 36–39.

—; Everly Jr., G.S. 2001. Critical Incident Stress Debriefing: An operations manual for CISD, defusing and other group crisis intervention services. Ellicott, City, MD, Chevron Publishing, 3rd edition, cited in McNally, 2004.

MMR Weekly. 1994. "Occupational injury deaths of postal workers – United States, 1980–1989", Vol. 43, No. 32, pp. 593–595.

Monahan, J. 1986. "Dangerous and violent behaviour", in Journal of Occupational Medicine（Arlington Heights）, Vol. 1, pp. 559–568. Reproduced with permission.

Morita, Y.; Soeda, H.; Soeda, K.; Taki, M. 1999. "Japan", in P.K. Smith, Y. Morita, J. Junger- Tas, D. Olweus, R. Catalano and P. Slee（eds.）: The nature of school bullying: A cross- national perspective. New York, Routledge. Cited in Verdugo and Vere, 2003, p. 15.

Muratore, M.G. 1999. "The 1997–98 Survey on Citizens' Security"（section on sexual violence）. Rome, ISTAT, special tabulation for the ILO.

Murray, B. 1998. "Psychology's voice in sexual harassment law", in APA Monitor, Vol. 29, No. 8, Aug., pp. 1–2（see: apa.org/monitor/aug98/law.html, accessed 17 June 2005）.

Musri, M.; Daud, R. 2002. "Violence at work – Occupational safety and health perspective", in Asian-Pacific Newsletter on Occupational Health and Safety（Bangkok）, Vol. 9, No. 1, Mar.

National Clearinghouse for Legal Services, Inc. 1994. "Do you know the effects of violence on your clients?", in Special Issue of Clearinghouse Review（Chicago）, Vol. 28, No. 4.

National Commission on Terrorist Attacks upon the United States. 2004. The 9/11 Commission Report, Final Report of the National Commission on Terrorist Attacks upon the United States（the Commission closed on 21 August 2004）（see: 9-11 commission.gov/report/911Report.pdf, accessed 5 Jan. 2006）.

National Committee on Violence（NCV）, Australia. 1990. Violence: Directions for Australia. Canberra, Australian Institute of Criminology（see: aic.gov.au/publications/vda/, accessed 11 Nov. 2005）. Reproduced with permission from the Australian Institute of Criminology, National Committee on Violence（NCV）.

National Health Service（NHS）, United Kingdom. 2000a. Managing violence in ambulance trusts: We don't have to take this, Resource Sheet Update. London, Department of Health, NHS Zero Tolerance Zone.

—. 2000b. Stopping violence against staff working in the NHS: We don' t have to take this – Managers' guide. London, Department of Health, NHS Zero Tolerance Zone, p. 6.

National Institute for Industrial Accidents and Occupational Diseases（INAIL）, Italy [Istituto Nazionale per l' Assicurazione contro gli Infortuni sul Lavoro]. 2003. "Office Circular No. 71", 17 Dec. 2003.

National Institute for Occupational Safety and Health（NIOSH）. 2002. Occupational hazards in hospitals: Violence. Cincinnati, Centers for Disease Control and Preven- tion, DHSS（NIOSH）publication No. 2002-101, 1 Apr.（see: cdc.gov/niosh/ 2002-101.html, accessed 5 Jan. 2006）.

—. 2004. NIOSH Update: Most workplace bullying is worker to worker, early findings from NIOSH study suggest. Atlanta, 28 July（see: cdc.gov/niosh/updates/upd-07- 28-04.html, accessed 8 Aug. 2005）.

National Occupational Health and Safety Commission（NOHSC）. 1999. Program One Report: Occupational violence, discussed at the 51st Meeting of the NOHSC, Hobart, 10 Mar.（see: aic.gov.au/research/cup/occupational/index.html, accessed 27 Sep. 2005）.

Nation' s Business. 1995. Creating a violence-free company culture. Washington, DC, p. 22.

New South Wales（NSW）Health. 2003. Zero tolerance: Response to violence in the NSW health workplace – Policy and framework guidelines. Sydney, NSW Department of Health, July（see: health.nsw.gov.au/pubs/PD/2005/pdf/PD2005_315.pdf, accessed 1 Dec. 2005）.

News Telegraph. 2004. "Doctors and nurses want more protection from assault", 20 Dec.

Nogareda Cuixart, C.; Nogareda Cuixart, S. 1990. "Valoración de la carga mental en el servicio de urgencias de un hospital", in Salud y Trabajo（Barcelona）, No. 2, p. 11.

Nowak, A.; Dekena, B.; Cukur-Kunz, C.; Yakan, E.; Engelberg, R.; Lühr, S. 2002. Prima- Projekt der Bremer Straßenbahn AG. Bremen, BSAG Geschäftsstelle; unpublished material cited in Di Martino, Hoel and Cooper, 2003.

L' observation des nouveaux risques sociaux. 1998. « Transports urbains – Un terrain possible pour les travailleurs et les intervenants sociaux », No. 13, Nov.

Oberhardt, M. 1998. "Worker awarded $550，000", in Courier-Mail, 24 Apr., p. 1.

Occupational Safety and Health Service, New Zealand. 1995a. A guide for employers and employees dealing with violence at work. Wellington.

—. 1995b. Guidelines for the safety of staff from the threat of armed robbery. Wellington.

Office of the Ombudsman, United Nations. 2002. "Appointment and terms of reference of the Ombudsman", in Secretary-General' s Bulletin. New York.

O' Gloff J.; Davis, M. 2005. "Assessing risk for violence in the Australian contexts", in D. Chappell and P. Wilson（eds.）: Issues in Australian crime and criminal justice. Sydney, Lexis Nexis Butterworths, pp. 301–338.

O' Loughlin, E. 2001. "Slavery in the 21st century: Descent into lives of silent servitude", in Sydney Morning Herald, 6 June.

O' Neill, A. 2005. "The evolving nature of international terrorism and Australia' s response", in D. Chappell and P.

Wilson: Issues in Australian crime and criminal justice. Sydney, Lexis Nexis Butterworths, pp. 377–391.

O' Neill, D. 2001. Non-fatal workplace violence: An epidemiological report and empirical exploration of risk factors. Nebraska, University of Nebraska, PhD dissertation, funded by the US Department of Justice.

Organisation for Economic Cooperation and Development（OECD）. 2002. Preventing and dealing with harassment at the OECD – Policy and guidelines, C（2002）141. Paris.

Ortega, R.; Mora-Merchan, J.A. 1999. "Spain", in P. K. Smith, Y. Morita, J. Janger-Tas, D. Olweus, R. Catalano and P. Slee（eds.）: The nature of school bullying: A cross-national perspective. New York, Routledge. Cited in Verdugo and Vere, 2003, p. 15.

Palácios, M.; Loureiro dos Santos, M.; Barros do Val, M.; Medina, M.; de Abreu, M.; Soares Cardoso, L.; Bragança Pereira, B. 2002. Workplace violence in the health sector – Country case study Brazil, ILO/ICN/WHO/PSI Joint Programme on Workplace Violence in the Health Sector. Geneva.

Palmieri, P.; Harned, M.; Collinsworth, L.; Fitzgerald, L.; Lancaster, A. 2003. Who counts? A rational empirical algorithm for determining the incidence of sexual harassment in the military, DMDC Technical Report, 2000. Urbana/Champaign, University of Illinois, in Einarsen et al., 2003a, p. 85.

Paoli, P.; Merllié, D. 2001. Third European Survey on Working Conditions 2000. Dublin, European Foundation for the Improvement of Living and Working Conditions. Luxembourg, Office for Official Publications of the European Communities（see: eurofound.eu.int/publications/htmlfiles/EF0121.htm, and also ilo.org/public/ english/protection/safework/violence/eusurvey.htm, both accessed 17 Oct. 2005）.

—; Parent-Thirion, A. 2003. Working conditions in the acceding and candidate countries. Dublin, European Foundation for the Improvement of Living and Working Conditions（see: eurofound.eu.int, accessed 9 Jan. 2005）.

Pérez, N.; Valera, C. 1995. Impacto socio-economico de las maquiladoras y las zonas libres en Honduras. Geneva, ILO.

PERSEREC（Defence Personnel Security Research Center）. 1995. "Guidelines for employers", in Combating workplace violence. Washington, DC.

Philbrick, J.; Sparks, M.; Hass M.; Arsenault, S. 2003. "Workplace violence: The legal costs can kill you", in American Business Review（Connecticut, University of New Haven）, Vol. 21, No. 1, Jan., pp. 84–90.

Pierce, R. 1985. "Alternative compensation schemes and tort theory: Institutional aspects of tort reform", in California Law Review, Vol. 73, pp. 917–937.

Piñuel, I. 2004. Mobbing in Spanish public administrations, Report CISNEROS V, 18 Sep.

—; Zabala, I. 2002. "La incidencia del mobbing o acoso psicológico en el trabajo in España." Alcalá de Henares, Universidad de Alcalá de Henares; unpublished report.

Pizzino, A. 1994. "Report on CUPE' s（Canadian Union of Public Employees）National Health and Safety Survey of Aggression Against Staff". Ottawa, p. 15.

Popma, J.; Schaapman, M.; Wilthagan, T. 2002. "The Netherlands: Implementation within wider regulatory reform", in D. Walters（ed.）: Regulating health and safety management in the European Union: A study of the dynamics of change.

Brussels, Arbetslivsinstitutet, SALTSA joint programme for working life research in Europe, National Institute for Working Life, pp. 177–209.

Poyner, B.; Warne, C. 1986. Violence to staff: A basis for assessment and prevention, Health and Safety Executive. London, HMSO.

—; —. 1988. Preventing violence to staff, Health and Safety Executive. London, Tavistock Institute of Human Relations.

Pryor, J.; Fitzgerald, L. 2003. "Sexual harassment research in the United States", in Einarsen et al.（eds.）, 2003a, p. 79.

Publiweb. No date. "La voce ai lettori: Sondaggi-fai sentire la tua opinione"（see: publiweb.com/sondaggi/pag31.shtml, accessed 28 Sep. 2005）.

Rail Safety and Standards Board, United Kingdom. 2004. Annual Safety Performance Report（see: rssb.co.uk/pdf/ASPR2004-rwk.pdf, accessed 9 Jan. 2006）.

Rayner, C., et al. 2002. Workplace bullying. London, Taylor and Francis.

Reinhart, A. 1999. Sexual harassment: Addressing sexual harassment in the workplace – A management information booklet. Geneva, ILO.

Reiss, A.; Roth, J.（eds.）. 1993. Understanding and preventing violence. Washington, DC, National Academy Press, 4 vols.

Rennison, C.M. 2003. Intimate partner violence, 1993–2001, Crime Data Brief. US Department of Justice, Office of Justice Programs, Bureau of Justice Statistics, NCJ197838, Feb.（see: ojp.usdoj.gov/bjs/pub/pdf/ipv01.pdf, accessed 23 June 2005）.

Richards, J. 2002. Management of workplace violence victims, ILO/ICN/WHO/PSI Joint Programme on Workplace Violence in the Health Sector; working paper. Geneva.

Richardson, S.; Windau, J. 2003. "Fatal and nonfatal assaults in the workplace, 1992 to 2001", in Clinics in Occupational and Environmental Medicine（London, Elsevier）, No. 3, pp. 673–689.

Rigby, K. 2004. Stop the bullying: A handbook for schools. Melbourne, ACERE Press. Cited in Verdugo and Vere, 2003, p. 15.

—; Slee, P.T. 1999. "Australia", in P.K. Smith, Y. Morita, J. Junger-Tas, D. Olweus,

R. Catalano and P. Slee（eds.）: The nature of school bullying: A cross-national perspective. New York, Routledge.

Rogers, K.; Chappell, D. 2003. Preventing and responding to violence at work. Geneva, ILO. Rosskam, E. 2001. "Perils of the check-in desk", in Transport International（London）, No. 5, pp. 19–20, cited in Essenberg, 2003, p. 19.

Royal College of Nursing（RCN）. 2000. Challenging harassment and bullying: Guidance for RCN representatives, stewards and officers. London.

Sadler, A.; Booth, B.; Cook, B.; Torner, J.; Doebbeling, B. 2001. "The military environ- ment: Risk factors for women's non-fatal assaults", in Journal of Occupational and Environmental Medicine, Vol. 43, Issue 4, Apr., pp. 325–334.

Santana, S.; Fisher, B. 2002. "Workplace violence in the USA: Are there gender differences?", in M. Gill, B. Fisher and V. Bowie（eds.）: Violence at work: Causes, patterns and prevention. Cullompton, Devon, Willan Publishing, pp. 90–113.

Saskatchewan Teachers' Association. 1994. "Survey finds teacher abuse growing", in Saskatchewan Bulletin, May, p. 3.

Schwid, H.; Duchin, J.; Brennan, J.; Taneda, K.; Boedeker, B.; Ziv, A. 2002. Bioterrorism simulator. Washington, Issaquah, Anesoft Corporation (see: anesoft.com, accessed 9 Jan. 2006).

Scialpi, D. 2004. Violencias en la administración pública. Casos y miradas para pensar la Administración Pública como ámbito laboral. Buenos Aires, Editorial Catálogos.

Scottish Office. 1996. The Public Inquiry into the Shootings at Dunblane Primary School on 13 March 1996: The Government Response, CM. 3392. Edinburgh.

Sczesny, S.; Stahlberg, D. 2000. "Sexual harassment over the telephone: Occupational risk at call centres", in Work and Stress, Vol. 14, No. 2, Apr.–June, pp. 121–136.

Sharp, S.; Smith, P. 1991. Tackling bullying in your school: A practical handbook for teachers. London, Routledge. Cited in Verdugo and Vere, 2003, p. 15.

Shaw, M. 2001a. Promoting safety in schools: International experiences and action (report), Crime Prevention Services No. 3 (complete report). Washington, DC, US Department of Justice. Cited in Verdugo and Vere, 2003, p. 14–15.

—. 2001b. "Promoting safety in school: International experiences and action", Crime Prevention Services, Bulletin No. 3, May. Washington, DC, US Department of Justice (see: crime-prevention.org, accessed 20 Jan. 2006).

Sheehan, M.; McCarthy, P.; Barker, M.; Henderson, M. 2001. A model for assessing the im- pacts and costs of workplace bullying, paper presented at the Standing Conference on Organizational Symbolism (SCOS), 30 June–4 July 2001. Dublin, Trinity College.

Silva, N. 2004. "Braving mob mayhem and danger", in NSW Police News, Vol. 84, No. 4, pp. 7–9.

Sinclair-Bernadino, L. No date. Negligent hiring doctrine opens more doors for pre- employment screening: Pimall, Private Investigator Network, Island Investigations (see: pimall.com/nais/n.hire.html, accesssed 30 Nov. 2005).

Smith, P.; Singer, M.; Hoel, H.; Cooper, C. 2003. "Victimization in the school and the workplace: Are there any links?", in British Journal of Psychology, Vol. 94 (Pro Quest Medical Library).

Society for Human Resource Management (SHRM). 1996. Workplace Violence Survey 1996. Alexandria, Virginia. Reproduced with permission.

Sonoma State University. 1998. "Policy: Violence free campus". Sonoma, California (see: sonoma.edu/UAffairs/policies/violence.htm, accessed 30 June 2005).

South Africa, Department of Labour. 1995. Code of practices on the handling of sexual harassment cases (appended to the Labour Relations Act 66 of 1995).

South African Institute of Race Relations. 2000. Fast Facts – National Crime Trends. June.

Sripichyakan, K.; Thungpunkum, P.; Supavititpatana, B. 2002. Workplace violence in the health sector – A case study in Thailand, ILO/ICN/WHO/PSI Joint Programme on Workplace Violence in the Health Sector. Geneva.

Standing, H.; Nicolini, D. 1997. Review of work-related violence, Tavistock Institute for the Health and Safety Executive,

Contract Research report for the Health and Safety Executive, report No. 143/1997. London.

Statistics Finland. 1997. Quality of Work Life Surveys 1997. Helsinki, special elaboration for the authors.

—. 2003. Quality of Work Life Surveys 2003. Helsinki, special elaboration for the authors.

Statistics Sweden. 1999. The Work Environment 1999, Supplement to the Statistical Report AM 68 SM0001, p. 24（see: av.se/statistik/dok/0000085.pdf, accessed 10 Nov. 2）

Steinman, S. 2002. Workplace violence in the health sector – Country case study: South Africa, ILO/ICN/WHO/PSI Joint Programme on Workplace Violence in the Health Sector. Geneva.

Streetnet International. 2004. First International Congress, Seoul, Republic of Korea, 16–17 Mar.（see: 77streetnet.org.za/English/congrepen.htm, Annexure 6, accessed 18 Oct. 2005）.

Subedi, G. 2002. Trafficking and sexual abuse among street children in Kathmandu, Report No. 1. Kathmandu, ILO, International Programme on the Elimination of Child Labour（IPEC）.

Suzy Lamplugh Trust. 1994a. Personal safety at work: guidance for all employees. London（see: suzylamplugh.org/home/index.shtml, accessed 25 Oct. 2005）.

—. 1994b. Violence and aggression at work: Reducing the risks. Guidance for employers. London.

Swanton, B.; Webber, D. 1990. Protecting counter and interviewing staff from client aggression. Canberra, Australian Institute of Criminology.

Swedish National Board of Occupational Safety and Health. 1993. Statute Book of the Swedish National Board of Occupational Safety and Health containing Provisions on Measures against Victimization at Work, Ordinance（AFS 1993:2）on Violence and Menaces in the Working Environment, 14 Jan.; and Ordinance（AFS 1993:17）on Victimization at Work, 21 Sep. Stockholm.

Talli, R. 2003. "Growing fears for safety of people working alone in the service sector", in Helsingin Sanomat, International edition, 5 Aug.（see: helsinginsanomat.fi/ english/archive/news.asp?id=20030805IE16, accessed 2 Nov. 2005）.

Taylor, N. 2002. "Robbery against service stations and pharmacies: Recent trends", in Trends and Issues in Crime and Criminal Justice（Canberra, Australian Institute of Criminology）, No. 223（see: aic.gov.au/publications/tandi/ti223.pdf, accessed 3 Nov. 2005）.

Tessari, R. No date. "Il pg militare: è un allarme sociale : Un fenomeno diffuso e preoccupante"（see: triesterivista.it/cultura/Tessari/nonnismo.htm, accessed 28 Sep. 2005）.

TNO Arbeid. 2002. Gewenst beleid tegen ongewenst gedrag: voorbeelden van goed beleid tegen ongewenste omgangsvormen op het werk, TNO-rapport 9619/3510153/vri/yuk, 18 June, pp. 36–38（see: arbo.nl/content/network/tnoarbeid/docs/beleid_ ongewenst_gedrag.pdf, accessed 9 Jan. 2006）.

Tomev, L.; Daskalova, N.; Ivanova, V. 2002. Workplace violence in the health sector – Country case study: Bulgaria, ILO/ICN/WHO/PSI Joint Programme on Workplace Violence in the Health Sector. Geneva.

Tondreau, J. 2000. Inventaire d' outils sur la violence. Montreal, Centrale des syndicats de Quebec. Cited in Verdugo and Vere, 2003, p. 14.

Toohey, J. 1993. “Corporate culture and the management of violence” , unpublished con- ference paper presented at the “Occupational violence: Were you threatened at work today?” seminar series, University of Queensland, Australia, 10–12 Feb. Brisbane.

Toshiba Group CSR. No date. Social and environmental activities: Corporate and individual relationships, Ch. 2 (see: toshiba.co.jp/csr/en/soc/ch2.htm, accessed 30 June 2005) .

Trades Union Congress (TUC) . 1992. Guidelines: Sexual harassment at work. London.

—. 1993. Racial harassment at work: Guidance for safety representatives and members on bullying at work and how to prevent it. London.

—. 1999. Protect us from harm: Preventing violence at work, report by Julia Gallagher. London, TUC Health and Safety Unit.

—. 2002. “Bus crime crackdown launched” , in Risks, No. 69, 31 Aug.

—. 2003. Risks 128, 18 Oct. (see: tuc.org.uk/h_and_s/tuc-8894-f0.cfm#i4, accessed 2 Jan. 2006) .

—. 2004. Risks 180, 30 Oct. (see: tuc.org.uk/h_and_s/tuc-7217-f0.cfm#i6/, accessed 2 Jan. 2006) .

Transport Salaried Staffs' Association (TSSA) . 2001. Health and Safety News, “Annual safety performance report” . London.

UNICEF, International Child Development Centre. 1999. “Child domestic work” , in Innocenti Digest 5. Florence, May.

Uniform Crime Reporting (UCR) Program. No date. Special Report: Bank robbery in the United States, 1990 and 2001 (see: fbi.gov/ucr/cius_02/pdf/5sectionfive.pdf, accessed 9 Jan. 2006) .

Union des Transports Publics, France. 2003. La sécurité dans les transports urbains 2002, Rapport de branche sur l' état de la sécurité dans les entreprises de transports urbains en 2002, Sep., p. 7 (see: utp.fr/documents/telecharger/rapport_de_branche_securite_2002.pdf, accessed 27 Sep. 2005) .

UNISON. 1992. Violence in the National Health Service. London.

—. 1993. Working alone in safety: Controlling the risks of solitary work. London.

—. 1996. Bullying at work: Guidance for safety representatives and members on bullying at work and how to prevent it. London.

—. 1997. Violence at work:A guide to risk prevention for UNISON branches, stewards and safety representatives. London.

United Nations. 1992. “Report of the Committee on the Elimination of Discrimination against Women: Eleventh Session, General Assembly” , Official Records, 47th Session, Supplement No. 38, A/47/38. New York.

—. 1993a. “Declaration on the Elimination of Violence against Women, General Assembly” , Official Records, 48th Session, A/RES/48/104. New York.

—. 1993b. “Special measures for protection from sexual exploitation and sexual abuse” . New York.

—. 1995. “Report of the Fourth World Conference on Women, Beijing” , 4–15 Sep.

—. 2003. “ILO survey of United Nations System of Organizations and Directory of Senior Officials” . New York.

—. 2004. UN action against terrorism. Geneva（see: un.org/terrorism, accessed 20 Nov. 2005）.

—, Commission on Human Rights. 1997. “Further promotion and encouragement of human rights and freedoms …”, Report of the Special Rapporteur on violence against women, its causes and consequences, Ms. Radhika Coomaraswamy. Geneva, E/CN.4/1997/Add.4, 12 Feb.

—, —. 1999. “Integration of the human rights of women and the gender perspective: Violence against women”, Report of the Special Rapporteur on violence against women

…. Geneva, E/CN.4/1999/68, 10 Mar. Add.1; see also “Report of the mission to the United States of America on the use of violence in state and federal prisons”, Add. 2.

—, —. 2000. “Integration of the human rights of women and the gender perspective: Violence against women”, Report of the Special Rapporteur on violence against women

…. Geneva, E/CN.4/2000/68, 29 Feb.

—, —. 2002. “Anti-slavery”, submission to the UNHCR, Sub-Commission on the Promotion and Protection on Human Rights, Working Group on Contemporary Forms of Slavery, 27th Session, Geneva, 21–31 May（see: antislavery.org/ archive/ submission/submission2002-childlabour.htm, accessed 6 Jan. 2006）.

—, —. 2003. “International, regional and national developments in the area of violence against women, 1994–2003’, Report of the Special Rapporteur on violence against women. ... Geneva, E/CN.4/2003/675, Add.1, paras. 182 and 382.

—, Division for the Advancement of Women. 2000. “Optional protocol entered into force 22 Dec. 2000”. New York, press release（see: www.un.org/womenwatch/daw/, accessed 6 Dec. 2005）.

—, Office of the Ombudsman. 2002. “Appointment and terms of reference of the Ombudsman”, Secretary-General’s Bulletin, 15 Oct.

—, —. 2003. “Special measures from sexual exploitation and sexual abuse”, Secretariat, 9 Oct.

United Nations Development Fund for Women（UNIFEM）. 2003. “Not a minute more: Progress on ending violence against women”, speech by J. Sandler, Deputy Director, 47th Session of the Commission on the Status of Women, New York, 3 Mar.（see: unifem/org/news_events/storydetail.php?StoryID=160, accessed 5 Dec. 2005）.

United Nations Industrial Development Organization（UNIDO）. No date. “Guidelines on sexual harassment”（available but being reviewed）.

United States（US）, Bureau of Justice Statistics, Department of Justice. 1998. Workplace violence, 1992–1996: National Crime Victimization Survey. Special Report. Washington, DC, June.

—, —. 2002. “Preventing school shootings. A summary of a US Secret Service Safe School Initiative Report”, in National Institute of Justice Journal, No. 248, Mar. pp. 10–15（see: ncjrs.ord/pdffiles1/jt000248c.pdf, accessed 18 Nov. 2005）.

—, Bureau of National Affairs. No date. Fair employment practices. Washington, DC.

—, Centers for Disease Control and Prevention（CDC）, National Center for Injury Prevention and Conflict, Department of Health and Human Services. 1994. “Occupational Injury Deaths of Postal Workers – United States, 1980–89”, in US

Postal Service; A violence free workplace, 19 Aug. Bureau of Statistics, US Department of Labour (see: www.cdc.gov/mmwr/preview/mmwrhtml/ 00032345.htm, accessed 1 Jan. 2006) .

—, —, —. 2005. "Intimate partner violence: Fact sheet" . Atlanta (see: www.cdc.gov/ncipc/factsheets/ipvfacts.htm, accessed 21 Nov. 2005) .

—, Department of Labor, Bureau of Labor Statistics (BLS) . 2001. Number of nonfatal injuries and illnesses. Washington, DC (see: bls.gov/iif/oshwc/osh/case/ ostb1182.pdf, accessed 9 Jan 2006) .

—, —. 2002. Annual Survey of Occupational Injuries and Illnesses. Washington, DC (see: bls.gov/iif/oshwc/osh/case/ostb1182.pdf, accessed 9 Jan. 2006) .

—, —. 2003. Census of Fatal Occupational Injuries. Washington, DC (see: bls.gov/ iif/oshwc/osh/case/ostb1260.pdf, accessed 6 Jan. 2006) .

—, Departments of Education and Justice. 1999. A guide to safe schools: Published guidelines on violence – A selection, Ch. 5. Washington, DC. Cited in Verdugo and Vere, 2003, p. 14.

—, Equal Employment Opportunity Commission. 2002. "Sexual harassment charges. EEOC and FEPAs combined: FY1992-FY2002" (see: eeoc.gov/stats/harass.html, accessed 17 Oct. 2005) .

—, Merit Systems Protection Board. 1995. Sexual harassment in the federal workforce: Trends, progress, and continuing challenges, No. 13.

—, Office of Personnel Management. 1997. Dealing with workplace violence: A guide for agency planners. Washington, DC.

—, Occupational Safety and Health Administration (OSHA) . 1995. Draft guidelines for workplace violence prevention programs for health care workers in institutional and community settings. Washington, DC.

—, —. 1998. Recommendations for workplace violence prevention programs in late-night retail establishments. Washington, DC.

—, —. 2004. Guidelines for preventing workplace violence for health care and social service workers, OSHA 3148-01R. Washington, DC.

—Postal Service. 1998. Going postal: A violence free workplace. Publication 45, Nov., p. 2 (see: crimelibrary.com/notoriousmurders/mass/workhomicide/4.html?sect=8, accessed 27 Sep. 2005) .

University of Iceland, Social Science Research Institute. 1996. Violence against nurses and other personnel working in health and social services in Iceland. Reykjavík.

University of Illinois. 2000. DMDC Technical Report. Urbana, Champaign. Cited in Einarson et al., 2003a, p. 85.

Upson, A. 2004. Violence at work: Findings from the 2002/2003 British Crime Survey, Home Office Online Report 04/04. London (see: homeoffice.gov.uk/rds/pdfs2/ rdsolr0404.pdf, accessed 27 Sep. 2005) .

US/LEAP. 2002. "Violence against Colombian trade unions" , in Bulletin Issue No. 3, Apr. (see: usleap.org/Colombia/VACTUBIssue3.html, accessed 12 Dec. 2005) .

VandenBos, G.; Bulatao, E. (eds.) 1996. Violence on the job: Identifying risks and developing solutions. Washington,

DC, American Psychological Association.

Vartia, M. 1993. Psychological harassment at work, OECD Panel Group on Women, Work and Health: National Report. Helsinki, Institute of Occupational Health, Ministry of Social Affairs and Health.

—. 1994. "Bullying at workplaces" in Research on violence, threats and bullying as health risks among health care personnel, proceedings from the Workshop for Nordic Researchers, Reykjavik, 14–16 Aug., p. 29.

—. 2001. "Consequences of workplace bullying with respect to the well-being of its targets and the observers of bullying", in Scandinavian Journal of Work and Environmental Health（Finnish Institute of Occupational Health）, Vol. 27, No. 1, pp. 63–69.

—; Hyyti, J. 2000. "Violence in prison work", in J. Rantanen, S. Lehtinen and K. Saarela（eds.）: Safety in the modern society, proceedings of the European Conference on Safety in the Modern Society, Sep. 1999. Helsinki, Finnish Institute of Occupational Health, People and Work Research Reports No. 33, pp. 144–48.

Verdugo, R.; Vere, A. 2003. Workplace violence in service sectors with implications for the education sector: Issues, solutions and resources, Sectoral Activities Programme, Working Paper No. 208. Geneva, ILO.

Victorian Community Council against Violence（VOCAV）. 2004. Family violence is a workplace issue: Workplace models to prevent family violence. Melbourne.

Victorian WorkCover Authority. 2003. Prevention of bullying and violence at work – Guidance note. Melbourne, Feb.（see: www.workcover.vic.gov.au for future updates on the references used）.

Walby, S. 2004. The cost of domestic violence. London, Department of Trade and Industry, Women and Equality Unit（see: womenandequalityunit.gov.uk/domestic_violence, accessed 22 June 2005）.

Walters, D.（ed.）. 2002. Regulating health and safety management in the European Union: A study of the dynamics of change, SALTSA Joint Programme for Working Life Research in Europe. Brussels, Peter Lang.

Waters（A.P.）v Commissioner of Police for the Metropolis. 2000. All England Law Reports. 4 All ER, pp. 934–947.

We! 2002. "WHO suggests new ways to address VAW problem", No. 4（see: isiswomen.org/pub/we/archive/msg00097.html, accessed 6 Dec. 2005）.

Weber, T. 2004. Monthly Newsletter（CEEP）, Issue 1, June（see: ceep.org/en/themes/ SocialAffairs/SANCNewsletterJune2004.doc.）.

Wenn, B. 1989. "Violence in sport", in Violence Today（Canberra, Australian Institute of Criminology）, No. 4.

Wijayatilake, K.; Zackariya, F. 2000. "Sexual harassment at work – Sri Lanka study with focus on the plantation sector", ILO working paper（unpublished）. Colombo.

Wikipedia. 2004. "Madrid train bombings". 11 Mar.（see: en/wikipedia.org/wiki/March_11_2004_Madrid_attacks, accessed 27 Sep. 2005）.

—. 2005. "West London bombings", 4 Oct.

Williams, C. 2000. "A pain in the neck: Passenger abuse, flight attendants and emotional labour", in Australia and New Zealand Journal of Occupational Health and Safety, Vol. 16, No. 5, pp. 429–435.

Wiskow, C. 2002. Guidelines on workplace violence in the health sector – Comparison of major known national guidelines and strategies: United Kingdom, Australia, Sweden, USA, ILO/ICN/WHO/PSI Joint Programme on Workplace Violence in the Health Sector. Geneva.

Women and Equality Unit（WEU）, Department of Trade and Industry, United Kingdom. 2004. Domestic violence（see: womenandequalityunit.gov.uk/domestic_violence/ index.htm, accessed 15 Nov. 2005）.

WorkCover Authority of New South Wales. 1994. Armed hold-ups and cash handling: A guide to protect people and profits from armed hold-up. Sydney.

WorkCover Authority of New South Wales（Inspector Pompili）v Central Sydney Area Health Service [2002] NSWIR Comm 44, pp. 10–12. IRC 1509 of 1999, Justice J. Schmidt（see: aostlii.edu/cases/nsw/NSWIRComm, accessed 28 Mar. 2002）.

—（Inspector Ankucic v Drake Personnel Ltd.）[1997] 89IR374.

WorkCover Corporation of South Australia. 1996. Guidelines for aged care facilities.Adelaide.

Workers' Compensation Board of British Columbia, Canada. 1995. Take care: How to develop and implement a workplace violence programme – A guide for small business. Vancouver.

Working Women's Centre. 1994. Stop violence against women at work. Adelaide.

Workplace Health and Safety, Queensland. 2004. Guide to personal security in the retail industry. Brisbane, Department of Industrial Relations.

WorkSafe Victoria. 2003. Prevention of bullying and violence at work: Guidance note. Melbourne, Victorian WorkCover Authority.

WorkSafe Western Australia. 1999a. Code of practice: Workplace violence. Perth, Department of Consumer and Employment Protection.

—. 1999b. Guidance note on working alone. Perth, Department of Consumer and Employment Protection.

World Food Programme. 1999. "Policy on the prevention of harassment", HR99/002. Rome.

—. 2004. "Special measures for protection from sexual exploitation and sexual abuse", internal doc. ED2004/001. Rome.

World Health Organization（WHO）. 1996. Prevention of violence: A public health priority, 49th World Health Assembly Resolution WHA 49.25. Geneva, May.

—. 1999. Violence against women fact sheets. Geneva（see: who.int/frh-whd/VAW/infopack/English/VAW_infopack.htm, accessed 22 June 2005）.

—. 2002a. Global Campaign for Violence Prevention. Geneva（see: who.int/violence_injury _prevention/violence/world_report/wrvh1/en, accessed 22 June 2005）.

—. 2002b. World Report on Violence and Health, edited by E.G. Krug et al. Geneva（see: www.who.int/violence_injury_prevention/violence/world_report/wrvh1/en/, accessed 22 June 2005）.

—. 2002c. Youth violence facts. Geneva（see: www.who.int/violence/violence-injury- prevention/violence/world_report/

factsheets/en/youthviolencefacts.pdf, accessed 16 Aug. 2005）.

—. 2004. The economic dimensions of interpersonal violence. Geneva.

—Executive Board. 1997. Provisional Agenda Item 13, “Prevention of violence”, doc. EB99/INF, Doc/3. Geneva.

World Intellectual Property Organization（WIPO）. 2003a. “Harassment at work”, Office Instruction No. 09. Geneva.

—. 2003b. “The Office of the Mediator”, Office Instruction No. 20. Geneva.

World Meteorological Organisation（WMO）. 2003. “Prevention and resolution of harassment”, Service Note No. 26/2003. Geneva.

World Trade Organization（WTO）. 2002. “Procedures for dealing with staff members’ complaints and grievances”, Administrative memorandum No. 941. Geneva.

Worsfold, P.; McCann, C. 2000. “Supervised work experience and sexual harassment”, in International Journal of Contemporary Hospitality Management, Vol. 12, Issue 4, pp. 249–255.

Wynne, R.; Clarkin, N.; Cox, T.; Griffith, A. 1997. Guidance on the prevention of violence at work. Luxembourg, European Commission（see: wrc-research.ie, accessed 11 Oct. 2005）.

Yamada, D. 2003. “Workplace bullying and the law: Towards a transnational consensus?”, in Einarsen et al., 2003a.

Yamakawa, R. 2001. “Prevention and remedies regarding sexual harassment in Japan”, ILO working paper（unpublished）. Tsukuba.

Zaitun, K. 2000. Baseline research on racial and gender discrimination towards foreign domestic helpers in Hong Kong. Hong Kong, China, Asian Migrant Centre and Coalition for Migrants’ Rights（see: asian-migrants.org/resources/99950665938152.php）.

—. 2001. “Action against sexual harassment in the workplace: Asian women’s perspective”, working paper for the ILO and the Committee for Asian Women（CAW）. Kuala Lumpur, unpublished.

Zapf, D.; Einarsen, S.; Hoel, H.; Varta., M. 2003. “Empirical findings on bullying in the workplace”, in Einarsen et al., 2003a.

附　录

国际劳工组织

第 190 号公约

《关于消除劳动世界中的暴力和骚扰的公约》

国际劳工组织大会，

经国际劳工局理事会召集，于 2019 年 6 月 10 日在日内瓦举行了其第 108 届（百年）会议，并

忆及《费城宣言》确认全人类，不分种族、信仰或性别，都有权在享有自由和尊严、经济保障和机会均等的条件下谋求其物质福利和精神发展，并

重申国际劳工组织基本公约的相关性，并

忆及其他相关国际文书，例如《世界人权宣言》、《公民权利和政治权利国际公约》、《经济、社会及文化权利国际公约》、《消除一切形式种族歧视国际公约》、《消除对妇女一切形式歧视公约》、《保护所有移徙工人及其家庭成员权利国际公约》和《残疾人权利公约》，并

承认人人有权享有一个没有暴力和骚扰（包括基于社会性别的暴力和骚扰）的劳动世界，并

承认劳动世界中的暴力和骚扰会构成侵犯或践踏人权，且暴力和骚扰是对机会均等的威胁，令人无法接受，与体面劳动不符，并

承认基于人类相互尊重和尊严的工作文化对于防止暴力和骚扰的重要性，并

忆及各成员国负有推动建立一种对暴力和骚扰零容忍的总体环境以促进预防此类行为和做法的重要责任，并忆及劳动世界中的所有行动方必须抑制、预防及处理暴力和骚扰，并

承认劳动世界中的暴力和骚扰影响到人的心理、生理和性健康，人的尊严以及家庭和社会环境，并

认识到劳动世界中的暴力和骚扰还影响到公共和私营服务的质量，且可阻碍人们，特别是妇女，进入和留在劳动力市场并取得进步，并

指出暴力和骚扰与促进可持续企业互不相容，对工作的组织安排、工作场所关系、工人参与、企业声誉和生产率产生了负面影响，并

承认基于社会性别的暴力和骚扰不成比例地影响到妇女和女孩，并认识到一种旨在解决根本原因和风险因素（包括社会性别成见、多种交叉形式的歧视以及基于社会性别的不平等权力关系），具有包容性、综合性以及回应社会性别层面的方法对于终结劳动世界中的暴力和骚扰是至关重要的，并

指出家庭暴力会影响到就业、生产率以及卫生与安全，并指出政府、雇主组织和工人组织以及劳动力市场机构，作为其他措施的一部分，能帮助认识、应对及处理家庭暴力的影响，并

决定采纳本届会议第五项议程关于劳动世界中的暴力和骚扰的某些建议，并

确定这些建议须采取国际公约的形式，

于二零一九年六月二十一日通过了以下公约，引用时可称之为 2019 年《暴力和骚扰公约》。

Ⅰ.定 义

第 1 条

1. 就本公约而言：

(a) 劳动世界中的“暴力和骚扰”一词，是指一系列旨在造成、导致或可能导致生理、心理、性伤害或经济伤害的不可接受的行为和做法或它们带来的威胁，无论是其只发生一次，还是反复发生，并包括基于社会性别的暴力和骚扰；

(b)“基于社会性别的暴力和骚扰”一词，是指因人们的生理性别或社会性别而针对其施行的暴力和骚扰，或不成比例地影响到某一特定生理性别或社会性别的人们的暴力和骚扰，且包括性骚扰。

2. 在不损害本条第 1 款第 (a) 和 (b) 项的情况下，国家法律和法规中关于暴力和骚扰的定义可以规定一个单一的概念或若干单独分开的概念。

Ⅱ.范 围

第 2 条

1. 本公约保护劳动世界中的工人和其他人员，包括由国家法律和惯例界定的雇员；以

及工作人员，无论其合同状况；接受培训的人员，包括实习生和学徒工；就业已被终止的工人；志愿者；求职者和应聘者以及履行雇主权限、义务或责任的个人。

2. 本公约适用于无论是在正规和非正规经济中的所有私营或公共部门，以及无论是在城市还是在农村地区的所有部门。

第 3 条

本公约适用于在劳动世界中的工作过程中发生，与工作有关或由工作产生的暴力和骚扰：

(a) 在工作场所，包括作为工作场地的公共和私人空间；

(b) 在工人领取薪酬、工间休息或就餐、或使用卫生、洗涤和更衣设施的场所；

(c) 在与工作有关的出行、旅行、培训及活动或社交活动期间；

(d) 通过与工作相关的通讯，包括由信息和通信技术驱动的与工作相关的通讯；

(e) 在雇主提供的住所；

(f) 在上下班通勤时。

Ⅲ. 核心原则

第 4 条

1. 批准本公约的各成员国须尊重、促进和实现人人享有一个没有暴力和骚扰的劳动世界的权利。

2. 各成员国须，根据国家法律和国情并在与具有代表性的雇主组织和工人组织协商后，采取一种具有包容性、综合性和回应社会性别层面的方法来预防和消除劳动世界中的暴力和骚扰。这一方法应酌情考虑涉及第三方的暴力和骚扰，并包括：

(a) 在法律上禁止暴力和骚扰；

(b) 保证相关政策处理暴力和骚扰问题；

(c) 采取一项全面战略，以实施旨在预防和打击暴力和骚扰行为的措施；

(d) 建立或加强执法和监督机制；

(e) 保证受害人获得补救和支持；

(f) 对处罚作出规定；

(g) 酌情以便捷的形式开发工具，提供指南、教育和培训以及提高认识；

(h) 保证对暴力和骚扰案件的有效监察和调查手段，包括通过劳动监察机构或其他主管机构。

3. 在通过和实施本条第 2 款所提及的方法时，各成员国须承认政府、雇主和工人及其各自组织的不同和互补作用与职能，同时考虑到其各自职责的不同性质和范围。

第 5 条

为了预防和消除劳动世界中的暴力和骚扰，各成员国须尊重、促进和落实工作中的基本原则和权利，即结社自由和有效承认集体谈判权利；消除一切形式的强迫劳动或强制劳动；有效废除童工劳动和消除就业与职业歧视，并须促进体面劳动。

第 6 条

各成员国须通过保证就业和职业中的平等权和非歧视权的法律、法规和政策，包括面向女工以及面向属于一个或多个弱势群体或者属于受到劳动世界中暴力和骚扰不成比例地影响、处于脆弱状况的群体的工人和其他人员的法律、法规和政策。

Ⅳ. 保护和预防

第 7 条

在不妨碍并符合第 1 条的情况下，各成员国须通过国家法律和法规，界定和禁止劳动世界中的暴力和骚扰，包括基于社会性别的暴力和骚扰。

第 8 条

各成员国须采取适当措施预防劳动世界中的暴力和骚扰，包括：

(a) 承认公共当局在涉及非正规经济工人的情况时的重要作用；

(b) 经与相关雇主组织和工人组织协商并通过其他手段，查明工人和其他有关人员在其中较多地遭受暴力和骚扰的部门或职业及工作安排；

(c) 采取措施有效保护此类人员。

第 9 条

各成员国须通过国家法律和法规，要求雇主采取与其掌控程度相称的适当步骤来预防劳动世界中的暴力和骚扰，包括基于社会性别的暴力和骚扰，尤其是在合理可行的情况下，要求雇主：

(a) 经与工人及其代表协商后，制定和落实一项关于暴力和骚扰的工作场所政策；

(b) 在职业安全与卫生管理中考虑到暴力和骚扰及相关的社会心理风险；

(c) 在工人及其代表的参与下，查找危害并评估暴力和骚扰的风险，以及采取措施加以防控；

(d) 就已查明的暴力和骚扰危害与风险及相关预防和保护措施，包括就工人和其他相关

人员在本条第 (a) 项所指的政策方面的权利和责任，酌情以便捷的形式向工人和其他有关人员提供信息和培训。

V．执法和补救

第 10 条

各成员国须采取适当措施：

(a) 监测并执行关于劳动世界中暴力和骚扰的国家法律和法规；

(b) 保证在劳动世界的暴力和骚扰案件中便捷地获得适当有效的补救以及轻松地诉诸安全、公平和有效的报告与争议解决机制和程序，例如：

(i) 控诉和调查程序以及，凡适宜时，工作场所一级的争议解决机制；

(ii) 工作场所以外的争议解决机制；

(iii) 法院或法庭；

(iv) 保护控诉人、受害人、证人和举报人免受伤害或报复；

(v) 为控诉人和受害人提供法律、社会、医疗和行政方面的支持措施；

(c) 尽可能酌情保护当事人的隐私和秘密，并保证隐私和保密要求不被滥用；

(d) 酌情对劳动世界中的暴力和骚扰案件的处罚作出规定；

(e) 规定劳动世界中基于社会性别的暴力和骚扰的受害人可以有效利用对社会性别层面予以回应且安全高效的控诉与争议解决机制、支持、服务和补救；

(f) 确认家庭暴力的影响，并在合理可行的情况下，减缓其对劳动世界的冲击；

(g) 保证工人有权使自己脱离他们有合理的理由相信因暴力和骚扰而对生命、健康或安全构成紧急严重危险的工作状况，而不会遭受报复或其他不应有的后果，并有义务通知管理层；

(h) 除了可由法律加以规定的向司法或行政当局上诉的任何权利外，保证酌情授权劳动监察机构和其他相关当局处理劳动世界中的暴力和骚扰问题，包括通过发布要求采取即刻生效措施的命令以及在生命、健康或安全面临紧急危险的情形下停止工作的命令。

Ⅵ．指导、培训与提高认识

第 11 条

经与具有代表性的雇主组织和工人组织协商后，各成员国须力求保证：

(a) 在相关的国家政策中，例如在关于职业安全与卫生、平等与非歧视和移民政策中，处理劳动世界中的暴力和骚扰问题；

(b) 酌情以便捷的方式向雇主、工人及其组织和相关当局就劳动世界中的暴力和骚扰，包括基于社会性别的暴力和骚扰提供指导、资源、培训或其他工具；

(c) 采取举措，包括开展提高认识活动。

Ⅶ. 实施方法

第 12 条

本公约条款的实施须通过国家法律和法规，以及通过集体协议或符合国家惯例的其他措施，其中包括通过扩展或调整现行的职业安全与卫生措施来涵盖暴力和骚扰问题并在必要时制定具体措施。

Ⅷ. 最后条款

第 13 条

本公约的正式批准书须送请国际劳工局局长进行登记。

第 14 条

1. 本公约应仅对其批准书已经局长登记的国际劳工组织成员国有约束力。

2. 本公约须自两个成员国的批准书已经局长登记之日起十二个月后生效。

3. 此后，对于任何成员国，本公约须自其批准书已经登记之日起十二个月后生效。

第 15 条

1. 凡批准本公约的成员国，自本公约初次生效之日起满十年后可向国际劳工局局长通知解约，并请其登记。此项解约须自登记之日起满一年后生效。

2. 凡批准本公约的成员国，在前款所述十年期满后的一年内未行使本条所规定的解约权利者，即须再遵守十年，此后每当十年期满，可依本条的规定退出本公约。

第 16 条

1. 国际劳工局局长须将本组织各成员国所交送的所有批准书和解约通知书的登记情况通报本组织全体成员国。

2. 局长在将所送达的第二份批准书的登记情况通报本组织全体成员国时，须提请本组织各成员国注意本公约开始生效的日期。

第 17 条

国际劳工局局长须将他按照以上各条规定所登记的所有批准书和解约通知书的详细情况，按照《联合国宪章》第 102 条的规定，送请联合国秘书长进行登记。

第 18 条

国际劳工局理事会须在其可能认为必要时，将本公约的实施情况向大会提交报告，并须审查是否最好将公约的全部或部分修订问题列入大会议程。

第 19 条

1. 如大会通过一项新公约对本公约作全部或部分修订，除新公约另有规定外，则：

(a) 如新修订公约生效并在其生效之时，成员国对于新修订公约的批准依法应构成对本公约的立即解约，而不需遵照上述第 15 条的规定；

(b) 自新修订公约生效之日起，本公约须立即停止接受成员国的批准。

2. 在任何情况下，对于已批准本公约而未批准修订公约的成员国，本公约仍以其现有的形式和内容对其有效。

第 20 条

本公约的英文本和法文本同等为准。

国 际 劳 工 组 织

第 206 号建议书

《关于消除劳动世界中的暴力和骚扰的建议书》

国际劳工组织大会，

经国际劳工局理事会召集，于 2019 年 6 月 10 日在日内瓦举行了其第 108 届（百年）会议，并

通过了 2019 年《暴力和骚扰公约》，并

决定就劳动世界中的暴力和骚扰问题—本届大会议程的第五项议题—通过若干建议，并

决定这些建议须采取对 2019 年《暴力和骚扰公约》加以补充的建议书的形式，

于二零一九年六月二十一日通过了以下建议书，引用时可称之为 2019 年《暴力和骚扰建议书》。

1. 本建议书的条款是对 2019 年《暴力和骚扰公约》(以下简称“公约”)条款的补充，应结合公约的条款加以考虑。

Ⅰ. 核心原则

2. 在通过并实施公约第 4 条第 2 款所提及的具有包容性、综合性和回应社会性别层面的方法时，成员国应在劳动与就业、职业安全与卫生、平等与非歧视法律中以及在适当情况下在刑法中处理劳动世界中的暴力和骚扰。

3. 成员国应确保所有工人和雇主，包括在更易发生暴力和骚扰的部门、职业和工作安排中的工人和雇主，充分享有与 1948 年《结社自由和保护组织权利公约》(第 87 号)及 1949 年《组织权利和集体谈判权利公约》(第 98 号)相符的结社自由和对集体谈判权利的有效承认。

4. 成员国应采取适当措施，以：

(a) 促进有效承认所有层级的集体谈判权，以此作为一种预防并解决暴力和骚扰并尽可能减轻家庭暴力在劳动世界中的影响的手段；

(b) 通过收集和传播有关谈判进程和集体协议内容的相关趋势和良好做法的信息，支持此类集体谈判。

5. 成员国应确保国家法律、法规和政策中有关暴力和骚扰的规定考虑到国际劳工组织的平等与非歧视文书，包括 1951 年《同酬公约》(第 100 号)和《建议书》(第 90 号)，1958 年《(就业和职业)歧视公约》(第 111 号)和《建议书》(第 111 号)，以及其他相关文书。

Ⅱ. 保护和预防

6. 国家法律、法规和政策中有关暴力和骚扰的职业安全与卫生规定应考虑到国际劳工组织相关的职业安全与卫生文书，例如 1981 年《职业安全与卫生公约》(第 155 号)和 2006 年《促进职业安全与卫生框架公约》(第 187 号)。

7. 成员国应在法律和法规中酌情规定，工人及其代表应参与设计、实施和监测公约第 9 条第 (a) 款所提及的工作场所政策，且此类政策应：

(a) 声明暴力和骚扰将不被容忍；

(b) 凡适宜时，制订具有可衡量目标的预防暴力和骚扰的计划；

(c) 规定工人和雇主的权利与责任；

(d) 包含有关控诉和调查程序的信息；

(e) 规定所有与暴力和骚扰事件有关的内部和外部通信将得到适当考虑并酌情对之采取行动；

(f) 对公约第 10 条第 (c) 款所提及的个人隐私权和保密权作出具体规定，同时与使工人了解所有危害的权利相平衡；并

(g) 纳入保护控诉人、受害人、证人和举报人免受伤害或报复的措施。

8. 公约第 9 条第 (c) 款所提及的工作场所风险评估应考虑到那些增加暴力和骚扰可能性的因素，包括社会心理危害和风险。应特别关注以下危害和风险：

(a) 来自工作条件与安排、工作组织和人力资源管理 (视情况) 的危害和风险；

(b) 涉及第三方，例如客户、顾客、服务提供者、用户、患者和公众成员的危害和风险；以及

(c) 来自歧视、滥用权力关系以及支持暴力和骚扰的社会性别、文化与社会规范的危害和风险。

9. 成员国应针对更有可能发生暴力和骚扰的部门或职业和工作安排，例如，夜间工作、在孤立环境中的工作、卫生、接待、社会服务、紧急服务、家庭工作、运输、教育或娱乐活动，采取适当措施。

10. 成员国应采取立法措施或其他措施，在原籍国、中转国和目的地国酌情保护移民工人，尤其是女性移民工人，无论其移民身份，使其免遭劳动世界中的暴力和骚扰。

11. 在促进从非正规经济向正规经济转型时，成员国应向非正规经济中的工人和雇主及其协会提供资源和援助，以预防和处理非正规经济中的暴力和骚扰。

12. 成员国应确保预防暴力和骚扰的措施不会导致限制妇女和公约第 6 条所提及的群体参与特定的工作、部门或职业或将之排除在外。

13. 应根据适用的国际劳工标准和国际人权文书来解释公约第 6 条所提及的弱势群体和处于脆弱状态的群体。

Ⅲ . 执法、补救和援助

14. 公约第 10 条第 (b) 款所提及的补救可包括：

(a) 辞职时获得补偿的权利；

(b) 恢复原职；

(c) 适当赔偿损失；

(d) 有关要求采取措施并立即执行的命令，以确保制止某些行为或改变政策或做法；

以及

(e) 按国家法律和惯例收取的法律费用和成本。

15. 劳动世界中的暴力和骚扰受害者在因社会心理、身体或任何其他伤害或疾病而导致丧失工作能力的情况下应获得补偿。

16. 公约第 10 条第 (e) 款所提及的针对基于社会性别的暴力和骚扰的控诉与争议处理机制应包括下列措施：

(a) 具有处理基于社会性别的暴力和骚扰案件专长的法院；

(b) 及时高效的处理；

(c) 为控诉人和受害者提供的法律咨询和法律援助；

(d) 使用该国广泛使用的语言编写并提供的指南和其他信息资源；以及

(e) 在刑事诉讼以外的诉讼中酌情转移举证责任。

17. 公约第 10 条第 (e) 款所提及的对基于社会性别的暴力和骚扰受害者的支持、服务和补救应包括诸如以下措施：

(a) 提供支持，帮助受害者重新进入劳动力市场；

(b) 酌情采用易于获得的形式，提供咨询和信息服务；

(c) 24 小时热线；

(d) 紧急服务；

(e) 医疗护理与治疗及心理支持；

(f) 危机中心，包括避难所；以及

(g) 为受害者提供支持的专门警察单位或受过专门训练的警察。

18. 公约第 10 条第 (f) 款所提及的缓解家庭暴力在劳动世界中的影响的适当措施可包括：

(a) 给予家庭暴力受害者假期；

(b) 给予家庭暴力受害者灵活工作安排和保护；

(c) 酌情为家庭暴力受害者提供临时保护，使其免遭解雇，基于与家庭暴力及其后果无关的原因的情况除外；

(d) 将家庭暴力纳入工作场所风险评估；

(e) 向缓解家庭暴力公共措施（若其存在）转交的制度；以及

(f) 提高对家庭暴力影响的认识。

19. 劳动世界中的施暴者和骚扰者应被追究责任，凡适宜时应向其提供咨询或其他措施，以防止再次发生暴力和骚扰，并在适宜时促进他们重新融入工作之中。

20. 劳动监察员及其他主管当局的官员应酌情接受对社会性别层面给予回应的培训，以便确定和处理劳动世界中的暴力和骚扰，包括社会心理危害和风险、基于社会性别的暴力和骚扰及对特定工人群体的歧视。

21. 负责劳动监察、职业安全与卫生及平等与非歧视（含社会性别平等）的国家机构的权责应涵盖劳动世界中的暴力和骚扰。

22. 成员国应努力收集和发布按性别、暴力和骚扰形式及经济活动部门分类的有关劳动世界中的暴力和骚扰的统计数据，包括关于公约第 6 条所提及的群体的统计数据。

Ⅳ. 指导、培训和提高认识

23. 成员国应酌情资助、制订、实施和传播：

(a) 旨在对增加劳动世界发生暴力和骚扰可能性的因素，其中包括歧视、滥用权力关系及支持暴力和骚扰的社会性别、文化与社会规范加以处理的计划；

(b) 回应社会性别层面的指南与培训计划，旨在协助法官、劳动监察员、警察、检察官和其他公职人员履行其有关劳动世界中暴力和骚扰的职责，以及协助公共和私营雇主与工人及其组织来预防和处理劳动世界中的暴力和骚扰；

(c) 针对劳动世界中暴力和骚扰的一般性或具有部门针对性的行为守则样板和风险评估工具，同时考虑到那些属于公约第 6 条所提及的群体中的工人和其他人员的具体处境；

(d) 以本国的各种语言，包括居住在该国的移民工人所使用的各种语言开展的公共认识提高活动，旨在传达关于暴力和骚扰，尤其是基于社会性别的暴力和骚扰之不可接受性的信息，处理歧视性态度并防止侮辱受害人、控诉人、证人和举报人；

(e) 根据国家法律和情况，在各级教育和职业培训中关于暴力和骚扰（包括基于社会性别的暴力和骚扰）并对社会性别层面给予回应的课程和教材；

(f) 面向记者和其他媒体人员的有关基于社会性别的暴力和骚扰（其中包括其根本原因和风险因素）的材料，适当尊重其独立性和言论自由；以及

(g) 旨在促进安全、健康与和谐且没有暴力和骚扰的工作场所的公共宣传活动。